ULLSTEIN

Das Buch

Anne Frank war vier Jahre alt, als sie Deutschland verlassen, dreizehn, als sie sich mit ihrer Familie in Amsterdam verstecken mußte, und noch keine sechzehn, als sie im Konzentrationslager Bergen–Belsen an Typhus starb. Melissa Müller hat das Leben dieses Mädchens, das zum Mythos wurde, umfassend erforscht: Zwei zuvor geheimgehaltene Tagebuchaufzeichnungen Annes sowie Briefe und Aufzeichnungen von Zeitzeugen, die teilweise noch nie befragt wurden, werden hier veröffentlicht. Eine auf neuen stichhaltigen Beweisen gründende Theorie darüber, wer die Untergetauchten verraten haben könnte, sowie bisher noch nie publizierte Fotos ergänzen diese umfassend recherchierte Biographie.

Mit einem aktualisierten Vorwort der Autorin zum jüngsten Forschungsstand sowie einem Nachwort von Miep Gies, die Anne in dem berühmten Amsterdamer Hinterhaus versteckt hat.

Die Autorin

Melissa Müller, 1967 in Wien geboren, schreibt als freie Journalistin für Kultur- und Nachrichtenmagazine. Sie hat bereits mehrere sehr erfolgreiche Bücher zum Thema Drittes Reich veröffentlicht.

Melissa Müller

Das Mädchen Anne Frank

Die Biographie

Mit einem Nachwort
von Miep Gies

Ullstein

Besuchen Sie uns im Internet:
www.ullstein-taschenbuch.de

Umwelthinweis:
Dieses Buch wurde auf chlor- und säurefreiem Papier gedruckt.

Ullstein Verlag
Ullstein ist ein Verlag des Verlagshauses Ullstein Heyne List GmbH & Co. KG.
Sonderausgabe, April 2003

Umschlaggestaltung: Thomas Jarzina, Köln
Titelabbildung: AKG, Berlin
Druck und Bindearbeiten: Ebner & Spiegel, Ulm
Printed in Germany
ISBN 3-548-36410-1

Dieses Buch gehört den Überlebenden.

Inhalt

Vorwort

Ihr Tagebuch – geschrieben zwischen 1942 und 1944 im Amsterdamer Versteck – ist das meistgelesene literarische Dokument über die Verbrechen der Nationalsozialisten und hat sie zu einer der bekanntesten Figuren des 20. Jahrhunderts gemacht: das Mädchen Anne Frank, vier, als sie ihre Heimat Deutschland verlassen, dreizehn, als sie sich vor den Nazis verstecken, und nicht einmal sechzehn, als sie im Konzentrationslager sterben mußte – als ein weiteres von sechs Millionen unschuldigen Opfern von Hitlers abstrusem Rassenwahn.

In den vergangenen fünfzig Jahren wurde Anne Frank zur Botschafterin der Diskriminierten in einer Welt der Gewalt und Unfreiheit stilisiert, zu einem Symbol für Humanität, für Toleranz, Menschenrechte und Demokratie, zum Inbegriff für Optimismus und Lebenswillen. Für Millionen junger Menschen auf der Suche nach ihrer Identität wurde sie zur Identifikationsfigur, zur Fürsprecherin, gar zur Heldin. Sie wurde als Verbindungsglied zwischen Tätern und Opfern ge- und auch mißbraucht, ihr Tagebuch – Pflichtlektüre an vielen Schulen in aller Welt – als universelle Botschaft des Mutes und der Hoffnung interpretiert. Ihre Gedanken wurden, wie bei Vielzitierten gang und gäbe, zu geflügelten Worten, oft aus dem Zusammenhang gerissen und nach Bedarf verschlagwortet. Gäbe es Vergleichbares im Judentum, man hätte wahrscheinlich längst für ihre Seligsprechung plädiert.

Als Dreizehnjährige las ich das Tagebuch der Anne Frank zum ersten Mal. Mit ihrem pubertätsbedingten und doch schon so zielgerichteten Ringen um ihre Persönlichkeitsbildung konnte ich mich sofort identifizieren. In vielem, was sie niederschrieb, sprach sie mir aus der Seele. Die Ressentiments, die sie gegen ihre Mutter hegte, waren mir nicht fremd. Daß sie ihr Tagebuch als Verfolgte eines Terrorregimes geschrieben hatte und etwa acht Monate nach ihrer letzten Eintragung ums Leben kam, war ein weiterer Aspekt, der mich stark berührte und betroffen machte. Freilich ein Aspekt mit hohem Erklärungsbedarf. Die – altersbedingt vermutlich sehr naiv gestellte – Frage nach dem »Warum« ließ mich seit damals nicht mehr los. Welche Umstände spielten zusammen, daß Menschen wie du und ich zu Opfern, zu Tätern, zu Mitläufern, zu Zu- und Wegschauern wurden? Eine Begründung, die meine Frage auch nur annähernd zufriedenstellend beantwortete, bekam ich nicht. Von den Lehrern nicht. Von den Eltern nicht. Schweigen, Bedauern, Trauern, aber keine erklärende Antwort.

Vor nunmehr etwa sechs Jahren nahm ich das Tagebuch abermals zur Hand. Doppelt so alt wie bei der ersten Lektüre, erwachsen las ich diesmal die sogenannte endgültige – und, wie mir erst im Lauf meiner Recherche klar wurde, aus wissenschaftlicher Sicht einigermaßen fragwürdige – Tagebuchausgabe, gegenüber der ursprünglichen um einige zum Teil sehr persönliche Eintragungen erweitert. Diesmal drängten sich mir erst recht zahlreiche Fragen auf. Am dringlichsten wieder die nach den Voraussetzungen, unter denen Menschen zu so unfaßbarer Unmenschlichkeit fähig werden konnten. Wie erlebte Annes Familie, väterlicher- wie mütterlicherseits, diese Zeit? In welchem familiären Umfeld, unter welchen Freunden begann Anne sich zu entfalten, welche Erlebnisse prägten sie? Ihr Tagebuch hält schließlich nur ein Siebtel ihres Lebens fest.

So begann meine Suche nach jener Person, die hinter dem Mythos steckt, nach Geschichten und Ereignissen aus dem Leben des deutsch-jüdischen Mädchens Annelies Marie Frank, die ihre Persönlichkeit beeinflußten. Eine zweifellos starke Persönlichkeit, die aber erst in der Entfaltung begriffen war. Eine Biographie durfte deshalb keinesfalls so angelegt sein, als gälte es, einen fertigen Menschen – nach den Regeln und Finessen der Psychologie – zu ergründen und festzulegen, vielmehr sollte sie Anne in ihrer Entwicklung, die so abrupt abgebrochen wurde, aufmerksam begleiten. Mein Ziel war es deshalb, möglichst viele Mosaiksteinchen zu sammeln und zu einem möglichst authentischen Bild von Annes kurzem Leben zusammenzusetzen, ihre familiären Wurzeln ebenso wie ihr gesellschaftliches Umfeld zu erforschen, auf denen ihr Leben aufbaute.

Diese Biographie will Annes Tagebuch keineswegs ersetzen, vielmehr will es dieses in seiner Aufrichtigkeit und Klarheit unersetzbare Dokument ergänzen und – wo nötig – erklären. Der naturgemäß oft fragmentarisierte Blick Annes auf ihre Um- und Außenwelt, der sich in ihrem Tagebuch widerspiegelt, soll durch einen Gesamtblick von außen erweitert werden. Er dokumentiert ihren Lebens- und Leidensweg ebenso wie den ihrer nächsten Verwandten und engsten Freunde und zeichnet damit gerade an Hitlers wohl »bekanntestem Opfer«, das jeder zu kennen meint und von dem er doch so wenig weiß, den Irrsinn des Naziregimes nach: von der Haßpropaganda über die Ausgrenzung, Erniedrigung und Entrechtung zur Deportation und zum organisierten Massenmord an den Juden.

Ohne die wertvollen Begegnungen mit der letzten Generation, die noch aus persönlicher Erfahrung berichten und das Gedenken an den Holocaust lebendig halten kann, ohne das – schrittweise gewonnene – Vertrauen jener Menschen, die Anne Frank persönlich kannten und heute in aller Welt verstreut leben, in Israel, in den USA oder Brasilien, in Holland, Frankreich, der Schweiz oder Deutschland, wäre dieses Projekt niemals zu realisieren gewesen. Ohne ihre Bereitschaft, sich ihren schmerzhaften Erinnerungen zu stellen, sich mir zu öffnen und Einzelheiten aus ihrem Leben preiszugeben, über die sie mehr als fünfzig Jahre geschwiegen hatten – zum Teil, weil sie vorher niemand danach gefragt hatte, zum Teil, weil sie vorher noch nicht bereit waren, darüber zu sprechen –, wären viele der Einzelheiten, die in das Buch eingeflossen sind, weiterhin, vielleicht für immer, im dunkeln geblieben. Mehr als zwanzig Zeitzeugen, die mit Anne Frank verwandt sind oder befreundet waren, habe ich während meiner Recherchen aufgespürt und kennengelernt, viele mehr, die mit ihrem Vater Otto nach dem Krieg vertraut waren. Manche von ihnen wurden im Lauf der Monate und in zahlreichen intensiven Gesprächen richtige Freunde, die ich nicht mehr missen möchte. Daß ich nach Monaten der behutsamen Annäherung auch das Vertrauen von Miep Gies gewinnen konnte, hat meinen Blickwinkel stark erweitert und dieses Buch um viele wichtige Informationen bereichert. Daß sie sich schließlich bereit erklärte, ein Nachwort für mein Buch zu verfassen, ehrt mich sehr.

Meine Gesprächspartner haben mir ihre Geschichten anvertraut und von jenen Lebensabschnitten erzählt, die sie mit Anne Frank und ihrer Familie verbinden, sie haben mir ihre Andenken an die Franks, Photographien, Briefe, handschriftliche Aufzeichnungen, aufschlußreiche Dokumente – viele davon bislang unveröffentlicht – gezeigt und so geholfen, ein facettenreiches Bild von Anne und ihrem Leben zu zeichnen – einem kurzen Leben in einer gequälten, gewalttätigen Zeit, einem Leben, in dem der Ausnahmezustand zur Alltäglichkeit geworden war, einem Leben ohne Chance auf Überleben. Und sie haben mir geholfen, den Antworten auf

Schlüsselfragen näherzukommen, die nicht nur mich, sondern seit Jahrzehnten auch Millionen anderer Menschen, die das Tagebuch gelesen haben, beschäftigen: Wer hat die Familie Frank verraten? Wie erlitt Anne ihre letzten acht Lebensmonate? Was hatte Anne mit ihrem Tagebuch vor? Welche Persönlichkeit steckte wirklich hinter der Mutter, über die Anne mit so viel Härte und Unnachsichtigkeit schrieb, und wie dachte Anne über die Beziehung ihrer Eltern?

Annes Vater Otto Frank war der einzige der Familie, der nach dem Krieg Stellung zum Tagebuch seiner Tochter beziehen konnte. Der in der Öffentlichkeit stets Zurückhaltende beeinflußte das Bild, das sich die Welt von ihm und seiner Familie machte, schon mit der Auswahl der Tagebuchtexte, die er zur Publikation freigab. Von Annes Mutter hingegen wußten wir bisher fast nichts, nicht einmal, welche Schulbildung sie genossen hatte. Über mehr als fünfzig Jahre war sie – genauso wie ihre gesamte Familie, die Holländers – ohne Konturen geblieben. Der Mutter und ihren Wurzeln endlich die Wichtigkeit beizumessen, die sie für Anne und ihre Entwicklung ohne Zweifel hatte, war eines der Ziele, die ich mit diesem Buch verfolgte. Ohne die Mithilfe von in der Welt verstreut lebenden Nachkommen der Familie Holländer und ohne die Aufgeschlossenheit diverser Ämter in Deutschland, deren Archivmaterial mir – aller Bürokratie zum Trotz – als erster Autorin zugänglich gemacht wurde, hätte ich dieses Ziel niemals erreicht. Um so dankbarer bin ich auch Cor Suijk, Director emeritus des Anne Frank Center New York – einem langjährigen engen Vertrauten Otto Franks –, daß er sich nach achtzehn Jahren des Schweigens zu der Entscheidung durchringen konnte, zwei bisher geheimgehaltene Tagebucheintragungen Annes – die eine vom 8. Februar 1944, die andere die letzte »Einführung«, die Anne zu ihrem Tagebuch verfaßt hatte, mit ziemlicher Sicherheit die letzten noch unveröffentlichten Tagebuchtexte in Annes Handschrift –, der Öffentlichkeit zugänglich zu machen. Weil der eine Text Aufschluß über Edith Frank-Holländers persönliches Schicksal gibt und das Bild, das Anne im übrigen Tagebuch von ihrer Mutter zeichnet, in ein neues Licht rückt, weil der andere Text andeutet, was Anne mit ihrem Tagebuch vorhatte oder eben nicht, ergänzen sie Annes Familiengeschichte um ganz wesentliche Mosaiksteine. Otto Frank hatte diese losen Blätter etwa ein halbes Jahr vor seinem Tod seinem Freund und persönlichen Berater Cor Suijk anvertraut. Dieser fühlte sich kraft seiner mündlichen Vereinbarung mit Otto Frank dazu berechtigt, mir als erstem Menschen Einsicht in das Material zu gewähren. Der Anne Frank Fonds, rechtzeitig von Cor Suijk eingeweiht und um Mitarbeit gebeten, lehnte es aus bis heute fragwürdigen Gründen ab, einem Abdruck des Originaltextes der Seiten in diesem Buch zuzustimmen.

Die Nachricht vom Auftauchen jener bislang unbekannten Seiten beschäftigte die Weltpresse im Spätsommer 1998 wochenlang und war selbst der *New York Times* eine Titelgeschichte wert. Während die Öffentlichkeit vorrangig der Inhalt der Seiten interessierte, begann hinter den Kulissen – statt eines dem Andenken Anne Franks würdigen Einigungsgesprächs – das Ringen um das Eigentum an den Seiten.

Der Anne Frank Fonds, der zwar das Copyright an Annes Schriften hält, nach Otto Franks Testament aber keinen Anspruch auf die Originaldokumente der jungen Schriftstellerin hat, ließ nichts unversucht, Cor Suijk in Fachkreisen ebenso wie in der Öffentlichkeit zu diffamieren. Er habe sich die Seiten unrechtmäßig angeeignet, er wolle sie auktionieren, um daraus ein persönliches Vermögen zu schlagen. Cor Suijk konnten diese Einschüchterungsversuche nichts anhaben. Sein Anliegen war klar formuliert und deshalb für die Presse in aller Welt glaubhaft: Der vermögende Anne Frank Fonds sollte die edukative Arbeit im Namen Anne Franks mit einer Summe im Wert der fünf

Seiten unterstützen, dann wäre Cor Suijk bereit, ebendiese dem staatlichen Niederländischen Institut für Kriegsdokumentation (NIOD), dem Erben von Anne Franks Originaltagebüchern, zu überlassen.

Der Anne Frank Fonds stellt sich bis heute gegen diesen Vorschlag. Die holländische Regierung hingegen erkannte Cor Suijk zwischenzeitlich offiziell als rechtmäßigen Besitzer jener fünf Seiten an und gestand ihm zu, einen Sponsor zu finden, der jene Millionensumme aufbringt, auf die *Christie´s International* Annes Handschrift geschätzt hat. Mehr noch: Der holländische Staat ist, in Anerkennung von Cor Suijks Bildungsarbeit, bereit, einen Teil dieser Summe selbst zu übernehmen. Dieses Geld wird der amerikanischen »Holocaust Education Foundation« zufließen, die ihre Aufgabe in der Aus- und Weiterbildung von Lehrern sieht.

Professor Laureen Nussbaum hat als Anne Franks Jugendfreundin einerseits, als Literaturwissenschaftlerin und international geschätzte Expertin von Annes Tagebüchern andererseits die Entwicklungen um diese fünf neuen Seiten mit besonderem Interesse verfolgt. Bereits zur Entstehung dieses Buchs trug sie mit wichtigen Informationen und konstruktiver Kritik bei. Daß sie für die Taschenbuchausgabe ihre Einschätzung von der Bedeutung der »fünf geheimgehaltenen Seiten im Rahmen der Publikationsgeschichte von Anne Franks Tagebüchern« in einem Essay zusammenzufaßte (S. 398), dafür habe nicht nur ich, sondern die gesamte Anne Frank Forschung ihr zu danken.

Um mich dem Mädchen Anne Frank zu nähern, habe ich bewußt einen behutsamen, erzählerischen Zugang gewählt. Dennoch: Kein Detail, keine Anekdote in diesem Buch ist erfunden. Auf Mutmaßungen habe ich soweit wie irgend möglich verzichtet und sie, falls unvermeidbar, als solche kenntlich gemacht. Wo einzelne Zeitzeugen unterschiedliche Erinnerungen an bestimmte Ereignisse hatten – nach mehr als einem halben Jahrhundert können sich Bilder verzerren –, habe ich Klärung zu schaffen versucht oder aber, wenn die Klärung unmöglich war, auf die, in der Regel aber unwesentlichen, Unstimmigkeiten hingewiesen.

Ein Geschichtsforscher ist jemand, der Geschichte nicht nur analysiert, sondern auch wahre Geschichten erzählt, hat der Historiker Yehuda Bauer gesagt. Einem der Geschichte verpflichteten Geschichtenerzähler hören mehr Menschen zu als einem analysierenden Theoretiker. Ich habe versucht, die Geschichte der Anne Frank, ihrer Familie und ihres Freundeskreises so zu erzählen, daß möglichst viele Menschen mir zuhören – in der Hoffnung, daß sich möglichst viele von ihnen mit den unbegreiflichen Verbrechen, die das Naziregime angerichtet hat, mit den historischen Fakten und den gesellschaftlichen Ursachen, vor deren Hintergrund das Morden stattfinden konnte, auseinandersetzen und sich ihrer Verantwortung bewußt werden. »*Solange die ganze Menschheit ohne Ausnahme, keine große Metamorphose durchläuft wird der Krieg wüten, wird alles was aufgebaut, gezüchtet und gewachsen ist, wieder abgeschnitten und vernichtet werden, um danach aufs neue zu beginnen!*« schrieb Anne Frank einen Monat vor ihrem fünfzehnten Geburtstag in ihr Tagebuch (3. Mai 1944, Vers. A). Seit Ende des Zweiten Weltkriegs gab es weltweit genau vier Tage, an denen nicht irgendwo auf der Erde ein Krieg tobte. Die Geschichte wiederholt sich nicht, sagte Voltaire, aber der Mensch tut es. Der Mensch, bei aller Intelligenz schwach und zerstörerisch, läßt sich so lange treiben, bis er seine Ideale aus den Augen verliert. Dann beginnt er – als ob er nicht lernfähig wäre – für gewöhnlich von neuem. Wir dürfen nicht aufhören, auf die Lernfähigkeit des Menschen zu hoffen. Und deshalb dürfen wir nicht aufhören, diese Geschichten zu erzählen. Geschichten wie jene von Anne Frank. Geschichten gegen das Vergessen.

Februar 2000, Melissa Müller

1. *Die Verhaftung*

Still! Kein lautes Wort mehr! Wer ist noch im Badezimmer? Der Wasserhahn läuft immer noch. Jetzt bloß nicht mehr die Spülung ziehen. Leise, leise. Seid nicht so unvorsichtig. Psst. Nach zwei Jahren könntet ihr doch wirklich wissen ... Nachttöpfe ausleeren. Betten zurückschieben. Schuhe ausziehen! Die Glocken läuten schon. Um halb neun, wenn die Lagerarbeiter kommen, muß es still sein.

Das tägliche Morgenritual im Hinterhaus: Um Viertel vor sieben läutet im Zimmer von Hermann und Auguste van Pels der Wecker. Sein schrilles Scheppern reißt auch die Familie Frank und Fritz Pfeffer ein Stockwerk tiefer aus dem Schlaf. Die folgenden Geräusche sind ihnen nur allzu vertraut: Ein treffsicherer Schlag – jetzt hat Frau van Pels den Wecker abgestellt. Das Knarren, erst stockend, dann immer bestimmter – Herr van Pels steht auf, klettert vorsichtig die steile Holztreppe hinab. Wie immer ist er der erste im Badezimmer.

Anne wartet im Bett, bis sie die Badezimmertür abermals knarren hört. Ihr Zimmergenosse Fritz Pfeffer ist der nächste. Anne atmet auf. Sie genießt die wenigen Minuten, die sie frühmorgens allein in dem engen Raum ist. Mit geschlossenen Augen lauscht sie dem Vogelzwitschern im Hinterhof und streckt sich auf ihrer Schlafstätte. »Bett«

kann man dieses schmale Sofa, das sie um einen Stuhl am Fußende verlängert hat, nun wirklich nicht nennen. Doch Anne findet ihr Schlaflager geradezu luxuriös. Miep Gies, die die Franks in ihrem Versteck mit Lebensmitteln versorgt, hat ihr erzählt, daß andere Untergetauchte in winzigen, oft fensterlosen Verschlägen oder in feuchten Kellern auf dem Boden schlafen. Diszipliniert steht Anne auf und zieht die Stoffbahnen zum Verdunkeln der Fenster auf. Disziplin bestimmt ihr Leben im Versteck. Ein kurzer Blick ins Freie. An diesem Freitagmorgen ist es ziemlich dunstig. Das wird bestimmt ein herrlich warmer Hochsommertag. Wenn sie doch einmal ... nur für ein paar Augenblicke ... doch Geduld, es ist ja bald soweit ... das Attentat auf Hitler vor etwa zwei Wochen hat allen endlich wieder Hoffnung gegeben ... wahrscheinlich kann sie im Herbst wieder zur Schule gehen ... ihr Vater und Herr van Pels sind sicher, daß im Oktober alles überstanden ist ... daß sie dann frei sind ... tatsächlich, heute ist schon der 4. August 1944.

Eindreiviertel Stunden haben sie Zeit, sich für den neuen Tag einzurichten. Bis acht Menschen ihre Morgenwäsche hinter sich gebracht haben, bis die Bettwäsche verstaut, die Betten zur Seite geschoben, Tisch und Stühle zurechtgerückt sind, sind eindreiviertel Stunden im Nu um. Wenn unter ihnen im Lager um halb neun der Betrieb beginnt, darf von oben kein Laut mehr durchdringen. Wie leicht könnten sie sich selbst verraten. Der Lagerleiter van Maaren ist ohnehin schon so mißtrauisch.

Bevor es um neun ein kleines Frühstück gibt, beschäftigt sich jeder für sich. Möglichst lautlos. Diese halbe Stunde am Morgen ist besonders kritisch. Sie lesen, lernen oder nähen – und warten ab. Muß einer von ihnen unbedingt aufstehen, so schleicht er wie ein Dieb auf Strümpfen oder in weichen Pantoffeln durch den Raum. Sprechen ist nur im Flüsterton erlaubt. Wer hell auflacht oder bei einem plötzlichen Schmerz aufschreit, erntet die strafenden Blicke der anderen. Wenn dann nach den Lagerarbeitern endlich auch die Büroangestellten eingetroffen sind und Schreibmaschinengeklapper, Telefonklingeln und die Stimmen von Miep Gies, Bep Voskuijl und Johannes Kleiman – sie alle Freunde und Helfer der Untergetauchten – zur Geräuschkulisse werden, ist die Gefahr etwas gedämpft.

Endlich kommt Miep, um die Einkaufsliste zu holen. Einkaufsliste? Miep muß ohnehin nehmen, was sie bekommt. Und sie bekommt von Tag zu Tag weniger. Doch sie weiß, wie sehnsüchtig die Bewohner des Hinterhauses auf sie warten. Anne bestürmt Miep mit allerlei Fragen, wie jeden Morgen. Miep vertröstet sie auf den Nachmittag, wie jeden Morgen. Erst nach dem großen Ehrenwort, sich nachmittags zu einer ausführlichen Plauderstunde Zeit zu nehmen, entläßt Anne sie ins Büro. Otto Frank zieht sich mit Peter van Pels in dessen winzige Stube im oberen Stockwerk zurück. Heute steht Englisch auf dem Stundenplan, ein Diktat. Allein kommt Peter mit der lästigen Fremdsprache nicht weiter. Also widmet ihm Otto seinen Vormittag. So zieht er sich wenigstens nicht so hin. Margot und Anne vertiefen sich währenddessen einen Stock tiefer in ihre Bücher. Geduld. Sich in Geduld und Disziplin zu üben, das hat die quirlige Anne in den letzten beiden Jahren gelernt.

Ganz unten im Lager läuft die Gewürzmühle. Ihr monotones Rattern klingt vertraut. Willem Gerard van Maaren hat die Tür des Lagerraums zur Prinsengracht weit geöffnet, um das Licht und die Wärme des sanften Amsterdamer Sommers hereinzulassen.

Halb elf. Bis zur Mittagspause haben die beiden Lagerarbeiter noch gut zu tun. Plötzlich stehen fremde Männer, fünf oder mehr, im Magazin – zwischen ihnen einer in Uniform. Deutscher Sicherheitsdienst, SD. Die Männer tragen Waffen. Ein paar Worte fallen, dann deutet der überraschte van Maaren mit dem Daumen nach oben zu den Büroräumen. Ein zweiter Arbeiter, Lammert Hartog, steht angespannt daneben. Sein Blick verrät Unsicherheit. Sofort eilen die Fremden in den ersten Stock zu den beiden Büroräumen, nur einer von ihnen bleibt zurück und behält den Ausgang im Auge. Daß sich Lammert Hartog, der schon bei ihrer Ankunft seine Jacke übergezogen hat, davonstiehlt und nicht mehr wiederkommt, übersieht er. Oder er will es übersehen.

Ohne anzuklopfen, tritt einer der Männer, klein und auffallend korpulent, in das Gemeinschaftsbüro von Miep Gies, Bep Voskuijl und Johannes Kleiman. Miep schaut gar nicht auf. Es ist nicht ungewöhnlich, daß jemand ins Büro kommt. Als sie ein scharfes »Sitzen bleiben. Und keinen Ton!« hört, hebt sie die Augen und blickt in den Lauf einer Waffe. »Rühren Sie sich bloß nicht von der Stelle«, befiehlt der Holländer.

Durch die doppelte Flügeltür klingen schroffe Kommandotöne. Der SD-Mann und drei seiner Handlanger, allesamt Holländer, haben den Firmenchef Victor Kugler im Nebenraum an seinem Schreibtisch überrascht. »Wem gehört dieses Gebäude?« fährt ihn der Uniformierte auf deutsch an. Kugler meint, einen österreichischen Akzent zu erkennen. »Herrn Piron«, antwortet er ebenfalls auf deutsch. Er hat seine Kindheit und Jugend in Österreich verbracht. »Wir sind hier nur Mieter.« Steif bleibt Kugler sitzen und nennt schnell auch die Adresse des Holländers, dem das Gebäude Prinsengracht 263 seit April 1943 gehört.

Ungeduldig faucht der SD-Mann etwas wie: »Lenken Sie nicht ab!« Sein Name, stellt sich heraus, ist Silberbauer. Karl Josef Silberbauer. »Wer hier der Chef ist, will ich wissen.«

»Das bin ich«, erwidert Kugler.

Was suchen die SD-Männer? Kugler, ein nach außen ruhig und äußerst streng, auf viele geradezu unnahbar wirkender Mann, versucht seine Gedanken zu ordnen. Sind sie gekommen, um ihn zu holen? Wissen sie etwa, daß ... wenn sie nur nicht das Hinterhaus ... was, wenn man sie verraten hat? Zwei Jahre und einen Monat ist alles gutgegangen. Unmöglich, daß gerade jetzt ... jetzt, wo die Offensive der Alliierten endlich auch in Nordfrankreich zu greifen beginnt. Jetzt, wo es sich nur noch um ein paar Wochen handeln kann. Jetzt, wo doch alles gut wird.

Sekunden der Selbsttäuschung. Dann weicht seine Hoffnung der fatalen Gewißheit: Die Männer wissen Bescheid. Leugnen macht alles nur noch schlimmer.

»In Ihrem Haus sind Juden versteckt.« Silberbauers Worte klingen wie ein Urteilsspruch in letzter Instanz. Ausweglos.

Silberbauer hat Eile, er ist im Dienst. Und das hier ist für ihn Routine. Er befiehlt Kugler voranzugehen.

Kugler gehorcht. Was bleibt ihm anderes übrig? Die Männer folgen ihm mit gezogenen Waffen. Kuglers stechendblaue Augen scheinen – mehr noch als sonst – wie eine undurchdringliche Wand. Die ihm eigene überkorrekte, stets kontrolliert wirkende Körperhaltung täuscht jedoch: Das Gefühl von Machtlosigkeit lähmt seine Gedanken. In seinem Kopf: nichts, nur wie zu schwarzen Wolken gebauschte Watte. Was ihm an seiner Umgebung vertraut ist, verschwimmt ins Uneindeutige. Die letzten Minuten vor einem Gewitter, schwül, drückend, bedrohlich. Quälende Fragen überfallen ihn: Wer hat seine Schützlinge verraten? Ein Nachbar? Ein Arbeiter? Warum gerade heute?

Scheinbar teilnahmslos geht er den Korridor entlang, der das Vorder- mit dem Hinterhaus verbindet. Stufe für Stufe steigt er die enge Treppe hinauf, die sich oben gleich einer Wendeltreppe nach rechts windet. Dicht hinter ihm folgen die fremden Männer. Silberbauer hat sich an die halsbrecherisch steilen Amsterdamer Aufgänge noch immer nicht gewöhnt. Vierzehn, fünfzehn, sechzehn. Jetzt stehen sie in einem Vorraum, den die großgeblumte Tapete in Beige und Rot noch enger erscheinen läßt. Hinter ihnen die Verbindungstür zum Gewürzlager, direkt vor ihnen ein mannshohes Bücherregal mit drei Fächern, vollgestellt mit grauen, abgegriffenen Aktenordnern. Direkt über dem Regal hängt eine große Landkarte, wie man sie auch in Ämtern und Schulen sieht. Belgien im Maßstab 1:500000.

Aufmachen! Natürlich, sie wissen Bescheid. Ein Ruck. Wie ein schweres Tor läßt sich das Bücherregal von der Wand ziehen. Dahinter – fast einen halben Meter über dem Boden – kommt eine weiße Tür zum Vorschein, deren oberes Ende hinter einer dünnen Wand und der Landkarte verschwindet. Die obere Kante des Türstocks ist mit einem mit Holzwolle gefüllten Lappen gepolstert. Man könnte sich sonst den Kopf anschlagen.

Haben die Franks die lauten Schritte, die fremden Stimmen schon gehört? Auf Victor Kuglers Zögern reagieren die SD-Männer mit neuerlichem Drängen. Haltung! Direkt vor ihnen führt eine weitere Treppe, gerade breit genug für eine Person, in den oberen Stock des Hinterhauses. Kugler geht den schmalen Gang links daran vorbei und öffnet die Verbindungstür.

Als erste sieht Kugler Annes Mutter Edith Frank, die an ihrem Tisch sitzt. »Gestapo«, hört er sich zischen. Mehr kommt ihm nicht über die trockenen Lippen. Sie wird in Panik ausbrechen, fürchtet er. Doch Edith bleibt sitzen, wie gelähmt. Aus weiter Ferne schaut sie auf Kugler und die fremden Männer. Teilnahmslos. »Hände hoch«, befiehlt ihr einer der Holländer mit gezogener Waffe. Mechanisch hebt sie ihre Arme. Ein anderer treibt Anne und ihre Schwester Margot aus dem Nebenzimmer. Mit den Händen über dem Kopf müssen sie sich neben ihre Mutter stellen.

Zwei der holländischen Polizisten sind inzwischen ein Stockwerk höher gerannt. »Hände hoch!« Während der eine mit seiner Pistole Herrn und Frau van Pels in Schach hält, stürmt der andere die kleine Nebenkammer. »Hände hoch!« Wie gefährliche Verbrecher, die um ihre Freiheit kämpfen könnten, tastet er Otto Frank und Peter van Pels nach Waffen ab. Dann treibt er sie hinaus, wo Peters Eltern stehen, schweigend, die Hände über dem Kopf, den Blick ins Leere gerichtet. »Runter mit euch. Aber schnell.« Als letzter erscheint auch Fritz Pfeffer, eine Waffe im Rücken.

Die SD-Männer wirken zufrieden. Acht Juden auf einen Streich. Ein guter Vormittag. »Wo ist Ihr Geld, wo sind Ihre Wertsachen?« fragt Silberbauer in seinem bedrohlichen Befehlston. Tempo, Tempo, keine Zeit zu verlieren. Die acht Gefangenen wirken unglaublich gefaßt. Nur Margot laufen Tränen über die Wangen. Lautlos.

Otto Frank spürt, daß sie sich jetzt kooperativ zeigen müssen. Dann wird alles gut. Die Deutschen haben doch selbst Angst. Sie wissen doch auch, daß die Offensive der Alliierten ..., daß es sich nur noch um Wochen handeln kann. Otto zeigt auf den in der Wand versenkten Schrank, in dem er die Wertsachen der Familie aufbewahrt. Silberbauer ordnet seinen Helfern an, die übrigen Räume des Hinterhauses nach Schmuck und Geld zu durchsuchen, auch den Dachboden. Er selbst holt die sperrige Kassette der Franks aus dem Schrank. Sein Blick streift durch das Zimmer. Jetzt hat er gefunden, was er braucht. Ottos lederne Aktentasche. Eigentlich Annes Aktentasche; denn Otto hat sie seiner Tochter als sicheren Aufbewahrungsort für ihre persönlichen Papiere überlassen. Silberbauer öffnet die Tasche, dreht sie kopfüber und läßt die Tagebücher, Schreibhefte und losen Blätter achtlos auf den Boden fallen. »*... mein Tagebuch nicht, mein Tagebuch nur zusammen mit mir!*« hat Anne vier Monate vorher notiert. Jetzt zeigt sie keine Reaktion.

Silberbauer, den die scheinbare Unbetroffenheit seiner Gefangenen irritiert, läßt den Inhalt der Kassette in die Aktentasche fallen und brüllt: »Los, fertigmachen! Beeilung! In fünf Minuten sind alle abmarschbereit!« Wie in Trance holen die Verhafteten ihre Fluchttaschen; aus dem

Nebenzimmer, von oben. Rucksäcke, die seit zwei Jahren bereithängen, gepackt für den Notfall, daß wirklich einmal ein Brand ausbrechen sollte und sie das Hinterhaus verlassen müßten. Über das wüste Durcheinander, das die holländischen Nazis bei ihrer Durchsuchung bereits angerichtet haben, sehen sie hinweg.

Silberbauer, SS-Oberscharführer, kann nicht stillstehen. Auf seinen schweren Stiefeln treibt es ihn in dem engen Zimmer hin und her. Hin und her. Das wirkt einschüchternd, hat man ihm gesagt. Ihm hilft es auch, die Zeit bis zum Abmarsch zu überbrücken. Er ist 33 Jahre alt, sein aschblondes Haar über den fleischigen großen Ohren militärisch ausrasiert, seine Lippen hell und schmal, seine Augen zu Schlitzen zusammengekniffen. Ein Allerweltstyp, gehorsam, obrigkeitshörig. Seine Uniform gibt ihm Halt, das sieht man. Er gehört jetzt zu den Stärkeren, das denkt er. Viel mehr denkt er nicht. Er führt Befehle aus. Das Hinterhaus zu räumen ist ein ganz alltäglicher Befehl. 1939 ist der gelernte Polizist der SS beigetreten, im Oktober 1943 aus seiner Heimatstadt Wien in die Amsterdamer Außenstelle der Gestapo-Abteilung IV B4 versetzt worden, dem sogenannten Judenreferat im Reichssicherheitshauptamt Berlin, das mit der effizienten »Lösung der Judenfrage« beauftragt und Adolf Eichmann unterstellt ist. Silberbauers Frau lebt derweil in Wien.

Plötzlich hält er inne und starrt auf die große graue Kiste, die zwischen Edith Franks Bett und dem Fenster auf dem Boden steht.

»Wem gehört diese Truhe?« will Silberbauer wissen.

»Mir«, antwortet Otto wahrheitsgemäß. »Leutnant d. Res. Otto Frank« steht in deutlich lesbaren Lettern auf dem Deckel der eisenbeschlagenen Kiste. »Ich war Offizier im Ersten Weltkrieg.«

»Aber ...«, Karl Silberbauer fühlt sich sichtlich unwohl. Diese Kiste hat hier nichts verloren. Sie stört seine Routine. »Aber warum haben Sie sich dann nicht gemeldet?« Otto Frank ist ihm nach militärischer Rangordnung überstellt. Frank, ein Jude.

»Sie wären doch nach Theresienstadt gekommen«, betont er, als wäre das Konzentrationslager Theresienstadt eine Kuranstalt für Erholungssuchende.

Unruhig schaut der SS-Mann durch den Raum, vermeidet den Blickkontakt mit Otto Frank, der ruhig dasteht. Im Unterschied zu den anderen möchte er nichts mehr einpacken.

»Wie lange sind Sie hier schon versteckt?«

»Zwei Jahre«, antwortet Otto Frank, »und einen Monat.« Als er Silberbauers ungläubiges Kopfschütteln sieht, deutet er an die Wand rechts neben der Tür zu Annes Zimmer. Dünne Bleistiftstriche auf der Tapete markieren, wieviel Anne und Margot seit dem 6. Juli 1942 gewachsen sind. Silberbauers Blick bleibt an einer kleinen, gleich rechts neben den Strichen an der Wand befestigten Normandie-Karte hängen, auf der Otto den Vorstoß der Alliierten nachvollzogen hat. Zahlreiche Stecknadeln mit bunten Köpfen, rot, orange und blau, die ihm Edith aus ihrem Nähkasten spendiert hat, markieren die Erfolge der Alliierten.

Silberbauer ringt sich zu einem geräusperten »Sie können sich Zeit lassen« durch. Verliert er gleich die Fassung? Ist er gar betroffen? Während ein paar seiner Helfer die Gefangenen bewachen, zieht er es vor, unten nach dem Rechten zu sehen.

Durch das kleinere Chefbüro, in dem eben noch Victor Kugler gearbeitet hat und nun sein Kollege Johannes Kleiman verhört wird, und den fensterlosen Durchgangsraum betritt er das Gemeinschaftsbüro. Durch die fast raumhohen Fenster sieht man die Sonnenstrahlen wie kleine Sternschnuppen auf dem Grachtenwasser tanzen.

»So«, hört Miep Gies, die allein in dem Büro zurückgeblieben ist, Silberbauer auf deutsch sagen. Ihrem Mann Jan, der zwischenzeitlich wie jeden Mittag bei ihr vorbeikam, konnte sie unbemerkt die Lebensmittelkarten zustecken und ihn rechtzeitig wieder aus der Tür drängen. Mieps Bürokollegin Bep Voskuijl, die vor lauter Tränen kaum mehr durch ihre Brille sah, schickte Kleiman mit seiner Geldbörse und einer Nachricht an seine Frau fort. Auch Miep hätte gehen können, doch sie wollte bleiben.

»Jetzt bist du an der Reihe«, droht Silberbauer. Sein Wiener Dialekt klingt vertraut. Sie ist selbst in Wien geboren und hat bis zu ihrem elften Lebensjahr dort gelebt.

»Ich bin auch aus Wien«, antwortet sie mit fester Stimme.

Eine Landsmännin; damit hat der Nazi nicht gerechnet. Nur nicht aus der Routine kommen. Personalausweis. Standardfragen. Silberbauer ist völlig überfordert. »Schämen Sie sich nicht, diesem Judenpack zu helfen, Sie Verräterin?« brüllt er, als könnten ihm die aggressiven Laute den Halt zurückgeben, den er eben zu verlieren droht. Seit der Landung der Alliierten am 6. Juni sind die Aktionen gegen Juden praktisch eingestellt worden. Der Sicherheitsdienst hat jetzt andere Sorgen; er muß sich auf die Verteidigung Hollands vorbereiten. An diesem Morgen hat Silberbauers Dienststelle eine Ausnahme gemacht – den Tip, den ihr der holländische Anrufer gegeben hat, konnte sie nicht unbeantwortet lassen. Also ist Silberbauer losgeschickt worden. Es hörte sich so einfach an. Hingehen. Acht Juden abführen. Daß sie keine Fluchtmöglichkeit hatten, war klar. Und nun all diese Komplikationen. Hätte er das geahnt …

Miep nimmt all ihre Kraft zusammen und schaut Silberbauer fest in die Augen. Endlich beruhigt er sich, murmelt etwas von persönlicher Sympathie und daß er nicht wisse, was er mit ihr tun solle, und verläßt mit der Androhung, daß er morgen wiederkomme, um sie zu kontrollieren, den Raum. Er will die Aktion hinter sich bringen, weg aus diesem beklemmenden Haus.

Der telefonisch angeforderte Lastwagen, ein Lieferwagen ohne Seitenfenster, trifft endlich ein. Streng bewacht von den Nazi-Polizisten steigen die acht Verratenen und Victor Kugler die Treppe aus dem Hinterhaus hinunter, tappende Schritte, einer nach dem anderen, durch den Korridor an den Büros vorbei, noch eine steile Treppe, dann stehen sie im Freien. Das erste Mal seit zwei Jahren und einem Monat wieder auf der Straße. Das Sonnenlicht blendet sie. Drinnen im Wagen ist es wieder dunkel.

Miep bleibt mit Lagerleiter van Maaren im Haus zurück. Johannes Kleiman ist wie Kugler mit den Untergetauchten abtransportiert worden. Fassungslos sitzt sie an ihrem Schreibtisch, erschöpft und leer. Sie könnte das Haus verlassen, doch sie bleibt immer noch. Kann sie ihren Freunden irgendwie helfen? Gibt es doch noch eine Rettung? Werden die Polizisten zurückkehren?

Minuten vergehen, oder Stunden, sie weiß es nicht. Dann endlich kommt ihr Mann Jan, um nach ihr zu sehen. Schließlich kehrt auch ihre Kollegin Bep zurück.

Gemeinsam mit van Maaren wagen sie sich ins Hinterhaus. Silberbauer hat die Tür hinter dem Bücherregal versperrt und den Schlüssel mitgenommen. Doch Miep hat einen Zweitschlüssel. Entsetzt stehen sie vor dem Chaos, das die Polizisten angerichtet haben. Hemmungslos haben sie alles aus den Schränken gerissen, die Betten zerlegt. Der Boden im Zimmer der Franks ist mit Heften und losen Blättern bedeckt. Dazwischen ein kariertes Büchlein, das einem Poesiealbum ähnelt. Annes Tagebuchaufzeichnungen! Mit flinken Handgriffen sammelt Miep die Papiere ein. Bep hilft ihr dabei. Schnell greifen sie nach ein paar Bibliotheksbüchern, die sie für Anne und Margot ausgeliehen hatten. Da, Ottos Kofferschreibmaschine. Annes Frisierumhang. Wertvolles, das sie für die Verhafteten aufbewahren wollen, finden sie nicht. Das haben die Polizisten bereits gestohlen.

Es ist spät geworden. Draußen scheint immer noch die Sonne, sie taucht Fassade und Innenräume der Prinsengracht 263 in jenes goldgelbe, klare Abendlicht, das man von den Bildern Vermeers kennt. Miep stapelt Annes Tagebücher und die vielen losen Blätter, ohne ein Wort darin zu lesen, und verstaut sie in Beps Anwesenheit in ihrer Schreibtischschublade. Soll sie sie absperren? Nein, das würde bloß die Neugierde desjenigen erregen, der daran rüttelt. Sie will Anne ihre Aufzeichnungen doch gleich zurückgeben, wenn sie nach Kriegsende wiederkommt.

2. *Anne in Frankfurt*

Anne Frank meldete sich lautstark ins Leben. Morgens um halb acht am 12. Juni 1929 – die noch schwachen Strahlen der Frühsommersonne kämpften sich gerade durch die Dunstwolkenschicht über Frankfurt – wurde sie in der Klinik des Vaterländischen Frauenvereins geboren. Die Bestimmtheit ihrer ersten Schreie beruhigte die Mutter. Die Geburt war nicht ganz komplikationslos verlaufen, beinahe hätte das Kind, mit 54 Zentimetern Länge und einem Gewicht von mehr als vier Kilo auch von beruhigender Statur, zu wenig Sauerstoff bekommen. Die Intensität, mit der Anne die folgenden Wochen durchschrie, sollte Edith Frank-Holländer jedoch noch ihre Ruhe rauben …

Zwei Tage nach der Geburt durfte die dreijährige Margot ihr Schwesterchen erstmals besuchen. An der Hand ihrer Aachener Oma kam sie in die Klinik. Die Sorge der Eltern, sie könnte mit Eifersucht reagieren, erwies sich als unbegründet. Wie schön, ein Mädchen. Margot lachte begeistert beim Anblick des Neugeborenen mit den lustig abstehenden Ohren und den entzückend zerzausten, schwarzen Haaren auf dem Kopf; so seidig weich, daß man unentwegt darüberstreichen mochte. Als Otto Heinrich Frank den vollen Namen seiner zweiten Tochter mit »Annelies Marie« eintragen lassen wollte, stieß er bei der

Verwaltung der Klinik in der Eschenheimer Anlage zunächst jedoch auf Unverständnis. Man hatte den »Säugling Frank« bereits mit männlichem Geschlecht versehen.

Margot wartete ungeduldig, bis die Mutter und das neue Schwesterchen endlich nach Hause in den Marbachweg kamen. Nach seiner Hochzeit am 12. Mai 1925 war das junge Ehepaar in Ottos Elternhaus an den Frankfurter Beethovenplatz gezogen, das der Vater, Bankier Michael Frank, 1901 gekauft hatte und das seine ebenso resolute wie liebenswürdige Mutter Alice Betty Frank-Stern seit dem plötzlichen Tod ihres Mannes im Jahr 1909 mit Würde und Traditionsbewußtsein allein geführt hatte. Ein großbürgerliches Stadthaus im noblen Westend, repräsentativ und geräumig, von zeitgemäßer Exklusivität, natürlich mit Dienstboteneingang. Insgesamt zwei Jahre lebten Otto und Edith Frank in dem Haus, schon nach neun Monaten kam Töchterchen Margot Betty dazu. Mit dem zweiten Vornamen wollte Edith an ihre zwei Jahre ältere Schwester Bettina – »Betty« – erinnern, die schon mit sechzehn gestorben war. Eine glückliche Fügung, daß die Großmutter diesen Namen auch als Wertschätzung ihrer Person interpretieren konnte.

Edith Frank dürfte ihren Wunsch nach einem eigenen Heim, einem nach ihren eigenen Vorstellungen geführten Haushalt immer dringender geäußert haben. Das entsprach zwar weder Ottos noch Ediths Familientradition – Eltern, Kinder und Kindeskinder wohnten von jeher selbstverständlich als Großfamilie unter einem Dach. Aber Ediths Wunsch entsprach der Zeit. Die junge Generation emanzipierte sich, wollte – trotz ihrer Liebe und Verbundenheit zur Familie – ihr eigenes Leben führen. Mitte 1927 – Margot hatte gerade gehen gelernt – mietete die Familie schließlich ihre erste Wohnung am Marbachweg, an der Bertramshöhe am Stadtrand von Frankfurt.

War es schon einigermaßen ungewöhnlich, überhaupt eine eigene Wohnung in der gleichen Stadt zu nehmen, so überraschte die Wahl des Stadtteils erst recht. Daß Otto und Edith Frank gerade an den unschicken Marbachweg zogen, hatte mehrere Gründe.

Zum einen wollte Otto dem modernen und weitsichtigen Wunsch seiner Frau nach einem kleinen Garten, jedenfalls einem großzügigen Balkon entsprechen. Ihre Kinder sollten im Grünen aufwachsen, möglichst viel an der frischen Luft spielen. Zum anderen war der Frankfurter Wohnungsmarkt eng, die Preise entsprechend hoch, doch am Marbachweg waren geräumige Wohnungen noch recht günstig zu haben. Aber auch andere wichtige Überlegungen dürften der Entscheidung für die Doppelhaushälfte am Marbachweg vorausgegangen sein. Schick oder nicht schick – die Gegend hatte so gar nichts mit dem jüdischen großbürgerlichen Milieu gemein, an das sowohl Otto als auch Edith gewöhnt waren. In das eben erst besiedelte Neubaugebiet zogen Beamte, Lehrer, kleine Angestellte – keine Unternehmer wie Otto Frank. Die Familie mußte auf eine Außenseiterrolle gefaßt sein, dürfte aber gerade in diesem ungewohnten Umfeld auch die Chance zu einer echten Integration, wie sie Otto und Edith im Sinn stand, gesehen haben.

Das Risiko schien sich zu lohnen. Für Margot entpuppte sich die kleinbürgerliche, geradezu ländliche Idylle am Marbachweg als Paradies. Die Bewohner der Häuserreihe, Doppelhaus an Doppelhaus, jedes mit hübschem Gartenanteil, wuchsen mit der Zeit zu einer kunterbunten Großfamilie zusammen. Die Franks bewohnten eine große Wohnung in der rechten Doppelhaushälfte, Hausnummer 307. Eigentlich waren es zwei getrennte Wohnungen übereinander, die nur über das Treppenhaus miteinander verbunden waren. Das war zwar etwas unpraktisch, sie gewöhnten sich aber schnell daran. Unten hatten sie den Wohn-

und Eßbereich mit ihrer umfangreichen Bibliothek eingerichtet – die Franks waren bei Gott keine Intellektuellen, aber interessiert und belesen. Außerdem die Küche, ein Bad und ein Zimmer für Edith. Eine kleine Kammer nur, aber groß genug für ihren zierlichen Sekretär, den sie aus Aachen mitgebracht hatte, und ein zusätzliches Bücherregal, in dem sie auch ihre hebräischen Gebetsbücher aufbewahrte. Im Stockwerk darüber befanden sich das Schlafzimmer der Eltern, Margots Kinderzimmer, das Mädchenzimmer der Haushälterin Kati Stilgenbauer, die Eltern wie Kinder noch fest ins Herz schließen würden, und ein Raum für Gäste. Schließlich kamen Ediths Eltern und Brüder häufig aus Aachen angereist.

Nebenan in Nummer 305 wohnte im Erdgeschoß der Vermieter Otto Könitzer, ein Lehrer, der das Haus mit Unterstützung der Siedlungsgenossenschaft des Frankfurter Lehrervereins gebaut hatte. Im Stockwerk darüber Familie Stab mit ihren beiden Mädchen Hilde und Marianne. Herr Stab war Angestellter des angesehenen Bauunternehmens Holzmann. Das Nachbarhaus, Nummer 303, hatten die Naumanns, eine Lehrerfamilie mit sechs Kindern, errichtet, selbst eine Wohnung bezogen und die übrigen vermietet.

Trotz ihres unterschiedlichen sozialen und konfessionellen Hintergrunds pflegten die Erwachsenen nachbarschaftlich-freundliche Beziehungen. Während im Westend immerhin zwanzig Prozent Juden gelebt hatten, waren die Franks hier eine große Ausnahme. Eine Synagoge gab es in der Nähe nicht. Otto fiel das vermutlich erst auf, als Edith ihn darauf hinwies. Er war ohne religiöse Erziehung groß geworden. Sie hingegen besuchte weiterhin regelmäßig die Synagoge im Westend. Auch die Naumanns und die Stabs gehörten als Katholiken zu einer religiösen Minderheit – jedenfalls hier in Frankfurt.

Die Kinder, die religiöse wie soziale Unterschiede erst

wichtig nehmen, wenn sie ein Erwachsener darauf hinweist, spielten tagaus, tagein miteinander; Margot, eine der Jüngsten, wurde liebevoll integriert. Wie selbstverständlich. Genauso hatten Otto und Edith sich das erhofft: Margot – und später natürlich auch Anne – sollte unbefangen, frei von Vorurteilen aufwachsen, ein offenes Herz für alle Menschen haben, egal welcher Herkunft, egal welcher Religion. Nach den jahrelangen antisemitischen Anfeindungen schien sich die Lage in Deutschland nun wieder entspannt zu haben. Nach dem Ersten Weltkrieg hatten die Rechtsradikalen gegen die Juden gehetzt, sie für die deutsche Niederlage und damit auch für die ökonomische und soziale Krise Anfang der zwanziger Jahre verantwortlich gemacht. Seit einiger Zeit ging es wirtschaftlich wieder aufwärts.

Meist trafen sich die Kinder bei Hilde und Marianne Stab, denn ihr Garten war der größte, hatte eine Schaukel und sogar einen Sandkasten. Sie buken Sandkuchen oder versorgten ihre Puppen, vergnügten sich beim Tischtennisspielen, mit dem Ball oder beim Fangen. Im Haus spielten sie – mit frommer Ernsthaftigkeit – oft »Kirche«. Hilde Stab baute in ihrem Zimmer einen kleinen Hausaltar auf und gab als Pfarrer die Spielregeln vor. Die fünf Jahre jüngere Margot mimte einen der Meßdiener. Wer mitspielen wollte, war willkommen. Nur mit Otto, Heidi und Eva, den drei Kindern des Vermieters, wurden sie nie richtig warm. Vielleicht, weil deren alte Oma immer so böse aus dem Fenster schaute und beim kleinsten Anlaß schrecklich schimpfte. Daß ihr Vater der Nationalsozialistischen Deutschen Arbeiterpartei unter der Führung eines gewissen, propagandistische Reden schwingenden Adolf Hitler nahestand, war den Kindern natürlich nicht bewußt. Den Eltern entging das hingegen nicht. Juden, so hatte man dem Vermieter, Otto Könitzer, beigebracht, könnten keine deutschen Volksgenossen sein. Das sagte man 1927 nicht laut; aber genaugenommen waren Juden für jemanden wie ihn

Staatsfeinde, die den Deutschen ihre Arbeit wegnahmen. Doch Juden – so sein antisemitisches Vorurteil – waren auch reich. Juden waren verläßliche Mieter. Man brauchte sich nicht zu sorgen, daß sie morgen ihre Miete schuldig blieben. Deshalb waren ihm die Franks gerade recht. Daß sie gleich zwei Wohnungen gemietet hatten, gab seinem Vorurteil weitere Nahrung.

Zu Gertrud Naumann, die sich noch heute gut an die Atmosphäre am Marbachweg erinnern kann, entwickelten die Franks vom ersten Tag an ein besonders inniges Verhältnis. Das Mädchen mit den dicken, zum Po reichenden blonden Zöpfen und dem freundlichen breiten Grinsen hatte neugierig beim Abladen des Umzugswagens zugeschaut und ging von da an bei den Franks ein und aus. Gertrud war die Jüngste von sechs Geschwistern und geradezu verrückt nach kleinen Kindern. Voll Hingabe schob sie Margot im Kinderwagen vor sich her, trug sie herum, führte sie den Nachbarskindern vor. Doch Margot war für sie keineswegs eine Puppe, die sie jederzeit wieder weglegen konnte, wenn sie ihr langweilig wurde. Mit ihren zehn Jahren schien Gertrud bereits begriffen zu haben, welche Verantwortung die Betreuung eines Kleinkinds bedeutet. Edith spürte das und vertraute ihr Margot gerne an.

Am frühen Nachmittag, wenn Gertrud aus dem Unterricht von den katholischen Ursulinen kam und Margot ihren Mittagsschlaf halten sollte, legte sich Gertrud still neben sie und hielt Wache. Ging Otto nach seiner Mittagspause zurück ins Büro und wollte Edith Besorgungen machen, konnten sie Gertrud getrost mit Margot allein lassen. Für den Notfall war immer noch Kati da, die gute Seele des Hauses.

Häufig blieb Gertrud zum Essen – die Eintöpfe mit Graupen oder Grünkern, Suppenfleisch und Gemüse schmeckten köstlicher als ähnliche Topfgerichte bei ihr daheim. Und die Cervelatwurst, die Edith auf den Tisch brachte, schien ihr die beste auf der ganzen Welt. Am liebsten hatte Gertrud die erfrischende Kaltschale aus Cornflakes, geriebenem Apfel und süßem Rahm, eine geradezu exotische Kreation, die nur bei den Franks serviert wurde. Edith war in einem koscheren Haushalt aufgewachsen, sie selbst hielt sich jedoch nicht an die jüdischen Speisegesetze. Otto hätte auch wenig davon gehalten. Wenn ihre Eltern aus Aachen zu Besuch kamen, brachte Edith Milch und Fleisch freilich nur getrennt auf den Tisch, Schweinefleisch war dann tabu.

Auch wenn die Franks Gäste hatten, war Gertrud oft dabei. Wenn Verwandte zu Besuch kamen oder Freunde aus dem Westend, die Wertheimers oder die Samuels, zu denen Otto und Edith auch weiterhin den Kontakt hielten. Oder Ottos Sekretärin Frau Schneider, eine große, kräftige Frau mit einer dick verglasten Brille auf der Nase, die kinderlos geblieben war und Gertrud am liebsten als Haustochter aufgenommen, gleichsam adoptiert hätte.

Nein, Gertrud war kein Kindermädchen, Gertrud war für die Franks fast wie ein eigenes Kind. Sie gehörte zur Familie. »Papa Frank«, nannte sie Otto, obwohl sie ihren eigenen Vater, einen strengen, gerechten Mann, sehr liebte. Doch Ottos Herzlichkeit zog sie an. Edith hingegen war nicht der Mensch, auf dessen Schoß man sich setzte, den man stürmisch umarmte oder der einem zur Begrüßung einen herzhaften Kuß auf die Wange drückte. Sie zeigte ihre große Zuneigung eher verhalten, mit freundlichen Worten oder aufmerksamen Geschenken. Zum Geburtstag etwa – und auch zu Weihnachten, obwohl die Franks selbst nie Weihnachten feierten. Von ihnen bekam Gertrud ihre erste Uhr, ein andermal eine Kette, eine hübsche Pelzkrawatte oder einen versilberten Federhalter. 1928 nahmen die Franks sie sogar in die Osterferien in den Kurort Bad Soden am Taunus mit. Gertrud teilte ein Zimmer mit Margot. Daß die Familie gerade nach Bad Soden reiste, hatte einen guten Grund: Neben dem »Bankgeschäft Michael Frank« gehörten die gehörten die Brunnenverwaltung Bad Soden sowie ein Betrieb zur Erzeugung von Bad Sodener Mineral-Pastillen, Lutschtabletten gegen Husten und Heiserkeit, die vor Ort aus den kochsalz- und kohlensäurehaltigen Mineralquellen gewonnen wurden, zum Familienunternehmen. Diesen Geschäftszweig führte Ende der zwanziger Jahre Otto Frank. Ein Kaufmann aus Überzeugung war er jedoch nicht.

Als Edith die kleine Anne zwölf Tage nach ihrer Geburt nach Hause brachte, empfing Gertrud sie ebenso begeistert wie Margot. Sie würden Anne in Margots Puppenbettchen stecken, ihr den Po pudern, sie spazierenführen, liebkosen und verwöhnen …

Die Begeisterung verging den beiden auch nicht, als Anne weinte und weinte, zwischendurch vor Erschöpfung einschlief, um bald darauf wieder herzzerreißend loszuschreien. Ein stürmisches Kind. Tagsüber war sie unruhig – offenbar machte ihr die Hitze zu schaffen. Nacht für Nacht raubte sie ihren Eltern den Schlaf – der Bauch tat ihr weh. »*Hat viel Durchfall und Bauchschmerzen*«, vermerkte Edith kurz und bündig in Annes Babybuch. »*Schreit sechs Wochen die ganze Nacht durch.*« Anne traf das Schicksal der Zweitgeborenen. Hatte Edith jeden Fortschritt ihres ersten Kindes noch detailreich ausgeführt und liebevoll kommentiert, so beschränkte sie sich nun auf wenige Notizen zwischen den Fotos.

Vielleicht ließ ihr Anne tatsächlich keine Muße dazu. Edith und Otto waren verwöhnte Eltern: Margot wurde als Sonnenschein geboren, strahlte aus dem Gitterbettchen, schlief von Geburt an die Nächte durch – und ließ auch die beiden ruhen. Weinen und Schreien gehörten nicht in ihr Repertoire. »Engelchen«, so nannte man das bildhübsche Mädchen deshalb in der Familie.

Annes ausgeprägter Wille hingegen war eine Herausforderung, ihre Ruhelosigkeit anstrengend. Abwechselnd kümmerten sie sich um das Sorgenkind, häufig stand Otto nachts an ihrem Bettchen, sprach ihr tröstend zu und massierte zärtlich ihren Bauch.

Vielleicht aber schrieb Edith auch deshalb so wenig in das Babyalbum, weil sich zu den Sorgen um Annes Wohlbefinden weitere, vor allem wirtschaftliche Unsicherheiten gesellten – obwohl doch zunächst alles so gut zu laufen schien. Nach dem Ersten Weltkrieg hatte die Familie Frank große finanzielle Verluste hinnehmen müssen. Geschäftlich, weil die Bank durch die einschränkenden Bestimmungen für den Devisenhandel in arge Bedrängnis geraten war. Privat, weil die Inflation die Ersparnisse aufgefressen und die Familie, patriotisch wie sie war, zudem auf Kriegsanleihen und damit auf den deutschen Sieg gesetzt hatte.

Seit Margots Geburt hatte sich die wirtschaftliche Lage in Deutschland langsam stabilisiert. Die Hoffnung, nach der langjährigen Depression ein sicheres und solides Leben führen zu können, gab Edith und Otto Mut. 1927 war allgemein ein geschäftlich erfolgreiches Jahr. Die liberale bürgerliche Mitte, deren Werten sich Otto und Edith verbunden sahen, versprach Kontinuität. Goldene Zwanziger? Otto gab seine Stimme – gleich dem Großteil der deutschen Juden – der Deutschen Demokratischen Partei, die für den Fortschritt, eine wachstumsorientierte Privatwirtschaft, für soziale Gerechtigkeit, Toleranz, Mitmenschlichkeit und Individualismus eintrat. Sie war national orientiert – im untendenziösen Sinn des Wortes.

Otto, der in der Welt herumgekommen war, war stolzer Deutscher. Ein Patriot. Er hatte in Amsterdam gelebt und davor schon in New York. Wäre sein Vater nicht so früh, nur ein Jahr nach Ottos Schulabschluß, gestorben, hätte er sich seiner Reiselust sicher noch länger hingegeben. »*Schon während der Schulzeit wurde ich wegen meiner Neigung zu Reisen ins Ausland aufgezogen, besonders wegen meiner ›Erholungsreise‹ nach Spanien während der Osterferien und nach England während der Muluszeit*«, hatte Otto 1918 in einem Feldpostbrief an seine früheren Mitschüler, die den »Verein ehemaliger Lessing-Gymnasiasten« gegründet hatten, geschrieben. »*So hielt ich es denn auch nach Verlassen der Schule nicht allzu lange zu Hause aus und verbrachte die Winter 1909/10 und 1910/11 in New York. Die Absicht, dauernd im Ausland zu bleiben, hatte ich nie.*«

In New York, wohin er nach einem wenig inspirierten Kunstgeschichte-Semester an der Universität Heidelberg gegangen war, hatte er ein angenehmes Leben geführt: Tagsüber absolvierte er eine Art Praktikum bei Macy's – das berühmte Kaufhaus gehörte der Familie seines Studienkollegen Nathan Straus. Abends unterhielt er sich bei gesellschaftlichen Anlässen in seinem großen Bekanntenkreis aus jüdischen Emigranten und Amerikanern. Otto stand der Welt offen und interessiert gegenüber, doch seiner Heimat Deutschland stand er am nächsten.

Nur vier Monate nach Annes Geburt bestätigten sich die bösen Vorahnungen. Der Kurssturz an der New Yorker Börse am Freitag, dem 25. Oktober 1929, dem Schwarzen Freitag, stürzte die Finanzwelt in eine tiefe Krise, ein kleines Bankhaus wie das »Bankgeschäft Michael Frank«, das vorrangig Auslandsgeschäfte tätigte, erst recht. Der Umsatz der Bank ging um 90 Prozent zurück. Auch das Bad Sodener Geschäft mit den Hustenbonbons ging schlecht. Wer um seinen Arbeitsplatz bangen mußte, wer ihn plötzlich verlor, der hielt Halskratzen und Heiserkeit auch ohne reizmindernde Tabletten aus.

Und immer mehr Menschen standen auf der Straße. Otto war in Sorge – nicht nur um seine eigene Familie, denn trotz der monatlichen Apanage, die Edith aus Aachen erhielt, war Geld nicht eben im Überfluß vorhanden, sondern auch um seine Mutter und seine Geschwister, denn sie alle waren von dem Familiengeschäft abhängig.

Die Lage spitzte sich schon bald zu. Mit der Verschlechterung der ökonomischen Situation – dramatisch steigenden Arbeitslosenzahlen, Steuererhöhungen, Kürzung der Sozialleistungen – wuchsen Unruhe und Unzufriedenheit in der Bevölkerung. Die Schuldigen waren schnell gefunden – die Juden. Die Juden waren alle gleich ... Nun konnte man es also wieder laut sagen: Der Jude, wer sonst, hätte den Arier, achtbar und aufrecht, edel und ehrlich, strebsam und stark, um Gut und Geld gebracht. Der Jude ist unser Unglück, hörten Arbeitslose von fanatischen Rechten, hörten Kinder von ihren Eltern. Beim Juden herrscht das Böse vor. Wer sich benachteiligt fühlte, war empfänglich für antijüdische Propaganda. Brachten es die Nationalsozialisten 1928, kurz vor der Weltwirtschaftskrise, auf drei Prozent der Wählerstimmen, so stieg ihr Anteil bei den ersten Reichstagswahlen während der Krise, im September 1930, bereits auf 18 Prozent, im Juli 1932 gar auf 37.

Otto und Edith waren realistisch genug, die drohende Gefahr ernst zu nehmen, aber so optimistisch, sie nur als ein vorübergehendes Übel zu werten. Margots und Annes heile Kinderwelt sollte jedenfalls nicht gestört werden. Zu Hause drehte sich alles um die beiden Mädchen – selbst wenn Gäste kamen. Amüsierten sich die Erwachsenen mit Ratespielen, durften Margot und oft auch Gertrud Naumann mitspielen und wurden mit besonders leichten Fragen bedacht.

Anne war noch zu klein, um mitzumachen. Doch schon bevor sie sprechen konnte, gelang es ihr, die Aufmerksamkeit ihrer Umgebung auf sich zu lenken. Aus dem herzzerreißend weinenden Säugling, der tatsächlich an unangenehmen Schmerzen gelitten haben mußte, war ein lebendiges Kleinkind geworden. Ihr ausgeprägter Spaß am

Sandkastenspiele in der Ganghoferstraße:
die etwa zweijährige Anne unter Aufsicht ihrer Mutter, 1931

Unsinn ließ Entertainerqualitäten erahnen. Ihre Kindermädchen, ihre Großmütter und nicht zuletzt ihren Vater verstand sie mit ihrer natürlichen Liebenswürdigkeit und ihrer quecksilbrigen Munterkeit so geschickt um den Finger zu wickeln, daß sie ihre Wünsche meist durchsetzte. Ihr charmantes Lächeln konnte betören, ihr vergnügt glucksendes Lachen anstecken. Schaffte sie es nicht mit Anschmiegsamkeit und einnehmenden Augenaufschlägen, so weinte sie bitterlich um Erbarmen. Wie sie es auch anstellte, am Ende setzte sie sich doch durch. »Frauenzimmerchen« nannte Ottos Mutter ihre jüngste Enkelin. Anne war eigenwillig, viel eigenwilliger als Margot. Wenn ihr danach war, ignorierte sie simple Anstandsregeln, die für Margot immer selbstverständlich waren. Aber das kleine Mädchen, das frech und neugierig wie ein Lausbub in die Welt blickte, provozierte ihre Eltern nur selten so sehr, daß sie sich nicht anders als mit einem Klaps auf den Po zu helfen wußten. Anne forderte sehr viel Aufmerksamkeit, war stark stimmungsabhängig und konnte gar nicht genug bekommen von zärtlichen Liebesbeweisen.

Otto, dessen Vorbiß und ausgeprägte Eckzähne Anne geerbt hatte, beschäftigte sich intensiv mit seinen Kindern. Er war ein ungewöhnlicher Vater. Wo andere männliche Familienoberhäupter in aller Regel wenig mit ihren Sprößlingen anfangen konnten, Gehorsam und gutes – also unauffälliges – Benehmen einforderten, überraschte Ottos erzieherisches Engagement. »Pim« nannten ihn seine Kinder. Woher der Name käme, wurde er immer wieder gefragt. Otto konnte sich selbst nicht entsinnen. Vielleicht eine Abwandlung des französischen père? Eines Tages war er neben »Papi« auch »Pim«.

Otto spielte mit Margot und Anne, wurde nicht müde, ihnen die Welt zu erklären, und erzählte ihnen selbsterdachte Geschichten von den beiden »Paulas«. Von der braven Paula, die ihren Eltern immer nur Freude bereitete. Und von der bösen Paula, die nichts als Schabernack im Kopf hatte und von einem Fettnäpfchen ins nächste tappte. Paula und Paula waren unsichtbar, wer aber mucksmäuschenstill war und seine Ohren spitzte, konnte erahnen, wo sie sich gerade aufhielten. Sie waren ja immer in der Wohnung. Sie hielten sich bloß versteckt. Einmal war die brave Paula präsent, ein andermal kam die böse hervor – je nachdem, wie sich Margot und Anne benommen hatten, je nachdem was Otto ihnen sagen wollte.

Erfunden hatte die beiden Paulas Ottos Mutter. Alice Frank-Stern war eine bemerkenswerte Dame. Nach dem frühen Tod ihres fünfzehn Jahre älteren Mannes hatte sie den Vorsitz der Bank übernommen. Eine ungewöhnliche Entscheidung für eine Frau, gerade fünfundvierzig, Mutter von vier Kindern, in diese Männerwelt vorzudringen; ein Beweis für ihre Aufgeschlossenheit und ihren Mut. »Omi« – so riefen Margot und Anne sie zur Unterscheidung von »Oma Holländer« aus Aachen – war eine moderne Frau, streng, aber gütig; zurechtweisend, aber geistreich – eine Grande Dame mit stolzem, aufrechtem Gang. Annes und Margots Cousins Stephan und Bernd nannten sie »I«. Für die beiden Söhne von Ottos Schwester Helene hatte sie die Mäusegeschichten erfunden. Sie erzählte von der Kirchenmaus, der Feldmaus oder der Schulmaus, und um eine Fortsetzung war I nie verlegen.

Oma Rosa Holländer-Stern war ganz anders als die Frankfurter Omi. Daß die beiden den gleichen Mädchennamen – Stern – trugen, war nur Zufall. Oma Holländer war zurückhaltend und bescheiden, in ihren dunklen langen Röcken und mit der runden Nickelbrille auf der Nase erschien sie altmodisch und gemütlich. In jungen Jahren jedoch soll sie eine regelrechte Plaudertasche gewesen sein; nicht umsonst riefen ihre Nichten sie »Tante Ratschatscha«. Wie Alice Frank-Stern war sie bereits verwitwet, als Anne zur Welt kam. Ihr Mann Abraham, ein gebürtiger Rheinländer, der mit seiner Glatze und dem exakt aufgezwirbelten Schnurrbart zwar recht streng wirkte, aus dessen Gesicht beim Anblick seines ersten Enkeltöchterchens jedoch stets ein zärtliches Lächeln strahlte, war am 19. Januar 1927 gestorben, einen knappen Monat vor Margots erstem Geburtstag.

Oma Holländer hatte in der jungen Familie Frank den Ruf eines sanften Engels, Margot war nach ihr geraten. Die aufgeweckte Anne, befürchteten Otto und Edith, würde der gutmütigen Oma auf der Nase herumtanzen. Doch ihre Geduld schien grenzenlos. Sie mußte sich sogar von Otto und Edith vorwerfen lassen, daß sie die Kleine gar zu nachsichtig behandelte, zu sehr auf ihre Launen einging. Sie entschuldigte sich dafür und begründete ihre Milde damit, daß ihr erstgeborener Sohn Julius als Kind ähnlich stürmisch und schwer berechenbar gewesen sei. Hätte man mehr von Kinderpsychologie verstanden, als Julius in Annes Alter war, hätte er sich vermutlich anders entwickelt, glaubte die Oma. Julius, der zeit seines Lebens als extrem schwierig galt und später unter Depressionen gelitten haben soll, trat meist mit seinem drei Jahre jüngeren Bruder Walter zusammen auf, wohl auch deshalb, weil beide Männer noch unverheiratet waren, zu Hause lebten und seit dem Tod des Vaters auch das 1858 gegründete Familienunternehmen zum Handel mit industriellen Anlagen, Eisenschrott und Aluminium gemeinsam führten. Julius und Walter liebten die Kinder, kamen sie häufig in Frankfurt besuchen und kutschierten sie im Auto nach Aachen, was jedesmal ein Ereignis war, weil Otto Frank keinen Wagen hatte.

Eine Besserung der wirtschaftlichen Lage war auch ein Jahr nach dem großen Crash nicht in Sicht. Dem Bankhaus Michael Frank ging es miserabel. Die unternehmerische Vernunft verlangte es, sich zu verkleinern. Es fiel der Familie Frank schwer, den Sitz des Bankhauses in der Neuen Mainzer Straße, der wohl vornehmsten Geschäftsadresse der Stadt, aufzugeben. Vater Michael Frank hatte den Umzug aus der nahe, aber weniger zentral und nicht so elegant gelegenen Hochstraße mitten ins noble Bankenviertel, in die unmittelbare Nachbarschaft der großen Bankhäuser wie der Deutschen Effecten- und Wechselbank oder der Frankfurter Bank, 1909 – kurz vor seinem Tod – noch selbst in die Wege geleitet. Ein wichtiger Schritt für den damals schon Sechzigjährigen, der 1879 aus Landau in der Pfalz zugezogen war und in eine angesehene Frankfurter Familie eingeheiratet hatte: Nun hatte er es geschafft. Den

Einzug in die klassizistische Villa, zuvor das Wohnhaus einer führenden Frankfurter Familie, der Du Fays, erlebte Michael Frank allerdings nicht mehr.

Das neue Gebäude, in das die Familie Frank die Bank jetzt verlegte, lag hübsch, aus unternehmerischer Sicht aber ungünstig. Die Bockenheimer Anlage, unweit des Hauses, in dem Michael Frank sein Unternehmen vierzig Jahre vorher gegründet hatte, war ursprünglich eine angemessene Wohnadresse für vornehme Frankfurter Bürger – Christen wie Juden. Eine typische Geschäftsgegend war sie nie. Die Räume im Erdgeschoß des Hauses Bockenheimer Anlage 20, in denen die Franks nun sowohl ihre Bank betrieben als auch die Bad Sodener Geschäfte verwalteten, waren wenig repräsentativ. Um Mietkosten zu sparen, teilten sie sie zudem mit einem anderen Unternehmen.

Den geschäftlichen Sparmaßnahmen folgten die privaten. Otto Frank kündigte den Mietvertrag am Marbachweg. Im März 1931 zog die Familie in die Ganghoferstraße 24 um. Die neue Wohnung, kleiner und deshalb günstiger, lag im Erdgeschoß einer Villa im sogenannten Dichterviertel. Der hübsche Garten, der zum Haus gehörte, und die weiten Wiesen und Felder, die an das Viertel anschlossen, sahen in ihrem bunten Frühlingskleid besonders einladend aus. Ein Dorado für Kinder. Obwohl nur zehn Minuten zu Fuß vom Marbachweg entfernt, übersiedelten die Franks doch wieder in eine andere Welt. Hatten sie vorher zwischen kleinen Angestellten und Beamten gewohnt, so teilten sie die Gegend nun mit liberal gesinnten Ärzten, Anwälten, Architekten – Juden wie Christen. Eine bürgerliche Welt, in der sich die Franks angesichts der sich zuspitzenden politischen Lage sicher besser aufgehoben fühlten.

Persönlich hätte er keinen Antisemitismus zu spüren bekommen, betonte Otto, aber die bisherigen Nachbarn, die Naumanns und die Stabs beispielsweise, sahen das anders: Die Franks hätten umziehen müssen, weil die Anfeindungen im Haus des NSDAP-nahen Lehrers nicht mehr zu ertragen waren, erzählten sie einander, weil ihnen die vorbeiziehenden SA-Gruppen mit ihren antisemitischen Marschgesängen Furcht eingejagt hatten. Ins Dichterviertel wagten sich die Nazi-Schergen noch nicht vor.

Der fanatische Hausbesitzer am Marbachweg blieb seinen engstirnigen Prinzipien und seiner Doppelmoral treu. Er suchte wieder einen jüdischen Mieter, und er fand ihn in einem deutschnational gesinnten Börsenmakler, der vermutlich Ansichten vertrat, die denen überzeugter Antisemiten nicht unähnlich waren. Er hatte nicht das geringste Verständnis für Orthodoxie oder Zionismus. Hätte ihm jemand einzureden versucht, er gehöre als Jude mehr zu »denen« als zu seinen deutschen Mitbürgern, er hätte ihn für verrückt erklärt. Der Antisemitismus der Nationalsozialisten, dessen war er sich sicher, meinte die schwarzgekleideten, womöglich kaftantragenden, »teitsch-«, nämlich jiddischsprechenden osteuropäischen Schtetljuden – und nicht ihn.

Während der Umzugstage blieb Anne bei den Naumanns. Sie schlief in dem Kinderbettchen, das schon den sechs Naumann-Kindern, vier Mädchen und zwei Buben, standgehalten hatte und für alle Fälle aufbewahrt worden war. Gertrud, nun schon fünfzehn und noch genauso kinderlieb wie als Zehnjährige, badete, fütterte und wickelte das muntere Mädchen. Anne schien das Abenteuer zu genießen. Offenbar vertraute sie Gertrud, die sie ja von Geburt an kannte. Geduldig bewachte die ihre kleine Freundin auf ihren Entdeckungsreisen – ein bißchen wackelig bewegte sich Anne noch vorwärts, aber immerhin schon auf zwei Beinen. Nur wenn es ganz schnell gehen mußte, warf sie sich auf die Knie und bewegte sich krabbelnd fort.

Als die neue Wohnung eingerichtet war, die hübsche stahlblaue Sitzgarnitur mit den ovalen Beistelltischchen wieder ihren Platz gefunden hatte, kam Gertrud fast so häufig zu Besuch wie früher. Die Kinder fanden rasch neue

Spielkameraden in der Umgebung, doch die Freundschaft zu Gertrud blieb eine besondere. Ab und zu luden sie sie sogar zum Übernachten ein. Zu ihren Geburtstagen beschenkte sie Margot und Anne mit hübschen Kleidchen, die ihre ältere Schwester Elisabeth selbst bestickt hatte, oder mit Spielen. Einem Diabolo etwa. Noch war Anne für das Spiel zu klein und ungeschickt. Später jedoch hatte sie großen Spaß daran, den hölzernen Körper, eine Kreuzung zwischen Zwirnspule und Sanduhr, auf der Schnur – ähnlich einem zu kurzen Springseil, das an zwei Holzgriffen festgebunden war – tanzen zu lassen, ihn hochzuwerfen, wieder aufzufangen und zum Weitertanzen zu bewegen. Ein andermal schenkte Gertrud den Mädchen ein Quinto, ein Gesellschaftsspiel. »*Weißt Du, daß Annes und Margots schönstes Spiel Dein Quinto ist?*« schrieb Edith Frank später an Gertrud Naumann. »*Auch die Großen spielen mit.*«

Die Gespräche zwischen den Erwachsenen wurden – manchmal deutlich, unterschwellig jedoch immer – von der politischen Situation beherrscht. Selbst wenn, weil Damen am Tisch waren oder es aus einem anderen Grund gegen das gute Benehmen verstieß, Äußerungen über die politische Entwicklung im Staat vermieden wurden, waren Sorge und Verunsicherung darüber doch omnipräsent. Der Einfluß der NSDAP wuchs. Ihr Programm war einfach – so simpel wie ein Stammtischbein. Ihre Haltung war erfolgversprechend – sie war vor allem dagegen. Gegen den Liberalismus, gegen den Sozialismus, gegen den Kapitalismus, gegen die Bürgerlichkeit, gegen die Elite, gegen die Bonzen – und, vor allem, gegen die Juden. In schlechten Zeiten wie diesen genügte das vielen Menschen. Die NSDAP würde endlich aufräumen mit dem maroden System der Weimarer Republik. Wie – danach fragten diese Menschen nicht. Die NSDAP war für die vielen, die sich benachteiligt fühlten, die große Hoffnung. Ihre Massenkundgebungen, Rednerveranstaltungen, Demonstrationen rissen das »Volk« mit. Immerhin drehte sich ja alles um »das Volk«, das »deutsche Volk«, die »blutsreine Volksgemeinschaft«. Was die NSDAP unternahm, geschah aus »Liebe zum Volk«. Deutschland, Deutschland über alles. Der »Der-Staat-bin-ich«-Stil ihres Parteiführers Adolf Hitler war vielen recht. Endlich einer, der es richten würde. Von denen, die er beunruhigte, sagten sich die meisten, er wäre ein vorübergehendes Übel.

1925 war der erste Band von *Mein Kampf* erschienen, im Dezember 1926 der zweite. Seit 1930 wurde Hitlers Propagandaschrift einbändig aufgelegt. Auch Otto hatte darin geblättert und einige Passagen gelesen. »*Kein Volk entfernt diese Faust* [des Juden] *anders von seiner Gurgel als durch das Schwert ...*«, schrieb Hitler. »Ein solcher Vorgang ist und bleibt aber ein blutiger.« Die deutsche Regierung hätte versäumt, die Juden schon zu Beginn des Ersten Weltkrieges »unbarmherzig auszurotten«. Deutschland hätte den Krieg nicht verloren, wenn man »12000 oder 15000 von ihnen unter Giftgas gehalten hätte«. Hitler war im Ersten Weltkrieg das Eiserne Kreuz erster Klasse verliehen worden – genauso wie Otto Frank. Wie lange würde dieser Mann seinen Irrsinn noch verbreiten können, dachte Otto. Wie weit würde man ihn gehen lassen? Wann würden seine Absichten durchschaut? Was, wenn er tatsächlich an die Macht käme? Was würde dann aus den Juden? Wäre seine Familie dann überhaupt noch sicher in Deutschland? Würde Hitler ihnen die Existenzgrundlage nehmen können? Fragen über Fragen, die Otto beschäftigten. Nur in einem war er sich sicher: Wir dürfen es nicht zulassen, daß uns dieser Mann unsere deutsche Identität nimmt, warnte er wiederholt im engsten Familien- und Freundeskreis. Wenn sich nur die wirtschaftliche Lage endlich besserte ...

3. *Exodus*

»Liebste Muttel, sehr überrascht war ich über Euren gestrigen Anruf und habe mich gefreut, Euer aller Stimmen wieder einmal gehört zu haben. Der Anlaß hätte allerdings ein freudigerer sein dürfen. Ich nehme an, daß Jean mich richtig verstanden hat. Die Dreiteilung in laufender Gebrauch, einmalige Rückstände und Hypothekenzinsen ist ja klar«, schrieb Otto Frank am 13. Juni 1932 in einem Brief an seine Mutter. Alice Frank-Stern, »Muttel« oder »Mutt'l«, wie sie ihr Sohn liebevoll ansprach, war gerade zu Besuch in Paris, bei Jean-Michel, einem Neffen ihres verstorbenen Mannes Michael Frank. Michael war als siebtes von elf Kindern aufgewachsen, von denen nur eines in der pfälzischen Heimatstadt Landau geblieben war. Sein zwei Jahre jüngerer Bruder Léon war nach Paris ausgewandert, hatte die Tochter seiner ältesten Schwester – seine Nichte also – geehelicht und war als Börsenmakler wohlhabend geworden. Jean-Michel, mittlerweile 37 und als Innenarchitekt und Möbeldesigner erfolgreich, war einer seiner Söhne und demnach Otto Franks Cousin. »*Es ist mir unverständlich, daß Jean noch nicht richtig orientiert zu sein schien und erst durch meinen Brief an Leni ersah, wie die Lage wirklich ist ...* « Offensichtlich war Alice Frank vor allem deshalb nach Paris gereist, um ihren Neffen um Hilfe zu bitten.

Die finanzielle Situation der Franks war Mitte 1932 bedrohlich geworden, die Geschäfte gingen schlecht wie nie. Nicht nur die Bank steuerte ins Desaster, auch die Einnahmen aus den Bad Sodener Quellen drohten nun ganz zu versiegen. »*So aber fehlen die notwendigsten Mittel … Mein Pessimismus und die Sorgen der letzten Monate waren begründet genug. Ich will Dir gegenüber noch die Frage aufwerfen, ob es überhaupt ratsam ist, den Haushalt in der Mertonstraße* [den Familiensitz am Beethovenplatz in Frankfurt] *auf die Dauer noch zu erhalten*«, fuhr Otto fort, »*Ich meine das vom wirtschaftlichen und politischen Gesichtspunkt.*«

Über seinen zwei Jahre jüngeren Bruder Herbert schrieb er: »*Dazu kommt, daß Herb schließlich versuchen wird, von Frankfurt wegzukommen und irgendwo Arbeit zu finden. Er kann hier nicht viel tun.*« Drei Monate vorher, im April 1932, war Herbert Frank verhaftet und einige Wochen im Gefängnis festgehalten worden. Die Bank hätte »Bestimmungen über den Effektenhandel mit dem Ausland übertreten«, teilten ihm die Beamten der Frankfurter Steuerfahndung mit. Als ihr »maßgeblicher Inhaber«, hieß es, wäre Herbert Frank für den Vorgang verantwortlich.

Herbi, oder Herb, wie er in der Familie hieß, war ein offener und herzlicher Charakter, recht unkompliziert und auffallend lebensfroh, manchmal ein wenig spöttisch. Ein Mensch, der – viel mehr als sein Bruder Otto – genießen konnte und sich nicht leicht aus der Ruhe bringen ließ. Seit 1923 war er ohne Unterbrechung Gesellschafter des Bankhauses und fungierte – wider Willen zwar, aber weil sich seine Brüder Robert und Otto noch weniger dazu berufen fühlten – als sein Direktor.

Im Winter 1931/32 hatte ihm ein Unbekannter, der sich als deutscher Effektenhändler mit Wohnsitz in Karlsruhe auswies, Aktien deutscher Industrieunternehmen im Wert von mehr als einer Million Reichsmark angeboten. Herbert sollte als Zwischenhändler auftreten und das Paket an verschiedene Frankfurter Banken weiterverkaufen. Ein verlockendes Geschäft – eine verlockende Vermittlungsprovision vor allem, die die Bank in ihrer unglücklichen wirtschaftlichen Lage gut brauchen konnte. Herbert wickelte das Geschäft ab, was an sich reine Routineangelegenheit war – und erkannte nicht, daß es einen Haken hatte. Die Aktien und Schuldverschreibungen, die ihm der Unbekannte zum Verkauf übergeben hatte, waren im Ausland ausgegeben worden. Und der Handel mit ausländischen, also im Ausland emittierten Wertpapieren war in Deutschland seit 1931 streng verboten. Ob die betroffenen Aktiengesellschaften ihren Unternehmenssitz in Deutschland oder anderswo hatten, machte keinen Unterschied.

Daß Herbert über die gesamte Transaktion wie über jedes seiner Geschäfte offiziell Buch hatte führen lassen, daß die Gebühren und Provisionen in den üblichen Höhen und korrekt nachvollziehbar aufgelistet worden waren, ließ seine Unschuld vermuten. Hätte er einen Betrug geplant, hätte er ihn wenigstens zu verschleiern versucht. Herbert hatte dem durchaus seriös auftretenden Effektenhändler geglaubt und war deshalb vermutlich gar nicht auf die Idee gekommen, sich nach dem Ausgabeort der Aktien zu erkundigen.

Am 14. Mai 1932 wurde Herbert zwar aus der Untersuchungshaft entlassen, in der Frankfurter Bankenszene konnte – und wollte – er sich vorläufig jedoch nicht mehr zeigen. Ob der Prozeß, der ihn erwartete, nun seine Schuld oder Unschuld beweisen würde, sein Ruf war in jedem Fall beschädigt. Um so ärgerlicher, als sich das Aktiengeschäft offensichtlich wieder im Aufwind befand. Fast ein Jahr lang war die Frankfurter Börse – als Folge der weltweiten Depression – geschlossen geblieben, just im April 1932 wurde der Handel wieder aufgenommen. Die deutsche Finanzwelt wertete dies als deutliches Indiz für einen Aufschwung und atmete – vorsichtig – auf.

Der Prozeßbeginn ließ auf sich warten. Noch im Sommer trat Herbert als Direktor des Bankgeschäfts Michael Frank zurück und entschied sich, Deutschland zu verlassen. Als im Oktober 1932 das Verfahren gegen die Bank und ihn als Hauptangeklagten eröffnet wurde, hatte er sich bereits in Paris niedergelassen und dachte nicht daran, zu den Verhandlungen zu erscheinen. Erst die Haft und schließlich die Anspannung wegen der unnötigen Verschleppung der Angelegenheit vom April in den Oktober hätten ihm »nicht nur materiellen, sondern auch geistigen Schaden« zugefügt, von dem sich Herbert Frank noch nicht erholt hätte, begründete sein Verteidiger die Abwesenheit seines Klienten.

Otto Frank – überzeugt, daß »*aus der ganzen Sache nicht viel werden würde*« – vertrat seinen Bruder vor Gericht und vor der Presse. Die Bank hätte dem ihr unbekannten Effektenmakler, der sich glaubwürdig als Deutscher ausgewiesen hatte, leider vertraut. Der könnte jedoch nicht mehr verhört werden, weil er sich ins Ausland abgesetzt hätte.

Das Verfahren gegen Herbert Frank wurde eingestellt, das Gericht dürfte eingesehen haben, daß er Opfer, nicht Täter war. Wer dem Steuerfahndungsdienst überhaupt – nur knapp vier Monate nach der Transaktion – den Tip gegeben hatte, sich die jüngsten Geschäfte der Bank genauer anzusehen, wurde nie bekannt. Wenn jemand der Bank schaden, sie gezielt um ihre Geschäftsgrundlage bringen wollte, dann war ihm das jedenfalls geglückt. Die negative Berichterstattung im Vorfeld der Verhandlung beschleunigte den Niedergang der angeschlagenen Bank zusätzlich.

»*Wohin wir alle noch verschlagen werden, wissen wir nicht*«, schloß Otto seinen unheilverkündenden Brief vom 13. Juni 1932 an seine Mutter, »*aber die Hauptsache ist, daß wir gesund bleiben und Du ein Auskommen hast. Wir jüngeren Menschen können uns leichter abfinden. Den Tatsachen muß man ins Gesicht sehen und endlich einmal kla-*

re Bahnen schaffen.« Otto, der die Rolle des Bankdirektors offiziell zum 1. Oktober 1932 übernahm, hatte ebensowenig Einfluß auf die Entwicklung des Geschäfts wie Herbert vor ihm. Falschen Hoffnungen gab sich der Realist, der nachdenklicher und zurückhaltender als sein jüngerer Bruder war, sicher nicht hin. »*Das Geschäft versuchen wir weiter zu halten, solange es geht, wie wir letzten Endes hier eine Lösung finden, müssen wir später besprechen ... Die Firma gewaltsam aufzulösen, ist vorläufig zwecklos.«*

Irgendwie mußte es weitergehen. Irgendwie ging es weiter. Sah es am 13. Juni so aus, als könnte das Unternehmen die laufenden Forderungen nicht mehr bedienen, kam am 14., noch bevor Ottos Brief dort eingetroffen sein konnte, doch die erlösende Nachricht aus Paris. »*Soeben kam Dein Telegramm an, das ich so verstehe, daß für die Julizinsen eine Regelung erfolgen wird. Ich brauche Dir wohl kaum zu sagen, wie groß die Erleichterung ist, die geschaffen wird, da es sonst ja unmöglich gewesen wäre, das Haus zu halten. Ich finde, daß die Art, wie Jean sich bemüht, großartig ist und nicht genug anerkannt werden kann«*, freute sich Otto. Cousin Jean-Michel Frank war international gut im Geschäft. Mit seinen klaren, reduzierten Möbelentwürfen setzte er Maßstäbe im modernen Design, seine avantgardistischen, aus Rattan gefertigten oder mit Fischhaut überzogenen Tische, Stühle und Kommoden waren gesuchte Sammlerstücke. In den frühen dreißiger Jahren stattete er das neu erbaute New Yorker Rockefeller Center aus.

Jeans Hilfe kam gerade noch zur rechten Zeit. Doch die Finanzspritze betäubte nur die akuten Schmerzsymptome, auf die Krankheitsursache hatte sie keine Wirkung. »*Das Geschäft ist schlecht, man sieht nicht, wohin alles noch gehen soll«*, hatte Otto schon drei Monate vorher, am 2. April 1932, an seine Schwester Helene geschrieben, »*Nur die Kinder sind lieb und lenken ab.«*

Margot hatte sich von einem süßen Baby zu einer kleinen Schönheit gemausert. Artig und scheu, fast ein wenig zu ernst, blickte sie aus ihren dunklen, ausdrucksvollen Augen. Auch wenn sie spielte und lachte, tat sie das mit Anstand. Ein Vorzeigekind, das nirgendwo aneckte und allen Verwandten Freude machte. Eine kleine Dame schon mit sechs – trotz des Babyspecks, der sich hartnäckig an ihren Backen und Hüften hielt. Eine vorbildhafte Schwester für Anne, um die Margot rührend bemüht war, deren Lebendigkeit und Übermut sie mit ihrer Ruhe ausglich.

Ostern 1932 wurde Margot eingeschult – und Anne war eifersüchtig. Die Eltern hatten sich für die Ludwig-Richter-Schule am Eschersheimer Lindenbaum entschieden. Einiges sprach für diese öffentliche Schule: Einmal lag sie in unmittelbarer Nachbarschaft zur Wohnung. Der Schulweg war kurz, viele bekannte Gesichter aus der Umgebung – aus unterschiedlichstem sozialen Umfeld, evangelische, katholische und jüdische Mädchen – trafen zusammen. Zum anderen war die Schule, obwohl nach dem Dresdner Maler altdeutscher Idyllen benannt, auffallend modern, die Unterrichtsmethoden fortschrittlich. So eine Schule hatten sich Edith und Otto für ihre Töchter vorgestellt. Das Schulgebäude war, im Rahmen des Avantgarde-Stadtplanungsprogramms »Neues Frankfurt« entstanden, erst dreieinhalb Jahre alt, die Klassenzimmer modern und funktionell geplant, mit großen, nach Süden blickenden Fenstern. Statt der traditionellen sperrigen Schulbänke gab es leichtgewichtige Stahlrohrtische, die schnell verschoben, in Reihen, Gruppen, U-Form verrückt werden konnten. Dazu ein Schulgarten, in dem sich die Kinder austoben konnten. Wann immer es das Wetter zuließ, wurde der Unterricht ins Freie verlegt. Natur und Lernen, das schloß sich, anders als man früher gedacht hatte, nicht aus.

Der Schuldirektor Walter Hüsken war Reformpädagoge und durch und durch Demokrat. 1930 hatte er die Radikaldemokratische Partei mitgegründet. Der Name war, zumindest aus späterer Sicht, unglücklich gewählt; denn radikal war diese Partei nur in einer Hinsicht: in ihrer kompromißlosen Abgrenzung zu den Radikalen, nach rechts ebenso wie nach links. Sie sah sich als Nachfolgerin der nach rechts außen abgerutschten Deutschen Demokratischen Partei DDP und vertrat konsequent die bürgerliche Mitte, der sich auch Otto Frank verbunden fühlte.

Die Demokratisierung des Schulsystems war Walter Hüsken ein Anliegen. Statt Einwegkommunikation vom Lehrer zu den Schülern, statt Zuhören bis zum Einschlafen war eine aktive Beteiligung am Unterricht gefragt. Die Lehrer an seiner Schule waren keine rohrstabschwingenden Zuchtmeister, sondern vertrauenerweckende Partner mit offenen Ohren für die ihnen anvertrauten Kinder. Weniger Zwang, mehr Freiheit – nach diesem Grundsatz wurde unterrichtet.

In Margots Klasse waren insgesamt 43 Mädchen – zu viele für eine einzige Lehrerin, um sich um jede einzelne Schülerin kümmern zu können. Doch für eine weitere Lehrkraft reichte das Budget nicht. Zu viele Schülerinnen für einen einzigen Raum, aber für mehr Klassenzimmer hatte man kein Geld gehabt. Auch die Schulen spürten die Wirtschaftskrise. Sie mußten sich dem allgemeinen Sparkurs fügen.

Im Herbst 1932 bekam Margot ihr erstes Zeugnis. Sie war eine »gute« Schülerin, ihr Fleiß mehr als lobenswert. Margot ging gern zur Schule. Daß sie eines der fünf jüdischen Mädchen in ihrer Klasse war, war den anderen 38 egal. Und den Lehrern erst recht. Zweimal in der Woche besuchte sie den jüdischen Religionsunterricht, darauf bestand ihre Mutter. Als exotisch oder anders galt sie deshalb nicht. Die katholischen Mädchen hatten ja auch einen anderen Religionslehrer als die evangelischen. Noch war Margot eine von allen. Und ihre besten Freundinnen waren getauft. Heile Kinderwelt. Noch.

Die Welt der Erwachsenen war längst nicht mehr heil.

An der Frankfurter Hauptwache:
Die letzte gemeinsame Aufnahme von Anne, Edith und Margot Frank in Annes Geburtsstadt, 1933.

Auch ins privilegierte Dichterviertel, wo man sich – aus Ignoranz oder Hang zum Selbstbetrug – die heile Welt noch vormachen konnte, war es längst durchgedrungen, daß sich der nationalsozialistische »Bund deutscher Mädel« (BDM) in anderen Stadtteilen wachsenden Zustroms erfreute. Die Mädchen der Hitlerjugend hatten stolz auf ihre Rasse zu sein, sie würden »deutsche Frauen« werden, diszipliniert, gehorsam, pflichtergeben. Umgang mit Juden? Verboten.

Der BDM, überhaupt die Hitlerjugend für Kinder ab zehn, war nur ein vergleichsweise harmloses Indiz für die politische Entwicklung im Land. Gelähmt sah die bürgerliche Mitte zu, wie rasch sich der Aufstieg der NSDAP von einer Randgruppe, einer Kleinpartei, zur stärksten politischen Kraft im Land vollzog. Nun konnte man sie beim besten Willen nicht mehr ignorieren. Mehr als 6,4 Millionen Menschen hatten bei den Wahlen am 14. September 1930 für die Hitler-Partei gestimmt. Statt vorher zwölf zogen nun 107 Nazi-Abgeordnete ins Parlament ein. Die NSDAP war die zweitstärkste Fraktion des Landes, im Wahlkreis Ostpreußen gar schon die stärkste.

Im Mai 1932 hatten fast sechs Millionen Deutsche keine Arbeit – und ihr Vertrauen in die Demokratie völlig verloren. Bei den Reichstagswahlen am 31. Juli verzeichnete die NSDAP ihren größten Wahltriumph: 37,3 Prozent der Stimmen bedeuteten eine neuerliche Verdopplung der Parlamentssitze. Und Terror. SS und SA, die im April des Jahres vorübergehend verboten worden waren, durften nun wieder marschieren und tobten sich an ihren politischen Gegnern aus. Ihre Brutalität und ihr Zynismus verschreckten vorübergehend sogar die Wähler ihrer Stammpartei. Gegenüber den Juliwahlen verlor die NSDAP bei den neuerlichen Wahlen am 6. November zwei Millionen Stimmen, die sich nun wieder auf die Deutschnationalen oder das Links-außen-Lager, die Kommunistische Partei Deutschlands, besannen.

Nur die Kurzsichtigen deuteten dies als Zeichen der Hoffnung. In Wahrheit gab die politische Lage keinen Grund zur Erleichterung: Die Gegner der Weimarer Republik, auf der extremen Rechten wie Linken, waren mit insgesamt 58,5 Prozent bereits in der Mehrheit. Deutschland war unregierbar geworden.

Otto Frank gehörte nicht zu jenen Bürgern, die sich von der allgemeinen Es-kann-nicht-sein-was-nicht-sein-darf-Lethargie lähmen ließen. Würden, was nicht mehr so unwahrscheinlich war, Hitler und seine NSDAP an die Macht kommen, würde es für die Juden womöglich wirklich gefährlich. Das hatte der »Führer« – wie sich Hitler bereits seit 1921 von seinen Parteifreunden nennen ließ – angekündigt, das nahm Otto ernst. Dann bliebe ihnen nichts anderes übrig, als Deutschland zu verlassen. Dann könnte sie nicht einmal mehr ein Wirtschaftsaufschwung retten. Der war, jedenfalls für den Großteil der Bevölkerung, ohnehin nicht in Sicht. Den Franks war es immer deutlich besser als dem Bevölkerungsdurchschnitt gegangen, nun aber drohten die knappen Ressourcen auszugehen.

War es unter diesen Umständen nicht zu leichtsinnig, weiterhin Monat für Monat Geld in die Mietwohnung zu stecken? Wo im Haus der Mutter doch Platz für alle war? Persönliche Vorlieben und Ressentiments hatten hintanzustehen, die Vernunft allein zu entscheiden. Zum Jahresende 1932 teilte Otto seinem Vermieter brieflich mit, er müsse das Mietverhältnis »*... infolge der veränderten wirtschaftlichen Lage ...*« leider aufkündigen. Die vertraglich vereinbarte dreimonatige Kündigungsfrist hielt er ein, Ende März 1933 zog er mit Edith und den Kindern zurück ins Westend, in jenes Haus, aus dem sie genau sechs Jahre zuvor, im März 1927, weggezogen waren, um ein eigenes Leben aufzubauen.

Daß die Rückkehr an den Beethovenplatz keine Heimkehr, sondern nur eine kurze Zwischenstation sein würde, daran bestand für Otto schon spätestens Ende Januar 1933 kein Zweifel mehr. Am 30. des Monats war geschehen, was er lang befürchtet hatte. Reichspräsident Paul von Hindenburg – einst ein respekteinflößender, kraftvoller Mann, nun sich mühevoll aufrecht haltend, die Krankheit ins

Gesicht geschrieben, eine Marionette, die zu führen keine Kunst war – hatte Adolf Hitler zum Reichskanzler ernannt. Der Nazi-Führer war nun fast am Ziel seiner Wünsche.

Von der völligen Umkehrung der gegenwärtigen Zustände in Deutschland, von der Beseitigung des Krebsschadens der Demokratie sprach er in jeder seiner Antrittsreden. Einmal an den Schalthebeln der Macht, legte er binnen kurzem mit Hilfe von Notverordnungen die Kontrolle der Oppositionsparteien in Reichstag und Landtagen still. »Zum Schutze des deutschen Volkes«, wie es hochtrabend hieß. Der Brand des Reichstags in der Nacht vom 27. zum 28. Februar 1933 war ihm willkommener Anlaß, den stärksten Gegner, die KPD, zu entmachten. Versammlungs- und Meinungsfreiheit wurden aufgehoben. Für die Bevölkerung hieß das, daß sie bald totalitärer Willkür ausgeliefert war. Ihre Reaktion: Verunsicherung. Sie duckte sich, muckste nicht, wartete ab.

Um so lauter gebärdeten sich die Parteigenossen. Umzüge und Aufmärsche am Tag und in der Nacht, Schlachtrufe im Chor und über Lautsprecher. Die SA marschierte, wohin man schaute. Die Männer in ihren braunen Uniformen wurden als Hilfspolizisten eingesetzt, viele von ihnen begeisterte Schläger, halbstarke Mitschreier aus mittleren und untersten Schichten.

Schon im Februar und März 1933 hörte man von Terroraktionen gegen Oppositionelle, gegen Angehörige der Linksparteien, gegen Liberale und Intellektuelle – und vor allem gegen Juden. Am 11. März trat Frankfurts Oberbürgermeister, Ludwig Landmann, zurück. Freiwillig, wie es hieß. Aus freiem Willen hätte er auch gleich darauf die Stadt – das nach Berlin größte jüdische Zentrum Deutschlands – verlassen. In Wahrheit flüchtete er natürlich vor den Nazis, die ihm seine Verhaftung angedroht hatten. Landmann war nicht nur ein politischer Gegner, er stammte noch dazu aus einer jüdischen Familie. Er war aus der jüdischen Religionsgemeinschaft ausgetreten und verstand sich als Atheist und Deutscher. Die Nazis sahen nur seine »Rasse«: Jude.

Am 13. März, nach dem Erfolg bei den hessischen Kommunalwahlen am Vortag, zogen die Nationalsozialisten am geschichtsträchtigen Rathaus Frankfurts, dem Römer, zum ersten Mal die Hakenkreuzfahne auf. Ihre Gegner verhielten sich still, einerseits, weil sie, ohne es zu realisieren, längst mundtot gemacht waren, andererseits, weil sie sich des Ernsts der politischen Lage noch nicht bewußt waren. Hitlers Reden von den arischen blonden Volksgenossen und den Untermenschen – Slawen, Zigeunern, Homosexuellen und Juden –, von Blut, Boden und Ehre klangen ihnen zu abwegig, zu unlogisch, um sie als ernsthafte, über längere Zeit bedrohliche Gefahr begreifen zu können. Sein politisches Konzept hielten sie für zu absurd, als daß es überdauern könnte. »*Wer sich nicht bekehren läßt, muß gebeugt werden … Todesstrafe für Landes- und Volksverrat*«, hatte Hitler angekündigt. Hysterische Drohworte eines Irren? Oder eine ernstzunehmende Warnung? Der Spuk müsse doch bald ein Ende haben – dieser Hoffnung gaben sich viele hin.

Otto Frank hingegen war gewarnt. Dies war erst der Anfang. Nur eine Frage der Zeit, befürchtete er, bis die Gemeinde Bad Soden dem – jüdischen – Unternehmen den Vertrag zur Nutzung der Mineralquellen aufkündigen würde, bis die – jüdische – Bank offen boykottiert würde. Die Frage, wie, vor allem aber wo es weitergehen sollte, quälte ihn. Seine Familie würde nicht in Deutschland bleiben können. Sie würden die Heimat verlassen müssen. Aber wie lang müßten sie fortbleiben? Wohin sollten sie gehen? In die Schweiz, wo Ottos Schwester Helene mit ihrer Familie schon seit 1930 lebte? Zu den Pariser Verwandten? Nach London zu seiner zehn Jahre jüngeren Großcousine Milly Stanfield, nach Amsterdam, wo er noch Bekannte von früher hatte? Oder in die USA – dazu müßte er seine alten Kontakte aufwärmen.

Egal wohin, erst brauchte Otto Arbeit. Denn zum einen hatte er nicht die Reserven, um ein Leben im Exil über längere Zeit finanzieren zu können, zum anderen würde er ohne Arbeit ohnehin keine Aufenthaltsgenehmigung in einem fremden Land erhalten.

Der beste Vorschlag kam von Ottos Schwager, Erich Elias. Die beiden kannten sich bereits seit dem Winter 1919. Erich arbeitete zu jener Zeit als Vertreter und Effektenhändler der Bankfirma Gebrüder Heichelheim an der Frankfurter Effektenbörse, Otto machte – als Teilhaber des Bankgeschäfts Michael Frank – Geschäfte mit ihm. Ohne Zweifel lernte er Erich Elias nicht nur als fähigen Banker, sondern darüber hinaus als sympathischen und seriösen Zeitgenossen schätzen. Wahrscheinlich, daß Otto, damals dreißig und selbst noch unverheiratet, den Geschäftsfreund in seine Familie einführte und ihn mit seiner fast viereinhalb Jahre jüngeren Schwester Helene bekannt machte. »Lunni« oder »Leni« – so ihr Kosename – stand Otto sehr nahe. Er fühlte sich an Vaters Statt für sie verantwortlich – und charakterlich mit ihr verwandt. »*Gerade Du bist so sehr der Mensch, der sich vom Gefühl gern leiten ließe, der Liebe braucht, um zu blühen und der Liebe geben kann …*«, hatte er ihr im Mai 1917 geschrieben, »*Ich bin ja in dieser Beziehung ähnlich.*« Einen früheren Schwarm hatte er ihr vehement ausgeredet. »*Ideale sind darum Ideale, weil sie nicht erreichbar sind*«, hatte er ihr in einem seiner regelmäßigen Briefe von der Front eingebleut, in einem weiteren eine Warnung ausgesprochen: »*Gehe in dieser Sache nicht zu weit. Es hat wirklich keinen Sinn und kann nur schaden. Du mußt vernünftig sein …*«

Gegen Erich Elias hatte er hingegen nichts einzuwenden. Im Gegenteil: Es war in seinem Sinn, daß sich seine sensible Schwester, deren Interesse der Kultur, vor allem der Musik und dem Theater, galt und die vier Sprachen beherrschte, zu diesem so verläßlichen, ernsthaften und offensichtlich geschäftstüchtigen Mann mit dem gütigen Lächeln hingezogen fühlte. Er sollte der ruhige Pol im Leben der temperamentvollen Helene werden.

Ende 1920 schied Erich Elias bei den Gebrüdern Heichelheim aus, am 3. Februar 1921 trat er in das Bankgeschäft Michael Frank ein – als sein Teilhaber. Knapp zwei Wochen später, am 16. Februar, heiratete er Helene.

Die Bank steckte tief in der Krise, als Erich Elias gut acht Jahre später, im Sommer 1929, einem beruflichen Angebot nach Basel folgte. Er sollte die Schweizer Opekta-Zweigstelle, ein Tochterunternehmen der Frankfurter Pomosin-Werke, aufbauen. Seine Branche war das nicht. Statt mit Geld und Wertpapieren hatte er es von nun an mit Pektin, einem Geliermittel für die Marmeladenherstellung, zu tun. Doch für Erich Elias war es eine Chance – und für die Bank eine Erleichterung. Sie mußte eine Familie weniger ernähren.

Nun, Anfang 1933, erzählte Erich seinem Schwager Otto, wie unzufrieden Opekta mit ihrem holländischen Repräsentanten war. Die Position mußte dringend neu besetzt werden, er würde ihn mit der Geschäftsführung bekannt machen. Ob das nicht eine Chance wäre? Holland war nahe der Heimat und – wie die Schweiz – im Ersten Weltkrieg neutral geblieben. Die Holländer waren ein liberales und tolerantes Volk, würden sich auch künftig aus politischen Streitereien heraushalten. Die Juden Amsterdams lebten integriert. Außerdem hätte Otto in Amsterdam doch einen persönlichen Startvorteil, er kannte sich aus, die niederländische Sprache war ihm auch nicht fremd …

Otto Frank hatte bereits zehn Jahre zuvor Erfahrungen in Holland gesammelt. In der Hoffung, das angeschlagene Bankhaus stärken zu können, hatten die Gesellschafter beschlossen, eine Tochtergesellschaft in Amsterdam zu gründen. Otto sollte ihr Geschäftsführer werden – nach seinem New-York-Praktikum galt er als das Familienmitglied mit der größten Auslandserfahrung.

Am 31. Dezember 1923 hatte er »M. Frank & Zonen«, »Michael Frank und Söhne«, als Gesellschaft zur Ausübung eines Geldhandels- und Bankgeschäfts ins niederländische Handelsregister eintragen lassen. Gesellschafter waren Otto, der zu diesem Zweck seinen Hauptwohnsitz in die Amsterdamer Keizersgracht verlegt hatte, sowie Herbert Frank, Schwager Erich Elias und das Frankfurter Stammhaus Michael Frank.

Die Idee hatte damals in der Luft gelegen. Zahlreiche deutsche Banken versuchten, ihre Position durch Zweigstellen in Amsterdam, das sich nach dem Ersten Weltkrieg zum europäischen Zentrum des Devisenhandels entwickelt hatte, zu stärken. Sie mußten allerdings mit einer einschränkenden Auflage leben: Um sich vor unliebsamer Konkurrenz zu schützen, bestanden die niederländischen Bankhäuser darauf, daß sich die neugegründeten Filialen auf die Verwaltung von Kapital spezialisierten, das Deutsche aus Steuergründen nach Holland transferiert hatten. Vom Geld niederländischer Kunden sollten sie die Finger lassen.

Die Strategie der Franks war nicht aufgegangen. Schon ein Jahr später, am 15. Dezember 1924, mußte Otto Frank aufgeben. Riskante Devisenspekulationen hatten sich zu seinen Ungunsten entwickelt – »Frank & Zonen« mußte liquidiert werden. Konkurs wurde jedoch nicht angemeldet. Offenbar sicherte die Bank ihren Gläubigern zu, die Schulden peu à peu zurückzuzahlen. Gut vier Jahre dauerte es, bis die Sache bereinigt war. Erst Ende Januar 1929 – ein halbes Jahr vor Annes Geburt – war die Auflösung der Gesellschaft vollständig abgewickelt, das Unternehmen aus dem niederländischen Handelsregister wieder gelöscht. Damals hatte Otto freilich nicht geahnt, daß er schon bald wieder nach Amsterdam zurückkehren würde.

Anfang April 1933 verschlechterte sich die Lage der jüdischen Bevölkerung Deutschlands drastisch. Antijüdische Propaganda hatte schon Ende März Böses verheißen. Am 27. März etwa hatte die Stadtverwaltung Köln verlautbaren lassen: »*Jüdische Firmen sind in Zukunft weder zur Abgabe von Angeboten heranzuziehen, noch bei Erteilung von Aufträgen usw. zu berücksichtigen.*« Zwei Tage später, am 29. März, hatte sich der hessische Staatspräsident zu Wort gemeldet: »*Ehrensache der deutschen hessischen Presse ist es, im Nachrichten-, Unterhaltungs- und Anzeigenteil fremdrassige internationale jüdische Einflüsse auszuschalten.*« Hetzkampagnen, die das Terrain für den ersten planmäßigen Boykott-Tag seit der Machtergreifung Hitlers bereiten sollten. Am Samstag, dem 1. April 1933, um Punkt zehn Uhr, so der Befehl, sollten sich vor jedem jüdischen Geschäft im Reich uniformierte, teils gar bewaffnete Nationalsozialisten postieren und die Kunden am Betreten hindern. »Deutsche! Wehrt Euch! Kauft nicht bei Juden!« Vielerorts wurden die Menschen, die die Wachposten ignorierten und das Geschäft trotzdem betraten, photographiert, ihre Konterfeis am darauffolgenden Tag in der Zeitung veröffentlicht. Neben den jüdischen Einzelhändlern wurden vor allem Freiberufler, Ärzte und Anwälte boykottiert. Banken blieben, weil sich sogar die skrupellosen Nazis vor einem internationalen Bankenkrach fürchteten, vorerst verschont.

Die fanatischsten Antisemiten der Partei, allen voran *Stürmer*-Herausgeber Julius Streicher und Heinrich Himmler, waren jedoch enttäuscht: Die Bevölkerung ließ sich noch nicht recht mobilisieren, aber sie wehrte sich auch nicht. Sie schaute weg, senkte den Blick, ließ die Dinge geschehen.

Der Brief des Vorstands der Israelitischen Gemeinde Frankfurts in der Aprilausgabe des Gemeindeblattes war da nur ein schwacher Trost für die jüdische Bevölkerung:

»Nichts kann uns die tausendjährige Verbundenheit mit unserer deutschen Heimat rauben, keine Not und Gefahr kann uns dem von unseren Vätern ererbten Glauben abspenstig machen«, hieß es. »*Wenn keine Stimme sich für uns erhebt, so mögen die Steine dieser Stadt für uns zeugen, die ihren Aufschwung zu einem guten Teil jüdischer Leistung verdankt, in der so viele Einrichtungen vom Gemeinsinn der Juden künden, in der aber auch das Verhältnis zwischen jüdischen und nichtjüdischen Bürgern stets besonders eng gewesen ist.«*

Der Judenboykott war mehr als nur eine Probemobilmachung. Er war Auftakt zu einer Flut antijüdischer Erlasse, die Juden aus allen Bereichen des öffentlichen Lebens ausschlossen. Auftakt zur Isolation. Das Gleichberechtigungsprinzip, seit 1871 in der deutschen Verfassung verankert: abgeschafft.

Auch in Frankfurt gingen die Einnahmen der jüdischen Geschäfte nach dem 1. April stark zurück, viele mußten gar Bankrott anmelden oder ihr Unternehmen unter Wert verkaufen. Allein bis Oktober 1933 schlossen 536 jüdische Unternehmen, die Zahl der jüdischen Arbeitslosen stieg erschreckend.

Wie die Erwachsenen waren jetzt auch die jüdischen Kinder der nationalsozialistischen Willkür ausgeliefert. Nachdem Otto, Edith und die Kinder zurück ins Westend gezogen waren, meldeten sie Margot von der Ludwig-Richter-Schule auf eine andere, die Varrentrapp-Schule, um. Eine neue Umgebung, neue Klassenkameraden – und vor allem eine ganz andere erzieherische Atmosphäre, an die sich die ruhige, zurückhaltende Siebenjährige erst langsam würde gewöhnen müssen.

Die Voraussetzungen dazu waren schlecht. Das Gesetz zur »Wiederherstellung des Berufsbeamtentums« vom 7. April 1933 verfügte, daß sämtliche Einrichtungen des Reichs, der Länder und Gemeinden, und damit auch Schulen und Hochschulen, zu »säubern« seien. Jüdische Lehrer, aber auch solche mit anderer politischer Gesinnung, und damit – was immer das heißen sollte – Reichsfeinde, konnten mit sofortiger Wirkung beurlaubt werden. Walter Hüsken, Margots früherer Rektor an der Ludwig-Richter-Schule, war einer der ersten Lehrer, der von den Nazis entlassen wurde. Auch ihre frühere Klassenlehrerin erschien, wie die Franks erfuhren, nach den Osterferien nicht mehr zum Unterricht.

Am 25. April der erste Direktangriff auf die jüdischen Schüler: An keiner Schule waren von nun an mehr als fünf Prozent Juden zum Unterricht zugelassen, im gesamten Reichsgebiet nicht mehr als 1,5 Prozent. Die jüdischen Kinder wurden in einer Ecke des Klassenzimmers zusammengesetzt, strikt getrennt von ihren »arischen« Mitschülern. Daß Margot und Anne, die schon alt genug für den Kindergarten war, in öffentlichen Schulen bald ganz unerwünscht sein würden, ihre Ausbildung gefährdet war, diese Annahme war gar nicht abwegig und sicher ein weiterer Anstoß für Otto und Edith, ihre Emigration vorzubereiten.

Als am 10. Mai 1933 nationalsozialistische Studentengruppen »wider den undeutschen Geist« marschierten und in effektheischenden, schauprozeßartigen Straßenaktionen »undeutsches Schrifttum« verbrannten, stand so gut wie fest, daß die Franks nach Amsterdam emigrieren würden. »Wenn der Jude deutsch schreibt, lügt er«, hatten die Nazis schon zwei Monate vorher propagiert. Die Werke von Thomas, Klaus und Heinrich Mann, Arnold und Stefan Zweig, Kurt Tucholsky, Erich Maria Remarque, Franz Werfel, natürlich die kommunistischen Schriften von Marx und Engels und Bert Brechts Bücher wurden zusammen mit vielen anderen in zahlreichen deutschen Städten unter lauten Parolen ins offene Feuer geworfen, so, als wolle man die Autoren selbst wie Hexen auf dem Scheiterhaufen richten. Otto Franks Lieblingsdichter Heinrich Heine, dessen Lorelei jedes Schulkind kannte, wurde zur Unperson erklärt. »Dichter unbekannt« stand von nun an in allen Schulbüchern, anstelle des Namens jenes Dichters, der ein Jahrhundert vorher festgestellt hatte: »Dort, wo man Bücher verbrennt, verbrennt man auch am Ende Menschen.«

Im Hochsommer 1933 reiste Otto Frank nach Amsterdam, um die Übersiedlung der Familie vorzubereiten. Edith und die beiden Mädchen zogen zwischenzeitlich nach Aachen zu Oma Holländer und den Onkeln Julius und Walter. Erst wollte Otto sich beruflich Überblick verschaffen und eine angemessene Wohnung finden, dann sollten seine Damen nachkommen. Bis dahin würde Edith zwischen Aachen – strategisch günstig, direkt an der holländischen Grenze gelegen – und Amsterdam pendeln. Im politischen Notfall hätten sich Edith und die Mädchen in kürzester Zeit über die Grenze in Sicherheit bringen können.

Ottos beruflicher Neustart verlief nicht ganz glatt. Der ursprünglich von Erich Elias vorgeschlagene Plan, wonach der mittlerweile vierundvierzigjährige Familienvater die Amsterdamer Filiale der Kölner Opekta-Werke, die wiederum eine Tochtergesellschaft der Pomosin-Zentrale in Frankfurt waren, aufbauen sollte, schlug fehl. Die seit 1928 in Utrecht ansässige Firma Pomosin, ebenfalls ein Tochterunternehmen der Frankfurter Konzernmutter, legte Einspruch ein. Mit Erfolg. Ihr Direktor, F.J.M. van Angeren, vertrat offenbar die Ansicht, daß im Holland der dreißiger Jahre gerade genug Nachfrage nach Geliermittel zur Marmeladenherstellung bestand, um *ein* Unternehmen zu ernähren. Sich freiwillig der Konkurrenz, noch dazu aus ein und derselben Unternehmensgruppe, zu stellen, hielt er wohl für überflüssig. Er lehnte deshalb ab, als man ihm den Aufsichtsratsvorsitz in Ottos Filiale anbot.

Otto wurde deshalb von der Konzernzentrale nur das Recht eingeräumt, ein eigenes Unternehmen zu gründen und das Opekta-Pektin auf eigene Rechnung – und eigenes Risiko – zu verkaufen. Für die Berechtigung, die Handelsmarke Opekta zu benutzen, müßte er zweieinhalb Prozent seines Gewinns an Pomosin nach Frankfurt überweisen. Heute würde man das ein Franchise-System nennen. Zusätzliche, wohl von van Angeren erzwungene und einigermaßen desillusionierende Auflage: Otto durfte sein Pektin nur an Endverbraucher verkaufen, er würde also Hausfrauen, die daheim Marmelade einkochten, von den Vorteilen moderner Geliermittel überzeugen müssen. Die holländischen Konservenfabriken und Marmeladehersteller belieferte auch weiterhin nur die Firma Pomosin von Utrecht aus.

Dennoch stand Ottos Entschluß schnell fest: Er würde auf das Angebot eingehen und selbständiger Kaufmann in Holland werden. Zum einen war er ohnehin zeit seines bisherigen Berufslebens Unternehmer gewesen, zum anderen sah er wohl gar keinen anderen Weg, wenn er sich mit seiner Familie in Amsterdam niederlassen wollte. Vorher mußte er jedoch noch eine weitere Hürde nehmen und das Geld zur Unternehmensgründung auftreiben. Selbst hatte er die als Gründungskapital nötigen 15000 holländischen Gulden nicht. Sein Schwager Erich, der ihn an Pomosin und Opekta vermittelt hatte, borgte ihm das Geld – als zinsloses Darlehen mit einer Laufzeit von zehn Jahren.

Bereits am 15. September 1933 ließ Otto sein Unternehmen als »Nederlandsche Opekta Maatschappij NV«, »Niederländische Opekta Aktiengesellschaft«, zur »Produktion und zum Handel mit Obstprodukten, besonders mit Pektin« ins Handelsregister der niederländischen Industrie- und Handelskammer eintragen. Alle Aktien hielt Otto selbst. Im Juli 1934 ließ er den Beisatz »in oprichting«, »in Gründung«, löschen. Bereits Ende Januar 1934 war das Bankhaus Michael Frank offiziell stillgelegt worden.

Für die Wohnungssuche schien Otto wenig Zeit zu haben. Er hatte gleich nach seiner Ankunft in Amsterdam eine kleine Wohnung im zweiten Stock des Hauses Stadionkade 24 zur Untermiete bezogen und sich am 16. August gemeinsam mit seiner Frau Edith beim Einwohnermeldeamt registrieren lassen. »*Nun bin ich schon vier Wochen hier und habe viel Arbeit. Ich hoffe, daß ich Dich auch mal hier sehen werde, wenn alles klappt*«, schrieb er am 4. September 1933 an Gertrud Naumann in Frankfurt, mit der er kurz vor seiner Abreise noch einmal spazierengegangen war. Nimm deine Kinder ernst, hatte er ihr auf ihren Lebensweg mitgegeben, damit sie dich ernst nehmen können. Wenn du ihnen etwas versprichst, mußt du es halten – sonst verlieren sie ihr Vertrauen in dich.

Edith Frank-Holländer dürfte mehrmals von Aachen nach Amsterdam gereist sein, um ihrem elf Jahre älteren Ehemann beizustehen. Otto stand beruflich unter großem Druck. Edith mußte die Suche nach einer größeren Wohnung vorantreiben. »*Liebe Gertrud*«, wandte sie sich am 3. November an ihre junge Freundin, die sehr unter der Trennung von den Franks litt, »*mein Mann hat sich mit Deinem schönen Brief sehr gefreut; sobald er mehr Zeit hat, schreibt er Dir. Ich laufe viel um wegen Wohnungen und weiß noch nicht, wann ich wieder in Frankfurt bin. Die Kinder sind lieb und vergnügt in Aachen.*« Als Absender benutzte sie Ottos ersten Firmensitz in der Altstadt, Nieuwe Zijds Voorburgwal 120. Ein kleines, nur aus zwei Zimmern bestehendes Büro in einem auffallend modernen Gebäude, mit seinen neun Stockwerken für Amsterdamer Verhältnisse geradezu ein Hochhaus.

Zwei Wochen später meldeten die Franks Erfolg. »*Nun werden wir bald Wohnung haben, der Winter geht auch herum und vielleicht können wir Dich nächstes Jahr mal hier sehen*«, schrieb Otto am 16. November in knappen Worten auf eine Postkarte an Gertrud, die sehnsüchtig auf

Nachricht wartete. Im nächsten Satz die Begründung für seine Hast: »*Ich habe sehr viel zu arbeiten und bin recht müde und nervös, sonst aber Gott Lob gesund.*«

Zu den körperlichen Anstrengungen, die es brauchte, ein neues geschäftliches Standbein aufzubauen, kam die psychische Belastung, die es bedeutete, von der Heimat, von allen Verwandten und Freunden Abschied zu nehmen und sich auf ein Leben in einem fremden sozialen Umfeld einzulassen. Die Emigration nach Holland war keine Flucht, darauf bestand Otto. Von freiwillig konnte jedoch auch nicht die Rede sein.

»*Ich selbst empfinde das oft und habe es oft empfunden, daß Mutter und Geschwister die einzigen wirklich zuverlässigen Menschen sind, jedenfalls kann es bei uns so sein, den Juden*«, hatte Otto im Februar 1916 in einem Brief an seine Schwester Leni sinniert. Nun war er zwar deutlich älter und hatte eine eigene Familie, die Verantwortung und Stütze zugleich bedeutete, zudem war er damit groß geworden, daß er in allen Teilen Europas Verwandtschaft hatte. Nichtsdestotrotz vermißte er seine Leute, die sich, wie man so sagt, in alle Windrichtungen zerstreut hatten.

Herbert Frank, dessen Ehe, 1922 geschlossen, nur kurze Zeit gehalten hatte, war ja gezwungenermaßen schon im Spätsommer 1932 nach Paris emigriert und fühlte sich, wie Edith später feststellte, dort »*doch so verlassen*«. Bruder Robert »Robbo« Frank, der Spaßvogel der Familie, hatte sich mit seiner Frau Charlotte, »Lotti«, einer Christin, für London, damals wie heute eine der Kunstmetropolen, entschieden. Sein Interesse hatte schon von Jugend an der Kunst gegolten. Zudem war er ein recht begabter Zeichner und überraschte die Familie mit seinen Illustrationen. Für seinen Neffen Stephan Elias entwarf, zeichnete und betextete er sogar ein entzückendes Kinderbuch.

1907 hatte Vater Michael Frank eine Kunsthandlung erworben, wohl um seinem Erstgeborenen, dem das Bankgeschäft noch fremder war als seinen jüngeren Brüdern, ein Einkommen zu sichern. Robert trat als Prokurist in das Unternehmen ein. Als das Geld während des sich hinziehenden Ersten Weltkriegs knapp wurde, kümmerte er sich um den Verkauf von Bildern aus Familienbesitz. »*Robert hat das Bild ›Adam und Eva‹ verkauft und ist sehr traurig darüber*«, kommentierte Otto in einem Brief von der Front. »*Ich hingegen bin froh, daß das Bild zu einem so guten Preis aus dem Haus ist.*« Auch in London widmete Robert sich dem Kunsthandel.

Mutter Alice Frank-Stern verließ Frankfurt etwa zwei Monate nach Otto, sie emigrierte jedoch nach Basel. Ihre Tochter Helene, die ihrem Ehemann 1930 in die Schweizer Grenzstadt gefolgt war, hatte sich in der Wahlheimat bereits gut eingerichtet. Ihre finanzielle Situation war gesichert, ihre Lebensumstände stabil. Die Enkelsöhne Stephan – er hatte noch mehrere Monate bei der Omi in Frankfurt gelebt, bevor auch er nach Basel umgezogen war – und der zwei Jahre jüngere Bernd vergötterten ihre »I«. Wenn sie ihnen am Sonntagmorgen eine ihrer phantasiereichen Mäusegeschichten erzählte und im Hintergrund leise klassische Musik spielte, war das jedesmal ein kleines Fest für die Buben.

Im Sommer 1933 mietete Alice Frank-Stern in Basel eine Wohnung. In der Wohnung des Schwiegersohns, Gundeldingerstraße 139, wohnte bereits dessen Mutter, die gemeinsam mit Helene und Bernd nach Basel umgezogen war. Ihre neue Vierzimmer-Wohnung in der Schweizergasse 50 gefiel Alice Frank-Stern durchaus – aber mit ihrem Haus am Frankfurter Beethovenplatz, in dem sie mehr als dreißig Jahre gewohnt und das sie schwersten Herzens, aber zu einem angemessenen Preis verkauft hatte, war sie natürlich nicht zu vergleichen. Wenigstens hatte sie ihre liebsten Möbelstücke nach Basel mitnehmen können. Und die neue Küche war sogar größer als ihre frühere in Frankfurt.

Holländer-Familientreffen anläßlich der Bar-Mizwa von Alfred Holländer 1912 in Oberhausen; hinten v. l.: Max Moses Holländer, Abraham Holländer; ganz rechts: der gefeierte Alfred Holländer; vorne v. l.: Mathilde Holländer-Berg, Bertha Baer, Rosa Holländer-Stern.

Glücklich war sie in der neuen Umgebung dennoch nicht, zu stark war ihre Bindung an ihre Heimatstadt. Bis an den Anfang des sechzehnten Jahrhunderts ließ sich ihr Stammbaum zurückverfolgen, ihre Vorfahren väterlicherseits, die Sterns, ebenso wie mütterlicherseits, die Cahns, stammten aus Frankfurt. Daß ihre Mutter, Anne Franks Urgroßmutter, Cornelia hieß, deutete darauf hin, daß sich die Familie schon damals mehr Deutschland, und im besondern Frankfurt, als dem Judentum verbunden fühlte. Cornelia – so hieß auch die Schwester Goethes, der in Frankfurt geboren war – war ein verbreiteter bürgerlicher Frankfurter Vorname. Die hebräische Tradition spielte im Leben der Sterns offensichtlich schon damals kaum noch eine Rolle.

Auch Annes Urgroßvater, der mit dem Verkauf »versilberter Waaren« ein recht wohlhabender Mann geworden war, bedeutete Integration mehr als seine jüdische Herkunft. Als hätten sie das geahnt, hatten ihn seine Eltern August Heinrich genannt. August hieß auch Goethes Sohn.

Im November 1933 erhielt Gertrud Naumann den ersten ausführlichen Brief von Alice Frank-Stern. »*Ich weiß ja, wie traurig Du warst, daß wir alle nun die Heimat verlassen haben, aber ich hoffe von Herzen, daß Du uns Liebe und Anhänglichkeit bewahrst*«, schrieb die unfreiwillig Verpflanzte. Sie gab sich zuversichtlich: Sie hätte es gut getroffen, die Straße, in der sie wohnte, wäre ruhig; freilich, die Stadt kleiner, mit Frankfurt oder Amsterdam nicht zu vergleichen, aber schöne Plätze gäbe es auch dort. Daß ihr die Sprache zu schaffen machte, gab sie zu: »*Das Schweizerdeutsch ist auch keine schöne Sprache, man versteht es ganz schwer.*« Edith Frank durchschaute ihre stolze Schwiegermutter. »*Die Omi in Basel leidet auch immer unter Heimweh und dem Getrenntsein von ihren Kindern*«, erkannte sie.

Bis Ende 1933 waren laut einer 1941 von der »Reichsvereinigung der Juden in Deutschland« erarbeiteten Statistik etwa 63 000 Juden emigriert. Ediths Angehörige dachten vorerst jedoch nicht daran, Deutschland zu verlassen. »*Die beiden Brüder waren so verblendet wie viele*«, sagte Otto Frank später. Julius und Walter Holländer führten das Aachener Unternehmen weiter, so gut es ging. Annes aus der kleinen Ortschaft Aldenhoven nahe Aachen stammender Urgroßvater Carl Ben jamin Holländer, ein sehr religiöser Mann, hatte es 75 Jahre zuvor gegründet. Ihr Großvater Abraham – er überlebte Benjamin, der 94 Jahre alt wurde und seine letzten Lebensjahre erblindet im Haus des Sohns verbracht hatte, um nicht einmal vier Jahre – hatte das Lumpen- und Alteisentrödelgeschäft zu einer respektablen Großhandlung für Rohprodukte aus Metallen aller Art ausgebaut und es zu Wohlstand und Ansehen sowohl in der Stadt als auch innerhalb der Synagogengemeinde gebracht. Sein um vierzehn Jahre jüngerer Bruder Max Moses hatte eine Zweigstelle im rheinländischen Oberhausen errichtet.

Annes Großvater Abraham Holländer (1860–1928): Für sein Pferd bewunderte ihn ganz Aachen.

Nun gingen die Geschäfte mehr schlecht als recht – auch die beschauliche Kleinstadt Aachen verschonten die Nazis nicht. Doch Julius und Walter wollten an eine baldige Besserung der Situation glauben – ebenso wie die zahlreichen Onkel und Tanten, Cousins und Cousinen, mit denen Edith groß geworden war.

Ihr Vater Abraham hatte acht Geschwister. Mit einigen ihrer Cousinen, Meta Hartog sowie Frieda und Irma, Ilse und Elsbeth Holländer, war sie gar in dieselbe Schule in Aachen gegangen. Nach ihrer Heirat nach Frankfurt sah sie ihre Cousinen kaum noch, der Kontakt riß aber nie ganz ab. Meta, Jahrgang 1900 wie Edith, wollte Opernsängerin

Annes Urgroßvater Carl Benjamin Holländer (1830–1924): Der religiöse Mann erblindete in hohem Alter.

werden – und es gelang ihr später tatsächlich, an der New Yorker Metropolitan Opera aufzutreten. Elsbeth hatte sich 1931 das Leben genommen und zwei kleine Kinder zurückgelassen. Mit ihrer Cousine Irene Kronheim-Holländer, die in Oberhausen aufgewachsen war, hatte Edith als junge Frau Tennis gespielt. Irene war modern und emanzipiert, eine der ersten Frauen Deutschlands, die eine Führerscheinprüfung gemacht hatten; zudem war sie kaufmännisch ausgebildet. Sie war das »Hirn« der Familie, fanden ihre Verwandten. Obwohl sie sich im Oktober 1933 scheiden ließ, weil ihr Ehemann sie mit seiner Sekretärin betrogen hatte, dachte auch sie vorläufig nicht daran, Dortmund, wo sie nun mit ihren beiden Töchtern lebte, zu verlassen.

Unfair jedoch, als Grund für ihr Bleiben allein politische Blindheit zu vermuten. Immer war es auch eine Frage des Geldes.

Für Edith Frank hatte der Umzug nach Amsterdam wenigstens ein Gutes: Die Entfernung zu ihrer Familie vergrößerte sich nicht. Aachen lag kilometermäßig etwa auf halbem Weg zwischen Frankfurt und Amsterdam. Ihre Mutter und Brüder würden sie künftig doch sicher genauso häufig besuchen kommen können wie bisher ... Die Wohnung, die sie gefunden hatten, war zwar nicht so repräsentativ, wie sie es gewohnt waren, doch für Gäste würde allemal Platz sein.

»*Unsere Wohnung ist ähnlich der in der Ganghofer Straße, nur viel kleiner*«, beschrieb Edith das neue Heim am Merwedeplein, inmitten einer modernen Großsiedlung im Stadtviertel Amsterdam Zuid südlich der Amsterdamer Altstadt. »Rivierenbuurt« hieß die Siedlung, mit der sich die Stadt in Richtung Watergraafs- und Slotermeer ausbreitete. »Flußviertel«, weil viele der breit und übersichtlich angelegten Straßen nach Flüssen benannt waren. Am 5. Dezember 1933, so vermerkte es das zuständige Einwohnermeldeamt in seinen Büchern, bezogen sie und Otto die Räume, die nicht nur günstig, sondern – das konnte Edith vielleicht nicht abschätzen – für holländische Verhältnisse sogar recht großzügig waren. »*In unserem Schlafzimmer kann außer den Betten nichts mehr stehen. Kein Keller, kein Speicher, aber alles hell, bequem und warm, sodaß ich ohne Mädchen gut fertig werde.*« Am 7. Dezember ließ Otto auch Margot und Anne registrieren. Doch erst wollte Edith ein wenig Alltag in die neue Wohnung einkehren lassen. Ihre Möbel, die stahlblaue Sitzgarnitur, die Schränke, ihr Sekretär, die Bibliothek – Kisten um Kisten

In Oma Holländers Obhut:
Anne und Margot in Aachen, 1933. Die Kleidchen fertigte Gertrud Naumanns Schwester Elisabeth.

mit Büchern – und der übrige Hausrat mußten überstellt werden, bevor sie die Mädchen nach Amsterdam holte. Bei Oma Holländer in Aachen waren sie ohnehin gut aufgehoben.

Schon vom Babyalter an war Anne regelmäßig in Aachen gewesen. »*Freut sich, wenn morgens jemand, meist Onkel Julius, zu ihr ins Zimmer kommt, und macht viel Unsinn*«, hatte Edith schon im September 1929 in Annes »Merkbuch für unser Baby« eingetragen. Ediths Brüder liebten Anne wie ihr eigenes Kind. Die Oma – eine Oma wie aus dem Bilderbuch – verwöhnte ihre Enkel und hatte sprichwörtlich Engelsgeduld mit der nun viereinhalbjährigen Anne, die sich zu einem goldigen, überaus lebendigen kleinen Fratz entwickelt hatte und bereits für kecke Sprüche gut war. »*Kann jemand für die alte Dame aufstehen?*« soll sie geflötet haben, als sie mit ihrer Oma die vollbesetzte Straßenbahn bestieg. Schüchtern war der Dreikäsehoch wirklich nicht. Doch die bestimmte Aufforderung, ihrer Oma einen Sitzplatz freizumachen, war wohl nicht ihrem Übermut oder gar einer gewissen Unverschämtheit zuzuschreiben. Nein, sie war eher Ausdruck einer ebenso liebevollen wie fürsorglichen Zuneigung nicht nur zu ihrer geliebten Oma, sondern zu alten Menschen generell – einer Zuneigung, die Anne auch beibehielt, als sie älter wurde.

Kurz vor Weihnachten 1933 meldete sich Edith noch einmal bei Gertrud Naumann: »*Morgen bringen beide Onkels Margot hierher und bleiben über Weihnachten hier.*« Margot sollte sich in Ruhe in Amsterdam eingewöhnen können, bevor sie am 4. Januar – wenn die holländischen Kinder von ihren Weihnachtsferien zurückkamen – in die Schule eintreten würde. Annes Wutausbruch, wenn die drei sie zurücklassen würden, konnte sich Edith allzu gut vorstellen. »*Anne will auch mitkommen. Oma wird's schwer haben, das Kind noch ein paar Wochen dort zu halten …* «

4. *Neue Heimat*

Anne Frank war nicht leicht zufriedenzustellen. Unentwegt brauchte das lebhafte Mädchen die Aufmerksamkeit ihrer Umwelt – so jedenfalls empfanden es ihre Eltern. Immer wollte sie dazulernen, stellte Frage um Frage – und ließ sich nicht mit halben Antworten abspeisen. Auf ihr »Warum« erwartete sie ausführliche Zuwendung, sonst war sie tief gekränkt. Anne konnte ein Quälgeist sein. Doch wenn sie den Kopf schief legte, ihren Blick senkte, ihr verschmitztes, nur scheinbar verschämtes Lächeln aufsetzte und einen bedeutungsvollen Augenaufschlag inszenierte, dann konnte ihr niemand widerstehen, am wenigstens ihr Vater. Neugierde, Abenteuerlust und Humor blitzten aus ihren großen, grünbraunen Augen, die in dem dunklen Kranz aus langen Wimpern und Brauen noch ausdrucksvoller wirkten. Unentwegt wollte sie etwas erleben, Menschen um sich und Spaß haben. Sonst wurde sie zappelig. Ging ihr etwas gegen den Strich, konnte ihre Stimmung augenblicklich umschlagen. Dann meldete sich der Dickkopf in ihr und sie versuchte, ihren Willen mit zornigen Tränen durchzusetzen.

Am Dienstag, dem 12. Juni 1934, war sie noch aufgekratzter, das Strahlen ihrer Augen noch anziehender als sonst. Dieser Tag gehörte ihr. Es war ihr Geburtstag, ihr fünfter und der erste in der neuen Heimat. Nachmittags durfte

Kinderparty in Amsterdam (Februar 1934):
Anne Frank (vorne rechts), Margot (hinten rechts),
daneben Barbara Ledermann.

sie ihre neuen Freundinnen zu einem Geburtstagsfest einladen – so wie es auch in Frankfurt Familienbrauch gewesen war. Mit einigen anderen kamen Hanneli, mit der sie den Kindergarten besuchte, Sanne, die um die Ecke, und die zwei Jahre jüngere Juliane, die im Stockwerk über ihr wohnte. Margot hatte ihre Klassenkameradin Barbara, Sannes drei Jahre ältere Schwester, dazugeladen. Jeder Gast brachte Anne ein Geschenk mit und erhielt als Dankeschön eine kleine Erinnerung, Juliane beispielsweise nahm ein blechernes Teeservice für ihre Puppenküche mit nach Hause.

Anne war eine perfekte Gastgeberin: Ihr Enthusiasmus und ihre Entschiedenheit rissen die anderen mit, ihr aufmunterndes Kichern und ungezwungenes Plaudern wirkten ansteckend. Auch wenn Deutsch in ihrem kindlich-heiteren Schwatzen noch den Ton angab, so mischte sie doch schon zahlreiche holländische Worte darunter, die sie aufgeschnappt hatte.

Dabei war sie erst vier Monate zuvor aus Aachen nach Amsterdam gekommen – als Überraschung für Margot, die damals bereits seit zwei Monaten in Holland lebte. Am 16. Februar hatte Margot ihren achten Geburtstag gefeiert. Die kleine Schwester saß herausgeputzt auf dem Gabentisch, als Margot ins Wohnzimmer kam. Als scheue Primaballerina im weißen Tüllröckchen, die Haare kurz geschnitten wie ein frecher Lausbub, nahm Anne schließlich an Margots kleinem Geburtstagsfest teil, ungewöhnlich zurückhaltend, still staunend über die neue Umgebung, die fremden Menschen.

Doch ihre Schüchternheit hatte sie schnell abgelegt. *»Anne hat sich besser als Margot eingelebt«*, teilte Edith Frank Gertrud Naumann, mit der sie nach wie vor in regem Briefwechsel stand, im Juli mit.

Die ersten Wochen waren für Anne aber nicht ganz einfach gewesen. Margot ging jeden Morgen zur Schule, kam erschöpft zwar, aber voller neuer Eindrücke nach Hause. Edith Frank bemühte sich, ihr die Umstellung leicht – und, im positiven Sinn, unaufregend – zu gestalten. Den Ausnahmezustand der Umzugswochen sollten möglichst rasch Gewohnheit und Alltag ablösen, die kleine Kinder brauchen, um sich sicher zu fühlen.

Anne hatte wieder und wieder nach ihren Freundinnen in Frankfurt und Aachen gefragt, wollte unbedingt auch mit anderen Kindern zusammensein. Sie hatte ihre Mutter gedrängt, sie in den Kindergarten zu schicken; doch der war überfüllt.

Im Mai war es endlich soweit: Anne durfte den Kindergarten der Montessorischule in der Niersstraat, etwa zehn

Minuten zu Fuß vom Merwedeplein, besuchen. Schon am ersten Tag schloß sie Freundschaft mit einem Mädchen, das deutsch sprach wie sie und erst wenige Tage in Amsterdam wohnte – Hanneli Goslar. Anne hatte das schüchterne Mädchen schon einige Tage zuvor gesehen, in einem Kaufmannsladen. Anne an der Hand ihrer Mutter, Hanneli an der von Ruth Goslar. Den Damen war aufgefallen, daß sie beide deutsch sprachen, erleichtert waren sie ins Gespräch gekommen und hatten festgestellt, daß sie Haus an Haus am Merwedeplein wohnten. Die Kinder hatten sich derweil interessiert beäugt.

Als Hanneli zum erstenmal ins »Kinderhaus« kam, wie die Vorschulklassen in Montessorischulen heißen, war Anne schon da. Beruhigt, unter den vielen fremden Gesichtern ein bekanntes, das noch dazu ihre Sprache sprach, entdeckt zu haben, steuerte sie auf Anne zu. Die breitete einladend ihre Arme aus und herzte die neue Freundin mit einer Selbstverständlichkeit, die Kinder gegenüber Erwachsenen so überlegen macht. Ihren besorgten Müttern, die auf Jammern und Tränen ihrer Mädchen gefaßt waren, schenkten sie keine Beachtung mehr. »*Anne geht nun mit Freuden in den Kindergarten*«, hatte Edith zu berichten.

Anne hatte in kürzester Zeit zahlreiche Freunde gefunden. Sie war beliebt, denn sie verbreitete gute Laune. In der Regel war sie zu Späßen aufgelegt, regte lustige Spiele an, fand immer Grund zu kichern und zu tuscheln. Daß sie bestimmend und besitzergreifend war, fiel immer nur dann auf, wenn sie ihren Willen nicht auf Anhieb durchsetzen konnte.

Ihren besten Freundinnen, Hanneli und Sanne, dürfte Annes tonangebende Art gar nicht unrecht gewesen sein. Hannah Elisabeth Goslar, »Hanneli« für die deutschen Emigrantenkinder, »Lies« jedoch für ihre holländischen Schulkameraden, die den Namen »Hannah« nicht aussprechen konnten, war ein halbes Jahr älter als Anne, deutlich größer gewachsen, aber ebenso zart gebaut, dürr eigentlich, ihr mit-

Amsterdamer Hinterhofidylle (v.l.n.r.):
Hannah Goslar, Anne Frank, Dolly Citroën, Hannah Toby,
Barbara Ledermann, Sanne Ledermann, 1937

telbraunes Haar zu vorwitzigen Locken gekringelt. Sie galt als extrem sanft und zurückhaltend. Und unsicher. Susanne Ledermann, »Susi«, wie ihre Eltern und die Schwester Barbara sie auch in Holland noch riefen, für Anne jedoch »Sanne«, auch sie etwa ein halbes Jahr älter, war ein ruhiges, kluges Kind, weniger sprunghaft, weniger verspielt als Anne. Auch wenn sie lächelte, stand eine gewisse Ernsthaftigkeit in den großen, dunkelbraunen Augen des zierlichen Mädchens.

Anne, Hanne und Sanne hieß das Trio bei den anderen Kindern, die sich zum Spielen am Merwedeplein trafen. Wie das bei kleinen Mädchen üblich ist, stand mal die eine, mal die andere höher im Kurs, dann wieder die dritte. Natürlich hatte jede der drei – zum insgeheimen Mißfallen der beiden anderen – auch andere Freundinnen. Im Grunde aber waren die drei unzertrennlich – und blieben es auch, als sie älter wurden.

Der Merwedeplein war ein Zentrum des Flußviertels, in das die Franks gezogen waren. Zwar war der in einem offenen Dreieck angelegte Platz nicht von üppigen Wiesen umgeben wie die nahezu ländliche, für Kinder jedenfalls paradiesisch schöne Gegend um die Ganghoferstraße, in der sie in Frankfurt gewohnt hatten, nichtsdestotrotz hatte man bei seiner Planung die Bedürfnisse von Kindern im Kopf gehabt. An der Spitze des fast gleichschenkligen Dreiecks stand »De Wolkenkrabber«, der für damalige Zeiten wagemutige zwölf Stockwerke in den Himmel strebte und mehr als doppelt so hoch wie die umliegenden Häuser war.

An dem Hochhaus, von dessen oberen Etagen aus das ganze Viertel zu überschauen war, gabelte sich die Straße. Linker Hand begann mit der Nummer 1 die Häuserreihe mit den ungeraden, auf der rechten Seite mit der 2 die Reihe mit den geraden Nummern. Ein Haus glich dem ande-

Der Merwedeplein in Amsterdam Zuid: Die Franks bewohnen die Wohnung im zweiten Stock, vorne rechts im Bild. Im Hintergrund: der Wolkenkratzer; ca. 1936.

ren, schlichte, sachliche Fassaden aus sandfarbenem Backstein. Weiße Fensterläden ohne jeden Firlefanz, zum Hinterhof kleine Balkone, gerade groß genug für zwei Liegestühle. Moderne Stadtplanung, unkompliziert, anpassungsfähig, preisgünstig. Geschichts- und gesichtslos – und vielleicht gerade deshalb prädestiniert für jeden, der wieder von vorne anfangen mußte. Die Franks bewohnten Merwedeplein Nummer 37, den zweiten Stock des fünften Hauses an der linken Straßenseite; in Holland bekommt jede Wohnung in einer Straße eine »Hausnummer«, als handelte es sich um eigenständige Gebäude.

Der Wolkenkratzer, an dessen Fuß man gegen eine monatliche Parkgebühr sein Fahrrad abstellen konnte, war Treffpunkt der »Großen«. Die jüngeren Kinder trafen sich mitten auf dem Platz, der – wie andere Teile des Viertels auch – 1934 noch Baustelle war. Ein überdimensionaler Sandkasten, in dem sich Sandburgen bauen, Sandtunnel graben, Sandkuchen backen, Sandschlachten schlagen ließen.

Später wurde der Platz begrünt. Symmetrisch gepflanzte Büsche und Bäume trennten den Asphalt der Straße von der gepflegten Rasenfläche in der Mitte. Kein Zierrasen jedoch, sondern eine robuste Spielwiese. Wenn es – in Amsterdam eine Seltenheit – nicht gerade regnete, zog der Merwedeplein nahezu alle Kinder aus der näheren Umgebung an. Sie schlossen sich zu kleinen Cliquen zusammen, für gewöhnlich blieben die Kinder, die links des Platzes wohnten, unter sich, ebenso wie die von der rechten Seite. Neuankömmlinge hatten es – wenn ihnen nicht gerade die Kontaktfreudigkeit und Überzeugungskraft einer Anne beschert war – nicht ganz leicht, Anschluß zu finden.

Wollte einer den anderen abholen, klopfte oder klingelte er nicht an dessen Wohnungstür, sondern pfiff die im engeren Freundeskreis vereinbarte Erkennungsmelodie. Wer – wie Anne mit ihren vorstehenden Schneidezähnen – nicht pfeifen konnte, mußte sich zu helfen wissen: Anne trällerte die Tonfolge eben als kleines Liedchen, wenn sie eine Freundin zum Mitspielen rufen wollte.

Auf der Wiese und zwischen den Büschen spielten die Kleinen Verstecken, Fangen, mit Murmeln oder mit dem Ball. Immer fanden sich genug Kinder, um ein Mannschaftsspiel, etwa Schlagball, zu organisieren. Die Mädchen übten Handstände und schlugen Räder, sprangen mit dem Springseil. Auf dem Trottoir, das sich rund um die Wiese zog, hüpften sie die mit Kreide aufgemalten Felder von »Himmel und Hölle« ab, umkreisten den Platz mit ihren hölzernen Rollern oder auf Rollschuhen oder versuchten, ihre Holzreifen mit Hilfe von kleinen Stäbchen möglichst gerade den Weg entlang zu treiben.

Seit 1933 zogen sehr viele jüdische Familien in die Gegend, in der Mehrheit Emigranten aus Deutschland und ab 1938 auch aus Österreich, auf der Suche nach einem erschwinglichen Zuhause. Als die Franks ihre Wohnung am Merwedeplein bezogen, standen viele andere im Viertel noch leer. Langsam wurde eine nach der anderen vermietet, schließlich lebten 50000 Menschen im »Rivierenbuurt«, 32 Prozent von ihnen Juden. Für die meisten Holländer war die Gegend immer noch zu teuer.

Die Eltern lernten sich häufig über ihre Kinder kennen. In einem Umfeld, an dem alles nüchtern und neu, vieles fremd war, hatte Nachbarschaftlichkeit – Aufmerksamkeit, Hilfsbereitschaft, Zusammenhalt – einen hohen Stellenwert. Natürlich traf man in erster Linie seinesgleichen, Exilanten. Das ähnliche Schicksal verband, unabhängig von Herkunft und sozialem Hintergrund. Die holländische Bevölkerung stand den vielen Fremden mit gemischten Gefühlen gegenüber. Das Verständnis für ihre Sorgen, der Wille zur Hilfsbereitschaft war – mit der wachsenden Zahl der Einwanderer – zunehmend von Angst vor Überfremdung begleitet. Bereits zum Jahreswechsel 1933/34 zählte die holländische Einwanderungsbehörde 4200 jüdische Flüchtlinge aus Deutschland, und der Zustrom nahm in den darauffolgenden Jahren noch zu.

In den Trambahnlinien, die Amsterdam Zuid mit dem Zentrum verbanden, sei nur noch deutsch zu hören, hieß es. Vom »Orient Express« war die Rede, sogar die Schaffner würden nur noch deutsch sprechen. Und das fanden die meisten Holländer gar nicht so komisch. Nicht wenige stellten sich schließlich stur: Moffe bleibt Moffe. Deutscher bleibt Deutscher – egal ob deutscher »Arier« oder deutscher Jude. Eine Einstellung, die sie von einer Verantwortung entband, die zu tragen sie nicht bereit waren.

In einem Ghetto lebten die Juden jedoch keineswegs. Die meisten wollten sich keine eigene Welt schaffen, sondern sich in die holländische integrieren, so gut es ging. Mit der Zeit intensivierte sich der Kontakt zu den niederländischen Nachbarn – wieder gaben die Kinder, die sich sprachlich schneller anpaßten und mit Holländern in die Schule gingen, den Anstoß.

Edith und Otto Frank gehörten zu jenen, die sich aktiv um ihre nachbarschaftlichen Beziehungen bemühten, Bekanntschaften zu ebenfalls aus Frankfurt emigrierten befreundeten Familien, etwa den Wertheimers, pflegten und neue aufbauten. Mit den Goslars und den Ledermanns schlossen sie schon bald enge Freundschaft.

Die Goslars hatten sich nur wenige Monate nach den Franks für Holland als Exil entschieden und am Merwedeplein niedergelassen. Hans Goslar, Jahrgang 1889 wie Otto Frank, hatte zwischen 1919 und 1932 die Pressestelle des Preußischen Staatsministeriums geleitet; seine Frau Ruth, zwölf Jahre jünger als ihr Mann, also etwa in Edith Franks Alter, war die Tochter eines zionistischen Anwalts und hatte vor ihrer Hochzeit als Lehrerin gearbeitet.

Als Leiter der Pressestelle durfte sich Hans Goslar »Preußischer Pressechef«, »Regierungsrat« und ab 1926 auch »Ministerialrat« nennen. »*Ohne Goslar*«, hatte ihn der preußische Innenminister Carl Severing gelobt, »*wären wir in vielem steckengeblieben. Das ist nicht nur ein Mensch von unermüdlichem Arbeitseifer, sondern auch ein Mann von außerordentlichem Wissen und von einem staunenswerten Gedächtnis. Für die Nazis ist er der Feind Nummer 1. Ein Haß, der ihn einem Demokraten nur sympathischer machen kann.*«

1932 wurde Goslar beurlaubt. Unbefristet. Schon vor der Machtübernahme Hitlers war der Jude, der seine Amtszeit hindurch Schabbat gehalten und nicht gearbeitet, dafür jeden Sonntag allein im Büro verbracht hatte, wohl einigen ein Dorn im Auge. Ein Opfer vorauseilenden Gehorsams? Zahlreiche Parteien nahmen ihre jüdischen Mitglieder bereits zu dieser Zeit aus dem Rampenlicht.

Wie Otto Frank stammte auch Hans Goslar aus einem assimilierten Elternhaus, in dem, im Unterschied zu den Franks, alle Jahre wieder die Kerzen auf dem Weihnachtsbaum angezündet wurden. Nach guter deutscher Tradition. In Osteuropa, wo er während des Ersten Weltkriegs als Soldat dienen mußte, lernte der sozialdemokratische Zionist jedoch die mystische Kraft des Ostjudentums kennen – und schätzen. Er kehrte als religiöser Mann nach Berlin zurück und sah es als seine Pflicht, sich in »den Geist und die Formen der jüdischen Gotteslehre hineinzuversenken«.

1933 tat sich für den engagierten Mann eine neue berufliche Chance auf: Der damals erst drei Jahre alte Unilever-Konzern bot ihm eine interessante Stelle in London an, Hans Goslar, gelernter Volkswirt, zog samt Familie nach England. Als sich jedoch herausstellte, daß man ihm dort seine Schabbatruhe nicht zugestehen konnte, vielleicht nicht zugestehen wollte, verzichtete er lieber auf das sichere Einkommen, als seinen Prinzipien untreu zu werden.

In Amsterdam dann, als Zwischenstation vor der Emigration nach Palästina geplant, eröffnete Goslar eine Beratungsstelle für jüdische Emigranten. Die Leitung des Büros, das, um Mietkosten zu sparen, in der Wohnung am Merwedeplein 31, im Haus neben den Franks untergebracht war, übernahm seine Frau Ruth. Sein Partner wurde Franz Ledermann, Wirtschaftsanwalt und Notar, auch er – gleich Otto Frank und Hans Goslar – 1889 geboren. Ledermann war mit seiner Frau, Ilse Ledermann-Citroën, vier Jahre jünger als Edith Frank und holländischer Abstammung, und den Töchtern Barbara und Susanne aus Berlin nach Amsterdam emigriert.

1933, wie schon seit vielen Jahren, hatten die Ledermanns ihre Sommerferien in Holland verbracht und Verwandte besucht. Ein angeheirateter Onkel, Journalist bei der Zeitung *De Haagse Post*, warnte die Familie, bloß nicht mehr nach Deutschland zurückzukehren. Im Frühjahr 1924 hätte er vom Hochverratsprozeß in München berichtet und schon damals begriffen: Dieser Adolf Hitler, der da im November 1923 den Putsch gegen die Reichsregierung und den Marsch zur Feldherrnhalle angeführt hatte, würde durch seine Verurteilung nicht zu bremsen sein. Im Gegenteil: Er würde noch gefährlicher werden. Seine demagogischen Reden, seine Angriffe gegen die Republik wären von den bayerischen Richtern ja nicht einmal unterbrochen worden. Nun, da dieser hetzerische Rhetoriker Reichskanzler sei, würde er seine Drohungen wahrmachen. Darauf schlösse er, der Ledermannsche Onkel, eine Wette ab.

Während Ilse Ledermann-Citroën am liebsten sofort in Holland geblieben wäre, zögerte ihr Mann. Seine Kanzlei in Berlin florierte. Sie führten ein Leben in Wohlstand. Sie verkehrten in bester Gesellschaft. In Holland dagegen würde Franz Ledermann nicht einmal eine Anwaltszulassung bekommen. Er sprach doch kaum Holländisch. Und schließlich war er Deutscher – und er kannte so viele gute Deut-

Neue Heimat Merwedeplein: Sanne, Ruth, Barbara und Franz Ledermann auf ihrem Balkon. Im Hintergrund: der Wolkenkratzer; ca. 1936.

sche. Nein, die Deutschen würden niemals zulassen, daß …

Doch schon Mitte 1933 bekam Franz Ledermann, sehr intelligent, aber sehr gutgläubig, ein durch und durch unpolitischer Mensch, den Judenboykott genauso zu spüren wie alle jüdischen Anwälte, er verlor seine wichtigsten Klienten und durfte fortan nur noch Juden vertreten. Als seine Einnahmen in kürzester Zeit dramatisch zurückgingen, stimmte er der Emigration zu. Gemeinsam mit Hans Goslar half er nun in Amsterdam Schicksalsgenossen, ihre wirtschaftlichen und rechtlichen Angelegenheiten zu klären. Unter anderem versuchte seine Beratungsstelle, die Immobilien von Auswanderern in Deutschland gegen Immobilien im Ausland zu tauschen. Daneben lernte Franz Ledermann die holländische Sprache und studierte holländisches Recht – nach drei Jahren erhielt er seine Anwaltszulassung.

Daß die drei Familien daheim in unterschiedlichen Milieus verkehrt hatten, spielte in dem neuen Land keine Rolle mehr. Jeden Freitagabend war das Ehepaar Frank bei den Goslars eingeladen, manchmal zu Tee oder Kaffee nach dem Essen, häufig auch schon zum Abendessen. Dann waren die Schabbatkerzen schon entzündet, und Hans Goslar, der eben vom Freitagabendgebet in der Synagoge zurückgekehrt war, hatte seiner kleinen Hanne segnend die Hand aufgelegt.

Edith Frank bedeutete es viel, wenn Hans Goslar vor dem Schabbatmahl den Segen über dem mit Wein gefüllten Kidduschbecher sprach, sich dann seine Hände im Keli, jener Schüssel, die nur an diesem Abend benutzt wurde, wusch und schließlich die beiden zu Zöpfen geflochtenen Schabbatbrote, die mit einem kleinen bestickten Tuch zugedeckt waren, segnete, bevor sich jeder am Tisch ein Stück davon abbrechen durfte. So hatte Edith die Freitagabendzeremonie in ihrem Aachener Elternhaus erlebt. In Frankfurt hatte sie ihr nicht gefehlt, nun aber, im Exil, wo sie sich sonst so verloren fühlte, gab sie ihr Kraft und ein Gefühl von Zusammenhalt. Otto hingegen hatte weder Bezug zum religiösen Judentum, noch verstand er die hebräischen Worte, die Hans Goslar sprach. Er hatte nicht einmal Bar-Mizwa gefeiert, das Fest anläßlich des dreizehnten Geburtstags, bei dem junge Juden offiziell in die jüdische Glaubensgemeinschaft aufgenommen werden. Trotzdem hörte er jeden Freitag aufmerksam und voll Respekt zu.

Edith hätte gerne eine Gegeneinladung ausgesprochen, doch Ruth Goslar führte ihren Haushalt auf Wunsch ihres Mannes koscher, Edith – darüber herrschte Einverständnis – hätte den beiden ohnehin kein Essen offerieren können. (Um so häufiger bewirtete Edith dafür Hanneli Goslar, die sich nicht so streng an die jüdischen Speisegesetze halten mußte wie erwachsene orthodoxe Juden.) Auch bei den nachmittäglichen Kaffeekränzchen, zu denen sich die Emigrantendamen mal bei den Franks, mal in anderen Wohnungen trafen, fehlte Ruth Goslar – nicht aus religiösen

Gründen allerdings, sondern weil sie als Sekretärin ihres Mannes den ganzen Tag arbeitete und keine Zeit für solche Vergnügungen hatte.

Für die meisten anderen Exilantinnen, alle aus gutbürgerlicher deutscher Mittel- und Oberschicht, alle gewohnt, sich von Haushälterinnen, Köchinnen und Kindermädchen helfen zu lassen, waren diese Treffen jedoch willkommene Gelegenheit, ihrem Kummer Luft zu machen. Ihre Männer waren rund um die Uhr damit beschäftigt, sich beruflich über Wasser zu halten, waren nervös und überarbeitet – und voller Existenzängste. Ihre Kinder gingen zur Schule und rutschten gleichsam spielerisch in ihr neues Leben. Sie selbst hatten es am schwersten, Fuß zu fassen. Da wurde betrauert und beklagt, geschluchzt und geschimpft – die Tonlage hing von der Mentalität der jeweiligen Dame ab. In der Sache war man sich aber einig. Dieses holländische Personal, nein wirklich, unter jeder Kritik, katastrophal, äußerten sich abschätzig die einen. »Jenne« hätte wieder dies und das falsch gemacht, auf »jenne« wäre überhaupt kein Verlaß. Die Namen der Mädchen nahmen die für holländische Verhältnisse auffallend elegant gekleideten Frauen gar nicht in den Mund. Also nichts gegen Amsterdam, eine hübsche Stadt, durchaus angenehm, freundliche Menschen, aber früher, früher in Deutschland, da wäre doch alles anders, unvergleichlich besser gewesen, man könnte es kaum erwarten, bald wieder in die Heimat zurückzukehren. Darin waren sich die Damen, die, eine wie die andere, von ihrem früheren Lebensstil hatten Abschied nehmen und selbst zupacken lernen müssen, einig. Und dieses Holländisch erst, mon Dieu, das wäre nun wirklich keine Sprache, das – und schon während sie es aussprachen, faßten sie sich leidend an den Hals – wäre eine Halskrankheit. Immerhin hatte Holländisch einen Vorteil: Es war leicht zu lernen – für alle, die es lernen wollten. Edith Frank wollte anscheinend nicht. Das Wort »Heimwee« war ihr jedoch gleich geläufig, nahm ihr zugleich aber den Mut, die neue Sprache in einem Intensivkurs zu studieren. Sie gab schon nach der zweiten Privatstunde auf und riskierte damit nicht nur, daß sie nie fließend Holländisch sprechen würde, sondern auch, daß sich ihre eigenen Kinder später über sie lustig machten.

Anfangs machten sich die deutschen Kinder jedoch selbst noch über so manches lustig, das im Holländischen, trotz der Ähnlichkeit der Sprachen, etwas ganz anderes bedeutete als im Deutschen. »3 x bellen« stand unter den Türglocken. Statt dreimal zu klingeln, wie es die Hausbewohner gemeint hatten, kläfften sie dreimal wie kleine Hündchen. Über gelegentliche Türschilder mit der Aufschrift »Aan de deur wordt niet gekocht« konnten sie sich immer wieder kaputtlachen. »Haha, hier wird nichts gekocht«, witzelten sie, obwohl sie längst wußten, daß es »Hier wird nichts gekauft« oder »Hausieren verboten« hieß.

»Denk Dir: Heute muß ich Anne für die Schule anmelden«, berichtete Edith Frank in dem Brief, den sie am 26. März 1935 an Gertrud Naumann geschrieben und noch am selben Tag abgeschickt hatte. Zwei Tage später würde die treue Freundin in Frankfurt ihren 18. Geburtstag feiern, der Brief sollte sie rechtzeitig erreichen. *»Anne wird wohl weiter in der Montessorischule bleiben.«*

Die Forderungen der Italienerin Maria Montessori, die sie ihrer Unterrichtsmethode zugrunde legte, kamen Anne Franks so willensstarkem wie widerspenstigem Naturell sehr entgegen: Jeder, erst recht der junge Mensch, hätte das Recht, er selbst zu sein. Damit das Kind seine Intelligenz üben, seine Fähigkeiten schulen könnte, müßten ihm die Erwachsenen mehr Freiheit lassen, sein eigener Lehrmeister zu sein. Die 1870 geborene Ärztin, übrigens die erste Frau Italiens mit abgeschlossenem Medizinstudium, widmete sich schon bald ausschließlich der Pädagogik und gründete ab 1907 Schulen in der ganzen Welt. Die allgemein üblichen Jahrgangsklassen gab es bei Montessori nicht, statt dessen wurden jeweils drei Jahrgänge in einer Klasse unterrichtet. Mehr Spielraum für Früh- und für Spätentwickler. Jeder Grundschüler, hatte sie sich überlegt, sollte am Beginn des neuen Schultags selbst wählen, womit er sich in den folgenden Stunden, ob allein oder in der Gruppe, beschäftigen wollte. Individuelle Freiarbeit zur Förderung der Individualität und Kreativität. Wer zeichnen wollte, zeichnete. Wer Bauklötze aufeinanderstapeln wollte, tat dies. Hauptsache, er konzentrierte sich auf seine frei gewählte Beschäftigung und ließ sich nicht zu schnell ablenken. Wer rechnen wollte, schob bunte Kügelchen hin und her. Wer lesen wollte, las. Anne las viel. Mit dem Lesen hatte sie schon einige Monate vorher, wohl ihrer Schwester Margot nacheifernd, begonnen. »*Anne lernt mit viel Mühe nun lesen*«, hatte Edith schon im Januar 1935 in die Heimat geschrieben und »mit viel Mühe« zur Betonung unterstrichen.

Ob und wie genau sich Edith und Otto Frank mit den Schriften der katholisch-religiösen und im guten Sinn radikalen Maria Montessori auseinandergesetzt hatten, wissen wir nicht. Sie selbst waren nach bester deutscher Tradition unterrichtet worden. Otto Frank hatte am humanistischen Lessing-Gymnasium in Frankfurt Latein und Altgriechisch gelernt und zu Ostern 1908 – als einziger jüdischer Schüler seines Jahrgangs – seine Reifeprüfung abgelegt. Edith hatte ab 1906 die evangelische »Victoria Schule zu Aachen«, eine privatrechtliche, vom »Töchterschulverein für Aachen und Burtscheid« geförderte Mädchenschule mit Lyzeum, Frauenschule und Studienanstalt, besucht. »*Der Aufnahme nicht evangelischer Schülerinnen steht kein Hindernis im*

Schüler Otto Heinrich Frank in der Untersekunda des Frankfurter Lessing-Gymnasiums, 1904.

Weg«, hieß es in den Statuten. Edith lernte Französisch als erste Fremdsprache, auch Englisch und im jüdischen Religionsunterricht Hebräisch. 1916 machte sie ihr Abschlußexamen.

Für Margot, die Erstgeborene, deren Freiheitsdrang unvergleichlich geringer war als der Annes, hatten sie eine ähnlich klassische Ausbildung gewählt. Sie gaben sie auf eine »normale« Grundschule, wohl aus der Befürchtung, daß ihre folgsame und fleißige Tochter sich in einem so liberalen Umfeld wie der Montessorischule nicht hätte durchsetzen können. Sie tat, was man ihr sagte, dachte nicht daran aufzumucksen und fiel daher nicht auf.

Und so radelte Margot jeden Morgen Seite an Seite mit Barbara Ledermann zur Grundschule in die Jekerstraat – zwei kleine Schönheiten, bewundert und beneidet. »Schneeweißchen und Rosenrot« nannte man die beiden. »Wie Tag und Nacht«, hätte man auch sagen können: Barbara blondgelockt, mit strahlendblauen, unternehmungslustigen Augen, eine Rebellin schon als Kind. Margot, ihr

Edith Frank (hinten, 4. v.l.) als Abiturientin an der Victoria Schule zu Aachen, 1916.

dunkles, seidigglänzendes Haar zum Pagenkopf geschnitten, mit unschuldigem Blick, pflichtbewußt, gütig und gewissenhaft, anscheinend in sich ruhend. Margot eine Musterschülerin, Barbara schulisch hingegen ein hoffnungsloser Fall.

In den ersten Schulwochen taten sich beide so schwer wie die anderen Emigrantenkinder, die an das deutsche Schulsystem gewöhnt waren. Wo sie herkamen, mußte man aufstehen, wenn man aufgerufen wurde. Die deutschen Grundschüler, denen, wie es den Anschein hatte, Gehorsam, Respekt und gutes Benehmen ebensosehr eingetrichtert worden waren wie das Einmaleins und das Alphabet, sprangen jedesmal auf und standen stramm, wenn sie der Lehrer beim Namen rief. Sie machten sich damit nicht nur zum Gespött ihrer holländischen Mitschüler. Auch die Lehrer konnten sich das Lachen kaum verkneifen.

An die moderneren holländischen Sitten paßten sie sich rasch an, größer war das Problem mit der Sprache. Bei ihrem ersten Diktat 1934 machte Barbara 40 Fehler. Sogar Margot bekam ihre Arbeit mit etwa 25 Korrekturen zurück. Während Margot jedoch ehrgeizig lernte und bald zu den Klassenbesten zählte, interessierte Barbara an der Schule nur das eine: daß sie schnellstmöglich vorbeiging. Nur mit Hilfe ihrer pflichtbewußten Freundin und nur mit Mühe schaffte sie es überhaupt in die nächste Klasse.

Als Anne in die Montessori-Schule eintrat, war die Lehre der »most interesting woman of Europe«, wie man die aufgeschlossene Pädagogin in den USA bewundernd genannt hatte, in Deutschland schon nicht mehr geduldet. Sie vertrug sich nicht mit dem totalitären Führungsstil der Nationalsozialisten, denen persönliche Freiheit nicht ins System paßte. In Aachen hatte man der Leiterin der katholischen Montessori-Erzieher, Helene Helming, Berufsverbot erteilt. In Berlin waren zwei sozialistische Montessori-Lehrerinnen spurlos verschwunden. Im ganzen Land waren Montessori-Schulen geschlossen worden, weil sich ihre Direktoren geweigert hatten, die vorgegebenen »Judenprozente« auf ihre Schüler anzuwenden. In Berlin wurden schließlich Montessoris Schriften verbrannt. Maria Montessori selbst lebte zwischen 1933 und 1939 in Holland, weil sie nach einem Aufenthalt in Barcelona nicht mehr in ihr faschistisches Heimatland Italien zurückkehren konnte.

Die kleine Anne, verspielt, ausgelassen, unaufmerksam, liebte die Schule und den Freiraum, den ihr Lehrer, Jan van Gelder, den Kindern ließ. Man durfte viel und mußte – scheinbar – wenig. In Annes Klasse stammte fast die Hälfte der Kinder aus jüdischen Familien, viele von ihnen aus deutsch-jüdischen.

Die Toleranz der Schulleitung kam den Kindern, die ihren deutschen Akzent nur langsam ablegten, entgegen.

Sie überforderte die Kleinen nicht, sondern gab ihnen Zeit, sich einzugewöhnen. Wer etwa, wie Anne – ihre holländischen Mitschüler riefen sie Annelies –, Hanneli oder auch ihre gemeinsame Freundin Kitty, auf Kriegsfuß mit allem Mathematischen stand, wurde nicht übermäßig damit gequält. Es gab ja genug anderes zu tun. Anne las viel und begann schon früh, kleine Geschichten zu schreiben. Kitty hingegen entwickelte ein für ihr Alter meisterhaftes Zeichentalent und improvisierte mit Buchstaben und Wörtern.

Malschriebsieganzesätzeineinerwurst, mal zog sie die Buchstaben g a n z   w e i t   a u s e i n a n d e r. Derlei Gestaltungskraft wurde in der Montessorischule nicht nur geduldet, sondern gefördert. Ging es schließlich doch darum, mit einfachem mathematischen Werkzeug umgehen zu lernen, näherten die Kinder sich dem Wissen spielerisch an, nicht durch stures Pauken. Jan van Gelder, ein gemäßigter Kommunist, nahm die Kinder, wenn sie ihn auf seine Frage, wieviel zwei mal eins wäre, erschrocken anschwiegen, bei der Hand, eines nach dem anderen, und hüpfte mit ihnen zwischen den Schulbänken durch das Klassenzimmer. Zwei mal eins ... ist ... hops und hops. Drei mal zwei ist ... hopshops, hopshops, hopshops ...

Die Lehrer akzeptierten auch, daß die Kinder aus orthodoxen Familien samstags, am Schabbat, nicht am Unterricht teilnahmen: So etwa Sol Kimmel, ein kleiner blonder Junge mit blauen Augen und reichlich Babyspeck im Gesicht und um den Bauch, zu dem sich Anne schon als Fünf- und Sechsjährige hingezogen fühlte; vielleicht, weil er ohne Vater aufwachsen mußte und ihr leid tat, vielleicht, weil er so witzig sein konnte, vielleicht beides. Jedenfalls beschloß sie damals, ihn zu heiraten. Dabei war sein Cousin Ab Reiner, schlank und dunkelhaarig, zweifellos attraktiver. Auch Ab fehlte jeden Samstag, ebenso wie Hanneli Goslar. Mit ihr hatte Anne, als sie so weit fortgeschritten waren, daß sie täglich Hausaufgaben bekamen, ein Abkommen getroffen, an das sie sich ihre gesamte gemeinsame Schulzeit hielt. Samstags sahen sie sich nie, dann steckte Hanne mit ihrer Schabbat-Freundin Ilse Wagner zusammen und Anne mit Sanne. Aber Sonntag für Sonntag, nachdem Hanne von ihrem Religionsunterricht nach Hause gekommen war, übergab ihr Anne die Hausaufgaben, die die Klasse am Vortag aufbekommen hatte. Danach spielten sie miteinander, mal bei den Goslars, mal bei den Franks.

Die Franks führten einen offenen, herzlichen Haushalt. Die Freunde und Freundinnen der Töchter, Holländer ebenso wie Emigrantenkinder, waren immer willkommen. Und sie kamen gerne. Da gab es diese köstlichen Brötchen, die Frau Frank mit Frischkäse bestrich und mit Schokoladenflocken bestreute, dazu kühle Limonade oder Milch aus der Flasche; das war dieser Tage nicht selbstverständlich, man ließ sich die Milch beim Kaufmann aus einer großen Kanne in einen mitgebrachten Topf gießen, in Flaschen abgefüllt war sie teurer. Überhaupt, fanden die holländischen Kinder, ging es bei den Franks vornehmer zu als bei ihnen zu Hause. Da gab es sogar eine Zentralheizung. Wer hatte das schon! Da stand – wenn man zum Essen blieb – dieses karussellähnliche Gestell auf dem Eßtisch, mit dem man die darauf plazierten Speisen zu sich drehen und bequem herunternehmen konnte. Da wurde zum Essen Wasser serviert; schon deshalb freute sich Hanneli, wenn sie mit Anne essen durfte, denn bei ihr daheim durfte sie erst nach dem Essen trinken.

Und da war vor allem Herr Frank, ein Vater, wie ihn sich alle Kinder erträumten. Seine Frau war immer da und immer freundlich, aber die Kinder nahmen sie kaum wahr. Das ist das Los guter Mütter: ihre Gegenwart ist selbstverständlich. Otto Frank hingegen, mit seinen knappen ein Meter achtzig aus damaliger, erst recht aus Kindersicht ein sehr großer Mann, war etwas Besonderes: Mit Herrn Frank, dessen kurzgeschnittener Oberlippenbart und schütterer Haarkranz, der ihm um seine Glatze noch geblieben war, bereits ergraut waren, konnte man über alles reden, über alles scherzen. Er erfand Spiele, erzählte Geschichten, wußte immer ein tröstendes Wort und schien seiner Anne, auch wenn sie bockig war und das letzte Wort haben wollte, alles nachzusehen. Margot und Anne himmelten ihren Vater an – auch gegenüber ihren Freundinnen. Das hatte einen guten Grund. Ja, Herrn Franks gute Laune war tatsächlich ansteckend, erzählten sich die Mädchen. Und sie hatten recht, daß sich Otto – wenn er denn zu Hause war – mehr Zeit für seine Kinder nahm als die meisten anderen Väter.

Was sie nicht wissen konnten, weil er es zum einen gut zu verbergen wußte, zum anderen tatsächlich zu den mit Optimismus gesegneten Menschen gehörte: Otto Frank arbeitete härter als je zuvor, und er hatte große Sorgen. »*Ich bin fast täglich auf Reisen und komme nur abends nach Hause. Es ist nicht wie in Frankfurt, wo man mittags zu Hause ist und sich dann ein wenig ausruhen kann. Es geht den ganzen Tag durch*«, schrieb Otto Frank, vermutlich 1934, an Gertrud Naumann.

Das Geschäft lief nur schwerfällig an, besonders seine Saisonabhängigkeit machte Otto zu schaffen. Als das Unternehmen im Herbst 1933 seine Geschäftstätigkeit aufnahm, war es eigentlich schon zu spät: Die für die Marmeladeherstellung wichtigsten Obsternten waren längst eingebracht, die holländischen Hausfrauen hatten ihre Erdbeeren und Aprikosen – wie alle Jahre davor – bereits ohne Opekta-Gelierhilfe eingekocht.

In den darauffolgenden Jahren leistete Otto schwierige Aufbauarbeit – mit mäßigem Erfolg. »*Leider sind die beruflichen Möglichkeiten sehr schlecht. Doch den Mut darf man nicht verlieren*«, klagte Edith über die Jahre immer wieder. Schon die Entwicklung des Vertriebsnetzes erwies sich als mühsam. Die Produktneuheit Pektin, flüssig oder als Pulver angeboten, sollte in erster Linie über Drogerien im ganzen Land, vor allem auch in ländlichen Gebieten, verkauft werden. Otto mußte doppelte Überzeugungsarbeit leisten, einmal die skeptischen Hausfrauen von der Wirkung seines Mittels begeistern, zugleich den Händlern beweisen, daß es die Frauen auch tatsächlich kaufen würden. Weil er, mangels Einnahmen, keinen großen Stab von Mitarbeitern und Handelsreisenden einstellen konnte, reiste er anfangs also selbst durch ganz Holland. »*Der Papi ist Montag wieder für eine Woche verreist*«, sorgte sich Edith im Oktober 1935. Und ein andermal schrieb sie: »*Herr Frank spannt gar nicht aus und sieht schmal und müde aus.*«

War Otto auf Reisen, leitete Victor Gustav Kugler das Büro. Mit ihm hatte sich Otto einen Mitarbeiter ins Haus geholt, der die Branche viel besser kannte als er selbst – und mit dem er zudem in seiner Muttersprache sprechen konnte. Der geborene Österreicher lebte seit 1920 in Utrecht und hatte mehrere Jahre für die 1928 gegründete Firma Pomosin gearbeitet, deren Direktor, van Angeren, Otto seinen beruflichen Wiedereinstieg in Holland so schwergemacht hatte. Ursprünglich hätte Kugler, dessen korrekte, etwas unflexible Art sich in seinem exakten Haarschnitt und seiner gepflegten Kleidung widerspiegelte, in van Angerens Auftrag eine Amsterdamer Pomosin-Zweigstelle aufbauen sollen. Als daraus nichts wurde, wechselte er die Seite und ließ sich von Otto Frank anheuern.

Unterstützt wurden die beiden Herren von einer Landsmännin Kuglers. Als die erste Bürohilfe schon kurz nach ihrer Einstellung erkrankte und für längere Zeit fehlte, mußte Otto noch im Herbst 1933 Ersatz suchen. Hermine Santrouschitz, wie Kugler in Österreich geboren, war ihm gleich sympathisch. Die kleine Frau mit den dunkelblondgewellten Haaren und dem runden Gesicht war bescheiden und doch bestimmt, ruhig und doch resolut. Eine geschickte Person Mitte Zwanzig, die sich nicht lang zierte, sondern zuzupacken verstand. Als Elfjährige, kurz nach dem Ersten Weltkrieg, war die Wienerin im Rahmen einer Hilfsaktion für hungerleidende und kränkelnde Kinder nach Holland geschickt worden. Eigentlich sollte sich das spindeldürre Kind nur ein paar Monate fernab der bedrückenden Nachkriegsarmut erholen. Sie blieb jedoch ihr ganzes Leben. Nachdem sie den Trennungsschock der ersten Zeit einmal überwunden hatte, fühlte sie sich bei ihren Pflegeeltern, die ihren zungenbrechenden Namen Hermine schnell in ein holländisch-liebkosendes Miep abgewandelt hatten, bald wohler als zu Hause. Ihre Heimkehr wurde wieder und wieder hinausgeschoben. Und als sie als Sechzehnjährige schließlich vor der Wahl stand, für immer in Holland zu bleiben, zögerte sie keinen Augenblick.

Miep, die in einem früheren Arbeitskollegen, dem Holländer Jan Gies, ihre Liebe fürs Leben gefunden hatte, entwickelte sich schnell zum guten Geist des Büros. Sie erledigte die Korrespondenz, stellte Rechnungen, kochte zwischendurch Kaffee, beantwortete telefonisch und schriftlich Anfragen und Beschwerden der Kunden, erklärte ihnen unermüdlich das Dosierverhältnis von Opekta-Gelierzucker und frischen Früchten und kümmerte sich um die Plazierung von Opekta-Werbeanzeigen in Zeitschriften und Zeitungen. Als Otto Vorführdamen einstellte, die den Hausfrauen im ganzen Land sein Produkt näherbringen sollten, begleitete Miep sie ab und an auf ihren Reisen und arbeitete sie ein. Miep war ein Mädchen für alles – heute könnte sie sich Marketing-Expertin nennen.

Mit der Zeit gewann das Chef-Angestellten-Verhältnis an Vertrautheit, wurde beinahe freundschaftlich. Dabei konnte Otto Frank sich darauf verlassen, daß die Formen gewahrt blieben: Für Miep war er der kultivierte, gebildete Großbürger, gütig und zuvorkommend und deshalb um so verehrenswerter, ihr Arbeitgeber eben, dem sie mit Respekt, nicht unterwürfig, doch mit gewisser Ehrfurcht begegnete. Als um so größere Auszeichnung wertete sie es, als Otto Frank sie und ihren Freund Jan Gies zu sich nach Hause zum Essen einlud.

Miep und Jan erlebten die Franks als aufmerksame Gastgeber. Einrichtung und Atmosphäre in der Frankschen Wohnung brachten zweierlei zum Ausdruck: Einerseits ließen die eleganten, wertvollen Möbel, die die Familie aus Deutschland mitgebracht hatte – Ediths zierlicher, feingearbeiteter Sekretär, die gleichmäßig tickende, biedermeierlich-schlichte Standuhr oder die umfangreiche Bibliothek – auf eine begüterte Vergangenheit schließen. Andererseits zeugte das fröhlich dazwischengestreute Potpourri aus Puppen und Spielsachen, Malstiften und Kinderzeichnungen davon, wer in diesem Haus die Hauptrolle spielte – die Kinder. Zwei niedlich herausgeputzte, artige Mädchen; denn so selbstsicher und vorlaut sich Anne im Familien- und Freundeskreis auch in Szene zu setzen verstand, vor neuen Erwachsenengesichtern verhielt sie sich doch so, daß man sie für ein schüchternes Reh halten konnte. Freilich dauerte es meist nur kurze Zeit, bis Anne auftaute, sich mit ihren Fragen ins Gespräch einmischte und mit ihren lustigen Grimassen die Leute zum Lachen brachte.

Während Jan und Miep mit den beiden Mädchen holländisch sprachen, unterhielten sie sich mit Otto und Edith, die sich mit der fremden Sprache immer noch recht plagte, auf deutsch. Edith, die neuen Gästen für gewöhnlich mit einer höflichen, geradezu schüchternen Zurückhaltung begegnete, die leicht als Reserviertheit, Unterkühltheit, gar als Snobismus mißdeutet werden konnte, taute im Gespräch auf. Die trotz ihrer eleganten Kleidung etwas hausbacken wirkende Frau hatte ihr Haar, das sie jahrelang zu einem modernen Pagenkopf geschnitten getragen hatte, in Amsterdam wachsen lassen und nun zu einem tief im Nacken sitzenden Knoten zusammengesteckt. Eine zu strenge und unschicke Frisur für die erst fünfunddreißigjährige Frau, die sich von einer zwar immer etwas verschlossen und unsicher, doch lebensfroh und stark wirkenden jungen Frau zu einer stillen, allzu stattlichen Matrone zu entwickeln drohte. Nein, glücklich war Edith nicht, das war ihr anzusehen. Ein hoffnungsvolles Lächeln huschte jedoch immer dann über ihr Gesicht und ließ es gleich um Jahre jünger aussehen, wenn sie von Deutschland erzählte, ihrer Jugend in Aachen, ihrer Hochzeit, ihren Erlebnissen als junge Mutter in Frankfurt, ihren Verwandten.

Während Otto seinen Kopf voll Arbeit hatte, wenig zu Hause war und dann kämpfte, wie er sagte, »*überhaupt einen Weg zu finden, sich zu ernähren und weiter zu kommen*«, während Anne und Margot längst ins holländische Leben integriert waren und sich – ihrem Alter entsprechend – nur noch wenig an ihre frühere Heimat erinnern konnten, fühlte sich Edith einsam. Trotz aller Anforderungen. Denn natürlich hatte sie genug im Haushalt zu tun – auch sie war ja gewohnt gewesen, sich auf die Hilfe von Haushälterin, Köchin und Kindermädchen zu verlassen. Nun mußte sie mit der Arbeit allein fertig werden. »*Wir haben seit Oktober* [1934] *keine Hilfe im Haus, und die Kinder, die Du so gut angelernt hast, helfen mit*«, erzählte sie Gertrud im Juni 1935. Natürlich nahm auch die Rolle als Gastgeberin sie in Anspruch; unaufdringlich, für viele so gut wie unsichtbar, war doch sie für die angenehme Atmosphäre im Haus verantwortlich. Und natürlich hatte sie genug Sorgen um Margots und Annes Gesundheit.

Vor allem Anne war anfällig für Krankheiten und mußte häufig das Bett hüten. »*Anne liegt noch immer an den Folgen der Grippe im Oktober*«, hieß es am 27. Dezember 1935, »*sie hat sich aber glücklicherweise in allerletzter Zeit gut erholt. Sie steht öfters am Tag auf, findet es schön, daß sie verwöhnt wird und entbehrt die Schule wenig. Ihr besonders netter Lehrer besuchte sie neulich.*«

Doch auch weiterhin fehlte das zarte, blasse Mädchen, das

sich zu Hause wie in der Schule bei aller Ausgelassenheit den Beinamen »Zärtlein« eingehandelt hatte, oft über Wochen. Erst waren es typische Kinderkrankheiten – auf den Keuchhusten folgten die Wasserpocken und im Dezember 1936 die Masern. Dann war es ein immer wiederkehrendes, wenn auch nur leichtes, so doch kräfteraubendes Fieber. Anne hat es mit dem Herzen, erzählten sich die einen. Sie soll ein »blaues Baby« gewesen sein, mutmaßten die anderen. Rheumatisches Fieber, wußten hingegen die dritten.

Anfang 1937 war Anne wieder einmal krank. »*Anne war zum ersten Mal zehn Minuten auf der Straße*«, berichtete Edith am 18. Januar 1937, »*und wir hoffen, daß die Erholung gute Fortschritte macht.*«

Erst ein Jahr später, im Frühjahr 1938, konnte die Mutter aufseufzen: »*Zum Glück ist Anne etwas kräftiger geworden.*« Schonen mußte sich das gebrechlich wirkende Kind trotzdem – während des Turnunterrichts saß Anne fast immer auf der Zuschauerbank. Daran war aber nicht nur ihre schwache Kondition schuld. Zur allgemeinen Schwäche hatte sich ein Problem mit dem Schultergelenk gesellt. Kopfüber-Turnübungen wie Handstand-Abrollen und Radschlagen waren für Anne tabu. Eine falsche Bewegung genügte, schon hüpfte die Gelenkkugel aus der Pfanne und mußte wieder eingerenkt werden. Schmerzen dürfte Anne diese Fehlfunktion nicht verursacht haben; denn als sie den Trick einmal heraushatte, unterhielt sie ihre Freunde mit ihrem Schulterspiel. Klick-klack. Raus-rein. Mit einem raschen Ruck renkte sie ihren Arm aus, mit einem ebenso raschen wieder ein. Die erstaunten, schmerzverzerrten Gesichter ihres Publikums, die ihrer Schulfreunde ebenso wie die ihrer Spielkameraden am Merwedeplein, amüsierten sie und verhalfen ihr zu dem, was sie offenbar brauchte: im Mittelpunkt zu stehen.

Edith Frank hielt – in der ungewissen Hoffnung, bald wieder in die Heimat zurückkehren zu können – engen Kontakt zu ihren Verwandten. Sie korrespondierte, wenn es ihre Zeit zuließ, ausführlich mit ihnen und konnte es kaum erwarten, wenn Familienangehörige, vor allem ihre Mutter, zu Besuch nach Amsterdam kamen. Reiste Oma Holländer aus Aachen an, blieb sie gleich mehrere Wochen und half im Haushalt, so gut sie noch konnte. Und wenn sie sich gerade nicht nützlich machte, saß sie ruhig in einem bequemen Stuhl, so unauffällig wie ein kostbares Möbelstück, das niemandem auf den ersten Blick auffällt, aber jedem im Raum ein Gefühl von Behaglichkeit und Wärme gibt. *»Auf Mutters Kommen freuen wir uns sehr. Ich kann ihre Hilfe gut gebrauchen«*, gestand Edith, die zu ihrer Mutter ein besonders inniges Verhältnis pflegte – sicher auch deshalb, weil der Schmerz um den Verlust der zwei Jahre älteren Schwester Betty die beiden zusammengeschweißt hatte und Edith als einzige Tochter danach um so mehr verwöhnt worden war.

Auch Ottos Verwandte reisten an: Onkel Herbert etwa, der in Paris noch immer nicht Fuß fassen konnte; »Onkel Blaupünktchen« rief Anne den jüngeren Bruder ihres Vaters entzückt, als sie das winzige Feuermal auf seiner linken Wange, knapp neben seinem Nasenflügel, entdeckte.

Ein andermal kamen Ottos Cousin Arnold, der in Frankfurt im Frankschen Familienunternehmen mitgearbeitet hatte. Oder seine Londoner Cousine Milly Stanfield, eine begabte Cellistin, die an der Londoner Royal Academy of Music und der Pariser Ecole Normale de Musique studiert und sich einen Namen als Musikkritikerin gemacht hatte. Oder seine Schwester Helene, Tante Leni, samt ihrem älteren Sohn Stephan, an den sich Margot gerne erinnerte. *»Denkst Du noch an den Sommer, wo Du in Zandvoort warst?«* schrieb sie ihm anläßlich seines Geburtstags am 20. Dezember 1936. Stephan – er hatte sie an ihr liebstes

Ausflugsziel, Zandvoort aan Zee, begleitet, das Seebad unweit Amsterdams, in dem sie warme Sommertage und Ferien verbrachten – hatte am gleichen Tag Geburtstag wie Ottos Mutter. Diese kam natürlich auch mehrmals nach Amsterdam. Mit ihrem resoluten Auftreten konnte sie Annes Freundinnen ganz schön irritieren. »Guten Morgen, Hanneli, guten Morgen«, grüßte sie mit für eine Großmutter ungewöhnlich provokantem Unterton, wenn Hanne, die zum Spielen kam, wieder einmal zu grüßen vergaß. Das geschah häufig, nicht etwa aus Unhöflichkeit, gar Ungezogenheit, sondern eher aus Schüchternheit; Hanne war lieb und verschreckt.

»*Unser Kreis wird immer kleiner; immer einsamer wird man*«, erfuhr Edith Frank von ihren Tanten und Cousinen. Auch aus ihrer Verwandtschaft verabschiedete sich nun aus Deutschland, wer eine Anlaufstelle im Ausland und die notwendigen finanziellen Mittel hatte – vertrieben von den immer übleren Schikanen gegen Juden. »Der Jude« hatte keine individuelle Identität mehr. Und keine Rechte. Die Franks, so schien es, waren rechtzeitig emigriert. Das »Reichsbürgergesetz« vom 15. September 1935 hatte alle deutschen Juden zu Fremden in dem Land erklärt, in dem sie geboren und aufgewachsen waren. Staatsbürger zweiter, nein, Staatsbürger letzter Klasse. Ohne Wahlrecht. Am selben Tag waren die »Nürnberger Rassengesetze« erlassen worden, in denen zum »Schutz des deutschen Blutes« vor allem »Fremdblütigen«, zur »Reinhaltung des deutschen Volkskörpers« genau festgelegt worden war, was als »arisch oder jüdisch, halb- oder vierteljüdisch, jüdisch versippt oder reinrassig« zu gelten hatte. Die Diskriminierung und Verfolgung der Juden sollte legalisiert werden. Deutsche Korrektheit. Freibrief zur Menschenverachtung.

In jedem Zeugnis, auf jedem Formular, bei jeder amtlichen Stelle hatte man vermerkt, wer in welchem Grad »arisch«, »jüdisch« oder »artverwandt« war. Die Eheschließung zwischen Juden und Nicht-Juden war ab sofort als »Rassenschande« verpönt und gegen Strafe verboten. Jüdische Anwälte durften nur noch jüdische Klienten, jüdische Ärzte nur noch jüdische Patienten empfangen. Juden, die christliche Hausangestellte beschäftigten, machten sich strafbar; Juden, die beim Hissen einer deutschen Nationalflagge ertappt wurden, konnten festgenommen werden. Zwangsarbeit, Konzentrationslager, Dachau, Sachsenhausen-Oranienburg – bedrohliche Begriffe eines grausamen Unterdrückungssystems. Anständigen »Ariern« hatte man weisgemacht, daß der Kontakt zu diesen »Parasiten« für das deutsche Volk schädlich sei. Und tatsächlich teilten erschreckend viele sogenannte gute deutsche Bürger ihren jüdischen Freunden und Bekannten mit, daß sie sie von nun an nicht mehr treffen könnten. Sie ersuchten ihre jüdischen Nachbarn, sie im Treppenhaus nicht mehr zu grüßen: und erst recht nicht auf der Straße. Ihr Gewissen? Es stellte sich tot. Aus Angst, aus Feigheit, aus Ignoranz.

Im Oktober 1937 machte Ursula, die ältere Tochter von Ediths Cousine Irene Kronheim-Holländer, in Amsterdam Station. Irene hatte bereits 1936 beschlossen, Deutschland zu verlassen – vor allem ihrer Kinder wegen. Nicht nur, daß sie sich von aufgehetzten Mitschülern beschimpfen und mit Straßendreck hatten beschmutzen lassen müssen. Schließlich wurden auch noch alle jüdischen Kinder ihrer Schule zu einer einzigen Klasse zusammengefaßt; die zwölfjährige Ursula und ihre um sechs Jahre jüngere Schwester Dorothée waren Klassenkameradinnen. Die Ausbildung der Mädchen, hatte Irene bestürzt einsehen müssen, war gefährdet. Sie hatte die gesamte Wohnungseinrichtung für knapp ein Viertel ihres Wertes an »Arier« verkauft und war – weil sie, aus welchen Gründen auch immer, nur drei Fahrkarten zugeteilt bekommen hatte – mit ihrer Mutter Mathilde Holländer-Berg und der jüngeren Tochter Dorothée bereits im Februar 1937 von Dortmund über Bremen nach Peru vorgefahren. Eine Einreisegenehmigung in die Vereinigten Staaten hatten sie in der Kürze der Zeit nicht bekommen, und in Lima hatte sie schon Irenes Bruder Richard erwartet.

Irene war es offenbar am vernünftigsten erschienen, die damals zwölfjährige Ursula einer in Köln lebenden Tante anzuvertrauen, sie das Schuljahr in einem jüdischen Lyzeum beenden und danach so bald wie möglich nach Lima nachkommem zu lassen. Im Oktober 1937 war es schließlich soweit. Mit Handgepäck sowie 20 Dollar Bordgeld und der Telefonnummer der Franks in der Tasche reiste die knapp dreizehnjährige Ulla von Köln nach Amsterdam. Abgemacht war, daß sie bei den Franks essen und übernachten und am nächsten Tag das Schiff nach Übersee besteigen sollte. Otto Frank würde das Mädchen nach Rotterdam zum Hafen bringen. Doch dann sorgte Ullas Vater Walter Kronheim für Aufregung. Die Eltern waren seit 1933 geschieden; damals hatte Irene ihren Mann mit seiner Sekretärin in flagranti erwischt. Walter Kronheim, der im Ersten Weltkrieg einen Arm verloren hatte, war Ulla nach Amsterdam gefolgt und versuchte, sie an der Abreise zu hindern. Unschöne Szenen, böse Worte, eine Familientragödie – ausgetragen auf dem Rücken eines verunsicherten Mädchens, das bereits gezeichnet war vom Schrecken über die antisemitischen Anfeindungen, die es in Deutschland erfahren hatte. Erst als Otto dem wahrscheinlich sogar verzweifelten Vater – als jüdischer Anwalt war er auf den immer kleiner werdenden Kreis von jüdischen Mandanten angewiesen und hatte die Alimente für seine Töchter schon lang nicht mehr bezahlt – mit der Polizei drohte, gab er sich geschlagen. Und Ulla reiste auf dem großen Dampfer, in der Kajütenklasse, ab. Allein. Sie brauchte lang, bis sie das

Erlebte verdaut, ihr Mißtrauen, ihre Angst, ihre Ablehnung gegen die Umwelt abgelegt hatte, wieder über ihre Kindheit in Deutschland sprechen und mit sich und ihrer Familie Frieden schließen konnte.

Daß die achtjährige Anne die Hintergründe von Ullas Durchreise kannte, ist unwahrscheinlich. Ediths und Ottos Bestreben war es, alles Belastende von ihren Töchtern fernzuhalten.

—·—

Auf den Besuch ihrer nunmehr erwachsenen Freundin Gertrud Naumann, die sich in Frankfurt von einem jüdischen Textilunternehmer als Bürokraft hatte anlernen lassen und später bei der IG Farben arbeitete, warteten die Franks vergeblich. »*Ich hoffe, daß ich Dich auch mal hier sehen werde, wenn alles klappt*«, hatte ihr Otto Frank bald nach seiner Ankunft in Amsterdam geschrieben und die Einladung in den darauffolgenden Jahren wiederholt. Doch an eine Reise war für Gertrud nicht zu denken. Ihre Mutter war häufig krank, ihr Vater stand – als überzeugter Katholik und Demokrat – unter Beschuß. Die Aggressionen der Nazis bekamen nicht nur Juden, sondern auch politische Gegner zu spüren. Gegner war, wer nicht an das Dritte Reich glaubte oder dem System widersprach. Gegner war auch, wer sich weigerte, mit »Heil Hitler!« zu grüßen. Ob als Kritik oder Witz formuliert, schon leiser Zweifel am System war Hochverrat.

»Hier wohnen Zentrumsheuchler. Politik von der Kanzel«, hatten ihnen Nazis in dicken Lettern an ihre Hausmauer, Marbachweg 303, geschmiert. In der Schule, in der Herr Naumann unterrichtete, galt er als Feind des Regimes. Man suchte einen Grund, ihn loszuwerden – und fand ihn. Um im Werkunterricht Bucheinbände zu basteln, sollten seine Schüler Zeitungspapier mitbringen. Einer von ihnen faltete und klebte seinen Einband aus den Seiten einer kommunistischen Zeitung – und das drang zur Schulleitung durch. Lehrer Naumann wurde für den unerhörten Vorfall verantwortlich gemacht und sofort entlassen. Die Gestapo durchsuchte die Wohnung am Marbachweg, Herr Naumann durfte in den folgenden Jahren nur noch als Aushilfslehrer an verschiedenen Schulen einspringen.

Otto Frank erfuhr davon freilich erst später. Aus – durchaus berechtigter – Angst, die Post könnte zensiert werden, schrieb man sich nur Unverfängliches, plauderte von diesem und jenem, ließ sich gute Wünsche zukommen und tauschte, wenn es der Anlaß wollte, Geschenke, manchmal Photos aus. Die Franks verwöhnten Gertrud zum Geburtstag. Frau Schneider, Ottos frühere Sekretärin, hatte den Auftrag, ihr nette Kleinigkeiten zu überreichen. Gertrud revanchierte sich mit hübschen Handarbeiten für die Kinder. »*Die Frisierjäckchen sind ganz reizend. Vielen Dank*«, zeigte Edith im Januar 1938 ihre Freude über die Umhänge aus zart geblümtem Stoff, eingefaßt mit einem schmal gezackten roten Stoffband. »Mäusezähnchen« nannte Gertrud dieses Nähmuster.

Ein paar wenige Gelegenheiten, einander zu begegnen, gab es dennoch auch nach 1933. »*Wir haben uns wenigstens mal gesehen und gesprochen und hoffen, daß es bald wieder sein kann*«, kommentierte Edith im Oktober 1936 ihren Kurzbesuch in Frankfurt. Ein Jahr zuvor schon hatte sie ankünden können: »*Denk Dir, vielleicht fahren mein Mann und Margot über Aachen und Frankfurt weiter nach Basel. Sie werden nur einen Tag in Frankfurt bleiben. Auf jeden Fall wollen sie Dich sehen und geben Dir rechtzeitig Nachricht*«.

Im Dezember 1935 reisten Otto und Margot tatsächlich in die Schweiz, um Alice Frank-Sterns 70. Geburtstag zu feiern, gleich anschließend fuhren sie weiter in den im Berner Oberland gelegenen Kurort Adelboden. Margot genoß die Zeit im Schnee. Sie lernte Schi fahren und – von ihrem

Auf Sommerfrische bei Tante O im Engadin:
Anne Frank 1935 in Sils Maria.

Cousin Bernd – Eislaufen. »*Heute Vormittag und heute Nachmittag bin ich das erste Mal auf Schiern gestanden*«, berichtete sie ihrer Schulfreundin Edith Jacobsohn auf einer Postkarte. Anne scheint auf dieser Reise nicht dabeigewesen zu sein. Sie erholte sich erst langsam von einer schweren Grippe und dürfte Neujahr 1935/36 bei ihrer Oma in Aachen verbracht haben.

Einige Monate zuvor, im Juni 1935, hatte sich jedoch auch die nun sechsjährige Anne in der Schweiz aufgehalten. »*Anne ist mit Omi nach Basel*«, schrieb Edith, nachdem ihre Schwiegermutter aus Amsterdam abgereist und sie selbst nach Aachen gefahren war.

In Begleitung ihrer »Omi« verbrachte Anne ein paar wunderschöne Sonnentage in Sils Maria im Oberengadin. So warm war es, daß sie ihre Bluse ablegen und im Trägerröckchen, mit freiem Oberkörper, im Gras spielen konnte. Anne wirkte glücklich und entspannt. Sie wohnte in der Villa Larêt, einem prachtvollen Haus im Grünen, das Otto Franks Cousine zweiten Grades, Olga Spitzer-Wolfsohn, gehörte. Tante O, wie die Kinder sie nannten, war in Paris geboren, Französin durch und durch, reich, gebildet und großzügig. Ihr Vater hatte sich als Börsenmakler etabliert, ihr aus Wien stammender Mann Arthur Spitzer das Pariser Bankhaus Spitzer gegründet – und für seine Frau um 1910 die Villa Larêt bauen lassen. Sie selbst war eine engagierte Person, hatte in den zwanziger Jahren »Le service social de l'enfance en danger moral«, eine Organisation zur Unterstützung von Minderjährigen in moralischer Gefahr, und in der Folge das erste Jugendgericht Frankreichs für minderjährige Straftäter initiiert. Der Beruf des »assistant social«, des Sozialarbeiters, wurde in Frankreich auf ihr Betreiben eingeführt.

Jahr für Jahr lud Olga, die selbst kaum Deutsch sprach, ihre deutschen Verwandten zur Sommerfrische nach Sils Maria. Ein gastfreundliches Haus, exquisiter und vornehmer, als die Franks es gewohnt waren, aber nicht protzig. Die Umgangsformen feiner, aber nicht stocksteif. Das Personal livriert, aber so herzlich, wie es ihm erlaubt war.

Anne, die im Sommer 1936 noch einmal nach Sils Maria kam, diesmal mit ihrer Mutter und Margot, erinnerte sich später gerne an den hübschen Luftkurort. »*Wie ist es mit Euch, ist es fein in Sils Maria?*« wollte sie von ihrer Großmutter im Juli 1941 wissen, als die Franks selbst nicht mehr ins Ausland reisen durften.

Wenn Anne nach Basel kam, verbrachte sie ihre Zeit mit ihrem vier Jahre älteren Cousin Bernhard Elias. Sie verstanden sich prächtig. Seine Eltern nannten ihn »Buddy«, Anne jedoch »Bernd«. Er hatte sie schon im Kinderwagen durch Frankfurt geschoben. Und als sich der Spitzbube, aus dessen Augen eine gewinnende Mischung aus Melancholie und Schabernack strahlte, einmal gar zu rasant in die Kurve gelegt hatte, war das Wägelchen samt Anne umgekippt, die kleine Cousine jedoch mit dem Schrecken davongekommen. Nach seinem Umzug nach Basel hatten sie einander nur noch unregelmäßig gesehen. Und Anne hatte mit Sicherheit keine persönlichen Erinnerungen an Buddy.

Nun entdeckten sie einander aufs neue. Der Altersunterschied zählte nicht. Sie waren ähnlich frech, ähnlich verspielt, ähnlich phantasievoll und unermüdlich. Immerzu dachten sie sich neue Scherze aus, erfanden Spiele, lachten und lachten. Und als sie sich in den folgenden Jahren wiedersahen, plünderten sie heimlich den Kleiderschrank der Großmutter und spielten »verkleiden« oder unterhielten die Erwachsenen mit ihrem Puppentheater und ihren parodistischen Einlagen – auf deutsch. Mit Margot konnte Buddy weniger anfangen – obwohl sie ihm altersmäßig näherstand, obwohl sie in Frankfurt häufiger miteinander gespielt hatten. Margot war zu ernst, hatte keinen Sinn für seine Albernheiten – eine kleine Dame, die sich nie schmutzig machte. Anne hingegen war für Verrücktheiten zu haben.

Mag sein, daß er Anne auch mehr imponierte als Margot. Am meisten faszinierte sie Buddys Begabung als Schlittschuhläufer. Er turnte und tanzte auf dem Eis, als wäre er mit Kufen an den Füßen zur Welt gekommen. Er drehte und verbog sich, als beständen seine Knochen aus formbarem Gummi. Er ließ sich effektvoll hinfallen und stand auch nach solchen Stürzen lachend wieder auf, nach denen jeder andere mit schmerzverzerrtem Gesicht liegengeblieben wäre. Mit seinem schauspielerischen Talent konnte er jede Runde, die er auf dem Eis drehte, zu einer komischen Akrobatikeinlage ausbauen. Anne ging in Amsterdam selbst gerne auf die Eisbahn. »*Ich hoffe, daß ich auch so gut schlittschuhlaufen lerne wie Bernd*«, träumte sie einige Jahre später, Anfang Januar 1941, in einem Brief an ihre Verwandten in Basel, »*Vielleicht können wir später zusammen auftreten, aber dann muß ich noch sehr viel trainieren um so weit zu kommen wie Du bist.*« Ein Wunschtraum. Vermutlich sind die beiden nie miteinander eisgelaufen, obwohl auch Anne einmal im Winter in die Schweiz gereist war, wahrscheinlich 1937. »*Vorige Woche mußte mein Mann nach Basel und hat Anne zu ihrer größten Freude mitgenommen*«, schrieb Edith in einem Brief, den sie zwar mit 22. Dezember, nicht aber mit dem Jahr datierte, »*Seit zwei Jahren hoffte sie auf eine Reise mit ihrem Papi ... Da auch Onkel Robert und Herbert dort sind, hat sie es besonders gut getroffen.*«

1938, als die Situation für Juden in Deutschland immer bedrohlicher wurde, machte Otto Frank noch einmal Station in Frankfurt und besuchte Familie Naumann in ihrem Haus am Marbachweg. Sie hatten viele Neuigkeiten auszutauschen. Über Anne und Margot, Edith Frank und das Leben in Amsterdam, über die politische Situation in Frankfurt, Gertruds berufliches Fortkommen und ihren Wunsch nach einem Partner. Als Gertrud ihn zur Straßenbahnstation begleitete, wurde Otto, der sich der Willkür und Launenhaftigkeit des nationalsozialistischen Systems bewußt war, plötzlich unruhig. Wenn sie uns jetzt erwischen, flüsterte er ihr zu, dann werden wir beide verhaftet ...

5. *Im Vorhof der Mörder*

Es war an einem jener für Amsterdam typischen feuchtkalten Tage, an denen der herannahende Winter den scheidenden Herbst endgültig verdrängt, als Anne und ihre Klassenkameradinnen, darunter Hanneli Goslar und Iet Swillens, von der Montessorischule nach Hause gingen. Ein grauer Mittag gegen Ende November 1938.

Neunjährige Mädchen haben unendlich viel zu beplaudern. Tuschelnd und lachend, schnatternd und Nachmittagspläne schmiedend schlenderten sie, unbeeindruckt von Wind und Kälte, die Niersstraat entlang, bogen nach rechts in die Maasstraat und nach wenigen Metern gleich wieder links in den Zuider Amstellaan ein, den breiten Boulevard, der sich, den Merwedeplein streifend, quer durch das Flußviertel zieht und heute Rooseveltlaan heißt.

Der Weg war in vielleicht fünf, höchstens zehn Minuten zu schaffen, doch wie gewöhnlich ließen sich die Mädchen von diesem oder jenem aufhalten, trafen den einen oder anderen Bekannten, entdeckten Begehrenswertes in einem Schaufenster, spielten rasch noch ein Spiel. Murmeln oder »Himmel und Hölle«.

Anne führte meist das Wort – eine unermüdliche Quasselstrippe, mitteilsam und unterhaltend, immer für Spaß zu haben, manchen zu scharfzüngig, anderen zu fordernd und besserwisserisch. Entwaffnend ehrlich, zuweilen zu direkt. Ein staksiges Vögelchen, das sein kräftiges, dunkelbraun glänzendes Haar nun gut kinnlang, tiefgescheitelt und mit einer unauffälligen Metallspange aus dem Gesicht gehalten trug. Schnell von Begriff, aber unaufmerksam. Neugierig, aber leicht gelangweilt. Verspielt und unternehmungslustig.

Der unfreundliche Winter hatte auch seine guten Seiten, sie würden bald wieder eislaufen gehen. Anne konnte es kaum erwarten. Neben Schwimmen war Eislaufen ihr Lieblingssport. Hanneli Goslar würde nicht mitkommen. Sie besaß keine Schlittschuhe. Ihr Vater hatte in seinem Büro für deutsche Flüchtlinge zwar sehr viel zu tun, aber Hans Goslar hatte Hemmungen, von den Emigranten in Not mehr als ein minimales Beratungshonorar zu verlangen. Das Geld im Haus des früheren Pressechefs der preußischen Regierung war knapp, für verzichtbaren Luxus wie Schlittschuhe oder ein Fahrrad war kein Geld übrig – damit mußte Hanneli sich abfinden. Seit einigen Tagen wohnte nun auch noch ihr Großvater Alfred Klee, ein Rechtsanwalt, bei ihr und ihren Eltern.

Der überzeugte Zionist war am 9. November aus seiner Heimatstadt Berlin nach Hamburg gereist, um wie so häufig einen Vortrag über seine Ideen vom Zionismus zu halten. Seinen bürgerlichen Beruf konnte er zu diesem Zeitpunkt ohnehin nicht mehr ausüben. Jüdische Rechtsanwälte hatten seit dem 27. September 1938 in Deutschland Berufsverbot. Die »Judenfrage«, hatte Hermann Göring wieder und wieder betont, müßte »jetzt mit allen Mitteln angefaßt werden, denn sie [die Juden] müßten aus der Wirtschaft raus«. Die antisemitische Politik wurde forciert, Monat für Monat mehr jüdische Unternehmen zwangsarisiert.

Es kam der deutschen Regierung nicht ungelegen, daß Hershel Grynszpan, ein polnischer Jude, am 7. November

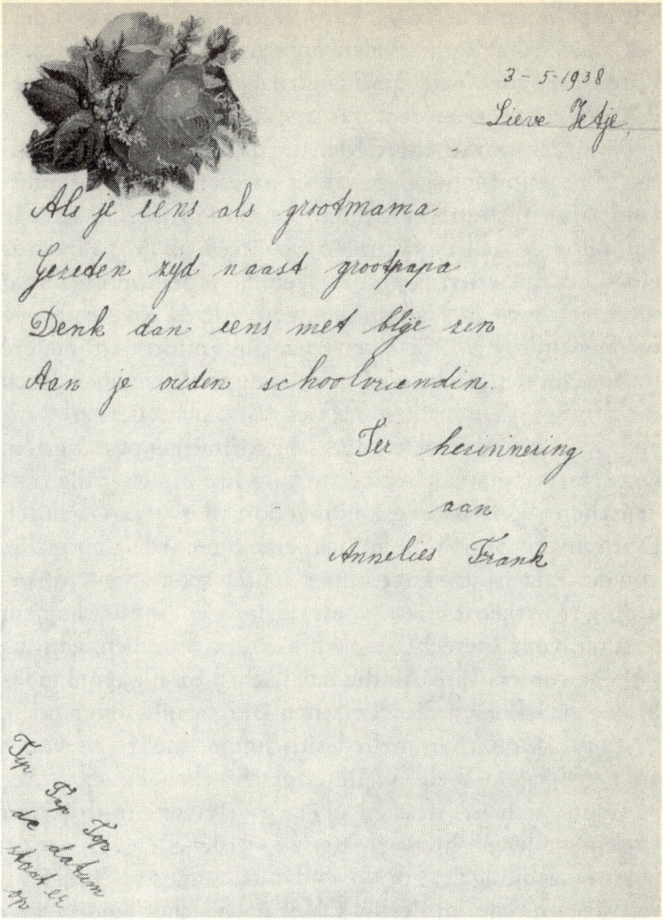
3-5-1938

Lieve Ietje,

Als je eens als grootmama
Gezeten zyd naast grootpapa
Denk dan eens met blije zin
Aan je ouden schoolvriendin.

Ter herinnering
aan
Annelies Frank

Tip Top Top de datum

Eintragung ins Poesiealbum, wie sie unter Annes Freundinnen in der Montessorischule üblich war. Hier: Gedicht an Ietje Swillens.

1938 Ernst vom Rath, Gesandtschaftsrat an der deutschen Botschaft in Paris, niedergeschossen hatte, weil er damit die Welt auf das Schicksal der polnischen Juden in Deutschland aufmerksam machen wollte. Am Nachmittag des 9. November starb vom Rath an den Folgen seiner Verletzungen. Ehrensache für Nazideutschland, daß sein Tod gerächt werden müßte.

Natürlich wußte Alfred Klee um die hochgespannte politische Lage in Deutschland, als er nach Hamburg aufbrach. Und tatsächlich mißbrauchten die Nationalsozialisten die Tat des erst siebzehnjährigen Schützen als Vorwand für einen organisierten Pogrom gegen die Juden im gesamten »Reich«. Auch in Hamburg erlebte Alfred Klee mit, wie wildgewordene SA-Gruppen, manche uniformiert, andere in Zivil, in der Nacht vom 9. auf den 10. November durch die Straßen tobten, jüdische Geschäfte demolierten, Synagogen in Brand steckten, jüdische Mitbürger attackierten. Mit schier unglaublicher Zerstörungslust brausten die vandalischen Verwüstungskommandos der Nazis durch Deutschland, verschonten nicht eine Stadt. Die Übergriffe, von der Parteispitze angeordnet, sollten spontan und unkoordiniert wirken, gerade so, als ob das »Volk« aus eigenem Anstoß, vom »berechtigten Volkszorn« getrieben, gewalttätig geworden wäre. Als die fanatischen Brandkommandos loszogen, schliefen die deutschen Bürger allerdings noch. Erst am Morgen sammelten sich immer mehr Zuschauer auf den Straßen. Viele von ihnen erschrocken. Entsetzt. Wer es wagte, seinem Abscheu über das Treiben Ausdruck zu verleihen, der drohte verhaftet zu werden.

Am Vormittag des 10. November telefonierte Alfred Klee mit seinem Sohn in Berlin. Ob er noch sicher heimkehren könnte? »Du hast doch eine kleine Enkelin in Amsterdam«, bekam er mit solchem Nachdruck zur Antwort, daß er sie sofort als verschlüsselte Warnung verstand. Hanne hätte in zwei Tagen Geburtstag, es wäre bestimmt eine große Freude für sie, wenn ihr Großvater sie mit seinem Besuch überraschte.

Am 12. November 1938, einem Schabbatmorgen und

Hannelis Geburtstag, saß Alfred Klee auf der Treppe zur Wohnung seines Schwiegersohns in Amsterdam, als die Goslars von der Synagoge nach Hause kamen. Neben ihm stand das kleine Köfferchen, das er für die kurze Geschäftsreise nach Hamburg gepackt hatte. Mehr hatte er nicht bei sich – und ein Zurück gab es nicht mehr. Als Hanneli ihren Großvater erblickte, fiel sie ihm staunend in die Arme. So eine schöne Geburtstagsüberraschung! Damit hatte sie nicht gerechnet, das mußte sie gleich Anne erzählen.

Die schwatzenden Mädchen hatten das Haus am Zuider Amstellaan erreicht, in dem Iet Swillens, nur einen Monat älter als Anne, aber deutlich größer und kräftiger, wohnte. Ihre Mutter, erzählte Anne rasch noch, bevor die holländische Schulfreundin hinter der Tür verschwand, wäre in den letzten Tagen besonders übel gelaunt, bedrückt eigentlich. Ihrem Bruder, Annes Onkel Walter, wäre etwas Schreckliches zugestoßen. Man hätte ihn verhaftet, und die Mutter wüßte nicht, wo man ihn festhielt ... Dabei klang Annes Stimme zwar gedämpfter als sonst, doch neben Bestürzung schwang ein gewisses Sensationsbedürfnis in ihren Worten mit. Von echter Besorgnis war jedenfalls wenig zu bemerken. Wie auch. Annes kindliche Welt war winzig klein und heil. Ihre Eltern vermieden es, ihre Probleme in Annes Anwesenheit zu diskutieren. Sie gab nur jene Bruchstücke wieder, die sie aufgeschnappt hatte. Annes Leben drehte sich, völlig normal für ein beschütztes Kind ihres Alters, um sie selbst, um Schule und Lernen, ihre Freundinnen, Ferien, Freizeit und Vergnügen. Anne hatte keine Vorstellung, was mit ihrem Onkel tatsächlich geschehen war. Die blonde Ietje, wie Iet von ihren Klassenkameraden gerufen wurde, noch weniger. Trotzdem prägten sich Annes Worte und die Art und Weise, wie sie sich mitteilte, in ihr Gedächtnis ein.

Tatsächlich war Annes Onkel Walter Holländer ein Opfer des Novemberpogroms. »*Es ist vorzubereiten die Festnahme von etwa 20000 bis 30000 Juden im Reiche. Es sind auszuwählen vor allem vermögende Juden. Nähere Anordnungen ergehen noch im Laufe dieser Nacht*«, hatte es in einem geheimen Schreiben des Gestapo-Chefs Heinrich Müller vom 9. November 1938 geheißen. Adressaten: alle Gauleiter im Reich.

Bis zu jener Schreckensnacht galt Aachen als Ort in Deutschland, an dem jüdische Bürger de facto zwar entrechtet waren wie alle Juden im Land, doch vergleichsweise unbehelligt leben konnten – wenn sie sich nur unauffällig verhielten. Nun jedoch war die vermeintliche Schonfrist auch in der Provinzstadt im Dreiländereck zwischen Deutschland, Belgien und Holland schlagartig aufgehoben.

Am Abend des 9. November hatte man am dortigen Stadttheater – für Juden längst gesperrtes Terrain – Giuseppe Verdis »Der Troubadour« gegeben. Zum »Gedenken an die Opfer vor der Feldherrnhalle in München«, wie es hieß. Auf den Tag genau 15 Jahre zuvor hatte Hitlers »Nationale Revolution« wenig glorreich mit 16 Toten, zahlreichen Verwundeten und Hitlers Verhaftung geendet.

Wenige Stunden nach der Opernaufführung stand das jüdische Gotteshaus am Promenadenplatz in Flammen. Dem Anschein nach, berichtete später ein Augenzeuge, hätte die Feuerwehr versucht, den Brand zu löschen. In Wahrheit wurden vom Dach des Gebäudes Chemikalien in den Tempel gespritzt, die alles innerhalb seiner Mauern zerstörten. Die Aachener Synagoge war eine von gut 400 im gesamten Reichsgebiet, die in dieser Nacht niederbrannten. Angezündet von radikalen Nazi-Banden.

Noch am nächsten Morgen, bis in die späten Vormittagsstunden, waren diese damit beschäftigt, Wohnungen und Geschäfte zu zerstören. Sie arbeiteten mit Brechstangen, Vorhämmern und Pickeln, schlugen Fensterscheiben aus ihren Rahmen und brachen Türen auf, warfen Möbel und Maschinen auf die Straße, pinselten hetzerische Sprüche an Hausmauern. Und sie griffen ihre jüdischen Mitbürger an.

Während die Nazi-Schergen in anderen deutschen Großstädten massenweise Juden ausraubten, verletzten und ingesamt etwa 100 töteten, verhielten sie sich in Aachen pseudozivilisiert. Keine Bluttaten. Kein Raub. Das war wahrscheinlich so angeordnet worden. Wohl aber wurden zahlreiche jüdische Männer verhaftet, wahllos von der Straße aufgegriffen oder gezielt aus ihren Wohnungen geholt und im Lastwagen zu einem Gebäude am Theaterplatz gebracht. Mitkommen. Sie sind verhaftet. Keine Widerrede. Im Keller des Hauses hatten sie – manche mehrere Nächte – ihr weiteres Schicksal abzuwarten.

248 jüdische Männer aus Aachen und Umgebung wurden um den 10. November verhaftet und eingesperrt. Man hatte die vorgegebene Quote zu erfüllen. »*Ich wurde am 12. November 1938 während der Judenverfolgung durch die Staatspolizei verhaftet*«, erinnerte sich Walter Holländer 1954. Ob er tatsächlich erst zwei Tage nach den nächtlichen Krawallen festgenommen wurde oder sich nach all den turbulenten Jahren im Datum geirrt hatte, ist weder nachvollziehbar noch von Bedeutung. Was zählt, ist, daß man den damals einundvierzigjährigen angesehenen Unternehmer drei Tage später, am 15. November 1938, ins Konzentrationslager Sachsenhausen, knapp zehn Kilometer außerhalb Berlins, verschleppte – als einen von 113 Juden aus dem Raum Aachen. Die übrigen 135 Gefangenen brachte man ins Konzentrationslager Buchenwald. Sie alle sollten vorübergehend festgehalten werden – um sie zu demütigen, zu isolieren, ihnen ihre Machtlosigkeit zu demonstrieren und sie zur Auswanderung zu zwingen.

Für Juden galten in Sachsenhausen, einem der ersten, ursprünglich für politische Gegner errichteten Lager, verschärfte Haftbedingungen. In gestreiften Häftlingsuniformen aus Baumwollstoff, viel zu dünn für die eisige Novemberkälte, auf die ein gelber Winkel für »Jude«, manchmal – wenn die Willkür es wollte – auch noch ein roter für »politischer Gefangener« genäht war, mußten sie, egal ob kräftig oder schwach, ob gesund oder krank, schwerste körperliche Arbeiten verrichten. Bis zur Erschöpfung. Sie durften weniger Briefe und Pakete empfangen als die übrigen Gefangenen und hatten keine Chance auf Besserstellung. Verspürte die Lager-SS Lust, Häftlinge zu schikanieren, so suchte sie sich Juden aus. Einzeln oder gruppenweise wurden sie erniedrigt, mißhandelt oder zu Tode gequält. Hunderte von ihnen. Das wurde freilich vertuscht.

Walter Holländer indessen durfte hoffen. Sein Bruder Julius, den die Nazis am gleichen Tag erst auch festgenommen hatten, war verschont und nicht ins KZ gebracht worden. Julius Holländer war Kriegsveteran, nach einem Ellbogendurchschuß im Ersten Weltkrieg war sein Arm steif geblieben. Bei späteren Selektionen hätte ihn diese Behinderung sein Leben gekostet: arbeitsunfähig. Unbrauchbar. Damals hatte sie ihn noch gerettet. Walter hingegen war nie Soldat gewesen und deshalb besonders schlecht gestellt. Die Lagerleitung teilte ihm mit, ihn nur unter der Bedingung wieder freizulassen, daß er Deutschland augenblicklich verließe. Um das zu beweisen, mußte er jedoch die Einreisegenehmigung eines Exillandes vorweisen.

Wer – wie Julius und Walter Holländer – in die USA emigrieren wollte, mußte erstens ein Affidavit, eine Bürgschaft eines bereits im Land lebenden Verwandten, vorweisen können und wurde zweitens auf später vertröstet. Die Liste derer, die auf ein amerikanisches Visum warteten, war lang. Viel zu lang, um im KZ zu warten, bis man an die Reihe kam. Julius, der mit seiner Unterschrift die Garantie übernommen hatte, daß Walter Deutschland augenblicklich verlassen würde, tat deshalb das Naheliegendste – er wandte sich an die holländische Botschaft. Immerhin lebten ja seine Schwester und sein Schwager, der Unternehmer war und über ein geregeltes Einkommen verfügte, bereits seit 1933 in Amsterdam.

Ganz so anstandslos, wie man annehmen möchte und Julius es erwartet hatte, wurde die Einreisegenehmigung für seinen inhaftierten Bruder jedoch nicht ausgestellt. Schon in den Jahren davor hatte die niederländische Regierung – übrigens wie viele andere auch, die amerikanische, die französische, die englische für Großbritannien samt Palästina –, auf den wachsenden Zustrom der Flüchtlinge alles andere als erfreut reagiert. Die weltweite wirtschaftliche Depression hatte Holland erst sehr spät, doch mit voller Wucht getroffen. Mit dem Argument, die Einwanderer würden dem Staat finanziell zur Last fallen, hatte das konservative Lager Hollands – Katholiken, antirevolutionäre Protestanten und sogar eine Gruppe von Liberalen – schließlich im Mai 1938, direkt nach dem »Anschluß« Österreichs an Deutschland, beschlossen, Flüchtlinge in Holland generell als »unerwünschte Elemente« zu betrachten – trotz Einwand der Sozialdemokraten, Kommunisten und liberalen Protestanten. Nur wer sich nachweislich in Todesgefahr befand, sollte einreisen und bleiben dürfen. Welche Umstände lebensbedrohlich waren, darüber hatte der katholische Justizminister Carolus Maria Goseling zu befinden. Die deutschen Konzentrationslager schienen ihm jedenfalls nicht bedrohlich genug. Grausame Ironie des Schicksals, daß er wenige Jahre später in Buchenwald ums Leben kommen sollte.

Nach dem Novemberpogrom bemühten sich mehr als 40000 Juden aus dem deutschen Sprachraum um Einreisegenehmigungen nach Holland. Erst stellte die Regierung sich stur. Dann konnte sie die entrüsteten Proteste der holländischen Bevölkerung nicht länger ignorieren und lenkte ein. Etwa 8000 Juden durften einreisen. Nicht als neue Mitbürger, sondern als Flüchtlinge. Die meisten nur vorübergehend. Bis zur Weiterreise. Auch Walter Holländer. Er erhielt eine Bescheinigung, daß ihn das Internierungslager Zeeburg im Amsterdamer Osten aufnehmen würde. Obwohl er Familie in Amsterdam hatte. Egal. Gerettet. Am 1. Dezember 1938 wurde *»der Jude Walter Holländer«* mit der Auflage, sich *»sofort bei der Ortspolizei seines Wohnortes zu melden«*, aus dem *»Staatlichen Konzentrationslager Sachsenhausen«* entlassen. Die Botschaft, die die Häftlinge in der Regel auf den Weg in die Freiheit mitbekamen, klang bedrohlich: Wenn auch nur einer von euch draußen erzählt, was ihr hier erlebt habt, dann kommt ihr ganz schnell wieder hierher zurück! Egal, wo ihr seid auf der Welt!

War Holland sicher? Und wie lange noch? Wer konnte garantieren, daß Adolf Hitler nach Österreich nicht auch die Niederlande »heim ins Reich« holen würde? Betonten eifrige deutsche Ideologen nicht mit Nachdruck, daß »der Holländer« aufgrund Kultur und Geschichte eigentlich »Germane« wäre und Holländisch nur ein Dialekt der deutschen Hochsprache? »Ein Volk, ein Reich, ein Führer.« Behaupteten sie nicht auch, daß die Trennung Hollands vom Deutschen Reich 1648 – nach dem Dreißigjährigen Krieg – »unrechtmäßig« gewesen, eine Wiedereingliederung des »geraubten Gebiets« deshalb legitim wäre? Konnten die deutschen Juden noch sicher sein, daß sie der irrationale Antisemitismus nicht auch in Holland einholen würde?

Den holländischen Juden, etwa eineinhalb Prozent der Gesamtbevölkerung, waren schon 1796 – mehr als ein halbes Jahrhundert früher als in Deutschland – alle bürgerlichen Rechte zuerkannt worden. Sie lebten quasi vollkommen assimiliert, in Toleranz und Sicherheit. Von den Vorurteilen und dem schwelenden Haß gegen Juden, der im deutschen Nachbarland über die Jahrhunderte immer wieder entbrannt war, war aus Holland nicht zu berichten.

Ein Zehntel der holländischen Juden war traditionell in der Diamantenindustrie beschäftigt, wenige als reiche Händler, die meisten als schlecht bezahlte Schleifer. In Amsterdam stand eine schmale Schicht von sehr reichen Juden, zumeist sephardischer Abstammung, deren Vorfahren bereits im 16. Jahrhundert aus Spanien und Portugal zugewandert waren und die bedeutende Positionen im Wirtschafts- und Kulturleben des Landes eingenommen hatten, der großen Mehrheit jener holländischen Juden gegenüber, die, in der Regel Aschkenasim, zum Proletariat zu zählen waren. Die ursprünglich aus Osteuropa stammenden Juden arbeiteten in Fabriken, in den Häfen, verdienten ihr Geld als Gebrauchtwaren- und Straßenhändler oder Kleinhandwerker. Viele von ihnen waren führend in der Arbeiterbewegung. Im Gegensatz zu den deutschen Juden waren die holländischen nicht nur geduldet, sondern integriert und geachtet.

Zuversicht gab auch, daß es 1938 bereits so aussah, als ob sich die faschistischen Parteien Hollands, die sich zu Beginn der dreißiger Jahre – in Nachahmung der NSDAP – formiert hatten, auf Dauer nicht durchsetzen könnten. Die »Nationaal-Socialistische Beweging« oder NSB hatte es bei den Parlamentswahlen im April 1935 zwar auf 7,94 Prozent der Stimmen und damit zur fünftstärksten Partei im Land gebracht. Im Mai 1937 fiel sie jedoch auf 4,22 Prozent, im April 1939 schließlich unter vier Prozent zurück. Viele seiner Wähler hatten dem Parteigründer Anton Adriaan Mussert, einem Staatsangestellten kleinbürgerlicher Herkunft, der seine 15 Jahre ältere Tante geheiratet hatte, seine Anbiederung an Hitlerdeutschland übelgenommen.

Wachsende Intoleranz der Niederländer hatten die Franks also nicht als Juden zu fürchten, sondern als Deutsche, als Moffen. Als 1938 Ottos Cousine Milly Stanfield aus London zu Besuch nach Amsterdam kam, fiel ihr auf, daß die Familie, die zu Hause ein flottes Gemisch aus Deutsch und Holländisch sprach, auf der Straße jedes deutsche Wort vermied. Keineswegs zufällig. Otto hätte seinen Kindern nahegelegt, in der Öffentlichkeit holländisch zu sprechen, leitete Milly ab, um in Zeiten wie jenen das zur Heimat gewordene Gastland nicht zu provozieren. Was sie nicht ahnte, war, daß Anne und Margot diese Aufforderung am allerwenigsten brauchten. Holländisch war ihnen längst näher als Deutsch.

Die große Ungewißheit plagte nicht nur die Franks, sondern alle Holländer: Würde Hitler es tatsächlich wagen, ihr Land als teutonisches Territorium zu beanspruchen? Jedenfalls würde ihm eine Okkupation *»in Form eines von der Bevölkerung begrüßten friedlichen Einmarsches«* wie vor dem Anschluß Österreichs am 13. März 1938 niemals gelingen. Dafür war die Aversion der Holländer gegen die Deutschen viel zu groß.

Otto Frank gehörte zu jener Mehrheit, die damit rechnete, daß Hitler bei allem Größenwahn die Neutralität des Nachbarlandes respektieren würde. Abgesehen davon hoffte er, daß die Bevölkerung Deutschlands sich den nationalsozialistischen Irrsinn nicht länger gefallen lassen würde. Die Pogromnacht vom November verglich er mit einem »heftigen Fieberanfall«, nach dem in Deutschland doch endlich wieder der gesunde Menschenverstand siegen müßte. Otto, immer noch ein Optimist.

Edith hingegen dürften die Nachrichten von der Schreckensnacht völlig aus dem Gleichgewicht gerissen haben. Während die brutalen Angriffe auf die Juden in Deutschland für Otto etwas Abstraktes, Unbegreifliches gehabt haben dürften – aus seiner engeren Verwandtschaft war niemand betroffen, alle hatten rechtzeitig das Land verlassen –, war für Edith das Unfaßbare greifbar nahe. Und doch stand sie ihm so machtlos gegenüber. Ihr Bruder war knapp 250 Kilometer von Amsterdam entfernt verhaftet und im KZ schlechter als jeder Schwerverbrecher behandelt worden. Nun mußte Walter, eben noch Geschäftsmann, als Vertriebener mit einem Mal macht- und besitzlos, in einer »Quarantaine-Inrichtung«, wie das Lager Zeeburg im Briefkopf bezeichnet wurde, hausen. In primitiver Unterbringung, bei schlechter Verpflegung. *»In diesem Flüchtlingslager waren wir abgeschlossen, hatten polizeiliche Aufsicht und keinerlei einkommenbringende Beschäftigung war erlaubt oder möglich«*, beschrieb Walter Holländer seine Situation später, *»Der Aufenthalt im Lager mußte bezahlt werden. Wenn ich aus irgendeinem Grund das Lager verlassen mußte, mußte ich eine schriftliche Genehmigung der Polizeikommandantur haben.«*

Daß der Asylant – wenn auch nur selten – »Ausgang« bekam, um seine Schwester und seine geliebten Nichten Anne und Margot zu besuchen, ist wahrscheinlich, aber nicht belegt; weder Edith oder Otto noch die Kinder erwähnten den Onkel in einem der aus der Zeit erhaltenen Briefe. Doch Walter durfte ja auch ins »Huize Oosteinde«, eine Art deutsch-jüdisches Kulturzentrum, das im Januar 1937 eröffnet worden und schnell zu einem beliebten Treffpunkt für Emigranten geworden war. Dort lagen Zeitungen und Bücher aus, man konnte Sport treiben, an Diskussionsrunden teilnehmen oder Sprachkurse belegen. Englisch oder Hebräisch. Gut möglich, daß Walter Holländer, der ein ganzes Jahr lang auf sein Visum für die Vereinigten Staaten warten mußte, einen Englischkurs besuchte.

Ediths Bruder Walter war zwar in eine extrem schwierige Lebenssituation geraten, doch vorläufig wenigstens sicher vor den Nazis. Ediths Mutter und ihr zweiter Bruder Julius waren noch in Aachen – um sie mußten sich die Franks jetzt noch größere Sorgen machen. Fest stand, daß auch sie Deutschland so schnell wie möglich verlassen mußten. Der Druck der Machthaber auf die als »angesehen und wohlhabend« geltende und deshalb besonderen Anfeindungen ausgesetzte Aachener Familie war unerträglich geworden. Doch welcher Staat würde sie aufnehmen? Und was würde dann aus dem Unternehmen? Der Wohnung? Dem Familienbesitz?

Die Handelsgesellschaft B. Holländer, die bis zuletzt einen recht ansehnlichen jährlichen Gewinn von durchschnittlich etwa 33000 Reichsmark eingebracht hatte, mußte ihren Betrieb auf Befehl der Nationalsozialisten unmittelbar nach Walters Verhaftung, noch im November 1938, einstellen. Dies war nicht etwa eine willkürliche Einzelaktion eines besonders judenfeindlichen Aachener Parteimitglieds, sondern ein ordentlicher Befehl, der sich auf ein Gesetz, die am 12. November erlassene »Erste Verordnung zur Ausschaltung der Juden aus dem deutschen Wirtschaftsleben«, stützte.

»Die Gesellschaft B. Holländer ist aufgelöst«, trug der zuständige Beamte schließlich am 26. Januar 1939 ins Handelsregister ein. Alles mußte seine Ordnung haben. 43 Jahre Aufbauarbeit – stillgelegt. Ausgelöscht. Einfach so. Doch das war in diesem Augenblick das geringste Übel. Materielle Werte spielten nur noch eine untergeordnete Rolle. Die Holländers hatten begriffen, daß sie vogelfrei waren.

Julius Holländer beantragte eine Einreisegenehmigung in die USA, sein Cousin Ernst, der schon seit einiger Zeit dort lebte, unterzeichnete sein Affidavit. Für seine Mutter, der an ihrem 72. Geburtstag am 25. Dezember 1938 sicher nicht zum Feiern zumute war, wäre die Emigration nach Übersee physisch wie psychisch unzumutbar gewesen. Sie sollte nach Amsterdam ziehen, zur Tochter und den Enkeln. Es muß als großer Glücksfall gewertet werden, daß Rosa

Holländer, offensichtlich als eine von ganz wenigen Ausnahmen, im März 1939 noch nach Holland einreisen und bei ihrer Tochter bleiben durfte. Eine stille, gebrochene Frau, die einen schweren Schock erlitten hatte.

Bevor Julius Holländer im April 1939 das Schiff von Rotterdam nach New York bestieg und die Heimat für immer verließ, sorgte er noch dafür, daß wenigstens ein geringer Teil des Hausrats, Stücke, *»die lange im Familienbesitz gewesen waren und daher für die Schwester einen Erinnerungswert besaßen«*, wie er sich später ausdrückte, nach Amsterdam überstellt wurden. Eine Truhe, eine Standuhr, ein Schreibtisch, ein Schrank, Sessel, ein Teppich, verschiedene Bilder.

Juden durften über ihr Hab und Gut längst nicht mehr frei verfügen. Der Staat ließ sich Ausfuhrgenehmigungen teuer bezahlen. Am 27. Februar 1939 überwies Julius 1470 Reichsmark auf das Konto des Reichswirtschaftsministeriums bei der Golddiskontbank Berlin. In Walters Namen zahlte er am gleichen Tag 280 Reichsmark, etwa zwei Wochen später weitere 400 Mark ein. Reichsfluchtsteuer nannte man das – eine Erfindung eines pervertierten Rechtssystems.

Den größten Teil der Einrichtung in der geräumigen Mietwohnung – drei Wohnräume, drei Schlafzimmer, diverse Nebenräume – am Aachener Pastorplatz 1, die Rosa, Julius und Walter Holländer seit 1935 bewohnt hatten und in denen Anne Frank einige glückliche Ferienwochen verbracht hatte, dazu Hunderte von Büchern, mußte die Familie zurücklassen. *»Es war uns nicht möglich, die Möbel zu verwerten, wir mußten sie vielmehr im Stich lassen«*, gab Walter viele Jahre später an. Ihr Wohnhaus in der Liebfrauenstraße hatten die Holländers, dem Anschein nach aus wirtschaftlichen Gründen und jedenfalls mit Zustimmung von Otto und Edith, die Vierteleignerin war, bereits 1932 verkauft und seither zur Miete gewohnt. Erst in einem repräsentativen Stadthaus in der Monheimsallee 42–44, in dem Anne zwischen 1933 und 1934 fast ein ganzes Jahr gespielt hatte und das später in ein Casino umfunktioniert wurde, und zuletzt eben am Pastorplatz.

Was aus dem Grundstück am Grünen Weg wurde, das, seit es Annes Großvater Abraham Holländer 1913 erworben, als Unternehmenssitz gedient hatte, bekamen die Holländers anscheinend nicht mehr mit. Sie hatten weder Zeit noch Gelegenheit, es zu veräußern, bevor sie das Land verließen. Das nationalsozialistische Deutschland »arisierte« es auf dem üblichen Weg. Auch dies war kein Rechtsbruch, sondern eine legale Zwangsversteigerung. Das 17916 Quadratmeter große Gelände war mit erheblichen, aber damals keineswegs unüblichen Hypotheken zugunsten der Dresdner und der Deutschen Bank belastet. »*Zur Sicherheit der Bezahlung aller Forderungen und Ansprüche, welche die Dresdner Bank in Aachen und die Deutsche Bank Filiale Aachen auf Grund ihrer Geschäftsverbindungen gegen die Firma ›B. Holländer‹ in Aachen bereits erworben haben oder in Zukunft erwerben werden ...*«, war im Dezember 1925 im Grundbuch vermerkt worden. Nun, da die Holländers ihr Unternehmen stillgelegt und das Land verlassen hatten, wurden die Kreditraten nicht mehr getilgt. Nur konsequent also, daß die Gläubiger darauf achteten, schleunigst zu dem ihnen zustehenden Geld zu kommen.

»*Die Zwangsversteigerung der im Grundbuch von Aachen Band 169 Blatt Nr. 6724 auf den Namen der Offenen Handelsgesellschaft ›B. Holländer‹ in Aachen eingetragenen Grundstücke ist angeordnet*«, ließ das Amtsgericht Aachen am 4. Mai 1939 verlautbaren. Zur Versteigerung kamen: Wohnhaus und Büro mit Hofraum, Packhalle mit Hofraum, Sortierhalle, Wohlfahrtsgebäude, Pferdestall, Aborte, Lagerhalle, Lagerschuppen, Schlosserei, Lumpenballenschuppen mit Lagerhalle, Portierhäuschen.

B. Holländer,

(Inhaber: Abraham Holländer)
gegründet 1858,
am Bahnhof Aachen-Nord.
☎ 908 u. 909. Privat-☎ 858.

Eisenschrot und Altmetalle.

Ankauf, Verkauf,
Abbruch industrieller Anlagen.

Lager
in Dampfkesseln, Maschinen, Maschinenteilen, Trägern, Säulen, Schienen, Bassins, Baueisen, Rohren, Ventilen, Transmissionen, Fenstern, Treibriemen, Rädern, Kaminen und allem möglichen Nutzeisen.

Belagplatten, Knotenbleche und Bleche aller Art in eigenem Scheren- und Walzenbetrieb nach Maß und Zeichnung geschnitten.

Fallhammerbetrieb.

Rohprodukte für Papier-, Kunstwolle- und chemische Fabriken.
Lumpen-Sortieranstalt.
Eisenbahn-Gleisanschluß Aachen-Nord.

Namenseintrag im Aachener Adressbuch 1914.

Einheitswert des Grundstücks: 103 900 Reichsmark. Meistgebot: 54 000 Mark.

»*Auf Grund des rechtskräftigen Zuschlagsbeschlusses des Amtsgerichts Aachen vom 27. Juli 1939*« wurde die neue Eigentümerin, die Aachener Filiale der Deutschen Bank und Disconto-Gesellschaft, in das Grundbuch eingetragen. Sie war die einzige Bieterin gewesen und verkaufte die Liegenschaft ein knappes Jahr später – ohne zusätzlichen Gewinn daraus zu schlagen – an einen »Arier« weiter.

So also könnte man die traurige Geschichte vom Niedergang der Unternehmerfamilie Holländer und der Versteigerung ihres Familienbesitzes erzählen. Oder so: Nationalsozialisten vertreiben anständige Bürger, weil ihnen ihre »Rasse« nicht paßt, und schanzen den Besitz, den sich die – in ihren Worten – »dreckigen Parasiten« über Jahrzehnte hart erarbeitet haben, mit Hilfe eines der führenden Bankhäuser des Landes einem »reinrassigen Arier« zu – zu einem Spottpreis. Ein Glück eigentlich, daß die Franks nichts davon wußten. Sie hatten ohnehin schon genug Kummer. »*Was soll man heute zum Geburtstag schreiben*«, fragte sich Otto im Geburtstagsbrief an seine Mutter im Dezember 1938, »*Man muß dankbar sein für das, was man noch hat – und darf nur hoffen! Es ist auch hier nun elend kalt und man denkt unaufhörlich an diejenigen, die nicht wie wir in der warmen Stube sitzen!*«

War Holland noch sicher? Und wie lange noch? Zu Beginn des Jahres 1939 standen die Franks vor einer ähnlichen Situation wie schon 1933. Sollten sie Amsterdam verlassen und noch einmal – irgendwo – von neuem beginnen? Fragen, die sie sich genau sechs Jahre zuvor schon einmal stellen mußten. Konnten sie Anne und Margot schon wieder entwurzeln? Die beiden hatten in Amsterdam bestens Fuß gefaßt. Wie würden die Kinder auf ein neues Land reagieren? Welches Land überhaupt? Die Schweiz? War Holland nicht ebenso sicher? Palästina? Nein, sie hatten weder zionistische noch religiöse Ambitionen. Sannes Vater, Herr Ledermann, war 1934, in der Hoffnung, Geschäfte zu machen, dort gewesen. Und er war frustriert nach Amsterdam zurückgekehrt. Nichts als Fliegen und Araber, hatte er gestöhnt, nicht auszuhalten. Doch die USA? Wer würde für sie bürgen? Erst müßte Julius Fuß fassen und Walter nachholen, dann würde man weitersehen. Ein südamerikanisches Land etwa? Sie hatten ja Verwandte und Freunde in Peru. Auch in Argentinien. England vielleicht? Würde sie überhaupt noch ein Land – irgendeins – mit offenen Armen empfangen? Waren nicht europa-, ja weltweit die Grenzkontrollen verschärft worden? Noch mehr deutsche Juden – nein danke, war nicht das allerorts die Parole? »*Ich glaube, alle deutschen Juden suchen heute die Welt ab und können nicht mehr rein*«, hatte Edith bereits im Dezember 1937 in einem Brief an das befreundete Ehepaar Willi und Hedda Eisenstedt, das von Amsterdam nach Buenos Aires weitergezogen war, erkannt, »*... vielleicht ziehen auch wir weiter (was aber so unbestimmt ist, dass wir nur mit Goslars darüber sprachen).*« Wehmut klang aus ihren Worten: »*Wir sind uns klar, daß es uns dann gehen wird wie Ihnen und die Träume nach Amsterdam schweifen ...* «

In jenem Jahr scheint Otto Frank noch darüber nachgedacht zu haben, nach Großbritannien weiterzuziehen. Jedenfalls reiste er mehrmals nach London – in geschäftlichen Angelegenheiten. »*Papi geht heute wieder nach England und ich hoffe, dass er nicht zu lange wegbleibt*«, teilte Margot am 2. Dezember 1937 Großmutter Frank mit. Und auch Edith bemerkte in ihrem Brief an die Eisenstedts, daß Otto seit September meist verreist wäre und »*intensiv an einer englischen Sache arbeitet ... ob die gelingt, ist unsicher; leider sind wir geschäftlich nicht zufrieden und müssen etwas dazubekommen ...* « Zu einem Ergebnis dürften Ottos Gespräche nicht geführt haben. Außerdem tat Edith sich zu diesem Zeitpunkt mit der Vorstellung, sich noch weiter von Deutschland zu entfernen, noch sehr schwer. Sie wollte in der Nähe ihrer Brüder und ihrer Mutter sein, erklärte Otto später. Während Walter bereits in einem holländischen Internierungslager Zuflucht gefunden hatte, waren Rosa und Julius Holländer immer noch in Deutschland, als Hitler am 30. Januar 1939, dem sechsten

Jahrestag seiner Machtergreifung, ein weiteres Mal seine gesamte Wortgewalt zusammennahm, um in der Bevölkerung Angst vor den Juden zu schüren. Ein neuerlicher Weltkrieg, sollte er denn ausbrechen, wäre fraglos deren Schuld. »*Ich bin in meinem Leben sehr oft Prophet gewesen*«, hatte er gewohnt theatralisch losgelegt, als ob er sich präventiv eine Rechtfertigung für seinen »Endlösungs«-Wahnsinn zurechtlegen wollte, »*und* [ich] *wurde meistens ausgelacht ... Ich will heute wieder Prophet sein: Wenn es dem internationalen Finanzjudentum in und außerhalb Europas gelingen sollte, die Völker noch einmal in einen Weltkrieg zu stürzen, dann wird das Ergebnis nicht die Bolschewisierung der Erde und damit der Sieg des Judentums sein, sondern die Vernichtung der jüdischen Rasse in Europa.*«

Daß Edith, als Mutter und Bruder schließlich in Sicherheit waren, einer weiteren Emigration durchaus aufgeschlossen gegenüberstand, darüber sprach Otto Frank nachträglich nie. Denn nun hatte er selbst, mittlerweile fünfzig Jahre alt und nicht mehr der große Abenteurer, den Gedanken, Holland zu verlassen, zumindest vorläufig beiseite geschoben. Sein Geschäft ließ endlich auf einen kleinen Aufschwung hoffen. Er hatte hart dafür gearbeitet. »*Mein Mann ist sehr übermüdet und hat ein paar Ruhetage dringend nötig. Es ist geschäftlich sehr schwer, sonst leben wir ruhig*«, hatte Edith immer wieder, so auch in einem ihrer letzten Briefe nach Deutschland berichtet; nach der Pogromnacht 1938 hatte sie die Korrespondenz eingestellt.

Die Einnahmen aus dem Geliermittelverkauf waren immer noch unbefriedigend niedrig. Doch Otto stand nun endlich auf einem zweiten Geschäftsbein. Seit Oktober 1938 führte er neben Opekta auch das kleine Unternehmen »Handelsmaatschappij Pectacon N.V.« zwecks »Handel und Fabrikation von chemischen Produkten und Lebensmitteln«, erzeugte und verkaufte Gewürzmischungen, die man zur Herstellung verschiedener Wurstsorten benötigte, belieferte also Metzgereibetriebe.

Ob Otto selbst den Einfall hatte, sich im Gewürzhandel zu versuchen? Wahrscheinlicher ist, daß sein alter Bekannter Johannes Kleiman auf die Idee gekommen war. Die beiden kannten sich bereits seit 1923 und dürften, seit Otto 1933 wieder nach Amsterdam gekommen war, in stetem Kontakt gestanden haben.

Johannes Kleiman hatte damals als Prokurist in Ottos Amsterdamer Bankfiliale »Michael Frank & Zonen« gearbeitet und offensichtlich Ottos volles Vertrauen genossen; denn als die Bank 1925 liquidiert werden mußte, erteilte Otto Frank dem sieben Jahre jüngeren Holländer eine allgemeine Vollmacht und ließ die Bank offiziell an Kleimans Wohnsitz verlegen. Die Miete für Büroräume konnte sich ein Geschäft ohne Geschäftsaufkommen wirklich sparen. Während sich Kleiman um die ordnungsgemäße Stillegung kümmerte, lebte Otto längst wieder in Deutschland – pendelnd zwischen Frankfurt und Aachen, wo er am 12. Mai 1925 Edith geheiratet hatte.

Für die ersten fünf Monate ihres Bestehens war die Neugründung »Pectacon« nun wieder mit Kleimans Amsterdamer Privatadresse als Firmensitz im Handelsregister eingetragen – und Kleiman war ihr Direktor. Dann zog das Unternehmen in die Opekta-Büroräume, Otto Frank ernannte sich zum Direktor, Johannes Kleiman zum Aufsichtsrat. De facto übernahm dieser die Buchführung, sowohl für Pectacon als auch für Opekta.

Wahrscheinlich verstand Johannes Kleiman, ein hagerer Mann mit schmalem Gesicht, eingefallenen Wangen und auffallend hoher Stirn, der zeitlebens mit Magenproblemen zu kämpfen hatte, von Gewürzmischungen ebensowenig wie Otto Frank. Doch sie hatten einen Spezialisten gefunden, der – wie Ottos Sekretärin Miep anerkennend feststellte – einen untrüglichen Riecher für Gewürze hatte: Hermann van Pels.

Van Pels brauchte nur einen Moment an einem Gewürz zu schnuppern, schon erkannte er, um welches Kraut, welche Wurzel es sich handeln mußte. Gemeinsam mit seinem Vater hatte er in Osnabrück ein Unternehmen für »Fleischereibedarfsartikel« geführt und mit Gewürzen und Därmen zur Wursterzeugung gehandelt. Im Sommer 1937 war er mit seiner Frau Auguste und seinem damals knapp elfjährigen Sohn Peter nach Amsterdam geflohen. Van Pels, holländischer Abstammung, aber in Deutschland zu Hause, war ein unkomplizierter Typ, ein rechter Spaßvogel, mit dem angenehm zu arbeiten war. Ganz anders als Otto Frank – weniger feinsinnig, offener, lauter. Ein notorischer Kettenraucher. Sein Fachwissen machte ihn im Unternehmen unentbehrlich. Otto behandelte Hermann van Pels, der mit seiner Familie in unmittelbarer Nachbarschaft am Zuider Amstellaan wohnte, eher als Partner denn als Angestellten.

Seine Frau und er waren gerngesehene Gäste bei den Franks, die sich angewöhnt hatten, in regelmäßigen Abständen zum samstäglichen Nachmittagskaffee zu laden – in erster Linie freilich deutsche Emigranten, darunter Neulinge, die erst 1938 nach Amsterdam geflohen waren, aber auch holländische Freunde, Miep Santrouschitz etwa und ihren Verlobten Jan Gies, den sie im Juli 1941 heiraten sollte. Gute Nachbarschaft und ein fester Bekanntenkreis halfen, das Leben in der Fremde zu bewältigen. Die Gewißheit, angehört zu werden. Der Wille, zusammenzuhalten. Die Bereitschaft, einander zu helfen, ohne viele Fragen zu stellen, auch aus finanziellen Nöten. Die Franks waren – objektiv gesehen – alles andere als wohlhabend; um Kosten zu sparen, hatten sie ein großes Zimmer ihrer Wohnung untervermietet. Im Vergleich zu vielen Emigranten, die Deutschland später verlassen hatten und nichts mehr ausführen durften, ging es ihnen jedoch prächtig. Deshalb zögerte Edith nicht, Bedürftige mit

Essen zu versorgen. Und Otto half wie selbstverständlich einigen nahestehenden Bekannten – auch ohne die Sicherheit, das Geld in absehbarer Zeit wieder zurückzubekommen – mit überschaubaren Summen über Engpässe hinweg. »Niemand ist je vom Geben ärmer geworden«, war schon eine Lieblingsweisheit seiner Mutter gewesen. Diese schärfte er nun auch Margot und Anne ein.

Die Gespräche bei Kaffee, Tee und Kuchen drehten sich vorrangig um die politische Lage und die Sorge um die Zukunft. Kein Gast, der Hitlers Treiben nicht minuziös verfolgte.

Er hatte im März 1938 Österreich annektiert und ein halbes Jahr später, unter Zustimmung von Paris und London, das Sudetenland. Das hatte für die Franks und ihre Freunde wenigstens noch ein Mindestmaß an Plausibilität: In dem Gebiet lebten mehr als 50 Prozent Sudetendeutsche. Hitler hätte sie »befreit«, hatte er gesagt. Daß sich die militärischen Befestigungsanlagen der Tschechoslowakei just auf diesem Gebiet befanden, man der tschechoslowakischen Armee also quasi beide Beine amputiert hatte, war freilich mehr als nur ein günstiger Zufall.

Daß Hitlers Truppen am 15. März 1939 in Prag einmarschiert waren, war schon nicht mehr herunterzuspielen. England schien seine bisher nachgiebige Haltung zu bereuen und gab, unterstützt von Frankreich, eine Garantieerklärung für alle mitteleuropäischen, zwischen Deutschland und der Sowjetunion gelegenen Staaten ab. Würde Hitler es trotzdem wagen, seine Expansionspolitik weiter zu verfolgen? Was würde sein nächster Schritt sein? Würde er tatsächlich einen Krieg riskieren?

Sobald Anne und Margot das Zimmer betraten, war Politik tabu. Die Kinder brauchten Ruhe und Stabilität. Sie durften nicht verwirrt, nicht verunsichert werden; das hielten fast alle Eltern so. Und indem sie sich bemühten, vor ihren Kindern den Schein von Harmonie und Sicherheit zu wahren, bewahrten sie ihn sich auch selbst. Die Normalität des Alltags hielt sie auf Trab, die täglichen kleinen Freuden und Problemchen halfen dabei, Existenz- und Zukunftsängste beiseite zu schieben.

Die Franks unternahmen Reisen, wie jede normale Familie. Die Sommerferien 1937 etwa hatten sie im belgischen Seebad Middelkerke verbracht. Sie machten Ausflüge, wie jede normale Familie. Landpartien mit dem Fahrrad, Badetouren ans Meer. Im März 1938 waren sie in einem Hausboot durch die holländischen Grachten gefahren. Die sogenannte »Vier Meren«-Tour mußte jeder Holländer einmal erlebt haben. Edith brachte ihren Töchtern Stricken und Nähen bei, wie es in jeder normalen Familie eben üblich war. Und sie versuchte, sie für den Religionsunterricht in der jüdischen Gemeinde zu begeistern. Margot ging regelmäßig und gerne hin, traf dort gleichgesinnte Freundinnen. Auch für Edith war die Amsterdamer liberal-jüdische Gemeinde, die erst Anfang der dreißiger Jahre von deutschen Emigranten gegründet worden war, zu einem wichtigen Treffpunkt geworden. Die meisten deutschen Juden konnten mit der in Holland vorherrschenden Orthodoxie wenig anfangen, sie schlossen sich der liberalen Reformbewegung an. Wie Otto Frank hatten viele von ihnen in Deutschland nur selten eine Synagoge betreten und verstanden die Amsterdamer Gemeinde als soziale Begegnungsstätte – ihre jüdische Identität war vielen von ihnen doch erst von den Nazifaschisten aufgezwungen worden.

Für Edith war die Gemeinde mehr als das. Zwar half sie mit, Kinderfeste zu organisieren: Auch den Kindern, die sie für einen kleinen festlichen Umzug in Zweierreihen ordnete und denen sie bunte Fähnchen in die Hand drückte, fiel die verhaltene Art Ediths auf, hinter der sich ihre Einfühlsamkeit und Liebe zu Kindern nur erahnen ließ. Aber sie ging auch in die Synagoge, um zu beten.

Für Anne hatten ihre seltenen Synagogenbesuche wenig

Bedeutung, sie wollte auch nicht am Religionsunterricht teilnehmen – und Edith zwang sie auch nicht dazu. Wie auch? Otto pflegte selbst kaum Beziehungen zur Gemeinde. Und Anne war ein Papa-ist-der-Beste-Kind. Das ist nichts Außergewöhnliches. Kleine Mädchen lieben ihre Väter. Und Otto war ein aufmerksamer Vater. Wenn er bei seinen Kindern war, dann war er ganz für sie da. Er war Berater, Freund und Spaßmacher, kramte gerne in seiner Geschichtenkiste, ließ die beiden Paulas wiederauferstehen, erfand komische Lieder und ging sogar auf Annes Freundinnen ein. Wochenlang ging Anne und Hanne die Melodie von Ottos »chinesischem« Lied nicht mehr aus dem Kopf:

»Yo, di-vi-di-vo,
di-vi-di vaya, kasch-kaya, kasch-ko,
di-vi-di-vo, di-vi-di vitsch-vitsch-vitsch-vo.«

Anne und Hanne lachten Tränen, als sie sich die fremdklingenden Wortkreationen einzuprägen versuchten und wieder und wieder zum Refrain ansetzten:

Yin-yang, Yin-yang, votsch-kai-da-vitschki,
Yang-kai, vid-di-vi, yang-kai vi-di-vi,
Yin-Yang, Yin-yang, votsch-kai-da-vitschki,
Yang-kai vi-di-vi, aya!«

Anne war zu beneiden. Herr Frank war immer so gut gelaunt, fand Hanne. Und er nahm sich sogar Zeit, Hanneli das Radfahren beizubringen. Jedenfalls versuchte er es. Weil sie selbst keines hatte, durfte sie auf Annes Fahrrad steigen. Otto hielt sie hinten am Gepäckträger fest und lief mit ihr auf dem Gehsteig am Merwedeplein auf und ab. Ohne Erfolg. Hanneli war furchtsam und mäßig geschickt, und weil sie kein eigenes Fahrrad hatte, entwickelte sie – anders als Anne – nie eine Beziehung zu dem holländischen Volkssport. Doch auch dafür fand Otto verständnisvolle und tröstende Worte.

Otto, empfand Hanneli, verlor nie die Geduld. Nicht einmal, wenn Anne zickig war. Und Anne konnte ziemlich zickig sein. Eine Kämpfernatur, die, auch wenn sie manchmal gar nicht so genau wußte, was sie eigentlich wollte, jedenfalls ihren starken Willen herauskehrte. Tadel nahm sie nicht einfach hin, sondern sie wehrte sich manchmal mit einem einerseits einschmeichelnden, andererseits ein wenig störrischen »*Ja, aber …*«. Den Freundinnen ihrer Schwester konnte ihr vorwitziges Wesen ganz schön auf die Nerven gehen. Margot war zwar schon dreizehn, aber immer noch eine folgsame Dulderin. Rundlich und ruhig, als ob ihre Statur Ausdruck ihres soliden Charakters wäre. Keine Spur von pubertärer Rebellion. Ganz anders Anne: Tonangebend schon mit neun und zehn, stürmisch und fordernd, oft sogar richtig zornig, aber nicht stur, sondern durchaus einsichtig. Weißt du, versuchte Otto seine Menschenkenntnis in einfachen Worten an sie weiterzugeben, gute und schlechte Menschen haben eines gemeinsam: Alle machen Fehler. Aber gute Menschen können ihre Fehler eingestehen, mit anderen darüber reden und daraus lernen. »*Mein liebes Annelein … einfach wie mit Deinem Schwesterchen geht es nicht immer*«, schrieb Otto ihr am 12. Mai 1939, »*wenn auch im allgemeinen Dein lustiger Sinn, Dein liebenswürdiges Wesen Dich spielerisch über vieles hinwegtänzeln lassen. Oft habe ich Dir gesagt, dass Du Dich selbst erziehen musst, wir haben das ›control‹ miteinander ausgemacht und Du gibst Dir selbst viel Mühe, das ›aber‹ zu schlucken. Dabei verwöhnst Du Dich doch gern und lässt Dich gern verwöhnen.*« Das alles wäre freilich nicht so schlimm, fügte Otto hinzu, wenn Anne in ihrem Herzen weiterhin so lieb bliebe wie bisher. »*Eigensinnig bist Du ja nicht und dadurch ist nach ein wenig*

Weinen rasch das Lachen wieder da. ›Vergnügt was dran ist‹ – sagt Mutti. Möge Dir dieses lustige Lachen bewahrt bleiben, mit dem Du Dir, uns und anderen das Leben verschönst. Dein Pim.«

So fröhlich Anne sein konnte, so leicht war sie aus dem Gleichgewicht zu bringen. »*Der nervöse kleine Kerl hat eben viel Ruhe nötig*«, bemerkte Edith dazu. Vielleicht war es die berechtigte Sorge um Annes Gesundheit, die Otto stets nachsichtig stimmte.

Diese Überlegungen stellten Annes Freundinnen natürlich nicht an. In ihren Kinderaugen war Herr Frank ein stets gutgelaunter, gutmütiger Vater, vor dem man zwar Respekt, aber niemals Angst hatte. Ein großer, freundlicher Mann, den man alles fragen konnte, weil er sich immer Zeit für eine Antwort nahm. So einen lustigen Vater wünschte sich jedes Kind.

Dabei war auch Hannes Vater alles andere als humorlos. Zu Purim, dem jüdischen Karneval im Februar oder März – es war 1938 oder 1939 –, gaben die Goslars ein Fest. Ein Freudenfest, mit dem an die wunderbare Befreiung des jüdischen Volkes, seine Rettung vor der Judenverfolgung unter dem Perserkönig Xerxes erinnert wurde – also gerade in diesen Zeiten ein besonders symbolträchtiges Fest. Die historischen Parallelen müssen den Feiernden gegenwärtig gewesen sein: Nach der Zerstörung des Tempels hatten die Juden im Persischen Reich so lange in Frieden gelebt, bis der neue Minister Haman, ein fanatischer Antisemit, an die Macht kam und beschloß, die Juden bis auf den letzten auszurotten.

Haman hatte sich König Xerxes' Zustimmung zur Judenvernichtung mit der Behauptung erschlichen, daß die Juden die königlichen Gesetze nicht befolgten. Als Ester, die jüdische Gemahlin des Königs von Hamans grausamen Plänen erfuhr, fastete sie aus Protest und Trauer drei Tage lang – und mit ihr alle Juden im Perserreich. Daraufhin erkannte und bereute Xerxes seinen Irrtum und ließ – statt der Juden – Haman hängen.

Über das Datum der »Säuberungsaktion« hatte ursprünglich das Los entscheiden sollen. Es war auf den dreizehnten Tag des zwölften Monats, das ist der Monat Adar, gefallen. Auf hebräisch heißt das Los »Pur«, daher gab man dem Festtag später den Namen »Purim«.

Zur Erinnerung an die Rettung des jüdischen Volks soll gefeiert werden – mit Tanz, Gesang und einem regelrechten Gelage, mit Kostümen, mit gegenseitigen Geschenken und Almosen für die Armen. Die Verkleidung ist wichtig – sie hat symbolische Bedeutung. Jeder soll sich möglichst unkenntlich machen. Weil am historischen Purimstag die Juden plötzlich nicht mehr verfolgt, sondern beschützt, nicht mehr verachtet, sondern verehrt wurden, soll jeder eine andere Rolle, ein anderes Aussehen annehmen als sonst. Soll einer vom anderen nicht mehr wissen, wer wer ist: Freund oder Feind, Jude oder Haman. Eine Verwirrung der Identität. Ein Spiel, bei dem sich jeder neu erfinden soll. Das jede Persönlichkeit relativiert …

Zu dem Purim-Fest der Goslars verkleideten sich nicht nur die Kinder. Auch die Erwachsenen. Hans Goslar scheitelte sein Haar, das er sonst nach hinten gekämmt trug, streng zur Seite, setzte mit einem Kohlestift ein schmales Bärtchen auf seine Oberlippe, zog seinen Regenmantel an, ging zu den Franks hinüber und läutete. Als die Tür aufging, richtete er sich auf, als hätte er einen Stock verschluckt, stemmte herrisch seine Linke in die Hüfte, starrte die Franks mit streng zusammengekniffenen Lippen und den weit aufgerissenen Augen eines Hypnotiseurs an und freute sich innerlich über die Schrecksekunden, die Otto und Edith verharrten, ehe sie in Lachen ausbrachen.

Am frühen Morgen des 1. September 1939 überfielen Hitlers Armeen Polen. Die Westmächte ordneten die Generalmobilmachung an. Sollte Deutschland seine Truppen nicht unverzüglich wieder zurückziehen, warnten sie, würden sie Polen wie vereinbart zu Hilfe kommen. Hitler lenkte nicht ein, auch nicht, als ihm die Engländer am 3. September um 9 Uhr morgens ein Ultimatum stellten. Auch nicht, als sich mittags Frankreich mit einem auf 17 Uhr befristeten Ultimatum anschloß.

Die daraufhin folgende Kriegserklärung Englands und Frankreichs war nur noch eine Formalität. Der Zweite Weltkrieg hatte begonnen.

Frankreich und England machten es Adolf Hitler mit ihrer Defensivstrategie leicht. In seinem ersten »Blitzkrieg« brachte er Polen – und damit auch weit mehr als zwei Millionen Juden – in seinen Einflußbereich. Sie erhielten keine Schonfrist. In einem Sondererlaß vom 21. September 1939 befahl Sicherheitspolizeichef Reinhard Heydrich seinen pogromerfahrenen »Einsatzgruppen« die »Konzentrierung« der polnischen Juden: Überall in Polen wurden sie verprügelt, ausgeraubt, entehrt. Frommen Juden schnitten die vandalierenden Nazis die Bärte ab, zwangen sie auf die Knie und ließen sie turnen. Dem willkürlichen Terror folgten diskriminierende Verordnungen, entrechtende Gesetze.

In den Niederlanden verfolgte man die Entwicklungen in Polen mit Entsetzen. Die niederländische Presse berichtete zurückhaltend – im Interesse der Neutralität sollte das »Dritte Reich« nicht unnötig »irritiert« werden. Die Neutralität Hollands, Belgiens, Luxemburgs und der Schweiz wären »peinlich zu achten«, hatte Adolf Hitler in seiner »Weisung Nr. 1 für die Kriegsführung« vom 31. August 1939 vorgeschrieben. Darauf berief sich nun der holländische Ministerpräsident Hendryk Colijn und versicherte den beunruhigten Niederländern, daß das Land nicht akut bedroht wäre und sie im übrigen ruhig schlafen könnten.

»Neutralität« war das Stichwort, an das sich nun alle Holländer klammerten, niemand jedoch so verzweifelt wie die hierhin immigrierten deutschen Juden.

Holland wäre doch auch im Ersten Weltkrieg neutral geblieben, argumentierte Otto Frank in seiner Rolle als Optimist gegen die Befürchtungen vieler Bekannter. Holland würde auch jetzt neutral bleiben. Innerlich dürfte jedoch auch er zutiefst verunsichert gewesen sein. In einem Brief an seine Cousine Milly Stanfield in London sprach er seine Bedenken an: Was, wenn Holland doch angegriffen würde? Könnte er dann noch für die Sicherheit Annes und Margots garantieren?

Vor seinen beiden Mädchen wollte er seine Sorgen geheimhalten, doch vor allem Margot ließ die angespannte Situation nicht unberührt: »*We often listen to the radio as times are very exiting, having a frontier with Germany and being a small country we never feel safe*«, schrieb die Vierzehnjährige Ende April 1940 an ihre gleichaltrige Brieffreundin Betty Ann Wagner, die auf einem Bauernhof unweit des kleinen Dorfs Danville im Bundesstaat Iowa wohnte: »*Weil wir aufregende Zeiten erleben, hören wir oft Radio. Als kleines Land mit einer Grenze zu Deutschland fühlen wir uns nie sicher.*« Voll Bedauern erklärte sie Betty Ann, warum sie ihre beiden Cousins in Basel nicht mehr besuchen konnte. »*We have to travel through Germany which we cannot do or through Belgium and France and that we cannot either. It is war and no visas are given.*« Um nach Basel zu kommen, müßten sie entweder durch Deutschland oder durch Belgien und Frankreich reisen. Beides wäre unmöglich, denn »*es ist Krieg und es werden keine Visa ausgestellt*«.

Anne, die eineinhalb Monate später ihren elften Geburtstag feiern würde, war in ihrem Schreiben an Betty Anns jüngere Schwester Juanita keine Beunruhigung anzumerken. Sie plauderte von ihrem Schulleben, ihrer Leidenschaft fürs Postkartensammeln, ihrem bevorstehenden Geburtstag. »*Falls Du und Betty ein Photo von euch habt, schickt einen Abzug, da ich so neugierig bin, wie ihr ausseht.*« Otto half Anne, den Brief ins Englische zu übersetzen, Anne brachte ihn in ihrer schwungvollen Schreibschrift zu Papier. »*In case you and Betty get a photo do send a copy as I am curious to know how you look.*« Einen Hinweis auf ihr Geburtsland Deutschland gab sie nicht. Im Gegenteil. Anne unterzeichnete ihren Brief mit: »*Hoping to hear from you I remain your Dutch friend Annelies Marie Frank.*« Juanitas Antwortschreiben erreichte Anne nicht mehr.

6. *In der Falle*

Eingeholt! Der Wettlauf gegen die braune Gefahr – verloren? Wie ein Faustschlag traf die Franks der Überfall der deutschen Truppen auf Holland.

Krieg! Hatten sie nicht damit rechnen müssen? Schon seit Monaten schien ein Angriff von deutscher Seite – im Wortsinn – in der Luft zu liegen. Und doch hatte es immer wieder Anlaß zur Hoffnung gegeben. Neunundzwanzigmal im vergangenen halben Jahr hatte ein deutscher Oberst der holländischen Regierung den von Adolf Hitler geplanten Angriffstermin zugespielt. Neunundzwanzigmal falscher Alarm. Jedesmal war der angekündigte Tag friedlich verstrichen, angeblich hatte das schlechte Wetter den Angriff immer wieder verhindert. Tatsächlich war der Winter 1939/40 der kälteste seit elf Jahren gewesen, die Grachten und Kanäle waren – zur Freude der Eisläufer – wochenlang zugefroren, das Frühjahr war typisch holländisch verregnet.

Nach 29 Fehlmeldungen nahm kaum noch ein Regierungsmitglied die erneuten warnenden Hinweise ernst. Die meisten waren zu der beruhigenden Schlußfolgerung gekommen, daß Hitler ihren Staat wohl mit gezielten Täuschungsmanövern nur zu neutralitätsbrechenden Handlungen provozieren wollte.

Die ersten Maitage des Jahres 1940 hatten sich von ihrer schönsten Seite gezeigt, frühsommerlich warm und sonnig. Ideales Wetter für den Angriff, der am 9. Mai abermals und diesmal endgültig befohlen worden war. Eine Kriegserklärung an Holland gab es nicht. Seine Truppen kämen als Beschützer des neutralen Staates, hatte sich Adolf Hitler zurechtgelegt, um die täglich drohende Gefahr, daß die Alliierten die Niederlande als Startrampe für einen Angriff auf das Ruhrgebiet mißbrauchen könnten, abzuwenden. Immerhin hätte Holland, indem es geduldet hatte, daß englische Flugzeuge sein Hoheitsgebiet überflogen, seine Neutralität längst selbst verletzt. Tatsächlich brauchte Hitler selbst Flugplätze in Nordseenähe.

Hinterhältig wie Piraten aus einem längst vergangenen Jahrhundert brachen die deutschen Truppen am frühen Morgen des 10. Mai 1940 in Holland ein. Es war noch stockdunkel, als ein dumpfes Donnern und Grollen aus der Ferne nach Amsterdam dröhnte. Man konnte es für ein nahendes Gewitter halten und weiterschlafen. Viele Menschen begriffen jedoch schnell, daß Flugzeuge diesen unheilverkündenden Lärm verursachten, und sprangen alarmiert aus den Betten, zu ihren Radioapparaten. Was genau war geschehen? Die Engländer? Die Deutschen? »Schwerbewaffnete Fallschirmspringer in der Nähe von Gouda gelandet … deutsche Truppen haben die holländische Grenze an mehreren Stellen überschritten … unterwegs nach Westen … noch mehr Fallschirmspringer um Edam … nördlich von Wijk … verkleidete Fallschirmspringer … in holländischen Uniformen … in Bauernkitteln … in Sanitäterkleidung … mit Fahrrädern … « Verwirrende Meldungen, wilde Gerüchte. Bomben auf den Amsterdamer Flughafen Schiphol.

Am frühen Morgen meldete sich die niederländische Königin zu Wort und rief zu Ruhe auf. Beruhigen konnte ihre Rede jedoch nicht, am wenigsten den jüdischen Teil der Bevölkerung. Daß ihr Heer dem deutschen weder zahlen- noch kräftemäßig gewachsen war, ahnten alle. Holland würde sich keinesfalls wehrlos geschlagen geben, versicherte jedoch Königin Wilhelmina ihrem Volk. Krieg!

Panik packte die einen, Ohnmacht lähmte die anderen. Was hatten die Deutschen vor? Hilflos warteten sie auf die neuesten Informationen und Anweisungen.

Am schnellsten, so schien es, lernten die Mütter mit dem Ausnahmezustand umzugehen. Frühstück. Ihre Kinder mußten natürlich frühstücken. Mit Routinehandlungen versuchten die Frauen, die Angst zu besiegen. Das Leben würde weitergehen, wenn der Alltag weiterging.

Ob sie ihre Kinder in die Schule schicken sollten, fragten die Mütter ihre Ehemänner. In Amsterdam war der Krieg ja nicht sichtbar. Nur die leeren Straßen und die neuesten Rundfunkmeldungen deuteten am frühen Vormittag darauf hin, daß etwas nicht stimmte.

Die Kinder würden zu Hause bleiben. Auch Anne ging nicht zur Schule. Und gewiß ging es ihr ähnlich wie allen Kindern ihres Alters: Zu der beklemmenden Unsicherheit über das, was sie beim Frühstück gehört hatte, mischte sich ein Anflug von kindlicher Freude über den schulfreien Tag und die unerwartet vorgezogenen Pfingstferien. Der 10. Mai 1940 war ein Freitag.

Otto Frank hingegen dürfte, wie an jedem normalen Tag, ins Büro gegangen sein. Keine Frage, auch er zwang sich, indem er sich auf seine ganz alltäglichen Pflichten zu konzentrieren versuchte, einen Rest von Ruhe zu bewahren; denn so stark und zuversichtlich er sich zu Hause, vor Edith, den Mädchen und der kränklichen Oma Holländer auch gab, so verstört war er in seinem Inneren. Er hatte es geahnt. Sie hatten es doch alle ahnen müssen. Es war nur wenige Wochen her, daß seine Cousine Milly ihm geraten hatte, Anne und Margot nach England zu schicken. Sie und ihre Mutter hatten angeboten, für die Mädchen zu sorgen, bis der Krieg in Europa überstanden wäre. Er hatte abgelehnt. Weder er noch Edith konnten sich vorstellen, sich von ihren Kindern zu trennen, was auch geschehen sollte. Und nun hatten die Nazis sie eingeholt.

Die Sonne, die an diesem schwarzen Freitag wie zum Hohn besonders prachtvoll vom Himmel gelacht hatte, ging im Chaos unter. Das Telefonnetz war unterbrochen, die Menschen hatten, besorgt um ihre Versorgung, die Lebensmittelgeschäfte gestürmt. Dabei hatte die Regierung schon einige Monate vorher, unmittelbar nach Kriegsausbruch in Polen, verschiedene Grundnahrungsmittel rationieren und nur noch gegen Lebensmittelmarken – bunt und beschränkt gültig – ausgeben lassen. Rosafarbene für Brot oder blaue für Milch etwa. Eine bürokratische Maßnahme, wie es vorerst schien. Lästig. Jeder hatte auch weiterhin genug zu essen. Doch nur wer seine graue, aus biegbarem Karton geschnittene »Stammkarte« vorweisen konnte, die an Erwachsene wie Kinder ausgegeben worden war, bekam Marken. Und nur wer die zugeteilten Marken rechtzeitig einlöste, durfte dafür Lebensmittel kaufen. Zuckermarken zu spät eingelöst – kein Zucker. Fleischmarken zu lange gehortet – kein Fleisch. Eine unerläßliche Erziehungsmaßnahme, wie sich schnell herausstellte. Die Bürger sollten sich einen vernünftig bemessenen Vorrat schaffen, statt maßlos zu hamstern. Eine neue Form des organisierten Einkaufens, die die Aufmerksamkeit und Flexibilität der Hausfrauen herausforderte. Auch Edith Frank mußte sich darauf einstellen. »Hamstern schadet Deinem Volk«, hieß es auf Plakaten, von denen gierige Nager herunterschauten, gefräßigen Ratten ähnlicher als niedlichen Hamstern. Und nun, nach der deutschen Invasion, hatten die Menschen doch panisch die Geschäfte gestürmt, um an Haltbarem zu beschaffen, was es zu beschaffen gab.

Ein Fliegeralarm nach dem anderen, Mal für Mal von ohrenbetäubendem Sirenengeheul angekündigt, hatte jeden einzelnen unter Hochspannung gehalten. Schon früher hatten die Bewohner des Merwedepleins an Feuer-

und Fliegeralarmübungen teilnehmen müssen und sich dabei gegenseitig Mut zugesprochen. Nun war der Ernstfall gekommen. Mit jedem Alarm, schien es, kam der Krieg näher, und die Angst wurde größer. Doch nichts passierte.

Die Radiogeräte liefen auf voller Lautstärke, man wartete auf neue Anweisungen: Ausgangssperre; ab acht Uhr abends durften keine Zivilpersonen mehr auf der Straße sein; sie sollten ihre Fensterscheiben mit Klebestreifen verstärken, damit diese den Druckwellen standhielten, die durch einen Bombenangriff ausgelöst würden; und Verdunkelungspapier anbringen, man wolle dem Feind doch nicht den Weg leuchten.

Innerhalb eines einzigen Tages war die Gesellschaftsstruktur in Holland neu definiert worden. Hatte es eben noch ein Arm und ein Reich, eine Unter- und eine Oberschicht, ein Rechts und ein Links, verschiedene Glaubensinteressen gegeben, so unterschied man mit einem Mal nur mehr zwischen »gut« und »schlecht«, Freund oder Feind – gegen Deutschland oder dafür.

Wer unter Verdacht stand, mit den deutschen Nationalsozialisten zu sympathisieren, wurde festgenommen. Schon vor der Invasion war eine Liste der wichtigsten niederländischen Nazis angelegt worden. Auch gebürtige Deutsche, hieß es, waren als »feindliche Ausländer« unter Hausarrest zu stellen. Auch die deutschen Juden. Wer Glück hatte, wurde von holländischen Nachbarn oder Freunden versorgt. Deutsche, die den Polizisten ins Blickfeld gerieten, wurden – unabhängig von ihrer politischen Gesinnung – erst einmal mitgenommen. Auch deutsche Juden. Maximale Sicherheit für das holländische Volk. Zweifellos wurden diese Vorkehrungen in guter Absicht getroffen. Nachträglich können sie freilich nur mit der allgemeinen Verstörtheit, die weder genügend Zeit noch die Geistesgegenwart ließ, um zu differenzieren, und so spontan-groteske Ad-hoc-Handlungen auslöste, entschuldigt werden. Denn niemand war über die

Invasion der Hitlertruppen so verzweifelt wie die nach Holland emigrierten deutschen Juden.

Viele von ihnen wollten nicht untätig abwarten, was weiter geschehen würde. Man hörte von Juden, ganzen jüdischen Familien sogar, die, die Flucht in den Selbstmord als einzigen und erträglichsten Ausweg sehend, zu einer Überdosis Veronal gegriffen, sich erhängt oder – in der Hoffnung, im Schlaf zu sterben – den Gashahn geöffnet und die Fenster geschlossen hatten. Sanne und Barbara Ledermann hatten vom Balkon ihrer Wohnung beobachtet, wie ein Mann im gegenüberliegenden Haus in letzter Minute aus seiner gasverseuchten Wohnung gerettet wurde. Es ist anzunehmen, daß sie Anne und Margot davon erzählten.

Viele andere Juden versuchten, aus Holland zu fliehen. Die wenigen, die ein Automobil besaßen, fuhren Richtung Meer, nach Ijmuiden etwa oder Scheveningen. Andere versuchten, auf ihren Fahrrädern dorthin zu kommen, denn öffentliche Transportmittel verkehrten nicht. Es hatte sich nämlich herumgesprochen, die holländische Regierung hätte Schiffe bereitgestellt, auf denen jüdische Flüchtlinge nach England übersetzen konnten.

Im dem allgemeinen Durcheinander von widersprüchlichen Befehlen und unklaren Verlautbarungen schafften es jedoch die wenigsten zu entkommen. Manche wurden von Kontrollen aufgehalten und zurückgeschickt, andere kamen zwar durch, fanden aber auf keinem der Schiffe mehr Platz. Sie alle machten entmutigt kehrt.

Die Franks versuchten nicht zu fliehen. Erstens hatten sie keinen Wagen, zum zweiten war ihre Chance, als fünfköpfige Familie, mit zwei halbwüchsigen Töchtern und einer altersschwachen Großmutter, durchzukommen, gering.

Sie warteten ab und hielten es wie die meisten ihrer jüdischen Bekannten: Sie versuchten, ihre Kinder auch weiterhin vor der rauhen Wirklichkeit abzuschirmen, ihnen das vielleicht wichtigste Privileg ihrer Kindheit, die Unbeschwertheit, zu bewahren, und wichen ihren drängenden Fragen aus. Ihr bisheriger Standpunkt »Je mehr du fragst, mein Kind, um so mehr lernst du« hatte sich, zumindest in aktuellen politischen Fragen, gewandelt: »Je weniger du weißt, um so weniger Fragen kannst du beantworten.«

Das Leben ging weiter – auch nachdem am 13. Mai bekannt geworden war, daß Königin Wilhelmina auf einem englischen Zerstörer aus Holland geflohen und das Regierungskabinett ihr gefolgt war. Die Königin, die das Land seit 42 Jahren regierte, die – auch wenn ihr Einfluß in Wahrheit gering war – als Garant für Stabilität galt, diese Königin hatte ihr Volk im Stich gelassen. Es dauerte eine ganze Weile, bis die Bevölkerung ihre Wut und Enttäuschung überwinden und Wilhelminas – durchaus vernünftige – Entscheidung gutheißen konnte. Vom Londoner Exil aus würde sie ihrem Volk vielleicht helfen können. Als Hitlers Gefangene wäre sie jedenfalls machtlos gewesen.

»Denkt an unsere jüdischen Mitbürger«, hatte die damals Sechzigjährige in ihrer letzten Radioansprache aus Holland betont. Ein Jahr davor hätte sie diese Ermunterung selbst brauchen können. Als die Regierung im Frühjahr 1939 nach einem geeigneten Grundstück für ein Aufenthaltslager für jüdische Flüchtlinge gesucht und der Königin schließlich mitgeteilt hatte, daß ein solches bei Elspeterveld im Landschaftsschutzgebiet Veluwe errichtet würde, hatte sich diese gar nicht begeistert gezeigt und – selbstverständlich mit majestätischem Taktgefühl – ihr »Bedauern« geäußert, daß der gewählte Standort gar so nah an ihrer Sommerresidenz liege. Statt in zwölf Kilometern Entfernung vom königlichen Jagdschloß war das Lager schließlich fernab, im feuchtkalten Nordosten des Landes, im Sumpfgebiet von Westerbork, errichtet worden.

Das Leben ging weiter – auch nachdem am 14. Mai, abends um sieben, bekanntgeworden war, daß Holland kapitulieren würde. Drei Tage hatten sich die Holländer tapfer gegen den übermächtigen Goliath gewehrt. Dann jedoch hatte der ein unmißverständliches Ultimatum gestellt: Kapitulation und Übergabe Rotterdams an die deutsche Wehrmacht – oder aber Zerstörung der Hafenstadt aus der Luft. Daß sich Deutschland selbst nicht an dieses Ultimatum gehalten, die Rotterdamer Altstadt noch während der Übergabeverhandlungen bombardiert und etwa 800 Zivilpersonen getötet hatte, schob Hitler nachträglich auf Kommunikationsprobleme – Schwierigkeiten mit den Funkverbindungen. Flugblätter über Amsterdam und Utrecht, unheilvolle Warnungen vor weiteren Bombardements, hatten die holländische Regierung zusätzlich unter Druck gesetzt: 20 Minuten vor zwölf am 15. Mai 1940 hatte sie schließlich die Kapitulationsurkunde unterzeichnet. Der Krieg war zu Ende, Holland besetztes Gebiet. Entsetzt sah die Bevölkerung Amsterdams zu, wie Kolonnen von deutschen Wehrmachtssoldaten in feldgrauen Uniformen und topfförmigen Stahlhelmen im Takt ihrer Soldatenlieder das Flußviertel durchquerten und auf die Altstadt zumarschierten; lärmend und furchterregend – und doch so diszipliniert. Unheimlich.

Für die Juden Hollands sollte der Krieg damit erst beginnen …

Doch vorerst ging das Leben weiter. Gerade so, als ob nichts geschehen wäre. Die Geschäfte waren wieder geöffnet, die Kinder gingen wieder regelmäßig zur Schule und die Erwachsenen ihrer Arbeit nach. Die befürchteten Übergriffe auf die jüdische Bevölkerung, von denen man aus Polen gehört hatte, waren ausgeblieben; keine Verfolgungen, keine diskriminierenden Verordnungen, keine Pogrome.

Trotz der Verunsicherung atmeten die Menschen auf. Die verhaßten Deutschen hinterließen zwar allerorts ihre Spuren, neue Verkehrsschilder sogar, deren auffälliges Gelb-Schwarz statt des bisherigen Weiß-Blau schrill auf die Besatzungsmacht hinwies, aber daran konnte man sich gewöhnen …

Soldaten in deutschen Uniformen gehörten von nun an zwar zum Straßenbild, doch sie gaben sich zurückhaltend, freundlich sogar, so daß man – wider besseren Wissen – glauben wollte, was sie vorgaben: daß sie als Beschützer, nicht als Besatzer gekommen waren …

Zwar wurden Schulbücher jüdischer Verfasser aus dem Verkehr gezogen, aber wenn es sonst keine Maßnahmen gegen Juden gab … Viele Juden hatten – in vorauseilendem Gehorsam und aus Angst vor Hausdurchsuchungen – gleich nach der holländischen Kapitulation Literatur jüdischer ebenso wie kommunistischer Autoren aus ihren Wohnungen verschwinden lassen. Herr Ledermann etwa hatte – zum Entsetzen von Barbara und Sanne – einen großen Wäschekorb voller Bücher, die er 1933 aus Berlin mitgebracht hatte, in einer Art privater Bücherverbrennung vernichtet.

Tatsächlich wirkte der von Adolf Hitler zum »Reichskommissar der besetzten Niederlande« ernannte Arthur Seyß-Inquart in seiner Antrittsrede vom 29. Mai 1940 versöhnlich, ja antiautoritär. »*Weder sind wir Deutsche gekommen, um dieses Land und sein Volk zu unterwerfen …*«, sprach der Österreicher, der schon beim Anschluß seines Landes an Deutschland als Innenminister des Kabinetts Schuschnigg für einen Anschein von Legitimität gesorgt hatte, »… noch wollen wir ihm unsere politische Überzeugung aufzwingen.« Hitler hatte Seyß-Inquart mit einem Hintergedanken eingesetzt: Der dreifache Familienvater, der seit einem lebensgefährlichen Gebirgsunfall im Jahr 1927 wegen eines steifen Knies und einer Beinverkürzung hinkte, galt als höflich, korrekt und zurückhaltend. In anderen Positionen war sein Führungsstil zu gemäßigt erschienen. Für den Posten des holländischen Reichskommissars kam er Hitler gerade recht. Auf ausdrücklichen Befehl seines »Führers« hatte Seyß-Inquart – anders als in den übrigen besetzten Gebieten – eine Zivilregierung gebildet. Neben der deutschen Besatzungsverwaltung würde die niederländische Administration im Amt bleiben, versicherte er den Holländern.

Konnte man seinen Worten trauen? Seyß-Inquart, gelernter Rechtsanwalt, dem man nachsagte, daß er seine Prozesse »durch Schweigen, nicht durch Reden gewonnen hatte«, mußte Ordnung schaffen und die aufgebrachten Holländer beruhigen. Er betonte, daß nichts vorläge, was das deutsche Volk und das »blutsnahe« niederländische daran hindern könnte, einander mit »Achtung zu begegnen«. Ein taktierender Politiker, dessen demonstrative Zurückhaltung sich noch als ausgesprochen effektiv erweisen würde. Daß er auf die »Judenfrage« in seinen Reden nicht einging, beruhigte die Betroffenen. In Wahrheit war das natürlich Teil seiner Strategie.

Das Leben ging also weiter – beinahe so, als ob nichts geschehen wäre. Aber eben nur beinahe. Auch bei den Franks.

Anne und Margot mußten fleißig lernen – es waren ja nur noch wenige Wochen bis zur Zeugnisverteilung und den Sommerferien. Natürlich war Anne ganz aufgebracht, daß Holland kapituliert hatte. Kapitulation, den Begriff hatte sie zum erstenmal gehört. Seine Bedeutung gefiel ihr nicht. Aufgeben, das entsprach nicht ihrem Charakter.

Natürlich hatte auch Anne die allgemeine Unruhe erfaßt, natürlich hatte sie oft Angst, nein, nicht diese düstere, beklemmende, existentielle Angst vor der Zukunft, wie sie die Erwachsenen, ihre Mutter oder ihre Großmutter, quälte. Die kennen Kinder Gott sei Dank noch nicht. Sondern eine kindlich konkrete Angst, die in heftigen, von Tränen begleiteten Attacken ausbrach und sie im Bett ihres Vaters Schutz suchen ließ, etwa wenn das durchdringende Dröhnen der Bomber den nächtlichen Himmel erfüllte. Eine momentane Angst, schnell verflogen, sobald es wieder still war.

Natürlich schimpfte Anne mit, als ihre holländischen Mitschüler über die »Moffen« herzogen. Und natürlich bedauerte sie, daß ihr Geburtstag in diesem Jahr nicht so ausgelassen gefeiert wurde, wie sie das eigentlich erwartet hätte. Und daß sie in diesem Sommer – nur wegen dieser doofen Moffen – wieder nicht in die Schweiz fahren konnten. Doch sie würden eben in Amsterdam ins Schwimmbad gehen, vielleicht sogar wieder ans Meer fahren. Margot würde Tennis spielen und rudern – beides war nichts für Anne; sie mußte ihre Armgelenke immer noch schonen und sich bei derlei sportlichen Betätigungen zurückhalten.

Auch das Leben der Erwachsenen wurde bald wieder von den alltäglichen Pflichten bestimmt. Daß die Familie doch noch emigrieren könnte, dürfte zwischen Edith und Otto Frank zwar nach wie vor diskutiert worden sein, war aber vollkommen unwahrscheinlich geworden. Eine legale Emigration gelang kaum noch jemandem. Sogar die neutrale Schweiz hatte ihre Grenzen für Juden so gut wie geschlossen. Der Bruder von Ottos Schwager Erich Elias, Paul, hatte seit dem Frühjahr 1939 mehrmals um eine Einreisegenehmigung angesucht. Er war abgewiesen worden – obwohl Erich Elias, bevor er selbst seine Stelle als Schweizer Zweigstellenchef der deutschen Firma Opekta verlor und seine Frau Helene mit einer Altwarenhandlung für das Nötigste sorgen mußte, die Garantien für Unterkunft, Finanzierung und Weiterreise nach Bolivien gestellt hatte. Eine fünfköpfige Familie hatte da erst recht keine Chance.

Für die Einreise in die USA gab es lange Wartelisten – und Walter und Julius Holländer konnten beim besten Willen keine Garantie für die Familie ihrer Schwester übernehmen. Die beiden Junggesellen mußten selbst wieder bei Null beginnen und hatten große Not, Fuß zu fassen. Julius war im April 1939 nach New York und von dort weiter nach Massachusetts gereist. Walter konnte ihm im Dezember endlich folgen. Am 14. war er – natürlich erst nachdem er für Kost und Logis bezahlt hatte – aus dem Flüchtlingslager Zeeburg freigelassen worden. »*Walter Holländer ist nach Vorlage seines Passagierbillets und Visums für Amerika aus dem Jüdischen Flüchtlingslager Zeeburg in Amsterdam entlassen worden*«, hieß es auf dem Entlassungsschein. »*Er reist am 16. Dezember 1939 mit der ›Volendam‹ nach Amerika. Er muß sich bei der Fremdenpolizei abmelden.*«

Erst im Juni 1940 hatten die beiden Unternehmer, die nach dem Gymnasium von einem Professor der Technischen Hochschule eine »gründliche wirtschaftliche Privatausbildung« erhalten und die – bevor sie aus ihrer Heimat vertrieben worden waren – aufgrund ihrer gesellschaftlichen Stellung hohes Ansehen genossen hatten, endlich Arbeit gefunden. In Aachen hatten sie neben ihrer unternehmerischen Tätigkeit als Vorstandsmitglieder verschiedener Wohlfahrtsgesellschaften gewirkt, ehrenamtliche Posten in der jüdischen Gemeinde Aachen bekleidet, Sportvereine wie den Turnclub 1906 und den Fußballclubs Alemannia oder den Reichsbund jüdischer Frontsoldaten unterstützt. In Leominster waren sie nun als »unskilled workers«, als Hilfsarbeiter bei der »E. F. Dodge Paper Box Corporation« untergekommen. Sie mußten hart arbeiten, wurden schlecht bezahlt und fristeten ihr Dasein in winzigen möblierten Untermietzimmern. Zu ihrem Chef dürften die beiden trotzdem ein Vertrauensverhältnis aufgebaut haben. Jedenfalls erklärte dieser sich bereit, für die Franks zu bürgen, sollten sie in die USA immigrieren. »*Ich werde nie vergessen, daß Walters Boß ein Affidavit geschickt hat*«, bedankte sich Otto nach dem Krieg bei seinen Schwägern. Die Bürgschaft dürfte jedoch zu spät gekommen sein. An eine Emigration war tatsächlich nicht mehr zu denken.

Otto Frank versuchte also, das Beste aus dem Leben in Holland zu machen. Und er hatte, so wirkte es, den Alltag im Griff. Mit seinem Unternehmen ging es aufwärts. Hermann van Pels weihte Victor Kugler in die Geheimnisse des Gewürzmischens ein, und Otto beförderte seinen ältesten Mitarbeiter im Juni 1940 zum Prokuristen der Firma Pectacon. Die Umsätze entwickelten sich – dank Pectacon – deutlich besser als in den Jahren davor. Außerdem konnten Opekta und Pectacon erhebliche Summen an Fixkosten einsparen, weil sie Büro- und Lagerpersonal sowie Geschäftsräume gemeinsam nutzten. Der geschäftliche Aufschwung zwang das Unternehmen zur räumlichen Expansion. Es war absehbar, daß sie mehr Platz brauchen würden.

Tatsächlich bezogen sie am 1. Dezember 1940, sieben Monate nach der deutschen Okkupation also, ein schlichtes Grachtenhaus aus dem frühen 18. Jahrhundert, kaum 50 Meter von der Westerkerk, dem Wahrzeichen der Stadt, entfernt; ein schlankes dreistöckiges Gebäude, das sich mit seiner schmucklosen, schmutzigroten Backsteinfassade unauffällig in die eng bebaute Häuserreihe gezwängt hatte. Eigentlich waren es zwei Häuser: Das Vorderhaus belegten Opekta und Pectacon, im Erdgeschoß war ein Lager, im ersten Stock die Büros, weitere Lagerräume in den beiden Stockwerken darüber. Einen Teil des Hinterhauses, in das man durch einen schmalen Verbindungsgang gelangte, hatte Otto Frank an einen guten Bekannten, den jüdischen Apotheker Arthur Lewinsohn, untervermietet. Die übrigen Hinterhausräume, ebenso wie der Dachboden in dem hohen Giebeldach, standen leer. Die neuen Nachbarn: Kleinbetriebe wie der von Otto Frank. Die neue Anschrift: Prinsengracht 263.

Schon früher hatte Anne Pim, wie sie ihren Vater ja nannte, an manchen Wochenendtagen in sein Büro begleitet, auch in die Prinsengracht kam sie – manchmal mit einer Freundin, Hanne etwa – gelegentlich. Im Büro konnte man so herrlich spielen: auf dem Haustelefon von Raum zu Raum telefonieren, auf der Schreibmaschine tippen, mit den verschiedenen Stempeln lustige Buchstabenfiguren auf Papier drucken oder aus dem Fenster des Gemeinschaftsbüros im ersten Stock, das Miep, ihre junge Assistentin Bep Voskuijl und Johannes Kleiman gemeinsam belegten, Wasser auf die Straße schütten. Über solche Schabernacke brach Anne dann stets in ausgelassenes Kichern aus, so daß ihr kaum je jemand böse sein konnte. Wenn sich ihre Lippen zu einem breiten Lachen öffneten, dann stach ihr rechter Vorderzahn noch weiter vor als der linke, schelmisch und liebenswert unperfekt, genauso wie bei Edith Frank; aber daß sie Ähnlichkeiten mit ihrer Mutter haben könnte, das hörte sie schon in diesem Alter nicht so gerne.

So oft wie früher kam sie freilich nicht mehr ins Büro. Seit im Oktober 1940 Hannelis Schwester Rachel Gabriele Ida – vom ersten Tag an »Gabi« genannt – geboren worden war, hatte sich das sonntägliche Ritual der Mädchen geändert. Anne war verrückt nach Kleinkindern. Sooft wie möglich war sie nun – häufig begleitet von Schwester Margot – bei den Goslars, schaute zu, wie Ruth Goslar ihr Baby badete, puderte und fütterte, und drängte darauf, es im Kinderwagen spazierenfahren zu dürfen. Stolz schob sie es dann über den Merwedeplein. »*Anne und ich gehen gerne zu Goslars Baby. Es lacht jetzt schon und wird jeden Tag goldiger*«, schrieb Margot Frank ihrer Großmutter im Dezember 1940. Omi Frank in Basel mußte ihren 75. Geburtstag ohne ihre Enkeltöchter feiern.

»*Wir hoffen, daß dies der unangenehmste Geburtstag*

gewesen ist«, bemerkte Anne in ihrem Gratulationsschreiben an die Großmutter – ein knapper Hinweis der Elfjährigen auf den Krieg, übrigens der einzige aus der Zeit. Sonst berichtete sie, sei es, weil es den Eltern tatsächlich gelungen war, jede Besorgnis von Anne fernzuhalten, sei es, weil sie sie aufgefordert hatten, wegen der drohenden Zensur nur »Unverfängliches« zu schreiben, unbeschwert aus ihrem Schulalltag: »*Ich habe heute Nachmittag Diktat gehabt und nicht weniger als 27 Fehler gemacht. Ihr werdet sicher lachen, aber es ist nicht so ein Wunder, denn es war sehr schwierig und ich bin nicht so ein Held in Diktat.*« Und sie berichtete von ihrem bevorzugten Wintersportvergnügen: »*Ich freue mich sehr auf morgen, denn dann gehe ich auf die Kunsteisbahn (dies ist das erste Mal dieses Jahr) ...*« Am 13. Januar 1941 erzählte sie den Verwandten in Basel noch einmal in aller Ausführlichkeit von ihren Schlittschuh-Erlebnissen und wandte sich damit vor allem an Cousin Bernd, die Eislauf-Koryphäe der Familie. »*Ich bin jede freie Minute auf der Kunsteisbahn. Ich hatte bis jetzt noch immer die alten Schlittschuhe, die Margot früher getragen hat. Die Schlittschuhe mußten mit einem Schlüsselchen angeschraubt werden. Auf der Kunsteisbahn hatten alle meine Freundinnnen echte Kunstschlittschuhe, die mit Nägeln an die Schuhe festgemacht werden und dann sitzen sie ganz fest.*« Anne muß so lange um neue Schlittschuhe gebeten und gebettelt haben, bis ihre Eltern nachgaben. »*... nach langem Quälen habe ich sie auch bekommen. Ich nehme jetzt regelmäßig Eislauflektionen, dabei lernt man Walzertanzen, springen und alles was dazugehört. Hanneli hat nun meine anderen Schlittschuhe bekommen und sie ist sehr froh damit und so sind wir beide zufrieden.*« Am Ende des Briefs sprach sie enthusiastisch von der kleinen Gabi Goslar. »*Hannelis Schwesterchen ist sehr lieb. Ich darf sie manchmal auf meinen Arm nehmen. Sie lacht jetzt jeden an und alle Kinder beneiden Hanneli.*«

Das Leben ging also weiter – beinahe so, als ob nichts geschehen wäre. Aber eben nur beinahe. Woche für Woche fielen der deutschen Besatzungsmacht neue Verordnungen ein – erst solche, die sich an alle Holländer, dann immer mehr, die sich eindeutig gegen die jüdische Bevölkerung des Landes richteten.

»Zum Schutze der niederländischen Bevölkerung vor unwahren Nachrichten«, hatte es bereits am 4. Juli 1940 geheißen, dürften nur jene Radioprogramme gehört werden, die entweder »von Sendern innerhalb der besetzten niederländischen Gebiete« oder »von Sendern innerhalb des Grossdeutschen Reichs einschließlich Protektorat Böhmen und Mähren sowie des Generalgouvernements für die besetzten polnischen Gebiete« verbreitet würden. Wer beim »absichtlichen« Abhören anderer Sender überrascht würde, hätte mit hohen Geldstrafen, in schweren Fällen bis zu zehn Jahren Freiheitsentzug zu rechnen.

Die Verordnung zielte natürlich gegen BBC und »Radio Oranje«, jenen nach dem holländischen Königshaus benannten und von BBC betriebenen Sender, über den von Ende Juli 1940 an mehrmals wöchentlich die Mitteilungen der Königin im Londoner Exil an ihr Volk verlesen wurden. Kein Kompromiß mit Hitler und seinem verbrecherischen Gefolge, war Wilhelminas Standpunkt. Dieser Krieg sei ein Kampf zwischen Gut und Böse, das Gute werde siegen. Leidenschaftliche Ansprachen, die Mut machten. Daß – bis auf die Minderheit der holländischen Nationalsozialisten – so gut wie alle Erwachsenen des Landes, natürlich auch die Franks, stets vor ihren Radiogeräten saßen und sich von Wilhelmina und ihrem Nachrichtenteam informieren und Mut zusprechen ließen, davon muß ausgegangen werden.

Am 16. Juli 1940 holten die Deutschen zum ersten Schlag gegen die in Holland lebenden Juden aus – ohne dabei das Wort »Juden« zu gebrauchen. Das Gesetz zur »Vermeidung von grausamen Praktiken beim Schlachten« verbot das

Schächten, das rituelle Schlachten von Vieh und Geflügel nach dem jüdischen, aber auch nach dem islamischen Religionsgesetz. Erschüttert war über die Verordnung nur die relativ kleine Gruppe religiöser Juden, die koscher lebten. Sie mußten sich von nun an vegetarisch ernähren. Die große Mehrzahl der jüdischen Bevölkerung nahm die Verordnung vergleichsweise unbeeindruckt zur Kenntnis. Solange nichts Schlimmeres passierte …

Schon im August der nächste Befehl: Alle deutschen Juden, die nach dem 1. Januar 1933 nach Holland eingewandert waren, mußten sich beim Amt für Ausländer melden. Eine Routineregistrierung, nichts weiter, so hieß es. Auch Otto Frank folgte dem Aufruf und ließ sich und seine Familie als »deutsche Juden« eintragen. Anne und Margot erfuhren nichts davon; man mußte ja nicht persönlich erscheinen. Ob Otto bereits diesen Erlaß – gleichsam in hellseherischer Vorahnung – als Indiz für die Bedrohlichkeit seiner Lage wertete, ob ihm klar war, daß ihn die Deutschen von nun an kontrollieren konnten, oder ob er ihm, wie die meisten anderen, keine besondere Bedeutung beimaß, läßt sich nicht sagen. Jedenfalls hatte – wie nachträglich leicht nachzuvollziehen war – schon diese Registrierung System. Die Deutschen hatten nun auch in Holland begonnen, ihre »Judenfrage« zu lösen.

Die Absicht hinter der nächsten, nur scheinbar harmlosen Verordnung durchschaute Otto zweifellos: Am 22. Oktober 1940 verpflichtete Arthur Seyß-Inquart, der mit seiner Frau, einer überzeugten, geradezu fanatischen Antisemitin, und seiner jüngsten Tochter in Den Haag residierte, alle Unternehmen, die zu mehr als 25 Prozent in jüdischem Besitz waren oder vor dem Gesetz von Juden vertreten wurden, zur Anmeldung bei der »Wirtschaftsprüfstelle«.

Otto reagierte so schnell, als ob er schon damit gerechnet hätte. Ganz offensichtlich konnte er abschätzen, daß dieser Erlaß nur der erste Schritt zur vollkommenen »Entjudung der Wirtschaft« im besetzten Holland war und ähnlichen Mechanismen folgen würde, nach denen jüdischer Besitz in Deutschland schon ab etwa 1937 »arisiert« worden war. Er hatte mitverfolgen müssen, wie die Familie seiner Frau alles verloren hatte. Das sollte ihm nicht passieren.

Es war von unschätzbarem Wert, daß Otto Frank sich auf seine engsten Mitarbeiter verlassen konnte. Sie bewunderten seine unaufgeregt korrekte, vornehm bescheidene Art, sein ausgeprägtes Rechtsempfinden, sein väterliches Interesse für jeden einzelnen von ihnen, und sie dankten es ihm mit selbstverständlicher Loyalität. Gemeinsam mit Otto müssen sie schon rechtzeitig vor Bekanntgabe der existenzbedrohenden Verordnung darüber nachgedacht haben, wie der Betrieb vor der »Zwangsarisierung« zu retten wäre; denn nur einen Tag, nachdem die Anmeldepflicht für jüdische Unternehmen verhängt worden war, gründeten Victor Kugler und Jan Gies in Ottos Auftrag die »La Synthese AG«, ein Unternehmen »zum Handel mit und zur Fabrikation von chemischen und pharmazeutischen Produkten und Lebens- und Genußmitteln, sowie zur Teilnahme an gleichartigen Unternehmen, alles im weitesten Sinn«. Ottos Prokurist Kugler ließ sich als Direktor, Miep Santrouschitz' Verlobter Jan Gies, längst ein vertrauenswürdiger Freund, als Aufsichtsrat eintragen. Die beiden brachten auch das – natürlich von Otto bezahlte – Stammkapital ein. Ein rein »arisches« Unternehmen also, das auf einem völlig legal errichteten Fundament stand und, sobald es notwendig würde, die Geschäfte von Pectacon weiterführen sollte. Bereits ein knappes Jahr später, als die Wirtschaftsprüfstelle die Liquidation von Pectacon anordnete, wurde es tatsächlich notwendig. Ein Erfolg gegen die Nazis, wenn auch nur ein geringfügiger.

Im übrigen hielt sich Otto selbstverständlich an die Anordnungen der Besatzer. Alles andere hätte ihm und seinen Mitarbeitern geschadet. Immerhin hatte Arthur Seyß-

Inquart bei »Zuwiderhandlung gegen militärische oder politische Anordnungen« mit einer Mindeststrafe von bis zu sechs Monaten Haft und 1000 Gulden gedroht. Wer sein Unternehmen nicht anmeldete, mußte sich gar auf bis zu fünf Jahre Haft gefaßt machen. Am 27. November 1940 teilte er der Wirtschaftsprüfstelle also die Einzelheiten über seine beiden Unternehmen mit: Opekta befände sich derzeit zu hundert Prozent in seinem Besitz, Pectacon nur zu 20 Prozent, die restlichen Aktien der jungen Gesellschaft würden erst ausgegeben. Damit ließ sich Otto eine Hintertür offen, die er schon vier Monate später benutzte. Nach einer fingierten Hauptversammlung wurden jene 80 Prozent der Aktien schließlich Anfang April 1941 auf Johannes Kleiman und Ottos nichtjüdischen Anwalt übertragen. Wenigstens Pectacon war nun durch dieses neue Mehrheitsverhältnis offiziell in »arischem« Besitz. Um das Opekta-Problem würde sich Otto später kümmern.

Im Juli schufen die Nationalsozialisten die Voraussetzung, um die Kontrolle über das »jüdische Kapitalvermögen« zu gewinnen: Juden hätten nicht nur ihre Guthaben und Depots auf ein Konto beim Bankhaus Lippmann, Rosenthal & Co, Amsterdam – einem jüdischen Bankhaus, das die deutschen Besatzer unter ihre Aufsicht gestellt hatten – umzulegen und ihre Schulden baldmöglichst zu begleichen, sondern unverzüglich auch ihre Barbeträge und Schecks auf ebendiese Bank einzuzahlen. Wie eine Verhöhnung klang da das Zugeständnis, jeder Jude dürfte für sich bis zu 1000 Gulden in bar behalten. Um die 700 Millionen holländische Gulden kamen so in Nazibesitz.

Am 22. Oktober 1941 ein nächster Schlag: »Die Ausübung einer beruflichen, gewerblichen oder sonstigen auf Erwerb ausgerichteten Tätigkeit durch Juden kann durch Verwaltungsordnung genehmigungspflichtig oder von Bedingungen abhängig gemacht oder untersagt werden. Dabei können gleichzeitig Bestimmungen über die Beendigung und Abwicklung von Arbeitsverträgen getroffen werden, an denen die betroffene Person beteiligt ist.«

Nichts anderes bedeuteten diese Sätze, als daß den Juden jederzeit – willkürlich und doch legal – ihre Arbeit genommen werden konnte. Ihre Existenzgrundlage. Die niederländische Verfassung, die Angehörige religiöser Minderheiten allen anderen Bürgern gleichstellte, schützte die Juden nicht. Darauf hatten die deutschen Machthaber geachtet. Ihr Kriterium war »Rasse«, nicht Religion.

Otto Frank, den zu jener Zeit immer wieder starke Rückenschmerzen quälten – »Vater hatte Rheumatismus im Rücken ...«, teilte Anne ihrer Großmutter mit –, hatte die Flucht nach vorne angetreten: Schon im vorangegangenen April hatte er – zeitgleich mit der Aktienemission – seine Position als Direktor von Pectacon an Kleiman abgegeben. Das Unternehmen schien vorerst gerettet.

Doch diese Konstruktion hielt der Kontrolle der »Wirtschaftsprüfstelle« nicht stand. »*Die ... beschlossenen Maßnahmen*«, so der Bericht der »Deutschen Revisions- und Treuhand AG«, »*wurden nicht anerkannt und deshalb die Liquidation des Unternehmens angeordnet.*«

So endgültig sich dieser Satz auch las – dank eines wohlgesinnten Treuhänders, der mit der Liquidation offenbar keine Eile hatte, konnten Kleiman und Otto Frank das Unternehmen doch noch retten: Sie liquidierten es quasi selbst und übertrugen Maschinen und Warenvorräte einer gewissen Firma »Gies & Co«, die nach dem Vorbild der »La Synthese AG« gegründet worden war und hinter der natürlich Jan Gies steckte. Nach der endgültigen Auflösung von Pectacon führte – anders als ursprünglich geplant – nicht »La Synthese AG«, sondern »Gies & Co« die Geschäfte fort. Doch das machte keinen Unterschied. Bis es allerdings soweit war, vergingen noch zwei Jahre.

Ähnlich langwierig die Rettungsversuche um Opekta: Im Dezember 1941 trat Otto auch hier den Direktorenposten an Johannes Kleiman ab. Zwar dauerte es bis zum 1. Juli 1944, bis die »Wirtschaftsprüfstelle« diesen Schritt in einem offiziellen Anerkennungsschreiben bestätigte, doch die »Selbstarisierung« war geglückt, Opekta konnte trotz aller Überprüfungsprozeduren relativ ungestört weiterarbeiten. Otto hatte nicht nur seine beiden Unternehmen gerettet, sondern – mit Hilfe seiner »Strohmänner« Kleiman, Kugler und Gies – sich und seiner Familie auch weiterhin ein regelmäßiges Einkommen gesichert, wenn es de facto auch minimal war.

»*Streikt! Streikt! Streikt! Protestiert gegen die abscheuliche Judenverfolgung!!!*«, appellierte ein Flugblatt, das von dem führenden holländischen KP-Mitglied Paul de Groot initiiert und am 24. Februar 1941 an die holländische Arbeiterklasse verteilt wurde. »*Die Nazis haben Samstag und Sonntag Hunderte von Juden von der Straße weg in Gefängniswagen an unbekannte Orte verschickt ... Werktätiges Volk von Amsterdam, kannst Du das dulden? Nein, dutzendmal nein!!!! Organisiert in allen Betrieben den Proteststreik!!! Kämpft einheitlich gegen den Terror!!! Fordert die unmittelbare Freilassung der inhaftierten Juden!!!! Fordert die Auflösung der WA-Gruppen!!! Organisiert in den Betrieben, in den Stadtvierteln die Selbstverteidigung!!! Seid solidarisch mit den schwer getroffenen Juden, Teil des werktätigen Volkes!!! Entreißt die jüdischen Kinder der Nazigewalt, nehmt sie in Eure Familien auf!!! Seid Euch der gewaltigen Kraft Eurer Einheit bewußt. Diese Kraft ist um ein vielfaches stärker als die deutsche militärische Besatzung. Streikt!!! Streikt!!! Streikt!!! Seid einig!! Seid mutig!! Streikt für die Befreiung unseres Landes!!!*«

Dieser Appell zeigte Wirkung.

Tatsächlich hielten am 25. Februar um halb elf Uhr vor-

Anne in Amsterdam, 1941

mittags die Amsterdamer Straßenbahnen an. Hunderttausende im ganzen Land legten ihre Arbeit nieder; in den Geschäften und Gastwirtschaften wurde der Service verweigert, in den Gemeindebetrieben, Schiffsbauwerften, Bahnhöfen, Zeitungsredaktionen und -druckereien standen die Maschinen still.

Der größte Streik, der je in Holland stattgefunden hatte, war die Reaktion auf eine Reihe von Übergriffen der Nationalsozialisten auf die jüdische Bevölkerung. Übergriffe, die von Mal zu Mal brutaler geworden waren.

Daß es am 10. Januar 1941 plötzlich geheißen hatte, alle Juden des Landes hätten sich – wie einige Monate zuvor schon die deutschen Immigranten – »aufschreiben« zu lassen, ausnahmslos, hatte die Betroffenen zwar beunruhigt; als unmittelbare Bedrohung hatten sie diese Verordnung jedoch noch nicht verstanden. Die meisten folgten dem Aufruf, zahlten fügsam den geforderten Gulden pro Meldebescheinigung. »*Die angemeldete Person hat an die Meldebehörde für die Ausstellung der Meldebescheinigung im voraus eine Gebühr von einem Gulden zu entrichten*«, hatte es höhnisch geheißen. Der Verwaltungsaufwand, den die Schikanierer trieben, war teuer. Wer sollte dafür aufkommen, wenn nicht die Juden selbst, entschied verächtlich die Nazibehörde.

Mit Hilfe der holländischen Beamten, die von einer unglücklichen Mischung aus Pflichtbewußtsein und Feigheit, Ignoranz und – durchaus berechtigter – Angst geleitet wurden, zählte man schließlich 160820 Registrierungen – 140552 Juden, 14549 »Halb-« und 5719 »Vierteljuden«. Otto Frank war wieder allein hingegangen; Anne und Margot sollten am besten gar nichts von der Registrierung wissen, so ersparte er sich auch Annes bohrende Fragen nach dem »Warum«.

Daß den Juden am 8. Januar 1941 der Zugang zu allen Kinos des Landes verwehrt worden war, war zwar auf Unverständnis der Betroffenen gestoßen und hatte Erschütterung ausgelöst. Die Verordnung demütigte sie, nahm ihnen Freiraum und damit Würde, grenzte sie aus, wirklich bedroht fühlte die jüdische Bevölkerung sich jedoch noch nicht. Ein kleines Drama für Anne allerdings, die die glamouröse Kinowelt liebte – sie sah nicht nur die Filme gern, sondern begeisterte sich auch für die Schönheit und Extravaganz berühmter Hollywoodstars, schnitt ihre Photos aus Zeitschriften aus, sammelte ihre Bildchen im Autogrammkartenformat, verbrachte viel Zeit damit, ihre Sammlung in einem regen Tauschhandel mit ihren Freundinnen zu komplettieren. Und sie verstand, sich mit beneidenswerter Phantasie und Lust aufs Detail ein Leben als gefeierte Filmschauspielerin auszumalen. Daß sie nicht mehr ins Kino gehen durfte, muß Anne, deren schauspielerisches Talent – Fachgebiete: Stimmenimitation und Komik – nicht zu unterschätzen war, hart getroffen haben. Doch ein Ausweg war schnell gefunden. Die jüdischen Eltern liehen für ihre Kinder Filmapparat, Leinwand und Filme aus und veranstalteten von nun an eben private Kinonachmittage in ihren Wohnungen. Auch die Franks.

Daß es am 9. zur ersten und am 11. Februar 1941 zu einer weiteren gewaltsamen Razzia im traditionellen Amsterdamer Judenviertel gekommen war, zu Krawallen zwischen bewaffneten Nazis auf der einen Seite, Juden und sich mit ihnen solidarisierenden holländischen Nachbarn auf der anderen, daß ein NSBler mit seinem Lastwagen eine Gruppe jüdischer Männer gerammt und einen von ihnen zu Tode geschleift hatte, daß dabei ein holländischer Naziterrorist umgekommen, daß zahlreiche junge jüdische Männer verhaftet und schließlich das ganze jüdische Viertel eingezäunt worden war, war hingegen nicht mehr herunterzuspielen gewesen, sondern als dramatische Bedrohung zu werten.

100 000 Holländer – nur knapp eineinhalb Prozent der Bevölkerung, aber doch eine mächtige Front – bekannten sich stolz zur NSB, der Niederländischen Nationalsozialistischen Bewegung, 25 000 von ihnen hatten sich freiwillig zur »germanischen SS in den Niederlanden«, die auf Adolf Hitler vereidigte Waffen-SS, gemeldet. War den meisten holländischen Nationalsozialisten antisemitisches Gedankengut bisher auch fremd gewesen, pflegten viele von ihnen sogar freundschaftlichen Kontakt zu einzelnen Juden, so fanden sich doch mehr als genug, die sich von der Hetze gegen die jüdische Bevölkerung mitreißen ließen. Warum? Weil sie hofften, davon zu profitieren. Wirtschaftlich vor allem. Aber auch gesellschaftlich. Aus Hunger nach Stärke und Überle-

genheit. Aus Geltungssucht. Aus purer Idiotie. Die holländischen Nazis jedenfalls scheuten sich nun nicht mehr, ihre vermeintliche Macht offen zu demonstrieren. Sie waren zwar die Minderheit im Land; die jedoch gab den Ton an. Die Schonfrist für Juden war vorbei.

Amsterdam Zuid, wo die Franks wohnten, war bisher von Tumulten verschont geblieben. Ob das bloßer Zufall war? Oder ob sich die jüdischen Menschen dort sicher fühlen durften? Wer wußte das schon. Angst und Mißtrauen bestimmten jeden Schritt der Erwachsenen. Unsicherheit. Als gelte es den Augenblick zu nutzen, feierten die Franks Margots Geburtstag am 16. Februar offenbar noch größer als sonst. »*Ich habe Jahre nicht so viel bekommen wie dieses Jahr*«, schrieb Margot ihrer Großmutter in Basel, »*und dass es ein Sonntag war, war extra schön ... der Tisch war wirklich nicht leer.*« Neben der »Camera Obscura«, »*das ist ein Buch, das man hier in Holland eigentlich haben muss*«, freute sie sich vor allem über die Visitenkarten und ein Jackenkleid. Und Ottos traditionelles Gedicht, das wie immer liebevoll auf das Geburtstagskind einging und in diesem Jahr so klang:

»... Mit ›15‹ ist man schon im Backfischalter drin
Und hat für Kleidung, Schmuck und Etikette Sinn ...
... Ich öfter ganz bescheiden meine Margot seh,
Vordrängen ist nicht ihre Sache
Und dass ich ihr's noch etwas leichter mache
Erhält sie heute noch Visitenkarten.
Dann braucht bestimmt niemand zu warten
Der nach dem Namen sie vielleicht will fragen.
Sie reicht 'ne Karte und braucht nichts zu sagen!
Nun ist's genug. Wir wollen alle gehn
Und unten den gedeckten Tisch besehn
Dir liebe Mutz, von Herzen gratulieren
Wir heute am Tag: met ons vieren.«

Die Harmonie innerhalb der Familie, die einen Rest von heiler Welt zu erhalten suchte, stand in krassem Gegensatz zur äußeren Situation. Der Aufruhr Anfang Februar war nur der Beginn einer ganzen Reihe von Ausschreitungen gewesen, die dem Streikaufruf am 25. des Monats vorangegangen waren. Drei Tage nach Margots 15. Geburtstag ereignete sich der Zusammenstoß im »Koco«. Der Eissalon zweier deutscher Emigranten namens Cahn und Kohn im Süden Amsterdams war den Nationalsozialisten schon lang ein Dorn im Auge: ein beliebter Treffpunkt jüdischer Emigranten, nicht bloß um Kaffee zu trinken, sondern um mit Gleichgesinnten die politische Lage zu analysieren. Und um – das jedenfalls müssen die deutschen Sicherheitspolizisten, die an jenem Tag den Eissalon betreten wollten, so interpretiert haben – womöglich sogar Widerstandsstrategien auszuhecken. Die Koco-Stammgäste hatten sich schon häufiger über den ungebetenen Besuch der Nazis geärgert und deshalb im Eingang eine mit Ammoniak gefüllte Metallflasche plaziert, aus der sie die ätzende, stechend riechende Flüssigkeit spritzten, sobald die Polizisten in die Tür traten. Der unfreundlichen Begrüßung folgte jedoch ein Schock. Man hatte holländische Nazis erwartet, keine deutschen Polizisten. Gnadenlos deren Reaktion: Sie schossen wild um sich, führten die Besitzer und einige Besucher ab und bauschten den Zwischenfall am nächsten Tag groß auf: Schwerbewaffnete Juden hätten deutsche Polizisten angegriffen. Vierzehn Tage später wurde Ernst Cahn hingerichtet.

Die sogenannte »Koco-Affäre« war den Nazi-Okkupanten willkommen. Endlich ein Alibi. Diese »neue jüdische Frechheit«, wie sich der SS-Führer der Niederlande, Hanns Albin Rauter, über den Zwischenfall äußerte, in seinen Augen eine dreiste Provokation, verlangte nach Rache. Am Nachmittag des 22. Februar, einem Schabbat, stürmte ein von deutschen Soldaten angeführtes, gewissenlos aggressives Überfallkommando, überwiegend niederländische Nazikollaborateure, Angehörige der NSB-Terrororganisation »Weerafdeling«, den Jonas-Daniel-Meijer-Platz und attackierte scheinbar wahllos alle jüdischen Männer, die ihm in die Hände fielen, stieß sie von ihren Fahrrädern, trennte Paare, riß ihnen ihre Kinder aus den Armen, schlug sie nieder. Mit sinnloser, sadistischer Brutalität. 427 jüdische Männer zwischen 20 und 35 Jahren wurden verhaftet und verschleppt.

Terror. Pogrome. Jene – natürliche – Hemmschwelle war gebrochen, die, normalerweise ein Mindestmaß an Skrupel erhaltend, den zivilisierten Umgang der Menschen miteinander regelt. Die gewissenlosen Nazis würden die Juden um alles bringen – wenn man sie ließ. Und nicht nur das: Die Deutschen hatten begonnen, Holland systematisch auszuplündern, holländische Lebensmittel nach Deutschland zu schicken, Holländer zum Arbeitsdienst in der deutschen Rüstungsindustrie zu zwingen, gar den Anschluß Hollands an Deutschland zu planen. Wer tatenlos zusah, wer wegsah, würde sich am Ende mitschuldig machen. Man mußte sich dem Unrecht in den Weg stellen. Man mußte die Freilassung der jüdischen Männer mit allen Mitteln erzwingen, forderten die holländischen Kommunisten deshalb ihre Mitbürger auf.

Die Aggressionsbereitschaft der Nationalsozialisten hatten sie dabei jedoch unterschätzt. »… [es] *wurde nicht nur von der Waffe Gebrauch gemacht, sondern mußten auch mehrere Handgranaten geworfen werden*«, berichtete SS-Führer Rauter seinen Vorgesetzten, nachdem die Streiks gewaltsam niedergeschlagen worden waren, »*Blitzschnell setzte sich die Waffen-SS durch, zerstreute Demonstrationen und Ansammlungen, so daß in den späten Nachmittagsstunden des 26. eigentlich die Unruhen erstickt waren.*« Allein in Amsterdam kamen sieben Streikende zu Tode, 76 wurden verwundet, unzählige verhaftet. Das Ziel des Streiks, die Bekämpfung des antijüdischen Terrors, wurde nicht erreicht. Am 27. Februar wurden die 427 verhafteten jüdischen Männer deportiert. Erst später erfuhr man, wohin: ins Konzentrationslager Buchenwald und später weiter nach Mauthausen. Nur zwei von ihnen kamen lebend nach Holland zurück.

Der Frühling 1941 verlief ruhig. Viele Juden glaubten, mit dem rauhen Februar das Schlimmste überstanden zu haben. Zwar folgte auch weiterhin eine Verordnung der anderen. Doch mit der Einstellung »Solange nichts Schlimmeres passiert …«, mit der man sich schon 1940 zu trösten versucht hatte, verlor vieles an akuter Bedrohlichkeit. Nein, das war kein leichtsinniges Bagatellisieren des Schicksals. Kein selbstbetrügerisches Hoffen scheuklappentragender Optimisten. Natürlich wußte man aus der Geschichte, wie leicht sich Menschen manipulieren, wie willig sie sich zum Werkzeug irgendwelcher Führer und deren noch so abstruser Ideen machen lassen. Doch gab es nicht ein »Bis hierher und nicht weiter«, geistige und moralische Mindestwerte, über die sich ein einzelner, ein Psychopath, ein Verbrecher, zwar hinwegsetzen mochte, doch keinesfalls ganze Völker? Und waren sie nicht bereits an diesem Punkt angekommen?

Das Ende, das sich eine Handvoll Nazibonzen für Europas Juden schließlich ausdenken sollten, war fürwahr zu unvorstellbar, als daß irgend jemand es hätte vorausahnen können. Die Hoffnung, das tröstliche »Wenn nichts Schlimmeres passiert … « war zu diesem Zeitpunkt also in der Tat nicht nur eine irreale Kraftquelle, die jeder Mensch braucht, um sich seinen Lebenswillen zu erhalten, sondern Ausdruck eines tiefen Vertrauens, ob in Gott und Gerechtigkeit, ob in die menschliche Vernunft, die schon rechtzeitig intervenieren würde, oder ob in eine rasche Kriegswende.

Am letzten Maitag des Jahres zeigten sich die nationalsozialistischen Verordnungserfinder jedoch wieder von ihrer zynischsten Seite – mit einem Gesetz, aus dem Punkt für Punkt Gehässigkeit, die pure Lust am Diskriminieren sprach. Rechtzeitig vor Sommerbeginn wurde den Juden in Holland das Betreten von öffentlichen Badeanstalten und Schwimmbädern ebenso verboten wie der Zugang zu öffentlichen Parkanlagen, Kuranstalten und Hotels. Gesetze, die alle Juden ausgrenzen sollten, auch ihre Kinder. Nun sollten also auch sie, die Wehrlosesten von allen, zu spüren bekommen, daß sie unerwünscht, ja, u-n-e-r-w-ü-n-s-c-h-t waren. »*Um abgebrannt zu werden, haben wir nicht viel Möglichkeit, weil wir nicht ins Schwimmbad dürfen*«, klagte Anne, vermutlich Mitte Juli, der »*lieben Omi und allen anderen Lieben*« in Basel, »*Schade, aber man kann nichts machen.*« Daß die Nazis an einem der letzten Schultage erstmals offensiv gegen die jüdischen Kinder vorgegegangen waren, daß sich alle Schüler jüdischer Abstammung registrieren lassen mußten, erzählte Anne nicht. Vielleicht hatte es keinen großen Eindruck auf sie gemacht. Innerhalb eines Tages hatten sie und ihre jüdischen Mitschüler die Registrierungsformulare, die in den Klassenzimmern verteilt wurden, ausgefüllt zurückgeben müssen. Weiter geschah nichts. Die Kinder wurden in die Sommerferien entlassen.

Für Anne begannen die Ferien mit einem besonders aufregenden Erlebnis. Am 16. Juli feierten Miep Santrouschitz und Jan Gies Hochzeit. Nach der Trauung lud Otto die kleine Hochzeitsgesellschaft zu einem festlichen Empfang in sein Büro in der Prinsengracht 263. Anne, in hellem Kleid und weißen Söckchen, ihr schulterlanges Haar auf Hochglanz gebürstet, in den grünbraunen Augen ein Strahlen aus Ausgelassenheit, Ungeduld und der Leidenschaftlichkeit einer Zwölfjährigen, überreichte Miep das Hochzeitsgeschenk, ein silbernes Tablett, und bediente die Gäste geschickt wie ein gelerntes Serviermädchen.

Anne Frank 1941 während ihres letzten Schuljahres an der Montessorischule.

Wenige Tage später durfte sie mit Sanne und ihren Eltern nach Beekbergen bei Apeldoorn fahren, nur etwa 80 Kilometer von Amsterdam, wo Verwandte von »*Onkel Frans und Tante Ilse*«, wie Anne die Eltern Ledermann rief, ein idyllisch gelegenes Sommerfrischehaus besaßen. Sprach die Zeit auch gegen große Ferienreisen, so sollte Anne doch nicht auf Abwechslung und Luftveränderung verzichten müssen, die sie schon aus gesundheitlichen Gründen brauchte.

»*Bin jetzt in Beekbergen*«, verständigte Anne am 31. Juli die »*liebe Omi*« in Basel, »*es ist sehr fein, nur schade, daß so schlechtes Wetter ist. Hier ist ein sehr altmodisches*

Haus, aber doch angenehm. Sanne und ich haben ein eigenes Zimmerchen.« Zwischen den Zeilen auch eine Anspielung auf die nächtlichen Fliegeralarme, die in Amsterdam zu dieser Zeit gang und gäbe waren: »*In der Nacht schlafen wir hier viel ruhiger als in Amsterdam, wir werden überhaupt nicht gestört.«* Auch die Tage verliefen ruhig. Und wenig abwechslungsreich. »*Ich lese sehr viel, schade, daß wir nicht hinauskönnen.«* Das teilte sie auch ihrem Vater mit. »*Ich lese sehr viel und«* – ein dezenter Wink, ihr Nachschub zu schicken – »*habe bis auf ein Buch jetzt alle Bücher von mir und von Sanne ausgelesen.«*

Zweifellos schrieb Anne von diesem Aufenthalt gleich mehrere Briefe nach Hause, war es aus Heimweh, war es, weil sie bei dem Regenwetter wenig Besseres zu tun hatte und Zeile um Zeile die Langeweile vertrieb. Oder war es, daß sie bereits zu diesem Zeitpunkt ihre Lust am Schreiben zu entdecken begann? Edith und Otto antworteten in gesonderten Briefen. »*Ich habe von Mutter seit Dienstag abend keine Post mehr gehabt und jetzt ist Montag abend«*, beschwerte sich Anne bei ihrem Pim. Die Post des Vaters, Briefe und Päckchen mit allerlei Überraschungen, freute sie um so mehr. »*Danke für den Brief und das Geld, ich kann es gut gebrauchen. Ich habe schon ziemlich viel ausgegeben. Aber nicht unnötig. Ich hatte für alle die Leute, denen ich schreiben wollte, Marken nötig. Für 0,25 Gulden Citronella, für 0,05 Couverts, für 0,10 Süßigkeiten, für 0,05 Notizbüchlein, 0,73 Postkarten, im Ganzen sind das dann 3,20 Gulden …«* Ein andermal, nachdem sie das Bett hüten mußte: »*Ich danke Dir noch herzlich für die zwei Filmsternkarten, die noch auf die ersten folgten. Ich habe noch keine davon. Mit Deinem Brief war ich sehr froh, ebenso mit dem Zucker, Jam und Reis. Der Reis kommt gut gelegen, weil ich doch einen verdorbenen Magen habe und gleich viel Reis gegessen habe. Ich bin heute zum ersten Mal wieder auf und es geht mir wieder gut, außer daß ich*

Auf dem Weg zur Hochzeitsfeier von Jan und Miep Gies, 16. Juli 1941: vorne Mieps Pflegeeltern Laurens und Anna Nieuwenburg, sowie eine Nichte Jans, in der Mitte Otto, Anne und Margot Frank, hinten Bep Voskuijl.

etwas Kopfweh habe und noch Magendrücken.« Ansonsten muß Anne mehr Zeit gehabt haben, als ihr lieb war, denn sie berichtete sogar ausführlich über die Speisen, die auf den Tisch gebracht wurden. »*Wir haben am Abend gebackenen Fisch gehabt mit Kartoffeln und Salat, den Salat durfte ich nicht essen, auch das Brot nicht, danach hatten wir aber herrlichen Pudding mit Kirschen und Sauce.«* Pudding, betonte sie noch einmal, fände sie herrlich, aber nur mit Sauce, das könnte die Mutter doch sicher auch zubereiten, mit Himbeersaft zum Beispiel.

Die monotone Harmonie, die aus Annes Briefen klingt, scheint nicht an allen Ferientagen im »Sommerhaus« im Königinweg 5 in Beekbergen geherrscht zu haben. Gastgeberin Eva Kämpfer, Sannes Tante, deren eineinhalbjährigen Sohn Raymond Anne als manchmal »*ein bißchen lästig, aber doch lieb«* beschrieb, empfand es zuweilen als recht schwierig, mit Anne zurechtzukommen. Während sich Sanne offensichtlich selbst genug war, hätte Anne häufig über Langeweile geklagt und ihre Launen gepflegt; ihre Stimmung hätte ganz vom Programm, das auf dem täglichen Spielplan stand, abgehangen.

Sanne und Anne dürften zwar nach wie vor sehr gut miteinander ausgekommen sein; Annes erwachendes Interesse für das männliche Geschlecht teilte ihre Kinderfreundin, die nach objektiven Schönheitskriterien hübscher war als Anne und doch in ihrem Schatten stand, allerdings noch nicht.

Anne ist viel weiter entwickelt als Sanne, fiel den Erwachsenen auf. Anne und ihre Jungengeschichten... albern! – das erzählte Sanne ihrer älteren Schwester Barbara. Tatsächlich dürfte in Sanne bei all ihrer Ernsthaftigkeit noch das Kind gesteckt haben, während sich in Anne offenbar schon erste Vorboten der Pubertät meldeten. Das würde auch Annes Unruhe und Flatterhaftigkeit, auf die Eva Kämpfer anspielte, erklären. Annes Aufmüpfigkeit war freilich auch vorher schon gut ausgeprägt gewesen.

Mitte September 1941 verbrachte Anne noch einmal ein paar Tage auf dem Land. *»Liebste Muttel, Anne und ich sind hierhergefahren«*, notierte Otto am 14. auf einer Postkarte und meinte das Hotel »Groot Warnsborn«, in dem der Vater und seine Jüngste abgestiegen waren – trotz der neuen Verordnung. Möglich, daß der Hotelier selbst Jude war. Möglich aber auch, daß er Otto bereits kannte, daß er ein gerechter Mensch war, der sich von dem als Gesetz statuierten Rassenwahn nicht beeindrucken ließ; denn stand auch nicht an jeder Hotelrezeption ein Nazipolizist, so wäre es doch ein leichtes gewesen, Otto Frank an seinem Personalausweis zu identifizieren. Von Juni 1941 an waren an alle Holländer neue Legitimationskarten ausgegeben worden – mit je zwei Photographien, Fingerabdrücken und Unterschriften des Inhabers versehen. Ottos und Annes

Ausweise waren mit zwei großen »J« gebrandmarkt. J für Jood. Jude. Jew. Jeder holländische Jude über sechs bekam das J in seinen Ausweis. Nicht irgendein »J« durfte es sein. Seine Form und Größe waren genau definiert und präzise mit schwarzer Stempelfarbe auf das Dokumentenpapier gepreßt. Als Zeichen der Ächtung.

Edith und Margot blieben in Amsterdam, denn Oma Holländer brauchte Pflege. Im Juni war sie ins Krankenhaus eingeliefert und operiert worden. Diagnose: Krebs. Daß sie sich von der schweren Krankheit nicht mehr erholen würde, war abzusehen.

»*Anne hat ein paar Tage schulfrei*«, fügte Otto der Karte an seine Mutter an. Warum – das deutete er nicht einmal an. Anfang September 1941, just als das neue Schuljahr begann, war bekanntgegeben worden, daß jüdische Kinder von nun an separate Schulen, abgesondert von ihren holländischen Mitschülern, besuchen sollten. Die Kosten für die »jüdischen Einrichtungen« würde – »vorübergehend« – noch der Staat übernehmen. Bitterer Sarkasmus, wenn man weiß, daß SS-Führer Hanns Albin Rauter wenige Tage vorher in einem Brief an Reichskommissar Arthur Seyß-Inquart bereits von der »kommenden Endlösung der Judenfrage« gesprochen hatte. Aber das wußte die Bevölkerung natürlich nicht.

Es war bestimmt keine Fehlorganisation der Hakenkreuzträger, sondern eine weitere, wohlgeplante Gemeinheit, daß sie den Schulanfang abgewartet und die Kinder erst zurück in ihre alten Klassen geschickt hatten – um sie dann um so wirkungsvoller daraus vertreiben zu können.

Tage der Unsicherheit für Anne: Sie hatte an einem der ersten Schultage erfahren, daß sie nun doch nicht, wie zu Ferienbeginn angenommen, aufsteigen, sondern ein weiteres Jahr bei ihrer bisherigen Klassenlehrerin lernen sollte. Anne hatte viel versäumt, nicht nur wegen üblicher Kinderkrankheiten, sondern auch, weil ihr Gesundheitszustand auch im letzten Schuljahr wieder recht labil gewesen war.

Vor allem im Rechnen schwächelte sie deshalb. Von »Sitzenbleiben« war in der Montessorischule aber nie die Rede. Ein Lehrer unterrichtete stets drei Jahrgänge in einem gemeinsamen Klassenraum; Anne hätte das sechste Jahr also nicht wiederholt, sondern einfach ein siebtes angeschlossen. Bisher hatte sie ohnehin immer zu den Kleinsten und Zartesten der Klasse gezählt, nun sollte sie eben zu den Älteren gehören …

Sie und ihre geliebte Klassenlehrerin, Hendrika Kuperus, erinnerte sich Anne später, hätten am Ende des Schuljahrs einen herzergreifenden, tränenreichen Abschied genommen. Und nun – Anne schien über diese Entscheidung gar nicht unglücklich – konnte sie doch noch ein Jahr bei ihr bleiben.

Doch sie hatte sich zu früh gefreut: Anne mußte, wie alle jüdischen Kinder, die Schule wechseln. Und weil es vereinzelt zwar jüdische Schulen gab, viel zu wenige jedoch, um darin alle betroffenen Kinder unterzubringen, mußte in wenigen Tagen ein neues Schulsystem aufgebaut werden. Allein in Annes Klasse war ja die Hälfte der Schüler jüdisch. Der »Joodse Raad«, der »Judenrat«, dessen Gründung die Besatzer am 13. Februar 1941 befohlen hatten, um Ordnung innerhalb der jüdischen Bevölkerung – Ordnung nach nationalsozialistischen Vorstellungen – zu schaffen, organisierte tatsächlich bis Anfang Oktober Räumlichkeiten für jüdische Grundschulen und Lyzeen, verpflichtete jüdische Lehrer, stellte Lehr- und Stundenpläne auf. Bis es soweit war, hatten die Kinder schulfrei.

Otto Frank hielt es anscheinend für vernünftig, diese unsicheren Tage des Wartens abzukürzen und mit Anne, die sich leicht aus der Ruhe bringen ließ, aufs Land zu fahren. Wenn er sich den Fragen, die sicher auch Anne immer häufiger beschäftigten, nicht schon längst gestellt hatte, so kam er spätestens jetzt um ausführliche Erklärungsversuche nicht mehr herum. Er mußte Antworten finden auf ein hilferufendes »Bin ich anders?« – »Was hat man gegen mich?« Auf die verwirrte Suche nach der eigenen Identität, die die Nazis auf das Attribut »jüdisch« reduzieren wollten. Doch wie sollten Eltern ihren Kindern den irrationalen Haß gegen eine Menschengruppe erklären? Es gab doch keine Erklärung.

Während sich Otto und Anne im Hotel »Groot Warnsborn« aufhielten, wurden die Juden per Dekret von allen öffentlichen Plätzen vertrieben. Bibliotheken, Theater und Museen, Restaurants, Kaffeehäuser und – abermals – Hotels, Sportplätze, der Zoo und – nochmals – Parkanlagen waren ab dem 15. September 1941 für alle Juden gesperrt. Schilder mit der Aufschrift »Für Juden verboten«, auf Parkbänken, vor den Eingängen zu öffentlichen Gebäuden, sollten ihnen das schmachvolle Gefühl von unberührbaren Parias geben. Konnte man das verharmlosen? Beschönigen? Mit einem »Solange nichts Schlimmeres geschieht ... « um das Vertrauen seiner Kinder werben? Viele Kinder reagierten geschockt. Manche mit Scham, mit Minderwertigkeitsgefühlen. Ihre Eltern, die, weil sie mehr wußten, oft noch mehr Angst hatten, mußten versuchen, ihnen ihren Stolz, auf sich selbst und ihre Familien, zu bewahren.

»*Nach vielem Hin und Her, Besprechungen und Überlegungen, war es dann doch so weit, daß ich auf das Jüdische Lyzeum gehen konnte, und nach ein paar Telefongesprächen, sogar ohne Aufnahmeprüfung*«, begann Anne knapp zwei Jahre später eine ihrer Kurzgeschichten. Bis zuletzt war nicht klar gewesen, ob Anne nun die letzte Grundschulklasse wiederholen mußte oder in die erste Klasse des Gymnasiums aufsteigen konnte. Anfang Oktober sollte sie sich schließlich bei den »Stadstimmertuinen« melden, der früheren städtischen Holzverarbeitungszentrale, die in ein jüdisches Lyzeum verwandelt worden war. Anne war verunsichert. »*... außer Lies Goslar hatte ich keine einzige Bekannte entdeckt, die zu mir in die Klasse kommen würde, und das war kein angenehmer Gedanke.*«

Eine Woche später begann der reguläre Unterricht. Annes Erinnerungen an ihren ersten Schultag hatten sich auch zwei Jahre später noch nicht verklärt. Gleich nach Betreten der Schule hätte sie erfahren, daß sie in eine andere Klasse wechseln mußte. »*Nun kam ich in eine Klasse, in der ich zwar ein paar Jungen und auch einige Mädchen oberflächlich kannte, aber Lies war in 1 L I geblieben, und ich fühlte mich ein bißchen verlassen, als ich in die hinterste Reihe, hinter lauter größeren Mädchen, gesetzt wurde und da mutterseelenallein saß.*«

Anne war immer noch klein und dürr, aber keineswegs auf den Mund gefallen. Niemals hätte die resolute Kämpfernatur eine so mißliche Situation untätig hingenommen: »*Schon in der zweiten Stunde hob ich dann auch meine Hand hoch und fragte, ob ich nicht umgesetzt werden könnte, da ich hinter den breiten Rücken nicht viel sehen konnte, außer wenn ich mich zur Seite lehnte.*« Anne gab nicht nach, ehe sie wieder mit Hanneli »Lies« Goslar in einem Klassenzimmer saß. »*In der dritten Stunde hatten wir Gymnastik; diese Lehrerin war viel freundlicher, als ich erwartet hatte, so daß ich bei ihr darauf drängte, ob sie es nicht fertigbringen könnte, Lies zu mir zu bekommen, und wie die Lehrerin es geschafft hat, weiß ich nicht, aber auf jeden Fall kam Lies in der nächsten Stunde und wurde neben mich gesetzt.*«

Mag sein, daß Annes Geschichte die tatsächlichen Ereignisse am ersten Lyzeumstag wiedergibt. Gut möglich aber auch, daß Hannelis Version der Geschichte stimmt. Sie erinnerte sich, daß Anne erst später – und nicht willkürlich, vielmehr, weil der Lehrer ihr unentwegtes Schwätzen nicht länger hören wollte – in die Parallelklasse versetzt wurde. Wie dem auch war, die beiden Mädchen, die in der Montessorischule ein Leben ohne Zwang geführt und sich zu behaupten gelernt hatten, kamen schnell wieder nebeneinander zu sitzen. Und Anne war zufrieden. »*Nun war ich mit der ganzen Schule versöhnt*«, schloß sie ihre kleine Geschichte, »*die Schule, von der ich noch soviel Freude und Nutzen erlebt habe, lachte mir nun zu, und ich begann guten Mutes auf das zu achten, was der Erdkundemensch uns erzählte.*«

So zuversichtlich wie Anne waren die meisten jüdischen Kinder. Das Schuljahr 1941/42 entwickelte sich zu einem wunderbaren Jahr.

Zum einen waren die Samstage zusätzlich zu den Sonn- und jüdischen Feiertagen schulfrei. Aber daran waren die meisten schon gewöhnt. Annes Montessorischule war – um Heizungskosten zu sparen – schon im Winter zuvor samstags geschlossen geblieben. Margots Unterricht hatte die letzten Monate regelmäßig um Viertel vor zehn statt um halb neun begonnen, die einzelnen Unterrichtsstunden waren verkürzt worden.

Zum anderen bemühten sich die Lehrer in besonderem Maß um ihre Zöglinge. Der Umgang war intensiver, persönlicher und herzlicher als unter »normalen« – früheren – Umständen, das Gemeinschaftsempfinden zwischen den Schülern ungewöhnlich stark ausgeprägt. Auch wenn es, der Wahrung eines Anscheins von Normalität zuliebe, nicht ständig thematisiert wurde, stand es im Raum: Wir haben etwas gemeinsam. Wir gehören zusammen. Die jüdischen Kinder fühlten sich zu Hause.

Auch die stille Margot blühte auf. Drei Jahre lang hatte sie das Mädchenlyzeum besucht, eine Musterschülerin, die mit den strengen Sitten an der elitären Schule gut zurechtgekommen war. Nun entdeckte sie die Freiheiten am Jüdischen Lyzeum. Ihrem Ruf als ernsthaftem, bescheidenem Mädchen blieb sie treu und lernte genauso ausdauernd wie vorher, eine Langweilerin war sie deshalb nicht. Statt mit Barbara Ledermann, die sich gegen den Unterricht an der jüdischen Schule gesträubt hatte und lieber eine private Ballettschule besuchte, steckte sie jetzt mit Jetteke Frijda zusammen, ihrer neuen besten Freundin, einer ähnlich schlechten Schülerin wie Barbara.

Margot und Jetteke genossen es, sich von den Jungen in der Klasse – endlich Jungen in der Klasse – bewundern zu lassen. Harmlose Schwärmereien. Unschuldige Flirts. Zwar hatte jede von ihnen einen Freund, sich aber auch nur von ihm küssen zu lassen wäre ihnen nicht in den Sinn gekommen.

»*Im Lyzeum ist es weiter sehr nett. Wir haben 12 Mädchen und 18 Jungen in der Klasse. Im Beginn liefen wir viel mit den Jungen herum, aber das hört nun wieder auf, zum Glück, denn sie werden zu zudringlich.*« Aus Annes Brief, den sie kurz nach Ostern 1942 nach Basel schickte, klang Unbeschwertheit und Lebensfreude. »*Mit Hanneli bin ich wieder in derselben Klasse. Ihre Schwester ist sehr goldig und kann schon alleine laufen.*« Sanne ginge zwar auf eine andere jüdische Schule, trotzdem würden sie sich noch oft sehen. »*Sie ist so wie ich verrückt nach Moortje. So heißt unsere Katze, die wir seit einem halben Jahr haben. Sie ist ein Weibchen und ich hoffe bald auf Kinder, da sie im Augenblick viele Männer trifft.*«

Edith und Otto Frank dürften Annes Herzenswunsch nach einem Haustier also etwa zu dem Zeitpunkt nachgegeben haben, als sie an die jüdische Schule wechseln mußte. Vielleicht dachten sie, daß ihr das Kätzchen in dieser Zeit des Umbruchs eine Stütze sein könnte; denn als ob die äußeren Veränderungen durch den Schulwechsel für Anne nicht schon aufreibend genug gewesen wären, fielen sie auch noch mit einer Zeit der großen inneren Veränderungen, einer Phase der körperlichen und seelischen Reifung, des Bruchs zwischen Kindheit und Jugend zusammen. Ihre Sehnsucht erwachte, unbestimmte Gefühle drängten sie und äußerten sich – ein anderes Ventil war noch nicht gefunden – mal in Exaltiertheit, mal in Launenhaftigkeit, mal in Besserwisserei. »Gott weiß alles«, pflegte Frau Goslar zu scherzen, »Anne weiß alles besser.« Die Eltern genügten Anne nicht mehr. Die alten Freunde auch nicht. Sie begab sich auf die Suche, nach Neuem, nach anderem. Mit Hanneli konnte oder wollte sie ihre neuen Entdeckungen nicht teilen. Hanneli war ein liebes Mädchen, aber immer noch ein Kind. Jacqueline van Maarsen – Jacque, das »e« am Ende ausgesprochen, denn ihre Mutter war aus Frankreich, der Vater holländischer Jude – war nun Annes beste Freundin. Sie hatte dunkles Haar und riesengroße, beneidenswert blaue Augen, die Anne sofort aufgefallen waren. Alle, so kam ihr vor, bewunderten Jacques Augen.

Mit Jacque teilte Anne, was sie beschäftigte, ihre Träume von ihrer Erlösung aus dem Aschenputteldasein oder dem nahenden Märchenprinzen oder ihre Unsicherheiten über ihre körperliche Entwicklung – das Wachstum ihrer Brüste etwa. Jacque war klein und zart wie Anne, aber viel weiter entwickelt. Sie brauchte keine Watte in ihren Büstenhalter zu stecken, um den Jungen zu imponieren. Jacque war die einzige, mit der sie das wichtige Thema Sexualität besprechen konnte. Mit Margot war ja kaum darüber zu reden, Jacquelines ältere Schwester hingegen hatte Jacque die eine oder andere Frage beantwortet.

Ihre früheren Mitschüler sahen die jüdischen Kinder kaum noch. Anne verlor ihre nicht-jüdischen holländischen Schulfreundinnen, für die sie »Annelies« gewesen war, aus den Augen. Ietje Swillens etwa, eine der Klassenbesten, mit der sie denselben Schulweg gehabt hatte. Oder Lucia van Dijk, der sie vor wenigen Monaten noch gegenübergesessen hatte, mit der sie ab und zu Schulaufgaben gemacht und lustige Lieder gesungen, der sie »*Deine Freundin Annelies Frank*« ins Poesiealbum geschrieben, die sie zu ihren Geburtstagspartys eingeladen hatte. Lucias Eltern waren 1939 der Nationalsozialistischen Bewegung beigetreten, ihre Mutter trug das dreieckige Partei-Abzeichen wie eine wertvolle Brosche ans Revers gesteckt. Anne hatte davon gehört. Und Otto hatte ihr erklärt, daß sie die van Dijks deshalb nicht von vornherein verurteilen dürfte, daß sie vielleicht trotzdem anständige Menschen wären, auch wenn sie sich mit ihrer politischen Ansicht irrten. Otto hatte ja selbst zwei NSBler als Vertreter in seinem Unternehmen beschäftigt. Sie waren tüchtige, vertrauenswürdige Männer.

Nun war Lucia dem »Jeugdstorm«, der holländischen »Hitlerjugend«, beigetreten. Bei den Treffen trug sie den schwarzen Uniformrock, die hellblaue Bluse, die »Kapoets«, jene unverwechselbare Kappe in Schwarz-Orange. Zum Zeichen der Zusammengehörigkeit. Wohl fühlte sie sich nicht dabei. Solange du diese Kappe trägst, hatte ihr ihre geliebte Großmutter an den Kopf geworfen, brauchst du gar nicht mehr zu mir zu kommen. Lucia war verunsichert. Was wußte sie schon von den Nationalsozialisten. Die Mutter hatte gesagt, Adolf Hitler würde den Holländern Arbeit beschaffen, so wie er schon den Deutschen Arbeit beschafft hatte. Lucias Vater hatte keine Arbeit. Als von heute auf morgen die Hälfte ihrer Mitschüler verschwunden waren, erklärte ihr niemand, warum. Die Lehrer sagten nichts. Die Kinder fragten nicht. Lucia fragte auch nicht. Gleichgültig war es ihr nicht. Aber sie hatte Angst. So wie die anderen Kinder. Und wie die Lehrer.

Die Nationalsozialisten hatten alles getan, um zwei Welten zu schaffen. Die »arische« Welt, aus der Anne und ihre Freunde verbannt waren. Und die »jüdische«, die geächtete Welt. In ihr spielte sich ihr Leben ab. Und obwohl sie mit

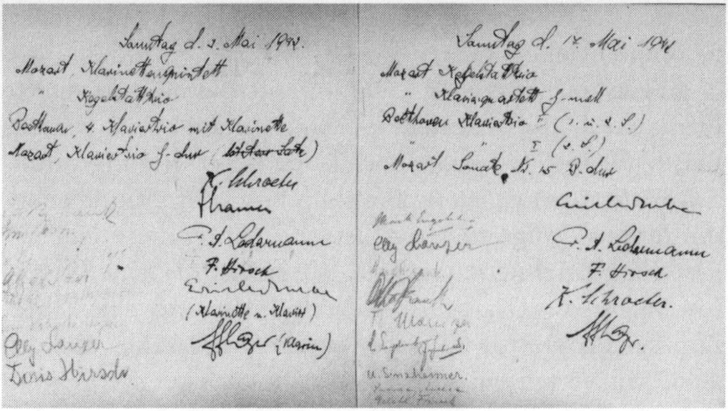

Das Ledermannsche Gästebuch: Auch die Franks, die den Kammermusik-Konzerten regelmäßig zuhörten, trugen ihre Namen ein.

jedem Monat mehr diskriminiert, obwohl sie Schritt für Schritt ihrer Menschenwürde beraubt wurden, obwohl sie immer öfter Angst haben mußten, machten sie aus ihrem Leben das Bestmögliche.

Juden waren aus dem öffentlichen kulturellen Leben ausgeschlossen? So sorgten sie eben selbst für ihr kulturelles Angebot. Hauskonzerte, in gutbürgerlichen Familien damals keineswegs ungewöhnlich, fanden jetzt regelmäßiger als früher statt. Sannes Eltern beispielsweise spielten jeden zweiten Sonntag auf. Franz Ledermann war ein Meister auf Violine und Bratsche, seine Frau Ilse begleitete ihn auf dem Piano. Je nachdem, wie viele Musiker aus dem Bekanntenkreis Zeit hatten und welche Instrumente sie beherrschten, bekamen die Gäste Mozart-Klavierquartette, einzelne Sätze aus Beethoven-Trios oder andere deutsche Kammermusikklassiker zu hören. Die Franks musizierten selbst nicht, waren aber oft unter den Gästen. Manchmal kamen sie zu viert, dann nahmen die Eltern auf Stühlen Platz, Anne und Margot setzten sich zu den anderen Kindern auf den Boden, manchmal kam Edith auch allein.

Offenbar bedeuteten ihr die musikalischen kleinen Feste besonders viel.

Im Gespräch mit anderen Emigrantenfamilien kam Otto Frank auf die Idee, Anneliese Schütz, eine Journalistin aus Berlin, die in Amsterdam noch keine Beschäftigung gefunden hatte, zu engagieren. Sie sollte mit Margot und anderen jungen Emigranten aus dem Bekanntenkreis deutsche Klassiker durchnehmen. Jede Woche würde eine andere Familie in die Gastgeberrolle schlüpfen und eines ihrer Zimmer für ein paar Stunden in einen Lesesalon verwandeln. Mit verteilten Rollen las der Kreis Goethes *Egmont* oder Schillers *Don Carlos*, vom Freiheitsgedanken getragene Stücke. Die jungen Leute müßten ihre Klassiker kennen, meinten die Erwachsenen. Bildung sei das halbe Leben. Und sie sollten die deutsche Sprache pflegen. Man müsse an die Zeit nach dem Krieg denken …

Anne sei zu jung, um an den Lesungen teilzunehmen, hatte ihr Otto zu verstehen gegeben. Nun hatte sie zwar keinen großen Bezug zur deutschen Sprache mehr – als »die Moffen« Holland überfallen hatten, war ihre Muttersprache von einem Tag auf den anderen zur Feindessprache geworden –, doch alles, was mit Schauspielerei zu tun hatte, zog sie an. Als sie hörte, daß die jüngeren Emigrantenkinder, die Jahrgänge 1927 bis 1930, ein Theaterstück einstudieren sollten, war sie deshalb begeistert bei der Sache. Hannelore Klein, die kecke »Hansi«, hatte die etwas spröde Anneliese Schütz darauf gebracht, die *Prinzessin mit der Nas'*, ein jüdisches Kinderstück von Minna Blum mit orientalischem Schauplatz, zu proben. Hansi und die »*Schützenliesl*«, so nannten die befreundeten Emigranten Anneliese Schütz, führten zusammen Regie und – wenn die Erinnerung sie heute nicht täuscht – mimte Hansi die Königin, die temperamentvolle Anne übernahm die Hauptrolle. In der Montessorischule hatte die Lehrerin zuletzt häufig mit ihren Schülern Theater gespielt, schon beim

Schreiben der Stücke war Annes Begabung aufgefallen. Ihre Einfälle hatten Witz, sie verstand sie treffend zu formulieren. Bei den Aufführungen hatte sie für ihre unbefangenen und lebendigen Darstellungen sowie ihr Talent zur Komikerin heftigen Applaus geerntet. Sich produzieren – das konnte Anne perfekt.

Zu Chanukka 1941 kam die *Prinzessin mit der Nas'* schließlich zur Aufführung. Die Wohnung der Kleins, die wie die Franks aus Frankfurt zugewandert waren, wurde in ein Theater verwandelt: Das Eßzimmer, das durch einen schweren, purpurroten Vorhang – als wäre er eigens für die Vorführung aufgehängt worden – vom Wohnzimmer getrennt war, diente als Bühne, der angrenzende Salon als Zuschauerraum. Im Publikum: Eltern, Geschwister und Freunde, dicht gedrängt.

Anne war eine überzeugende Prinzessin, ungezogen und maßlos, ohne diplomatisches Geschick, geradeso, wie es der Text verlangte. Eine undankbare, überhebliche Schönheit, die sich über ihren Hofstaat lustig machte und nur mit dem Allerbesten zufrieden war. Und der, als sie gierig von dem verbotenen magischen Kuchen naschte, eine entstellende lange Nase wuchs. Erst als sie mit einem theatralischen »*Gut will ich sein im Übermaß, gut mit und besser noch ohne Nas'*« um Vergebung flehte und den Wein aus dem Gelobten Land trank, schrumpfte ihre Nase wieder, und dem Happy-End stand nichts mehr im Weg.

Heitere Ablenkungen wie diese waren den Franks und anderen Emigrantenfamilien in dem strengen Winter 1941/42 kostbar. Am 20. Januar 1942 stellte Otto Frank bei der »Zentralstelle für jüdische Auswanderung« einen Antrag auf Emigration. Das Zielland war nicht wichtig, denn mit einem tatsächlichen Auswanderungsversuch hatte dieser Antrag nichts zu tun. Otto folgte nur einer weiteren Verordnung, mit der alle Juden, die nicht holländische Staatsbürger waren, dazu gezwungen wurden, sich zur

Mit großer Wahrscheinlichkeit die letzte gemeinsame Aufnahme von Margot, Otto, Anne und Edith Frank; 1941 auf dem Merwedeplein.

»freiwilligen Emigration« zu melden. Mit großem Verwaltungsaufwand wurde jedem Familienmitglied ein eigenes Formular ausgestellt – mit dem nun für Juden obligatorischen Zweitvornamen Israel oder Sara. Frank, Israel. Frank, Sara. Frank, Sara. Frank, Sara. Hatte man den Juden in der Aufklärung beigebracht, sich deutsche Vornamen zuzulegen, so wollte man sie ihnen nun wieder nehmen. Mit nur einer Absicht: ihnen ihre Identität zu rauben und sie zu entwürdigen.

Für Oma Holländer mußte Otto Frank offenbar keinen Auswanderungsantrag stellen, vermutlich, weil bereits absehbar war, daß sie nicht mehr lange leben würde. Tatsächlich starb sie am 29. Januar an Krebs und wurde auf dem neugegründeten Friedhof der liberal-jüdischen Gemeinde bei Hoofddorp, einem Dorf nahe Amsterdam, beerdigt. Anne kam das erste Mal mit dem Tod in Berührung.

Am 29. April 1942 übergab SS-Hauptsturmführer Ferdinand Aus der Fünten den Vorsitzenden des Judenrats 569355 untertassengroße, sechszackige Stoffetzen, gelb eingefärbte Sterne, auf die mit schwarzen, der hebräischen Schrift nachgeäfften Buchstaben das Wort »Jood« gedruckt war. Innerhalb der nächsten drei Tage wäre die »Kennzeichnung sämtlicher Juden über sechs Jahre mit dem Judenstern« durchzuführen, lautete sein Befehl, begleitet von genauen Bestimmungen, wie und wo der Stern zu tragen sei, die, wären sie nicht so infam und folgenschwer gewesen, in ihrer pedantisch-deutschen Gründlichkeit eigentlich Anlaß zu Spott hätten geben müssen. Der Stern müßte in festen Stichen an die Oberbekleidung genäht werden, an den Mantel, den Anzug, das Kleid, nicht irgendwohin, sondern gut sichtbar in Brusthöhe, unbedingt an die linke Seite. Wer sich ohne Stern in der Öffentlichkeit – das waren Straßen und Plätze, aber auch Vorgärten, Höfe und Balkone – erwischen ließe, hätte mit einer hohen Strafe zu rechnen.

Jeder, der einen Personalausweis mit J vorwies, bekam vier Sterne. Natürlich nicht kostenlos. Das Stück kostete vier

Cent und zusätzlich einen Abschnitt von der Textilkarte, ohne die man weder Bekleidung noch Wäsche kaufen konnte. Man wäre stolz darauf, den Stern Davids zu tragen, nahm der Judenrat die Brandmarkung zur Kenntnis, er würde vor bösen Geistern und schädlichen Kräften schützen. Aber warum müsse er gerade gelb sein? Nicht das Goldgelb des Lichts von Sonne und Sternen, das Hoffnung und Halt ausstrahlt, sondern ein trübes, undurchsichtiges Gallengelb, das Neid und Unheil verkündet. Warum die Farbe der Erniedrigung? Der Deutlichkeit halber, war Aus der Füntens kurze Antwort. Und weil er in Deutschland, wo der Stern bereits am 1. September 1941 eingeführt worden war, dieselbe Farbe hätte. Die Farbe der Ausgrenzung.

Mit der Reaktion der Holländer hatten die Deutschen nicht gerechnet. Die einen grüßten ihre jüdischen Mitbürger nun besonders freundlich, die anderen, Studenten vor allem, steckten sich sogar selbst gelbe Sterne an ihre Kleidung. »Juden und Nicht-Juden sind gleich«, ließ die illegale Zeitung *De Vonk* auf Flugblätter drucken, die sie zu Tausenden unters Volk brachte. Zugleich warnte sie jedoch davor, daß das deutsche Nazi-Regime hart gegen alle Nicht-Juden, die einen Judenstern trugen, vorgehen würde. Und das waren keine leeren Worte. Volljährige Holländer, die ihnen mit einem Stern an der Brust in den Weg kamen, nahmen die Deutschen fest und steckten sie bis zu sechs Wochen ins Konzentrationslager Amersfoort.

Die Solidaritätsbekundungen der Holländer ermutigten die Juden. Die Hoffnung, daß es nicht mehr lange dauern könne, gab ihnen Trost. »Ein, zwei Monate, bis der Krieg abgelaufen ist«, sagte einer der Vorsitzenden des Judenrats wörtlich, »und wir sind frei!«

Hitlerdeutschlands anfängliche Phantasie, auch England mit einer Landung seiner Truppen in die Knie zu zwingen, war verflogen. Im Feldzug gegen Rußland war der Vormarsch der deutschen Wehrmacht längst ins Stocken geraten, und die sowjetische Armee hatte sich zu einem verbissenen Gegner entwickelt. Außerdem hatten die Sowjets die USA, denen Deutschland ja am 11. Dezember 1941 den Krieg erklärt hatte, und England trotz ihrer politischen Gegensätze überzeugt, möglichst bald eine zweite Front im Westen aufzubauen. Wer BBC hörte, träumte daher von einer bevorstehenden Landung der Alliierten in Frankreich, Belgien oder Holland. Die nächtlichen Fliegeralarme, die der Bevölkerung nun wieder so häufig den Schlaf raubten, hatten im Mai und Juni 1942 etwas Erlösendes. Die Flugzeuge überflogen Holland endlich häufiger von Westen nach Osten – zu Großangriffen auf deutsche Städte. Erst bombardierten sie Stuttgart, dann Köln und Essen. Deutschland würde den Krieg verlieren, daran zweifelte Otto Frank ebensowenig wie die meisten Holländer. Mit seinem demonstrativen Optimismus versuchte er nicht nur sich selbst und seine Frau, sondern die gesamte Nachbarschaft aufzumuntern.

Wenn Otto Frank kommt, geht die Sonne auf, empfand auch Hanneli Goslar. Wie er mit ihrer kleinen Schwester umzugehen verstand, imponierte ihr. Gabi wollte nicht essen. Tag für Tag der gleiche Kampf, bis man ihr den Brei hinuntergezwungen hatte. Wenn Otto sie auf seinen Schoß nahm, ihr sanft zusprach und ihr Löffel für Löffel in den Mund schob, schluckte sie artig. Dabei unterhielt er sich mit Hans Goslar. Männergespräche, über Politik und den Krieg. Die Deutschen werden den Krieg gewinnen, war Hannelis Vater überzeugt, und alle Juden umbringen. Otto hingegen übte Zuversicht: Die Amerikaner würden kommen und dem Wahnsinn rechtzeitig ein Ende machen.

7. *Ins Versteck*

»Am Freitag, den 12. Juni, war ich schon um sechs Uhr wach, und das ist sehr begreiflich, da ich Geburtstag hatte.« Anne konnte es kaum erwarten, aufzustehen, ihre Eltern zu wecken und ihre Geschenke auszupacken. Sie wußte, daß Otto und Edith den Gabentisch im Wohnzimmer schon am Vorabend, nachdem sie zu Bett gegangen war, gerichtet hatten – so wie es bei ihnen Tradition war. Ihre Neugier steigerte sich in eine vergnügte Aufgeregtheit. Endlich, Viertel vor sieben. Anne war zappelig, zudem gespannt, obwohl sie ihr meistersehntes Geschenk schon kannte. Zwischen Blumen und zahlreichen anderen Päckchen – mehr noch als sie sich erträumt hatte – lag es, das kleine Buch, fast quadratisch, in einen rot und zart hellgrün karierten, rauhen Leinenstoff gebunden. Am hinteren Buchdeckel ein Stoffbügel mit einem schlanken Metallriegel, der an der Vorderseite wie ein Druckknopf in ein kleines Schloß einschnappte und sich durch Ziehen an dem unscheinbaren Hebelchen seitlich am Schloß ganz leicht wieder öffnen ließ. Genau jenes Büchlein, das sie ihrem Vater ein paar Tage zuvor im Schaufenster der Buchhandlung gleich an der Ecke zur Waalstraat gezeigt hatte. Ein Poesiealbum eigentlich, doch wie geschaffen als intimes Tagebuch. Anne hatte schon vorher viel geschrieben und vor ihren

Freundinnen immer recht geheimnisvoll getan. Jetzt endlich hatte sie ein richtiges Tagebuch. »... *An erster Stelle warst Du es, die ich zu sehen bekam, und was wahrscheinlich eines von meinen schönsten Geschenken ist*«, notierte Anne in ihrer ersten Eintragung am 14. Juni 1942, zwei Tage nach ihrem 13. Geburtstag. Etwa zwei Jahre später fügte sie auf einem losen Seidenpapierblatt in zartem Rosa hinzu, welch eigenartiges Gefühl es für sie gewesen sei, ein Tagebuch zu führen. Hätte sie eine gute Freundin, mit der sie ihre Intimitäten teilen könnte, bräuchte sie ihr Tagebuch nicht mit so vielen Belanglosigkeiten zu füllen, für die sich in Zukunft keiner mehr interessiere.

Geburts- und andere Familienfeiertage wurden bei den Franks stets hochgehalten, mit Liebe und Wärme vorbereitet, das Geburtstagskind ausgiebig gefeiert und – so schlecht konnten die Zeiten gar nicht sein – reich beschenkt. In so bedrohlichen Tagen, wie sie sie nun erlebten, kam diesem Festtag besondere Bedeutung zu. Er bewies Anne – ohne daß ein Wort darüber fiel –, wie sehr sie sich auf ihre Familie verlassen konnte. Er gab ihr – die für sie selbstverständliche – Nestwärme, die sie von der Welt dort draußen abschirmte. Er stand für eine Normalität, Kontinuität, die die nach wie vor kränkelnde, unausgeglichene Anne sorgenfrei halten, dabei keine falschen Illusionen schaffen, aber ihr Vertrauen und ihre Hoffnung bestärken sollte.

Dabei war ihren Eltern nicht zum Feiern zumute. Der Alltag wurde immer schwieriger, das Leben immer teurer, die Verordnungen der deutschen Besatzungsmacht gegen die jüdische Bevölkerung immer noch haarsträubender und bösartiger. War es möglich, daß diese Sadisten die Schmerzgrenze noch immer nicht erreicht sahen? Sie verboten ihnen dazuzugehören und engten ihren Lebensraum mehr und mehr ein. Den Stern tragen zu müssen war gar nicht so schlimm. Viele Kinder trugen ihn tatsächlich mit Stolz. Daß sie ständig fürchten mußten, etwas Verbotenes zu tun und dafür bestraft zu werden, war hingegen beklemmend. »*Jede Art des Sports – Rudern, Schwimmen, Tennis, Fußball, Fischen et cetera eingeschlossen – ist für Juden verboten*«, teilte die offizielle jüdische Wochenzeitung »*Het Joodse Weekblad*« genau an Annes Geburtstag mit – wieder eine absurde Schikane, die sich das Regime ausgedacht hatte. Wieder einmal rechtzeitig vor Sommer- und Ferienbeginn.

Dieselbe Ausgabe wies auf zwei weitere Schikanen hin – das Fahrradverbot und die abendliche Ausgangssperre.

Schon in der Verordnung Nummer 58/1942 vom 21. Mai waren alle Juden dazu angehalten worden, ihre Fahrräder registrieren zu lassen. Die Absicht der Deutschen war nicht schwer zu durchschauen: Fiel den Nazis plötzlich ein, alle Räder zu konfiszieren, wollten sie schnell nachvollziehen können, wer sich dem Befehl widersetzte, und auf ihre Weise nachhelfen.

Nun, am 12. Juni 1942, hieß es also, die für die Registrierung notwendigen Formulare könnten gekauft und müßten bis spätestens 30. Juni ausgefüllt und eingereicht werden. Reichskommissar Arthur Seyß-Inquart ließ sich mit dem persönlichen Versprechen zitieren, die Fahrräder nicht zu beschlagnahmen.

Daß der Generalkommissar für öffentliche Sicherheit, SS-Führer Hanns Albin Rauter, einige Tage später seinen eigenen Erlaß durchsetzte, war nur ein neuerlicher Beweis dafür, wie wenig die Versprechen der Deutschen zählten, wie sehr die Juden ihrer Willkür ausgeliefert waren. Am 22. Juni ließ Rauter verlautbaren, daß alle Juden ihre Fahrräder innerhalb von 48 Stunden abgeben mußten. Nachsatz: in einwandfreiem Zustand, mit allen Reservereifen und -schläuchen.

Wie viele Fahrräder tatsächlich registriert und abgeliefert wurden, wissen wir nicht. Die Franks folgten dem Aufruf jedenfalls nicht. Solange sie die Räder nicht benutzten, konnten sie sich nicht verraten. Die Deutschen setzten wieder auf ihre bewährte Einschüchterungstaktik; denn sie konnten zwar davon ausgehen, daß ein großer Teil der in Holland lebenden Juden ein Fahrrad besaß, den handfesten Beweis brachte aber erst die Registrierung. »*... Mutter ihres hat Vater, zu Christenbekannten in Verwahrung gegeben*«, trug Anne später unter dem 24. Juni in ihr Tagebuch nach. Anne selbst hatte schon vorher lernen müssen, ohne eigenes Fahrrad auszukommen. Ihres, ein Geschenk ihrer Mutter zum zwölften Geburtstag, war in den Osterferien gestohlen worden. Margots Rad beschlossen die Franks zu behalten. Damit zu fahren trauten sie sich natürlich nicht mehr, höchstens im Notfall ...

Die Ausgangssperre traf Anne ebenso hart. Von nun an durften Juden ihr Haus zwischen acht Uhr abends und sechs Uhr morgens nicht mehr verlassen und keine Nichtjuden mehr besuchen. Die Einschränkung ging schließlich so weit, daß sie sich zu dieser Zeit weder in ihrem Garten noch auf ihrem Balkon zeigen durften.

Soziale Ausgrenzung, Diskriminierung, Demütigung. Warum nur? Für die Kinder war diese Schlinge, die nun von Tag zu Tag enger gezogen wurde und immer weniger Raum zum Atmen ließ, kein Gesetz, keine Verlautbarung, die man der Zeitung entnahm, sondern eine schmerzhafte persönliche Erfahrung: die der Ablehnung. Zwischen die dem menschlichen und wohl erst recht dem kindlichen Selbsterhaltungstrieb zuzuschreibende Leichtigkeit, einen Sonnenstrahl unabhängig von der Großwetterlage genießen zu können, traten immer häufiger Angst und Mißtrauen. Fröhlichkeit und Ausgelassenheit stießen immer auffälliger an die von den Nazis errichteten Barrieren. »*... ich hoffe, daß Du eine große Stütze für mich sein wirst*«, schrieb Anne noch am Abend ihres Geburtstags auf das Vorblatt ihres Tagebuchs.

Als Hanneli ihre Freundin Anne an diesem Freitagmorgen abholte, ihr mit einer stürmischen Umarmung zum Geburtstag gratulierte und sie sich auf den Schulweg machten, war Anne unbeschwert glücklich. Die Zuneigung, die ihr von allen Seiten entgegengebracht wurde, gab ihr Sicherheit. Die beiden Mädchen gingen zu Fuß. Das Benutzen öffentlicher Transportmittel hatte man ihnen vor einigen Tagen auch untersagt. Die Straßenbahn, die die Kinder bis dahin zum Jüdischen Lyzeum gebracht hatte, gehörte nun zu einer anderen Welt. Zur verbotenen Welt.

Anne und Hanne schnatterten aufgeregt und beeilten sich voranzukommen, denn der Himmel war dunkel. Es sah aus, als würde es jeden Augenblick zu regnen beginnen. Eigentlich war es viel zu kühl für die Jahreszeit. Anne plauderte und plauderte, beschrieb Hanneli ihre Geburtstagsgeschenke, erwähnte stolz, wer alles an sie gedacht hatte, auch Tante Leni, sogar Sannes Mutter, Jacquelines Vater, Peter van Pels, ihr neuer Verehrer Hello Silberberg und die Freundin des Zahnarztes Fritz Pfeffer. Sie erzählte strahlend, daß sie von der Omi aus Basel einen Geburtstagsbrief bekommen hatte, so ein Glück, genau am richtigen Tag sei er angekommen. Sie kündigte an, daß sie die Schüler und Lehrer zur Feier des Tages mit Keksen verwöhnen würde, von ihr selbst gebackenen natürlich, und schmiedete Pläne für ihre Geburtstagsparty am Sonntag. Ein richtig lustiges Fest sollte es werden, mit Mädchen und Jungen aus der Klasse und Freunden aus der Nachbarschaft, den Mitgliedern ihres im engsten Freundeskreis gegründeten Pingpong-Clubs natürlich, neben Anne und Hanne waren das Sanne, Jacque und Ilse Wagner, in deren Wohnung der Pingpong-Tisch aufgestellt war. Und Hello natürlich. Margot dürfe ihre Freundinnen auch einladen, Jetteke zum Beispiel. Daß in diesem Jahr erstmals nur jüdische Kinder kommen würden, erwähnten sie nicht.

Ihre Mutter würde den besten Kuchen auftischen, Pim ihr bei den Gesellschaftsspielen helfen, jeder Gast sollte zur

Erinnerung ein kleines Geschenk bekommen, so wie sie es jedes Jahr gemacht hatte, ja, und der Höhepunkt würde natürlich die Filmvorführung sein, die hatte sie bereits mit Jacque organisiert. Sie hatten Einladungen gebastelt und verteilt, natürlich für einen Rintintin-Film, sie müsse jetzt schon lachen, allein bei der Vorstellung, wie Rintintin …

Anne hatte jedes Jahr einen feierlichen Akt daraus gemacht, wer zu ihrer Party kommen durfte – gerade so, als ob sie damit hohe Auszeichnungen an ihre Freunde vergeben würde. Und so verstanden es manche der Kinder auch. Annes Feste hatten ja auch den Ruf, besonders abwechslungsreich und turbulent zu sein.

Es war die letzte große Party im Hause Frank. In den folgenden drei Wochen mußten Anne und Margot fleißig lernen, Schulschluß und Zeugnis standen vor der Tür. Kein Zweifel, daß Margot hervorragend wie immer abschließen, eine der Besten ihrer Klasse sein würde. Unsicher war hingegen, wie Anne über die Runden kommen würde. In Mathematik sah es gar nicht gut aus. Und Anne hatte so viele andere Interessen, sie ließ sich so leicht ablenken.

Obwohl sich Anne zunehmend für das andere Geschlecht interessierte und nicht müde wurde, ihre Wirkung auf Jungen zu testen, las sie immer noch sehr viel. Im Alter zwischen zwölf und vierzehn war die Holländerin Cissy van Marxveldt, die in den zwanziger Jahren zahlreiche sehr erfolgreiche Jugendbücher geschrieben hatte, eine ihrer Lieblingsautorinnen. *Een Zomerzotheid – Eine Sommertorheit* würde man auf deutsch sagen – dürfte Anne gar mehrmals gelesen haben. Besonders angetan hatte es ihr *Joop ter Heul,* ein Fortsetzungsroman in vier Bänden, den die Bestsellerautorin zwischen 1919 und 1925 veröffentlicht hatte. (Ein fünfter Band wurde 1946 veröffentlicht.) Anne lebte sich in die Entwicklung des lebhaften und abenteuerlustigen Mädchens mit dem ungewöhnlichen, weil männlichen Vornamen Joop zur jungen Frau geradezu hinein. Joop war lebenslustig und liebte das Abenteuer – wie Anne. Sie hatte viele Freundinnen – wie Anne. Die hießen Opo, Pien, Noor, Conny. Am liebsten mochte sie Kitty. Zudem pflegte Joop eine intensive Brieffreundschaft. Als ihr das der Vater verbot, begann Joop ein Tagebuch zu führen …

Anne und Jacque konnten stundenlang in die Welt der Joop ter Heul abtauchen, sich gegenseitig Szenen vorlesen oder sich beim Nacherzählen und Interpretieren von Gelesenem vor Lachen krümmen. Anne war ungern allein. Sie wollte sich mitteilen und brauchte Bestätigung. Was sie gelesen, erlebt, erfahren hatte, wollte sie ihrer engsten Freundin erzählen. Am liebsten hätte sie rund um die Uhr mit Jacque zusammengesteckt, immer wieder schlug sie vor, doch gemeinsam zu übernachten – abwechselnd bei Jacque oder bei Anne. Sogar wenn Anne – was in den letzten Wochen vor der Zeugnisverteilung regelmäßig der Fall war – zur Mathematik-Nachhilfe mußte, bat sie Jacque, sie zu begleiten. Der Marsch zum Unterricht dauerte fast so lang wie der Unterricht selbst – öffentliche Verkehrsmittel zu benutzen war ihnen ja ebenso verboten wie Fahrräder.

Solange Anne pauken mußte, wartete Jacque, die sich mit Mathematik leichttat, draußen. Und nach der Unterrichtsstunde gingen die beiden Mädchen wieder gemeinsam nach Hause. So hatten sie viel Zeit gewonnen, um über alles mögliche zu reden, das ihnen wichtig schien.

Hin und wieder setzte Annes besitzergreifende Art Jacqueline van Maarsen unter großen Druck. Sosehr sie die eifrige Anne auch schätzte, sosehr ihr ihre Liebesbeweise auch schmeichelten, sosehr fühlte sie sich manchmal durch ihre Vereinnahmung bedrängt.

Hello Silberberg hingegen gefiel ihre offene Art. Seit ihn seine Cousine Wilma mit Anne bekannt gemacht hatte, ging sie ihm nicht aus dem Kopf. Als er sie – es muß wenige Tage vor Annes Geburtstag gewesen sein – am Fahrradparkplatz hinter dem Wolkenkratzer wiedertraf, sprach er sie an. »*Er kam ein bißchen schüchtern näher*«, erinnerte sich Anne später in ihrem Tagebuch, »*Hello wollte meine Gesellschaft in Anspruch nehmen ...* « Natürlich ließ Anne sich nur zu gerne gefallen, daß Hello sie zur Schule bringen wollte. Immerhin war er schon sechzehn. »*... heute morgen wartete er wieder auf mich und in Zukunft wird es nun wohl so bleiben.*«

Gegen Ende Juni bekam Anne wieder leichtes Fieber, mußte sich schonen und sogar das Bett hüten. Weil das Fieber nicht ansteckend war, durfte sie Freunde empfangen. Hanneli kam, natürlich auch Sanne. Jacque brachte ihr nicht nur die Hausaufgaben, sondern auch den neuesten Tratsch aus der Schule mit.

Besonders überrascht war Anne, daß ihre Kinderfreundin Kitty sie besuchte, die nur zufällig von Annes Krankheit erfahren hatte. Schon in den letzten beiden Jahren auf der Montessorischule hatten sich die beiden nicht mehr viel zu sagen gehabt. Früher hatte Kitty vieles an Anne bewundert – ihr strahlendes Lächeln etwa und die Leichtigkeit, mit der sie hübsche Geschichten schreiben konnte, erinnert sie sich bis heute lebhaft. Kitty wiederum war eine talentierte Zeichnerin. Sie hatte manche von Annes Geschichten illustriert, und die beiden Mädchen hatten ihre kleinen Kunstwerke in den anderen Schulklassen vorzeigen dürfen. Doch mit zehn hatte sich Anne verändert, sich in den Mittelpunkt gedrängt, schrill und laut benommen. Annes zunehmende Flatterhaftigkeit hatte Kitty irritiert. Ihr neues Faible für Filmstars, ihren Hang, Menschen nach ihrem Äußeren zu beurteilen, sie anscheinend nur für ihr schönes Gesicht, ihr lockiges Haar, ihre aufwendigen Kleider zu bewundern, hatte Kitty ziemlich unausstehlich gefunden. Auch Annes Art, jedem ihre Meinung offen ins Gesicht zu sagen – undiplomatisch, manchmal sogar verletzend –, hatte Kitty nicht gefallen. Nachdem Kitty mit ihren Eltern vom Merwedeplein weg an den Rand des Stadtteils gezogen war und die beiden Mädchen nicht mehr den gleichen Schulweg hatten, hatten Anne und sie sich deshalb nur noch selten außerhalb des Klassenzimmers gesehen. Und seit sie nicht mehr zur selben Schule gingen, hatten sie kaum noch voneinander gehört. Kitty, ein ernstes und nachdenkliches, geradezu introvertiertes Kind, hatte sich geweigert, auf das Jüdische Lyzeum zu wechseln. Ihre Eltern sahen keinen Sinn darin, ihr übersensibles Kind dazu zu zwingen, und schickten sie zu dem Lehrer Henri van Praag, der einer kleinen Gruppe jüdischer Kinder Privatunterricht gab.

An dem Nachmittag, als sie zum Krankenbesuch kam, änderte Kitty ihre Meinung über Anne. Vom Moment der Begrüßung an war keine Kluft zwischen den beiden, keinerlei Befangenheit. Dafür sorgte Anne. Statt sich darüber den Mund zu zerreißen, wer mit wem ging, wer gerade in wessen Gunst stand oder nicht und welchen Filmstar sie gerade am meisten bewunderte – so wie Kitty es von Anne erwartet hatte –, unterhielten sie sich ernsthaft miteinander. Hinter Annes ansteckend fröhlicher Fassade entdeckte Kitty Geradlinigkeit und Stärke, die ihr gut gefielen. Anne machte sich Gedanken über ihr Leben, über den Krieg, über ihre Zukunft, so wie sie selbst. Wie sie betonte Anne, keine Angst zu haben. Hatten sie also doch eine gemeinsame Wellenlänge? Ein zartes Band war geknüpft. Vielleicht würden sie sich künftig doch wieder häufiger sehen!?

Im Gegensatz zu ihren Kindern empfingen Otto und Edith Frank praktisch keine Gäste mehr. Ihre nichtjüdischen Bekannten durften kein jüdisches Haus mehr betreten, die jüdischen mußten um acht Uhr abends zu Hause sein. Angst und Sorgen bestimmten ihren Alltag.

Längst hatte sich unter der jüdischen Bevölkerung herumgesprochen, daß Juden – mit oder ohne Vorankündigung – von zu Hause abgeholt oder auf der Straße aufgegriffen und dann verschleppt wurden. Erst dachte man, die Aktionen träfen nur junge, unverheiratete und »arbeitslose« Männer, die zum Arbeitsdienst nach Deutschland gebracht werden sollten. Durch die Zwangsarisierung der Geschäftswelt war die Zahl der arbeitslosen Juden stark angestiegen, auch Otto Frank fiel offiziell natürlich darunter.

Ende Juni 1942 verdichtete sich das Gerücht, die Deutschen beabsichtigten, alle in Holland lebenden Juden systematisch zu deportieren. Wohin – ob tatsächlich nach Deutschland oder an einen anderen Ort, gar nach Polen, wie BBC berichtet hatte – und zu welchem Zweck wurde nur gemutmaßt. Klar war nur: Es konnte jeden treffen.

Tatsächlich arrangierten Adolf Eichmann und Franz Rademacher, der die Sektion D III für »jüdische Angelegenheiten« im Berliner Auswärtigen Amt anführte, bereits am 20. Juni 1942 in einem geheimen Telefongespräch, daß von Mitte Juli an vierzigtausend französische Juden, vierzigtausend aus Holland und weitere zehntausend aus Belgien in speziellen Transportzügen zum »Arbeitsdienst« nach Auschwitz gebracht werden sollten. Das Außenamt – innerhalb der deutschen Ministerialbürokratie dazu bestimmt, den Schein von Ansehen und Kontinuität zu wahren – schlug vor, erst die staatenlosen Juden wegzuschaffen, jene also, die vor allem aus Deutschland und Österreich nach Holland immigriert waren. Solange keine holländischen Staatsbürger betroffen waren, mutmaßte man im Außenamt, würde sich die Bevölkerung nicht sonderlich beunruhigen. Den Abtransport deutscher Juden könnte man sogar als »Heimholung« tarnen. Verlogene Diskretion!

Die Amsterdamer Zentralstelle für Jüdische Auswanderung stand jedoch unter Quotendruck. Sie hielt sich nicht an diese Empfehlung. Am Freitag, dem 26. Juni, abends um zehn, rief ihr Verwalter, SS-Hauptsturmführer Aus der

Fünten, den Judenrat zu einer außerordentlichen Sitzung zusammen. Absicht natürlich, daß die Nazis den ungewöhnlichen Sitzungstermin für unaufschiebbar erklärten: Für die religiösen Juden hatte gerade der Schabbat begonnen.

Höchst wichtige Neuigkeiten, hieß es, hätte er zu verkünden. Ab sofort würden alle Juden zwischen sechzehn und vierzig Jahren in »von der Polizei überwachten Kontingenten« zum Arbeitseinsatz nach Deutschland geschickt. Keine Aufregung, es handle sich doch nur um einen einfachen Arbeitsdienst. Natürlich wären die Arbeitslager auf deutschem Boden, und natürlich würde man den Menschen religiöse Betreuung zugestehen. Die Deutschen hätten sich doch noch nie in die Praxis irgendeiner Religionsgemeinschaft eingemischt.

Einen Tag gaben die Deutschen dem Judenrat Zeit, um ihnen mitzuteilen, wie viele Menschen sie ab nun täglich »bereitstellen«, abfertigen, auf Transport schicken könnten.

Der »Joodsche Raad« antwortete ordnungsgemäß: 350 bis 375 wären machbar.

Damit begann das abstoßende Feilschen um Menschenleben. Ferdinand Aus der Fünten bestand auf 600.

Unmöglich, konterte man beim Judenrat.

So würde man die Registrierungsprozedur eben vereinfachen.

Trotzdem unmöglich. 350 – mehr wären anfangs wirklich nicht zu schaffen.

In Ordnung, hieß es, aber nur in den ersten acht Tagen; dann würde das Kontingent auf jeden Fall erhöht. Zum Procedere: Jeder, dem eine persönliche Benachrichtigung zugestellt würde, müsse sich beim Judenrat melden. Im übrigen: Sollte sich das Gerücht bestätigen, der Rat würde die reibungslose Abwicklung der Transporte nicht unterstützen, hätte er mit härtesten Konsequenzen zu rechnen.

»*Meine Lieben*«, schrieb Otto am 4. Juli 1942 an seine Familie in Basel, »*... Bei uns ist auch alles wohl, sonst allerdings, wie Du wohl weißt, wirds von Tag zu Tag schwerer. Seid jedoch in keinem Fall beunruhigt*«, warnte er sie vor, »*auch wenn Ihr wenig von uns hört.*«

Zwar könnte er nicht ins Geschäft gehen, doch gäbe es auch so viel zu tun und zu überlegen, und »*man muß oft Entschlüsse fassen, die einem schwer fallen*«. Die Kinder hätten nun Ferien, ihre Zeugnisse wären gut, Annes gar über Erwarten. »*Wir vergessen Euch nicht und wissen, daß Ihr stets an uns denkt, aber Ihr könnt doch nichts ändern und müßt sorgen, daß Ihr Euch durchbringt.*

In Liebe wie stets, Euer O.«

Anne hatte in allen Fächern bestanden, nur in Algebra schloß sie – trotz ihrer Nachhilfestunden – mit einem knappen Mangelhaft ab. Für Hanneli sah es dramatischer aus, sie war in Geometrie glatt durchgefallen. Beide durften zwar in die nächsthöhere Klasse aufsteigen; eine Art Nachprüfung zu Schulanfang, die dem Lehrer bestätigen sollte, daß sie das wenige, was sie wußten, über die Ferien nicht auch noch vergessen hatten, blieb ihnen jedoch nicht erspart. Ganz lernfrei würde der Sommer also nicht sein ...

Annes gute Laune konnte das nicht trüben. War das Leben nicht wunderschön? Sie wollte das herrliche Sommerwetter genießen, sich tagsüber auf dem Balkon sonnen. Die Sonne schien für alle, für die Deutschen wie für die Juden. Zu gönnen war das den doofen Moffen natürlich nicht, hatten sie ihnen doch verboten, ins Schwimmbad zu gehen, ans Meer zu fahren, eine Radtour zu machen. Annes Welt war winzig klein geworden. Ein falscher Schritt, schon stieß sie an Feindesland. Sie traue sich schon gar nichts mehr zu machen, hatte ihr auch Jacque anvertraut: Stell dir vor, du betrittst ein Geschäft, das für Juden verboten ist. Wenn dich die Moffen erwischen, nehmen sie dich mit und stekken dich ins Gefängnis. Auch Kinder. Es genügt ja schon, sich als Jude auf die falsche Parkbank zu setzen. Nicht, daß sich Anne dieser Gefahr nicht bewußt war, natürlich dachte sie darüber nach, aber Pim sagte doch auch immer, daß die Deutschen den Krieg verlieren und dieser Spuk dann ein Ende haben würde. Damit versuchte sie auch Jacqueline zu beruhigen.

Annes positive Einstellung machte ihr das Leben vor allem deshalb leichter, weil sie so anziehend auf ihre Umgebung wirkte. In Gesellschaft war Anne der fröhliche Wirbelwind, der die anderen mit ihrer guten Laune mitriß. Ihre Lebendigkeit konnte freilich auch anstrengend sein. Nicht jeder vertrug, wie sie sich in den Mittelpunkt spielte. Wenn sie mit ihren Freundinnen Eis essen ging, war sie besonders aufgekratzt. Die Konditorei Delphi und der Eissalon Oase waren die einzigen Lokale in der Nähe, in denen Juden noch zugelassen waren, die Wahrscheinlichkeit, bekannte Gesichter zu treffen, entsprechend hoch. Es war schon sehr schmeichelhaft, daß jedesmal Verehrer auftauchten, die ihr unbedingt ein Eis spendieren wollten. Anne schien überzeugt, daß Gott und die Welt sie verehrten.

Hello Silberberg verehrte Anne wirklich. Sie war keine klassische Schönheit, nicht so hübsch wie ihre Schwester Margot, nicht annähernd so attraktiv wie die blonde Ursula, für die er bisher geschwärmt hatte. Außerdem war sie viel jünger als die beiden. Viel zu jung, fanden seine Freunde, viel zu jung, fand auch seine Großmutter. Doch ihre Lebendigkeit, ihre Schlagfertigkeit, ihre Bestimmtheit faszinierten den Sechzehnjährigen. Ihre Selbstsicherheit zog ihn an. Noch nie hatte er sich mit einem Mädchen so gut unterhalten. Wie sie sich ausdrücken konnte! Dabei war sie gerade erst dreizehn geworden. Ihre Freundinnen waren schrecklich kindisch, darin stimmte ihm Anne auch zu. Mit ihnen wollte er nichts zu tun haben. Aber ihr hörte er gerne zu. Und er beantwortete gerne ihre Fragen. Sie gab ihm das Gefühl, daß sie sich für ihn interessierte.

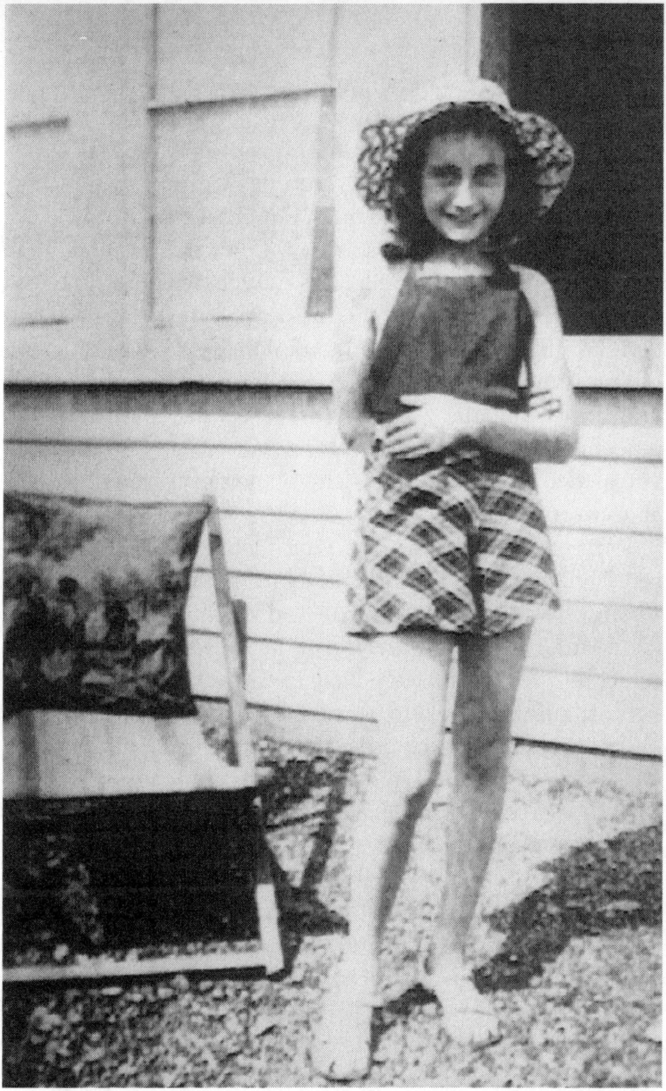

Sonnenanbeterin: Anne genoß es, auf dem Balkon ihrer Wohnung zu sitzen und zu lesen; hier als Elfjährige 1940.

Anne ging mit Hello spazieren, einfach um den Häuserblock. Oder sie lud ihn zu sich ein. Ihre Eltern fanden den Jungen aus Gelsenkirchen auch sehr sympathisch; er war immer höflich, überlegt, nicht schüchtern, aber angenehm zurückhaltend. Sie legten mehr als routinierte Gastfreundschaft an den Tag, sie gaben ihm das Gefühl, daß er gern gesehen war. Otto Frank schien ihn ernst zu nehmen. Nur Margot lachte irgendwie komisch, wenn sie ihn sah. Gefiel er ihr nicht? Oder gerade doch? Oder erheiterte es sie einfach, daß ihre kleine Schwester mit ihrem Verehrer auf dem Wohnzimmersofa saß und Limonade trank? Und wenn schon. Anne verstand sich gut mit ihm, der Gesprächsstoff ging ihnen nie aus. Sie sprachen holländisch miteinander, ausschließlich holländisch. Ihre Muttersprache Deutsch vermieden sie, sie wollten sich von den gräßlichen Moffen abgrenzen.

Warum er bei seinen Großeltern lebte, wollte Anne wissen. Hello, er hieß eigentlich Helmuth, doch sein Großvater mochte den Namen nicht und nannte ihn schon von klein auf Hello, erzählte ihr seine Geschichte. Eine Geschichte, wie man sie jener Tage in Amsterdam so oder ähnlich oft zu hören bekam.

Das Geschäft von Hellos Vaters Leo, Herrenausstatter in Gelsenkirchen, wurde in den Morgenstunden der »Reichskristallnacht« von den Nazis verwüstet. Wie sie überhaupt auf diesen verniedlichenden Namen gekommen waren! Als ob in dieser Nacht nur Kristall und Fensterglas zerbrochen wäre … es wurden doch so viele Menschen um ihre Existenz gebracht. Sogar um ihr Leben. Noch am selben Tag sahen Hellos Eltern endlich ein: Sie mußten Deutschland verlassen, am besten sofort. Zuerst sollte sich er, Hello, in Sicherheit bringen und nach Amsterdam zu den Großeltern fahren, die Eltern würden nachkommen. Das lag nahe. Hello kannte die Stadt. Die Sommerferien zwischen seinem sechsten und zwölften Lebensjahr hatte er stets bei

Oma und Opa in Holland verbracht. Deshalb sprach er schon fließend holländisch, als er 1938 ins Land kam.

Anne hatte von ihren Eltern kaum etwas über die Schrecken der Judenverfolgung in Deutschland gehört, obwohl ihr Onkel Walter verhaftet und nach Sachsenhausen verschleppt worden war und ein ganzes Jahr wie ein Gefangener in einem holländischen Flüchtlingslager hatte verbringen müssen. Und auch die Hintergründe, warum ihre Großcousine Dorothee Würzburger im Frühjahr 1939 mit einem Kindertransport nach Holland geschickt, an der Grenze abgefangen und in vier verschiedenen Flüchtlingslagern, eines davon ein früheres Waisenhaus gesteckt worden war, blieben Anne verborgen. Ihre Eltern vermieden das Thema vor ihr, vermutlich weil sie sie nicht beunruhigen wollten.

Warum seine Großeltern damals schon in Holland gewesen seien, wollte Anne jetzt von ihrem Freund wissen. Großvater Joel Levy, erzählte Hello weiter, war ein kluger Mann. Und einer der ersten in Gelsenkirchen, der einen amerikanischen Wagen besaß. Im April 1933 war er unterwegs in Holland – auf Geschäftsreise. Der Opa war ja eigentlich geborener Holländer. Als er von der Machtergreifung Hitlers hörte, rief er die Oma in Gelsenkirchen an: Er dächte nicht daran, noch einmal einen Fuß nach Deutschland zu setzen, teilte er ihr mit. Sie sollte für den Verkauf des Unternehmens – er handelte mit Alteisen – sorgen und schnellstmöglich nach Amsterdam kommen. Joel Levy hatte bereits eine Wohnung am Zuider Amstellaan 191 gemietet, nur ein paar Meter vom Merwedeplein weg.

Und dann wäre Hello ganz allein nach Holland gereist? Er war doch erst zwölf. Anne staunte.

Sein Vater, erzählte Hello seiner kleinen Freundin, brachte ihn in der Straßenbahn zu Verwandten nach Essen. Dort blieb er aber nur eine Nacht. Dann setzte er seine Reise alleine fort. Beinahe wäre alles schiefgegangen. Er geriet in eine Kontrolle. Ausweis vorzeigen, schnauzten ihn zwei Männer in SS-Uniform an. Hello zitterte. Vielleicht würden sie nichts merken. In seinen Personalausweis war das verräterische J ja noch nicht eingedruckt worden. Dabei hatten die Nazis den J-Stempel im Paß schon am 5. Oktober 1938 verordnet – angeregt übrigens von der Schweizer Regierung, um unerwünschte Flüchtlinge an der Grenze schneller erkennen und abweisen zu können.

Hellos Nachname verriet ihn dennoch. Silberberg. Mitkommen. Bei der nächsten Station mußte er aussteigen. Die SS-Männer hinter ihm her – unschlüssig, was sie nun mit dem Jungen anfangen sollten. Plötzlich, am anderen Ende des Bahnsteigs, vielleicht sechzig, vielleicht achtzig Meter weiter, ein Tumult, der die SS-Männer mit einem Mal mehr interessierte als der zwölfjährige »Judenbengel« aus Gelsenkirchen. Sie rannten hin, ließen Hello einfach stehen. Und er tat das einzig Richtige: Er schlüpfte schnell wieder in den Zug nach Amsterdam.

Ob sich die Großeltern nicht fürchterlich gesorgt hätten, fragte Anne.

Sie waren erstaunt, ihn zu sehen, erzählte Hello, sie hatten doch noch gar nichts von dem Novemberpogrom gehört. In Holland hätte man doch erst ein paar Tage später von den schrecklichen Ausschreitungen gegen die Juden gehört.

Anne war entsetzt. Vier Jahre hatte Hello seine Eltern nicht gesehen. Sie hatten Pech und erhielten keine Einreisegenehmigung mehr nach Holland. Dem Vater, wußte Hello, war die Flucht durch die Wälder nach Belgien gelungen.

Und seine Mutter?

Sie bezahlte einen Lastwagenfahrer, der versprochen hatte, sie mit einigen anderen Flüchtlingen über die Grenze nach Belgien zu bringen. Der Mann lieferte die Ladung Juden jedoch direkt bei der Gestapo ab. Zehn Tage saß Hellos Mutter in einem Kölner Gefängnis. Gleich nachdem sie freigelassen wurde, versuchte sie es noch einmal. Diesmal hatte sie mehr Glück. Sie geriet an einen Schlepper, der sie tatsächlich über die Grenze schmuggelte. Die Flucht gelang. Alles, was sie bei sich hatte, war ein kleiner Koffer mit Kleidern und zehn Mark.

Warum er nicht noch vor dem Krieg zu seinen Eltern nach Belgien gefahren sei, wunderte sich Anne.

Die Eltern waren doch illegale Immigranten, erklärte ihr Hello. Sie durften in Belgien nicht arbeiten, hatten also keine Möglichkeit, offiziell Geld zu verdienen. Die Großeltern konnten besser für ihn sorgen. Sie durften bloß nicht wissen, daß er zu Versammlungen der Zionistischen Jugendgruppe ging, davon hielten sie nämlich gar nichts.

Ja, er wußte, daß es seinen Eltern gutging. Ab und zu erhielt er Briefe von ihnen, ein paar wenige Male hatten sie in den vier Jahren seit der Trennung telefoniert; seit die Deutschen Holland überfallen hatten, jedoch nicht mehr. Der Großvater war dagegen. Telefonieren war zu gefährlich. Es hieß, die SD würden die Telefonleitungen der Juden anzapfen. Deshalb konnte Hello Anne auch nur in Notfällen anrufen.

Hellos Schicksal machte Anne bewußt, wieviel besser es ihr ging. Ihre Eltern waren immer für sie da, verwöhnten sie, machten ihr Mut, wenn sie ihn einmal zu verlieren drohte. Egal, was noch geschehen würde, hatte ihr Vater ihr mehrfach versichert, die Familie würde zusammenbleiben. Sie waren ihr selten wirklich böse. Nur einmal, als sie mit Hello spazierenging und erst ein paar Minuten nach acht nach Hause kam, war die Hölle los. Anne war erst beleidigt, doch dann sah sie ein: Ihre Eltern hatten sich Sorgen um sie gemacht.

Sonntag, der 5. Juli, war ein strahlend schöner Sommertag, wie man ihn in Amsterdam nur selten erlebt. Anne war schon vormittags mit Hello verabredet. Zum Spazierengehen, wie sie es eigentlich vorgehabt hatten, war es zu heiß. Statt dessen machten sie es sich in Liegestühlen auf dem Balkon gemütlich. Hello wurde nicht müde, Anne zu beobachten. Wie sie sich durchs Haar strich, einzelne Haarsträhnen zwischen Zeige- und Mittelfinger spannte, zu Locken zwirbelte und wieder aufspringen ließ, wie offen und direkt sie ihn ansah, ohne falsche Scham, darin entdeckte er eine unschuldige Koketterie, die ihn faszinierte. Ob sie mit ihm flirtete? Oder ob sie einfach nur nett war? Nie im Leben hätte Hello gewagt, sie auf ihre Gefühle für ihn anzusprechen. Sie auch nur an der Hand zu nehmen, erschien ihm zu verwegen. Unvorstellbar. Lieber versuchte er, ihre Zuneigung mit lustigen Geschichten zu gewinnen. Er erzählte von seinem Lehrer in der jüdischen Schule in Gelsenkirchen, der die Schüler überreden wollte, in die Synagoge zu gehen. Weil Hello dazu keine Lust hatte, täuschte er Kopfweh vor. Es war nur Pech, daß er dem Lehrer am selben Nachmittag auf der Straße begegnete – putzmunter und auf Rollschuhen.

Oder Hello erzählte von seiner Bar-Mizwa-Feier, zu der ihn der Großvater in die orthodoxe Synagoge in der Lekstraat brachte: Erstmals in seinem Leben trug er statt kurzen Hosen kniebedeckende Knickerbocker. Und einen Zylinder. Weil der Hut viel zu groß war, drehte seine Großmutter einen Kranz aus Zeitungspapier und stopfte ihn zwischen den Hutrand und seinen Kopf. Hello mußte konzentriert aufrecht gehen, damit der edle Kopfschmuck nicht verrutschte. Eigentlich sollte er sich ja auf seinen Text konzentrieren, denn er hatte ein besonders langes Stück aus der Thora vorzulesen. Daß er sich trotz seines schwachen Hebräisch so tapfer schlug, überraschte ihn selbst. Als der Rabbi seine Hand schließlich auf Hellos Kopf, eigentlich also seinen Hut legte, um ihn zu segnen, rutschte ihm das Ungetüm so tief ins Gesicht, daß er nichts mehr sehen konnte. Seine Freunde in der ersten Reihe konnten das Lachen nicht unterdrücken.

Auch Anne lachte herzlich. »*Hello ... kann über alle möglichen Dinge hübsch erzählen*«, schrieb sie später in ihr Tagebuch. Vielleicht würde Hello ein richtig guter Freund werden. Verliebt? Nein, verliebt war sie bestimmt nicht in ihn, denn sie schwärmte für Peter Schiff, den sechzehnjährigen Berliner, der seit 1939 bei seiner Mutter und dem Stiefvater in Amsterdam wohnte, erst am Zuider Amstellaan, nun in der Waalstraat, und die HBS, die Höhere-Bürger-Schule, besuchte. Sie lag Annes Schule genau gegenüber. Peter, eigentlich trug er den Doppelnamen Lutz Peter Schiff, hatte ihr mehrmals zugelächelt. Anne hatte seine Nähe gesucht. Nun nahm der Junge mit den »samtbraunen Augen«, wie sie sich später erinnerte, keine Notiz mehr von ihr. Liebeskummer dürfte sie jedoch nicht gehabt haben. Außerdem mochte sie Hello, er sah gut aus mit seinen freundlichen blauen Augen und seinen vollen Lippen. Autofahren konnte er auch, schon seit er elf war. Das hatte ihm ein Freund der Familie beigebracht, und sein Großvater hatte ihn – vor Kriegsbeginn – öfter mal mit seinem Automobil fahren lassen. Im Augenblick war es eben verlockender, mit ihm zu plaudern als mit Jacqueline.

Im Nu war es Mittag geworden. Hello ging heim zum Essen, kündigte sich aber für den Nachmittag wieder an. Auch die Franks aßen gemeinsam zu Mittag. Danach machte sich Otto, wie so häufig Sonntag nachmittags, auf den Weg zum Weesperplein, wo er im »Joodse Invalide«, dem jüdischen Altersheim, einsamen alten Menschen Mut zusprach. Edith war in der Küche beschäftigt, Sonnenanbeterin Anne ließ sich mit einem Buch auf dem Balkon nieder, Margot zog das kühle Zimmer vor.

Gegen drei Uhr läutete es an der Wohnungstür. Edith

hörte das Klingeln als erste. Daß Hello Silberberg jetzt schon zurückkam, war doch unwahrscheinlich. Edith öffnete. Vor der Tür stand ein Beamter der Post, der ihr gegen ihre Unterschrift ein eingeschriebenes Schriftstück aushändigte. Edith starrte auf den Absender: Zentralstelle für jüdische Auswanderung, Adama van Scheltemaplatz 1. Nun war es soweit, sie holten Otto. Bisher waren sie immer gewarnt worden, wenn Razzien drohten. Otto hatte das Haus immer rechtzeitig verlassen und bei Bekannten übernachten können. Nun hatten die Nazis sich also eine neue Methode ausgedacht, den schriftlichen, persönlich adressierten Aufruf.

Edith traute ihren Augen nicht: Der Aufruf richtete sich gar nicht an Otto, sondern an Margot Frank; es war die Zwangsverpflichtung zum Arbeitseinsatz in Deutschland. Margot hatte sich bei der Zentralstelle zu melden. Von dort würde sie mit dem Zug in das Auffanglager Westerbork gebracht. Margot, ein sechzehnjähriges Mädchen, Gymnasiastin, fast noch ein Kind. Mitzubringen: zwei Decken, Bettücher, Proviant für drei Tage, Handtuch und Toilettenartikel, Teller, Tasse, Löffel. In einem Koffer oder Rucksack durfte sie weiter mitnehmen: ein Paar feste Winterschuhe, zwei Paar Socken, zwei Unterhosen, zwei Leibchen, einen Overall. Wichtig: den Koffer mit Vor- und Nachnamen, Geburtsdatum und dem Wort Holland beschriften. Er würde separat reisen. Alle Lebensmittelcoupons und den Personalausweis griffbereit mitführen! Wie konnten die Deutschen nur? Sie hatten doch versprochen, Familien nicht zu trennen …

Edith faßte sich, wie das nur eine Mutter kann, die das Leben ihres Kindes um jeden Preis zu verteidigen bereit ist. Sie reagierte schnell und ohne großes Aufsehen. In knappen Worten informierte sie Margot: Vater war aufgerufen worden. Das Mädchen sollte nicht in Panik ausbrechen. Keine Sorge, keinesfalls würde er dem Aufruf folgen. Sie hätten längst einen Ausweg gefunden. Edith müsse gleich zu den van Pels in den Zuider Amstellaan 24 laufen, sie hätte etwas mit ihnen zu besprechen. Margot sollte zwischenzeitlich mit Anne reden, vorsichtig. Und keinesfalls öffnen, wenn es an der Tür läutete.

Der Nachmittag verging unerträglich langsam. Margot mußte Anne einweihen. Die jüngere Schwester reagierte erwartungsgemäß heftig, ließ sich aber beruhigen. Vater würde keinesfalls gehen. Wie unter Schock saß Anne einfach da, bereit, alles mit sich geschehen zu lassen. Dann kam Edith zurück, mit ihr Hermann van Pels. Die beiden Erwachsenen berieten sich, die Mädchen durften nicht mithören. Sie sollten erst in letzter Minute eingeweiht werden. Wenn doch Otto endlich heimkäme. Als es klingelte, erschraken alle. Nur nicht aufmachen.

Hello verstand die Welt nicht mehr. Warum öffnete keiner die Tür? Anne und er waren doch verabredet. Es war doch eindeutig besprochen. Er hatte sich doch so gefreut. Irritiert und traurig ging er wieder nach Hause. Was konnte geschehen sein? Warum hatte Anne ihm nicht schon vor dem Mittagessen gesagt, daß sie nicht dasein würde?

Drinnen schmiedeten Edith und Herr van Pels ihren Plan. Die Franks mußten gleich morgen früh untertauchen, ganz egal, ob das Versteck nun schon fertig vorbereitet war oder nicht. Die Familie van Pels würde in einer Woche nachkommen. In ein so naheliegendes Versteck, daß kein Mensch darauf kommen würde. Ursprünglich hatten sie – scheinbar ohne konkreten Anlaß, aber weil das Leben für Juden immer gefährlicher wurde – den 16. Juli als Stichtag ins Auge gefaßt. Bis dahin sollte alles fertig vorbereitet sein. Nun würden sie sich eben zehn Tage früher verstecken.

Gegen fünf Uhr kam endlich Otto nach Hause. Es braucht nicht viel, um sich vorzustellen, wie Edith und die Mädchen ihn bestürmten. Otto zeigte sich besonnen wie immer. Wie es in ihm aussah, ließ er niemanden merken. Natürlich würden sie untertauchen. Gleich morgen früh, in etwa zwölf Stunden also. Keine Panik, es war alles von langer Hand geplant. Ihr Untermieter, Herr Goldschmidt, und alle Freunde und Nachbarn würden glauben, daß der Familie die Flucht in die Schweiz geglückt sei. Dafür sorgte er: Eine Adresse, auf einen kleinen Zettel geschrieben und anscheinend achtlos liegengelassen, würde alle auf die falsche Fährte locken. Vor dem Zubettgehen sollten Anne und Margot ihre persönlichen Dinge, die sie mitnehmen wollten, in ihre Schultaschen packen. Morgen früh wäre dazu keine Zeit mehr. Sie müßten sich auf mehrere Wochen, vielleicht Monate im Versteck einstellen, bis der Krieg zu Ende war und sie wieder auftauchen könnten. Die Katze? Nein, die müßte leider dableiben.

Annes Frage nach dem Ort des Verstecks ignorierte Otto. Es sei ein sicheres Versteck. Und die Familie würde zusammenbleiben, wie versprochen. Wo es war, das würde sie morgen früh sehen. »*... in der Stadt, auf dem Land, in einem Haus, in einer Hütte, wann, wie wo? ... Da waren viele Fragen, die ich nicht stellen konnte, und die doch immer wieder zurückkamen*«, erinnerte sich Anne später.

Auch Otto bekam seine Nervosität schwer in den Griff. Der Untermieter mußte abgelenkt, Ottos Mitarbeiter Johannes Kleiman und Victor Kugler mußten informiert werden. Schließlich war es Kleiman, der Otto Frank auf die Idee gebracht hatte, die leerstehenden Räume im Anbau hinter dem Büro in der Prinsengracht 263 als komfortables Versteck zu nutzen – bereits im Sommer 1941. Otto, der scheinbare Optimist, hatte vorgesorgt! Seit mehreren Monaten schon hatten Kugler und Kleiman Möbel, Geschirr, Bettwäsche, Lebensmittelvorräte, alles was man zum Leben brauchte, in das Hinterhaus geschafft. Stück für Stück. Den Franks und den van Pels selbst war es als Juden laut Verordnung ja bereits verboten, Möbel aus dem Haus zu schaffen. Sogar ein Badezimmer mit Waschtisch und Toilette hatten sie einbauen lassen. Kein Mensch käme je hinter das Versteck, dafür würden die Büromitarbeiter sorgen.

Als alles besprochen war, verabschiedete sich Hermann van Pels von den Franks. Er mußte schnell noch Jan und Miep Gies verständigen, denn nach acht Uhr konnte er sich nicht mehr auf der Straße zeigen. Otto hatte Miep schon Wochen zuvor in seinen Plan eingeweiht. Sind Sie bereit, die Verantwortung für uns zu übernehmen, wenn wir versteckt sind, hatte er sie gefragt. Verantwortung zu übernehmen, das hieß einkaufen, Nahrung besorgen auf einem Markt, auf dem Lebensmittel knapp waren. Verantwortung zu übernehmen hieß, immer dazusein, wenn die Untergetauchten sie brauchten, und zu niemandem – niemals – auch nur ein Sterbenswörtchen darüber zu verlieren. Verantwortung hieß, ein Geheimnis zu hüten, bei dem es um Leben und Tod gehen konnte. Miep reagierte mit einer solchen Selbstverständlichkeit, als ob Otto sie um die Erledigung einer Routineaufgabe im Büro gebeten hätte. Ja, natürlich, antwortete sie ihrem Chef, ohne auch nur eine weitere Frage zu stellen. Sie respektierte Otto Frank, er war ein Freund. Und er war ihr Vorgesetzter. Ein Vorgesetzter, wie sie ihn sich fairer nicht vorstellen konnte, zu dem man einfach loyal sein mußte. Ein »Nein« wäre ihr nicht in den Sinn gekommen. Angst? Dieser Begriff schien in ihrem Wortschatz nicht zu existieren.

Als Hermann van Pels Jan und Miep in knappen Worten schilderte, was am Nachmittag geschehen war, zögerten sie keinen Augenblick. Sobald es dunkel wurde, sollten sie Kleider, Schuhe, Handtücher bei den Franks abholen und bei sich daheim zwischenlagern – weder die van Pels' noch die Franks durften ihre Wohnung ja nach acht Uhr abends verlassen. In das Versteck in der Prinsengracht könnten sie die Sachen dann in den nächsten Tagen bringen.

Natürlich waren Miep und Jan sehr aufgeregt. Es konnte sie Kopf und Kragen kosten, wenn sie sich von der Polizei erwischen ließen. Am liebsten wären sie von ihrer Wohnung in der Hunzestraat zum Merwedeplein gelaufen, aber das war natürlich zu auffällig. Sie versuchten also, ihr Tempo zu mäßigen. Geistesgegenwärtig hatten sie ihre Regencapes übergezogen. Das war zwar eine recht ungewöhnliche Bekleidung an einem so warmen Sommerabend, aber darunter ließ sich allerlei Sperriges verbergen. Mit Koffern und Taschen durch die Straßen zu eilen, hätte zuviel Aufsehen erregt.

Spätabends schrieb Otto einen kurzen Brief an seine Schwester Helene in Basel, sorgsam formuliert, denn er mußte die deutsche Zensur passieren. Miep würde ihn am nächsten Tag zur Post bringen. »*Liebste Lunni, wir gratulieren Dir alle heute schon zu Deinem Geburtstag, da wir sicher sein wollen, daß Du unsere Grüße rechtzeitig erhältst und wir später keine Gelegenheit haben.*« Helene hatte erst am 8. September Geburtstag. »*Wir wünschen Dir von Herzen das beste. Wir sind gesund und zusammen, das ist die Hauptsache.*« Die Verwandten in Basel sollten wissen, daß Otto, Edith und die Kinder zwar untertauchen, sich aber keinesfalls trennen würden. Edith Frank konnte ihre Brüder in den USA nicht selbst benachrichtigen. Seit Hitler-Deutschland den Vereinigten Staaten am 11. Dezember 1941 den Krieg erklärt hatte, war der Postverkehr zwischen den Staaten unterbrochen. Alice Frank-Stern bemühte sich allerdings seit jeher, die Nachrichten ihrer Schwiegertochter an Julius und Walter Holländer weiterzuleiten. Auch diese verschlüsselten Mitteilungen schickte sie vermutlich nach Massachusetts: »*Schwer ist heute alles für uns, aber man muß halt manches in Kauf nehmen. Hoffentlich wird in diesem Jahr noch Friede kommen, sodaß wir uns wiedersehen können.*« Der Brief enthielt auch eine kurze Nachricht an Ottos Mutter: »*Daß wir mit der I. und den Ihren nicht mehr korrespondieren können, ist bedauerlich, läßt sich aber nicht ändern. Das muß sie verstehen.*

Nochmals innige Grüße. Euer O.« Und Anne durfte einen knappen Satz hinzufügen: »*Ich kann euch den Ferienbrief jetzt nicht schreiben.*«

Als Hanneli Goslar am Montag nachmittag bei den Franks läutete, öffnete Herr Goldschmidt. Schüchtern fragte sie nach Annes Mutter und erklärte, warum sie störe. Sie wollte sich die Küchenwaage, die sich Frau Frank ausgeliehen hatte, wieder abholen. Ihre Mutter war dabei, Marmelade einzukochen, aber ohne Waage …

Der Untermieter wies das erschrockene Mädchen erst unwirsch ab. Weißt du denn nicht, daß die Franks nicht mehr da sind, hörte sie ihn sagen. Schließlich ließ er sie doch eintreten, um die Küchenwaage zu holen.

Wie ein Lauffeuer verbreitete sich die Neuigkeit unter den Freunden und Bekannten. Anne ist weg, in die Schweiz, trug Hanne sofort zu Jacque weiter. Jacqueline hatte doch noch am Nachmittag vorher ausführlich mit Anne telefoniert, sie hatte nichts angedeutet.

Die Franks sind in die Schweiz geflohen, flüsterten die Goslars den Ledermanns hinter vorgehaltener Hand zu. Sie hatten ja Verwandte in Basel. Sie waren in Eile gewesen, nicht einmal die Wohnung hatten sie aufgeräumt, die Betten waren nicht gemacht, das Geschirr nicht abgewaschen. Angeblich wurde Margot zum Arbeitsdienst berufen. Nein, niemand hatte sie weggehen sehen. Wahrscheinlich waren sie mitten in der Nacht auf und davon. Gott gebe, daß alles gutgegangen ist. Ein deutscher Offizier soll Otto geholfen haben, einer der wenigen anständigen, ein alter Kumpel anscheinend, Otto war ja selbst Offizier gewesen im Ersten Weltkrieg, Träger des Eisernen Kreuzes erster Klasse.

Auch Hello kamen allerlei Gerüchte von einer überstürzten Flucht ins Ausland zu Ohren. Er nahm sie hin, sie waren kein Schock für ihn. Schon in Deutschland hatte er erlebt, wie ein Schulfreund von einem Tag auf den anderen verschwand. An ihn mußte er plötzlich denken. Am 27. Oktober 1938 hatte die Polizei den Jungen und seine Eltern von heute auf morgen aus Deutschland vertrieben, weil er Jude mit polnischer Staatsangehörigkeit war. 17000 Menschen wurden ausgewiesen, angeblich um der polnischen Regierung zuvorzukommen, die allen Auslandspolen, die ihre Pässe nicht bis zum 29. Oktober verlängern ließen, die Einreiseerlaubnis verweigern wollte. Ein abscheuliches Spiel. Die Spielfiguren waren Menschen. Unvorstellbar. Schon damals mußte Hello hinnehmen, was geschehen war, durfte nicht nachfragen. Nach Anne forschte er nun auch nicht.

Während sich Hanneli und Jacque – auf der Suche nach Erinnerungsstücken an Anne, ihrem Tagebuch vielleicht – noch einmal in die Wohnung der Franks wagten, während auch Jetteke nachschaute, ob ihre beste Freundin Margot eine versteckte Nachricht für sie hinterlassen hatte, und ein kleines Bändchen aus der Serie *Nieuwste Dichtkunst, De Uilenreeks Nr. 1*, aus Margots Buchregal mitnahm, nein, nicht stahl, sie würde es ihr nach dem Krieg doch wiedergeben, kehrte Hello nicht mehr dorthin zurück. Er war schon sechzehn. Ihn konnte es als nächsten treffen. Und doch mußte das Leben weitergehen.

Amsterdam Zuid in Panik. Seit dem 5. Juli wurden nun täglich 350 Juden zum Arbeitsdienst in Deutschland aufgerufen, die Abfahrt nach Westerbork war für den 15. Juli festgelegt. Einige meldeten sich ordnungsgemäß. Aus Angst, sie könnten ihren Familien schaden, aus Gutgläubigkeit, weil »es doch sicher nicht so schlimm würde«. Die meisten suchten voller Angst nach Auswegen. Manchen – wie den

Franks – gelang es unterzutauchen, wenige schafften tatsächlich die Flucht aus dem deutschen Machtbereich, viele andere kämpften verzweifelt um eine vorläufige Zurückstellung. Wer beim Judenrat beschäftigt war oder sonst nachweislich dafür arbeitete, das jüdische Alltagsrad am Laufen zu halten, konnte vorläufig ruhig atmen. Geschützt war für den Moment auch, wer einen neutralen ausländischen Paß besaß, etwa südamerikanischer Staatsbürger war. Solche Pässe konnte man teuer in der Schweiz kaufen. Die Goslars hatten Glück. Ein Onkel hatte ihnen Pässe von Paraguay besorgt.

Sicher waren vorübergehend auch jene deutschstämmigen Juden, die nahe Verwandte – Kinder, Eltern oder Geschwister – in Palästina hatten. Sie konnten ihre Namen auf die sogenannte Palästinaliste setzen lassen. Die SS hatte natürlich einen Hintergedanken: Sie wollte diese Juden zum eventuellen Tauschhandel mit den Engländern »benutzen«. Deutsche Juden gegen deutsche Kriegsgefangene.

Die Goslars hatten zwar keine Verwandten in Palästina, Hans Goslar galt jedoch als »Veteran«. Er war ein bekannter Zionist, der sich zeitlebens für die Errichtung des Staates Israel eingesetzt hatte. Die Familie landete auf Liste 2, der sogenannten Veteranenliste. Eine Form der Anerkennung von den Nazis? Auch die Ledermanns schafften es auf eine der schließlich 40 Palästinalisten.

Kein Strohhalm war zu dünn, daß man nicht wenigstens versuchte, sich daran festzuklammern. Vorgesetzte schickten Bestätigungen für Mitarbeiter – sie wären ganz und gar unabkömmlich. Ärzte stellten Atteste aus. Ganze Horden stürmten den Judenrat, in der Hoffnung, wenigstens eine Woche Aufschub zu erwirken.

Der deutschen Sicherheitspolizei lief die Zeit davon. Die von Berlin festgesetzten Quoten für die ersten drei Transporte waren noch nicht erreicht, sie mußte durchgreifen.

Um die Juden einzuschüchtern und zu Gehorsam zu bewegen, befahl SS-Führer Rauter eine »Aktion«. 700 Juden sollten von der Straße aufgegriffen und als Geiseln festgehalten werden. In der ganzen Stadt machten deutsche Nazis und holländische Polizisten Jagd auf Juden – noch hemmungsloser als bei den furchtbaren Razzien im Februar 1941. Sie verhafteten willkürlich jüdische Männer, manche in Begleitung von Frauen und Kindern, stießen sie brutal in eine Straßenbahn, die eigens zum Abtransport der Juden bereitgestellt wurde. Davonlaufende wurden wie Vieh gehetzt und mit Gewalt zurückgehalten. Wenigen gelang es, sich in Geschäften oder Hauseingängen zu verstecken und zu entkommen. Mütter und Kinder liefen schreiend hinter der anfahrenden Straßenbahn her, weinten nach ihren Männern, ihren Vätern. Die holländischen Passanten beobachteten das unmenschliche Schauspiel voll Abscheu und Angst. Sich einzumischen trauten sie sich nicht.

»*Etwa 700 Juden wurden heute in Amsterdam verhaftet*«, meldete das *Jüdische Wochenblatt* noch am selben Tag in einer Sonderausgabe. Im Auftrag der Deutschen Sicherheitspolizei folgte eine Drohung: Wenn sich die 4000 dazu aufgeforderten Juden nicht noch diese Woche ordnungsgemäß zum Arbeitseinsatz in Deutschland melden, werden die 700 Gefangenen strafweise in ein deutsches Konzentrationslager gebracht.

Rauter konnte zufrieden sein. Die jüdische Bevölkerung war eingeschüchtert, viele folgten nun ihrem Aufruf. Ein Funken Hoffnung gab ihnen Kraft. Vielleicht kam doch noch die Rettung? Die Kommunisten würden sicher eingreifen ... die Invasion der Alliierten mußte doch bald beginnen ... die Engländer würden den Hauptbahnhof zerstören ... die Bahnarbeiter würden streiken ... Nichts davon geschah.

Ein Manifest der holländischen Fraktion der Sozialistischen Internationale, in ihrem illegalen Kampfblatt *De Vonk* veröffentlicht und an eine große Zahl von Intellektuellen, aber auch an Arbeiter verschickt, rief zu öffentlichen Protesten, Aufmärschen, offenen Briefen, Boykotten gegen die Deportationen auf. Alle Holländer müßten aufstehen und sich wehren, nur das würde die deutsche Besatzungsmacht verunsichern. Schon Passivität wäre Mittäterschaft. Blinder Gehorsam konnte Mord bedeuten: Sekretärinnen, die Listen jüdischer Menschen tippten, Polizisten, die sie aus ihren Wohnungen holten, Bahnbeamte, die Güterzüge organisierten und Fahrpläne aufstellten …

Das Manifest stieß auf ebensowenig Reaktion wie alle übrigen Aufrufe der Regimegegner. Das Volk hielt still. Seine Angst vor den Racheaktionen der Nazis war zu groß. In den Nächten des 15., 16. und 17. Juli verließen jeweils zwei Sonderzüge mit je etwa 700 Juden Amsterdam. Familienmitglieder durften nicht zum Bahnhof kommen. Keine falsche Sentimentalität. Es ging doch nur zum Arbeitsdienst.

Am 17. Juli meldete Generalkonsul Otto Bene, der Vertreter des Auswärtigen Amtes beim Reichskommissar für die besetzten Gebiete in Den Haag, daß der erste Deportationszug ohne bedeutende Zwischenfälle vom Lager Westerbork nach Auschwitz abgefahren sei. Westerbork war zu diesem Zweck mit einem eigenen neuen Gleisanschluß ausgerüstet worden.

Für die Juden in Amsterdam ging der Schrecken weiter. Noch am selben Tag wurde allen in Holland lebenden Juden ihre Staatsbürgerschaft aberkannt. Nun waren sie vogelfrei.

Wenige Tage später wurden in den jüdischen Wohnungen die Telefone abgeschaltet. Nur ein weiterer Schritt zur vollständigen Isolation.

Am 31. Juli schließlich hatte Otto Bene Erfolg nach Berlin zu vermelden: »*Betrifft: Abschub der Juden. Mit den heute abgegangenen Zügen sind bis jetzt 6000 niederlän-*

dische Juden abtransportiert worden. Der Abtransport als solcher ist ungestört verlaufen, und es ist auch nicht anzunehmen, daß bei den in den nächsten Wochen rollenden Transporten Schwierigkeiten oder Störungen eintreten werden.« Die Maschinerie lief.

8. *Das Hinterhaus*

»Es ist hier überhaupt nicht so schlimm, denn wir können hier selbst kochen und unten in Papis Büro Radio hören.« Keine drei Tage war Anne untergetaucht, als sie erstmals wieder ihr rotgrün-kariertes Büchlein aufschlug. *»Ich kann jetzt ganz offen alle Namen und alles in mein Tagebuch schreiben. Herr Kleiman und Miep und auch Bep Voskuyl haben uns so geholfen, wir haben schon Rhabarber, Erdbeeren und Kirschen gehabt, und ich glaube nicht, daß wir uns vorläufig langweilen werden.«*

Die ersten Tage im Versteck erlebte Anne wie einen abenteuerlichen Ferienaufenthalt, ungewöhnlicher als die Zeltlager, an denen sie in den Sommern davor, 1938 in Bussum etwa, teilgenommen hatte.

Keine Frage, Anne stand unter Schock. Eben noch hatte sie in der Sonne gelegen, nun begab sie sich in Gefahr, wenn sie zu nahe ans Fenster trat. Eben noch hatte sie ausgelassen über Hello Silberbergs hübsche Geschichten gelacht, nun mußte sie mit verhaltener Stimme sprechen, jeden Gefühlsausbruch unterdrücken, jede ihrer Bewegungen bremsen. Eben noch hatte sie mit Jacque telefoniert, nun wußte die Freundin nicht einmal, wo Anne war. Niemand wußte, wo sie war.

Statt sich wie Edith und Margot von Verzweiflung und

dem Gefühl der Wehrlosigkeit lähmen zu lassen, schien Anne ihre neue Lebenssituation jedoch mit geradezu unbeschwerter Selbstverständlichkeit hinzunehmen; ein Zeichen dafür, daß sie noch keine Vorstellung davon hatte, was das Verstecktsein für sie bedeuten würde. Es hatte sie aus heiterem Himmel getroffen.

Montag, der 6. Juli 1942. Seit den frühen Morgenstunden hatte es ununterbrochen geregnet – ein milder, voller Frühsommerregen, der die Franks wie ein Geschenk des Himmels traf. Wie verabredet hatte Miep schon um halb acht an die Wohnungstür am Merwedeplein geklopft, um Margot abzuholen. Die Straßen waren leerer als sonst um diese Zeit. Wer es einrichten konnte, war im Trockenen geblieben. Kein deutscher Soldat, kein holländischer Polizist hätte sich freiwillig naßregnen lassen.

Margot und Miep hatten freie Bahn. Wie zwei junge Holländerinnen auf dem Weg zur Arbeit waren sie aus dem Amsterdamer Süden Richtung Innenstadt geradelt, Margot – auf dem Fahrrad, das sie gegen den Nazibefehl behalten hatte – dicht hinter Miep, scheinbar unbeteiligt, doch hinter ihrer zur Maske erstarrten Miene drückende Angst. Sie hatte keine Ahnung, wohin die Fahrt gehen sollte. Sie benutzte ein Fahrrad – Grund genug, sie auf der Stelle zu verhaften. Sie trug keinen Judenstern – auch das ein schweres Vergehen.

Ihr einziger Trost, als sie tropfnaß und vor Anspannung zitternd die Prinsengracht erreicht und Miep sie ins Hinterhaus geschleust hatte: Sie müßte nur kurze Zeit allein ausharren, Otto, Edith und Anne würden auch bald eintreffen. Die drei hatten die Wohnung kurz nach Margot verlassen und sich zu Fuß in Richtung Altstadt aufgemacht; so überstürzt, daß Anne nicht einmal zurückgeschaut hatte. Nach dem Krieg würde sie ohnehin an den Merwedeplein zurückkehren – vielleicht in ein paar Wochen, vielleicht in ein paar Monaten. Nur ihrem Kätzchen hatte Anne schweren Herzens Lebwohl gesagt. Die Nachbarn würden sich hoffentlich um Moortje kümmern.

»*Wir gingen am folgenden Tag schon um Viertel vor acht aus dem Haus ich hatte eine ›kombineschen‹ – eine Art Unterkleid – an dann zwei Hemden und zwei Hosen dann ein Kleid und einen Rock dann eine wollene Strickjacke und einen Mantel*« – an den auf der linken Brustseite der Judenstern genäht war –, »*es goß also tat ich ein Kopftuch an, und Mama und ich nahmen jede eine Schultasche unter den Arm.*« Mit großem Gepäck hätten sie sich verdächtig gemacht. Jeder Ortswechsel war den Juden längst per Nazigesetz verboten.

Fast eine Stunde müssen sie durch den Regen gewandert sein, erst durch die breiten Straßen des Flußviertels, dann durch die engen der Amsterdamer Altstadt, über unzählige Brücken, bemüht, ihr Tempo trotz des Regens, trotz ihrer Ruhelosigkeit zu drosseln. Laufende Juden hätte man für Juden auf der Flucht halten können und womöglich aufgehalten.

Als sie in der Prinsengracht 263 angekommen waren, hatte es zu regnen aufgehört. Während des Tages hatte sich dann immer wieder die Sonne durchgekämpft, aber davon hatten die Franks wahrscheinlich kaum Notiz genommen. Nachdem Miep die Verbindungstür zum Hinterhaus hinter ihnen zugezogen hatte, war die Welt draußen für sie in unerreichbar weite Ferne gerückt. Eine Welt der Erinnerungen, in der kein Platz mehr für sie war. Ihr Lebensraum war auf knapp 50 Quadratmeter geschrumpft. Zwei kleine, muffig feuchte Zimmer im ersten Stockwerk des Hinterhauses. Das eine kaum breiter als drei Meter und nicht länger als fünf, mit einer Holzdecke aus massiven Balken, die einen förmlich nach unten drückten und die Luft zum

Atmen nehmen konnten. Wohn- und Schlafraum für Otto und Edith Frank. Das andere Zimmer deutlich schmäler, gerade so breit wie das Fenster. Es mußte für Anne und Margot reichen. Daran angeschlossen das Badezimmer, sowohl von Annes Raum, als auch von außen zugänglich, spartanisch ausgestattet, aber mit Waschtisch und fließendem Wasser – leider nur kaltem – und einem abgetrennten Wasserklosett, freilich nur außerhalb der Geschäftszeiten zu benutzen. Wasserleitungen und Abflußrohre liefen durch jene Wand, die ein Stockwerk tiefer einen der Lagerräume begrenzte. Das Rauschen der Klospülung hallte dort unten verräterisch wider.

Eine hühnerleitersteile Treppe führte in den größten Raum, nennen wir ihn Wohnküche, mit Küchenzeile, Herd und Abwaschbecken, ursprünglich eine Versuchsküche, die zu »Pectacon« gehörte. Dahinter eine winzige Kammer mit einem Fenster zum Lichthof, ein kleiner Vor- oder Durchgangsraum eigentlich, in dem die Holztreppe, die auf den Dachboden hinaufführte, gerade Platz genug ließ für ein schmales, an die Wand gepreßtes Bett und ein bescheidenes Tischchen; gedacht für Peter van Pels, der mit seinen Eltern wie verabredet eine Woche später, am 13. Juli, ins Hinterhaus kommen sollte. Hermann und Auguste van Pels würden in der Wohnküche schlafen, die tagsüber allen Versteckten offenstehen und als Eßzimmer und Aufenthaltsraum dienen sollte.

Vier Erwachsene, drei beinahe Erwachsene und dazu noch Peters schwarze, schnurrende Katze Mouchi, die er gegen die Abmachung doch ins Versteck mitgebracht hatte, sie alle auf 50 Quadratmetern – stickig heiß im Sommer, weil die Fenster natürlich immer geschlossen bleiben mußten, und durchdringend kalt im Winter, weil der kärgliche Kohleofen oft nicht genug Wärme abgab; in Zimmern, klein wie Gefängniszellen. Mit einem entscheidenden Unterschied: Im Gefängnis weiß man, woran man ist.

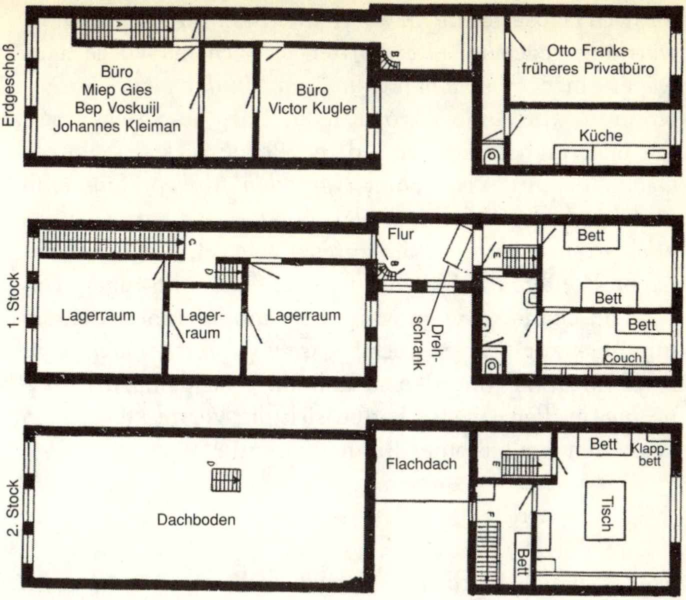

Prinsengracht 263: Büro- und Hinterhaus sind im Erdgeschoß und ersten Stock miteinander verbunden.

Dort ist man sich seines Schicksals jedenfalls sicher. Im Versteck mußte man immer auf der Hut sein. Und während Gefangenen regelmäßiger Hofgang zusteht, durften Anne und die anderen unter keinen Umständen ins Freie. Einziger Ausgang: auf den Dachboden. Durch sein großes, verschlossenes Fenster sahen sie aus sicherem Abstand in den Nachbargarten – auf die Krone eines mächtigen Kastanienbaums, der ihnen den Wechsel der Jahreszeiten anzeigte. Und durch die offene Dachluke im Giebel konnten sie einen Blick auf den Turm der Westerkerk erhaschen, dessen schwarzgoldene, nachts für gewöhnlich beleuchtete Turmuhr wegen des Verdunkelungsbefehls nur noch selten strahlte und – viel wichtiger noch – einen Hauch von frischer Luft einfangen. Abends, nachdem die Lagerarbeiter nach Hause gegangen waren und einer ihrer Helfer Entwarnung gegeben hatte, durften sie sich ins Vorderhaus wagen, in dem »*kleinen, muffigen, dunklen Direktorenzimmer*«, wie Anne Victor Kuglers Büro beschrieb, arbeiten oder im »*Privatbüro*«, dem »*Prunkstück des ganzen Gebäudes*« mit »*vornehmen dunklen Möbeln Linoleum und Teppichen auf dem Boden, Radio, vornehmer Lampe alles prima-prima*«, Radio hören – aber leise! –, durch das Lager streifen, die Luft des freien Lebens aufsaugen. Das Gemeinschaftsbüro von Miep, Bep und Johannes Kleiman mit Blick zur Prinsengracht – »*sehr groß, sehr hell, sehr voll*«, so Anne – mußten sie allerdings meiden. Durch seine übergroßen Fenster hätten sich die Versteckten jedem Passanten wie auf einer Bühne präsentiert.

Während sich Edith und Margot nach ihrer Ankunft im Hinterhaus hilflos hatten hängen lassen, zu durcheinander, um sich nützlich zu machen, hatten Otto und Anne kurzentschlossen zugepackt. Otto, der seine Nervosität mit wohlorganisierter Geschäftigkeit zu betäuben suchte. Anne, die ihrem Vater nacheiferte. Genug zu tun hatte es fürwahr gegeben.

Zuerst mußten sie die Fenster verhängen. In dem Chaos aus Kisten, Säcken und Möbeln fanden sie vielerlei Fetzen und Lappen, die sie ohne Umstände im groben Patchworkstil zu vorhangähnlichen Stoffbahnen aneinanderhefteten und mit Reißnägeln an den Fensterrahmen befestigten. Meisterwerke der Improvisation, die bei Tag ausreichend Schutz boten. Abends jedoch mußten, damit sich nur ja kein Lichtstrahl nach außen verirren konnte, schwere Verdunkelungsplatten an die Fenster montiert werden – von innen natürlich, denn von außen durfte ja keine Veränderung bemerkbar sein.

Das Hinterhaus: Annes Zimmer lag hinter dem linken Fenster im ersten Stock; von der Dachluke ganz oben im Giebel konnten die Hinterhausbewohner die Westerkerk sehen.

Dann waren Otto und Anne Stunden um Stunden damit beschäftigt, das Kistenchaos zu ordnen, Möbel an ihren Platz zu rücken, Böden zu schrubben, Teppiche auszurollen, Kisten und Säcke zu entleeren, Töpfe und Geschirr,

Tisch-, Bettwäsche und Kleidung, Konserven und Bücher in die dafür vorgesehenen Regale und Wandschränke zu verstauen, ihr beengtes Exil also so wohnlich wie möglich einzurichten. Anne machte überraschende Entdeckungen: Plötzlich bekam sie Möbelstücke zu Gesicht, die schon seit Wochen, manche seit Monaten aus der Wohnung am Merwedeplein verschwunden waren. Sie wären bei der Reparatur, hatte ihr Edith damals mit gespielter Beiläufigkeit mitgeteilt.

Als Otto Frank zwischen all den Truhen und Schachteln schließlich die Box mit Annes Sammlung von Filmstars und Königskindern hervorzauberte, strahlte Anne. Vater war wirklich der Beste! Otto verstand, daß er mit derlei kleinen Schätzen, Trivialitäten mit ideellem Wert, eine Brücke zwischen dem früheren »normalen« Leben und ihrem jetzigen Ausnahmezustand bauen konnte. Nichts schien ihm nun wichtiger, als dem Leben im Versteck den Anstrich von Normalität zu geben. Dazu gehörte, daß er Anne dazu ermunterte, die kahle Wand neben ihrer Schlafstätte mit Leim zu bestreichen und mit ihren Lieblingsbildchen zu bekleben. Zwischen Portraits von Heinz Rühmann, Greta Garbo und Ray Milland plazierte sie allerlei pausbackige Kinder mit dünnen, blonden Kinderlocken aus europäischen Herrscherhäusern, die spätere Queen Elizabeth etwa, daneben Abbilder von Leonardo da Vinci, Rembrandt oder Michelangelos Pietà.

Dazu gehörte aber auch, daß Otto die Bewohner des Hinterhauses vom ersten Tag an an einen einigermaßen geregelten Tagesablauf gewöhnte. Mit seiner Ordnungsliebe und Korrektheit, die ihm später den Scherznamen »preußischer Offizier« eintrugen, hatte das jedoch wenig zu tun. Otto hatte erkannt, wie riskant es war, in einen Schlendrian, in ein Sich-Gehen-Lassen zu verfallen, sich womöglich in einem selbstmitleidigen Gefühl der Nutzlosigkeit treiben zu lassen oder in passivem Abwarten zu erstarren.

Der einzelne würde nicht nur zur Zumutung für alle anderen, sondern zur ernsthaften Gefahr.

Der Tagesordnung im Hinterhaus entkam deshalb keiner. Wochentags mußten sie spätestens um sieben aufstehen. Schnell die Verdunkelungsplatten abnehmen, damit das Morgenlicht die finsteren Zimmerhöhlen erhellte und das Munterwerden nach einer unruhigen Nacht leichter fiel. Die Nächte waren selten ungestört: Nicht nur die häufigen Fliegeralarme rissen die sensibilisierten »onderduiker«, wie man in Holland die Untergetauchten nannte, aus dem Schlaf. Sie schliefen nicht tief, ihre Bettruhe glich einem Auf-der-Lauer-liegen – wie die einer Mutter, die im Schlaf ihr Neugeborenes bewacht, oder die eines Arztes im Nachtdienst, der im Notfall sofort hellwach sein muß. Jedes Geräusch klang in der Stille der Nacht doppelt laut und unheimlich, schon das räuspernde Husten eines Mitbewohners oder das Aufjammern einer Katze im Hinterhof und erst recht das Rascheln einer Ratte, die sich auf dem Speicher an den Vorräten zu schaffen machte, konnte ihre Angst wecken. Mit dem Tagesanbruch kam auch neue Hoffnung.

In welcher Reihenfolge die Mitbewohner das Badezimmer benutzten, hatte sich schnell eingespielt und galt von da an als ungeschriebenes Gesetz. Nur so war gesichert, daß alle bis halb neun ihre Morgentoilette erledigt, sich angekleidet und ihr Nachtlager so verstaut hatten, daß die kleinen Kammern tagsüber möglichst viel Raum zum Wohnen ließen. Dann durften sie sich nur noch auf Zehenspitzen bewegen, denn unten hatte bereits die Morgenschicht der Lagerarbeiter begonnen. Zwar hatten sie den Lagerleiter Johannes Hendrik Voskuijl, Beps Vater, eingeweiht, seine wechselnden Mitarbeiter durften jedoch auf keinen Fall Verdacht schöpfen.

Gespanntes Warten auf Miep. Wenn sie sich am frühen Vormittag aus ihrem Büro ins Hinterhaus stahl, um die tägliche Wunschliste nach Lebensmitteln, Toilettenartikeln und anderen Notwendigkeiten abzuholen und ihren Schützlingen ein paar eilig geflüsterte Neuigkeiten dazulassen, erhellten sich ihre Gesichter. Erst jetzt waren sie wirklich aus der Ungewißheit der Nacht erlöst. Miep, der Schutzengel. Neben ihrem Mann Jan Gies, der beim Amsterdamer Sozialamt arbeitete und jeden Mittag zum Essen in die Prinsengracht kam, neben Johannes Kleiman, Victor Kugler und Bep Voskuijl war sie ihre einzige Verbindung zur Außenwelt. Nie jedoch blieb die junge Ehefrau, die vor ihren Freunden auch unter größter Anspannung nie ihre Ruhe und ihr freundliches Gesicht verlor, vormittags mehr als ein paar Minuten. Was, wenn sie einer aus dem Lager gesucht hätte? Sie mußte Anne und die anderen auf den Mittag oder Nachmittag vertrösten und schnell wieder verschwinden.

Tägliches Programm bis halb eins: Lernen. Sprachen, Mathematik, Geographie, Geschichte. Anne, Margot und Peter sollten den Anschluß an ihre Klassen nicht versäumen. Und Lesen, Nähen oder Stricken. Weiterhin auf dem Stundenplan: Küchendienst. Gemüse putzen, sofern es frisches Gemüse gab. Und Kartoffelschälen, jeden Tag Kartoffelschälen. Alle Bewohner des »Waisenhauses« – so nannten sie ihr Versteck, wenn der Galgenhumor wieder mit ihnen durchging – mußten abwechselnd dabei helfen. Kartoffeln, in großen Tonnen auf dem Dachboden gelagert, waren das Hauptnahrungsmittel im Versteck.

Verboten: alles Lärmerzeugende. In dieser Stille, unterbrochen nur vom Glockenläuten der nahe gelegenen Westerkerk und den Geräuschen, die stark gedämpft aus den Lagerräumen durchdrangen, schienen die vier Stunden bis Mittag oft nicht enden zu wollen. Zuviel Zeit, zu wenig Raum. Das Schlagen der Turmglocken drängte sich den Versteckten kräftig widerhallend auf, erinnerte sie unüberhörbar daran, daß sie aus der Welt ausgeschlossen waren und ihr Leben – trotz des Beschäftigungsprogramms – auf

Abwarten und Hoffen reduziert war. Nur Anne mochte die Klänge, vielleicht, weil sie ihr Ton für Ton zuriefen, daß ihr Leben in Freiheit gar nicht so weit weg, sondern sogar hörbar und deshalb nicht verloren war. Und als die Glocken – wahrscheinlich wegen einer Stromstörung – im August 1943 vorübergehend schwiegen, fiel ihr das gleich auf. Das fehlende Läuten verunsicherte sie.

Zu jeder Viertelstunde meldete sich das historische Glockenspiel, bei Tag und bei Nacht. Seine 37 Glocken gaben jedem Viertel seine eindeutige, harmonische Identität. Eine kurze, helle Tonfolge zeigte das erste Viertel an, eine zweite – ähnlich und doch unverwechselbar anders – das dritte. Zur halben Stunde erklang eine ausführlichere Melodie, zur vollen die längste und tonreichste. Als wäre das nicht deutlich genug, hob zweimal stündlich nach dem Glockenspiel auch noch eine der großen Turmglocken an – um halb eine kleinere Glocke, zur vollen Stunde ertönten die tiefen, bedeutungsvollen Schläge der ältesten Uhrglocke der Westerkerk. All dies geschah automatisch, damals wie heute gelenkt von der strombetriebenen Spieltrommel. Jeden Samstag – und vermutlich ein weiteres Mal während der Woche – bestieg der Glockenspielmeister der Stadt den Turm der Westerkerk und musizierte auf dem Glockenspiel. Bekannte Lieder, von denen Anne einige aus der Schule gekannt haben muß.

So unangenehm die Erwachsenen das Geläute sonst auch fanden, die Glockenschläge mittags um halb eins nahmen sie auf wie Kinder den erlösenden Klang der Schulglocke, der sie in den freien Nachmittag entläßt. Endlich. Mittagspause. Die Arbeiter verließen nun für eineinhalb Stunden das Haus. Wertvolle eineinhalb Stunden für die Versteckten. Zum einen durften sie Geräusche machen, sogar die Toilette benutzen – was das bedeutete, weiß erst zu schätzen, wer sein Geschäft schon einmal auf einem halbvollen Gemeinschaftseimer verrichten mußte. Zum anderen bekamen sie Besuch. »*Dreiviertel eins: Nach und nach kommen alle nach oben ...*«, notierte Anne später in einer ihrer Kurzgeschichten, die sie mit »Mittagspause« betitelte. Nacheinander kamen die schüchterne Bep, Jan Gies und manchmal auch Miep hinauf in die Wohnküche, schließlich Victor Kugler oder Johannes Kleiman – mal hatte der eine mehr Zeit, mal der andere. Sie gaben ihre Tageszeitungen an Otto Frank und Hermann van Pels weiter, den *Telegraaf* und das *Vrije Volk* – beide Blätter von den Deutschen streng zensiert, die Informationen über die Kriegsentwicklung deshalb mit Vorsicht zu genießen. Außerdem hatten sie jedesmal Geschäftliches mit den beiden Männern zu besprechen – Ottos Unternehmen »Pectacon« und »Opekta«, ersteres als »Gies & Co« nun offiziell unter Kuglers, das zweite unter Kleimans Leitung, mußten ja weiterlaufen. Und ohne Ottos Rat und Einverständnis unternahmen sie nichts.

Die erwartungsvollen Blicke ihrer Schützlinge, aus denen ihre vollkommene Abhängigkeit sprach, beschämten die Helfer. Für sie war Otto Frank immer noch ihr Chef, auch wenn die Rollen nun vertauscht, er und die anderen ihnen ausgeliefert und ohne sie nicht überlebensfähig waren. »*Viertel zwei: Kleiner Lunch. Jeder bekommt eine Tasse Suppe und, wenn es bei uns eine Nachspeise gibt, auch einen Teller davon*«, beschrieb Anne in ihrer Geschichte von der »Mittagspause«. Doch was auf den Tisch kam, war nebensächlich. Daß ihre Beschützer, wenigstens der eine oder andere von ihnen, mit den Versteckten am Tisch saßen, war, worauf es ihnen ankam. Sie waren vor allem hungrig nach Neuigkeiten, dankbar für jede Information. Was war seit gestern geschehen? ... Im Büro? ... In der Nachbarschaft? ... Wie ging es den jüdischen Bekannten? ... Hatte es wieder Razzien gegeben? ... Wer war dem Aufruf zum Arbeitseinsatz gefolgt? ... Neue antijüdische Verordnungen? ... Neue Gerüchte? ... Was hörte man über Hitlers

Rußlandfeldzug? ... War die Bevölkerung nicht voll Zuversicht, daß die Alliierten bald landen und Holland befreien würden?

Fragen über Fragen beschäftigten die Franks und van Pels'. Doch sie versuchten, nicht zu viele auf einmal zu stellen. Sie sahen ein, unter welchem Druck ihre Helfer standen und wollten ihnen nicht noch mehr zur Last fallen. Nur Anne konnte ihre Neugierde manchmal nicht zähmen und preschte aufgeregt vor. Was gibt es Neues, bestürmte sie Bep und Miep. Was hörten sie von Jacqueline van Maarsen? Miep wohnte ihr doch gleich gegenüber. Hatte Jacque nicht nach ihr gefragt? Und wie ging es den Goslars, Hanneli und ihrer kleinen Schwester? Und Moortje? Wurde das Kätzchen auch wirklich gut versorgt? So groß Annes Sehnsucht nach Lebenszeichen aus ihrer früheren Welt aber auch war, die männlichen Helfer traute sie sich nicht ins Verhör zu nehmen.

Eine Stunde blieben *»die Gäste«*, so Anne in ihren lebhaften Beschreibungen, um *»dreiviertel zwei«* mußten sie wieder im Büro sein – bevor die Lagerarbeiter zurückkamen. Und im Hinterhaus mußten noch einmal knapp vier Stunden bis zum Feierabend überbrückt werden – mit Mittagsschlaf, Schreiben, Lesen, Lernen, leisen Gesprächen. Nur oben in der Wohnküche brauchte man nicht zu flüstern. Aber meist hielten sich die Franks in ihren Zimmern im Stockwerk darunter auf – man konnte ja nicht den ganzen Tag an einem Tisch zusammensitzen.

Um halb sechs schließlich kam einer der Helfer, häufig waren es Bep oder Miep, *»... um uns die Abend-Freiheit zu schenken«*, wie Anne es sprachgewandt formulierte, *»Und dann beginnt bei uns der Betrieb.«* Keiner blieb freiwillig im Hinterhaus. Alle zog es zum Radioapparat in Ottos Büro, *»einem großen Philips«*, auf dem sie die antideutschen Sender, vor allem Radio BBC, einstellten: Gespannt hörten sie englischsprachige Informationssendungen und – tragischsalbungsvoll eingeleitet von der niederländischen Nationalhymne – Radio Oranje, das BBC-Sonderprogramm in holländischer Sprache.

Otto Frank und Hermann van Pels schauten Aktenordner und Ablagen durch: Sie wollten genau wissen, was der Bürotag gebracht hatte, an Post und an Aufträgen. Peter van Pels machte sich häufig im Lager zu schaffen, sogar seine Katze Mouchi nahm er mit nach vorne. Anne und Margot absolvierten – als leidlichen Ausgleich zu ihrem Bewegungsmangel bei Tag – erst ihr tägliches Turnprogramm: allerlei Tanzschritte und gelenkschonende Gymnastikübungen, denn Annes Problemgelenke waren immer noch nicht belastbar. Danach setzten sie sich oft an einen der Schreibtische; Miep hatte sie mit einfacher Büroarbeit beauftragt, wohl weniger, weil ihr damit Arbeit abgenommen wurde, als aus psychologischem Gespür: Sie ahnte, wie gut es den Mädchen tun mußte, sich nützlich machen zu können.

Bereits um neun Uhr mußten die Versteckten damit beginnen, sich auf die Nacht vorzubereiten. Ihre Kammern wieder in halbwegs bequeme Schlafzimmer umzukrempeln – das dauerte nicht nur seine Zeit, es verursachte auch Lärm. Stühle und Tische mußten aus dem Weg geschafft, die Betten zurechtgeschoben werden. Dabei quietschte, knarrte und polterte es für ein paar Augenblicke so durchdringend, daß sie jedesmal besorgt zusammenzuckten. Zwar waren die meisten Häuser in der unmittelbaren Nachbarschaft mit Büros und Werkstätten belegt und somit nachts unbewohnt. Was aber, wenn trotzdem jemand auf die Geräusche aus dem Hinterhaus hörte …

Während sie sich am Morgen bei kaltem Wasser im Hinterhaus oft nur zu einer Katzenwäsche überwinden konnten, nahmen sich die Versteckten für die Abendtoilette viel Zeit. Denn abends hatten sie Zugang zum Warmwasserhahn in der Büroküche. Jeder einzelne entwickelte sein persönliches Ritual und reservierte den einen oder anderen Wochentag für ein besonders ausführliches Bad. Dann schaffte er den Trog, der die Badewanne ersetzte und gerade groß genug war, um sich mit angewinkelten Beinen sitzend hineinzuzwängen, in eine ruhige Ecke des Hauses und füllte ihn mit heißem Wasser. »*Peter badet in der Küche, obwohl die Küche eine Glastür hat*«, erzählte Anne ihrem Tagebuch, »*Wenn er vorhat ein Bad zu nehmen besucht er uns alle einzeln und teilt mit daß wir während einer halben Stunde nicht an der Küche vorbeigehen dürfen.*« Hermann van Pels hingegen schleppte den Badebottich ins Hinterhaus und hinauf in die Wohnküche. »*... für ihn wiegt die Sicherheit des eigenen Zimmers auf gegen die Unbequemlichkeit das heiße Wasser all die Treppen hoch zu tragen*«, kommentierte Anne. Otto Frank zog sich zum Baden in sein früheres Büro zurück, Edith in die Küche, wo sie sich vorsichtshalber »*hinter einem Ofenschirm*« versteckte.

Anne fand nicht gleich ihr Lieblingsplätzchen. Erst gefiel ihr und ihrer Schwester Margot das »*vordere Büro*« als geräumige Badeanstalt. »*Samstagsnachmittags gehen dort die Vorhänge zu*«, hielt Anne fest, »*dann reinigen wir* [Anne und Margot] *uns im Dunklen, während diejenige, die nicht an der Reihe ist, durch einen Spalt der Gardine aus dem Fenster schaut und sich über die witzigen Leute erstaunt.*« Bald wurde es Anne jedoch zu umständlich, das heiße Wasser so weit tragen und beim Ausleeren ihres Waschtrogs um Hilfe bitten zu müssen. Also übersiedelte sie in die Büro-Toilette gleich neben der Küche mit dem Durchlauferhitzer. »*... ich stelle mich mit den Füßen hinein, ich setze mich inzwischen auf das W.C. und fange an mich zu waschen*«, brachte Anne in aller Ausführlichkeit zu Papier. »*Zuhause würde ich auch niemals gedacht haben, daß ich noch mal auf einem W.C. ein Bad nehmen würde, aber es ist noch nicht so schlimm.*« Mit Humor malte sie sich Schreckensszenarien aus, gegen die ihre gegenwärtige Lage harmlos erscheinen mußte: »*Denn es könnte auch sein daß ich noch einmal in einem W.C. wohnen müßte, dann würde ich ein Bücherbrett machen lassen, und einen Tisch und dann das W.C. als Stuhl …* «

Gegen zehn Uhr abends zogen sich die Versteckten für gewöhnlich in ihre Betten zurück – in der bangen Hoffnung auf eine Nachtruhe ohne schlafraubende Zwischenfälle. Denn so beklemmend der Tag im Hinterhaus auch sein konnte – die Nacht war schlimmer. Doch wenn den Versteckten zum Jammern zumute war, wenn ihnen die Hoffnung abhanden zu kommen drohte, dann half es, sich klarzumachen, wie vergleichsweise gut sie es eigentlich getroffen hatten. Wieviel besser als so viele Juden Hollands – »*im Verhältnis zu anderen Juden … wie in einem Paradies …*«. Denn daß sich die Franks zum Untertauchen entschlossen hatten, war nicht ungewöhnlich. 20000, vielleicht sogar 30000 in Holland lebende Juden – die Schätzungen gehen weit auseinander – sahen zwischen 1942 und 1943 die Flucht in den Untergrund als einzige Chance, sich vor der Deportation zu retten. Wie die Franks untertauchten, war hingegen untypisch – in vielerlei Hinsicht.

Meist trennten sich Familien. Eltern gaben ihre Kinder in die Obhut organisierter Widerstandsgruppen. Die bleuten ihnen neue Nachnamen ein, die keine Assoziation mit dem Judentum zuließen, und sorgten für eine sichere Unterkunft bei – für die Kinder – oft wildfremden Menschen. Die Erwachsenen selbst versuchten, anderswo unterzukommen; oft wurden dabei auch Ehepaare auseinandergerissen. Wenige konnten sich auf ein so treues, gut organisiertes Helferteam verlassen wie die Franks, auf selbstlose Menschen, die sie seit vielen Jahren kannten, die nicht nur das Nötigste für sie taten, sondern ihnen als Freunde zur Seite standen und ihnen zu Geburts- und anderen Festtagen sogar Geschenke brachten. Viele hatten keine andere Wahl, als Fremden zu vertrauen. Nicht alle hatten dabei Glück. Manche gerieten an Personen, die sich erst hilfsbereit zeigten, es aber plötzlich mit der Angst zu tun bekamen und ihre Schützlinge schleunigst wieder loswerden wollten. Die deutschen Besatzer hatten allen Holländern, die Juden zu helfen wagten, mit Erschießung gedroht. Daß diejenigen, die schließlich tatsächlich als Widerstandskämpfer überführt wurden, zumeist mit einer Haftstrafe von zwei bis maximal vier Monaten in einem holländischen Arbeitslager wie Amersfoort davonkamen, konnten sie erst nicht wissen – das muß zu ihrer Rechtfertigung gesagt werden. Doch auch in Holland gab es vereinzelt Leute, die unter dem Deckmantel des Helfers aus der Notlage der Juden ein Geschäft machen wollten und jeden Tag, den einer der Verfolgten bei ihnen wohnte und aß, teuer in Rechnung stellten, als betrieben sie ein Hotel. Wem Geld und Wertsachen ausgingen, der mußte Schuldscheine unterschreiben oder ein anderes Versteck auftreiben. Dabei waren es oft nur kleine, menschenunwürdige Schlupfwinkel, in die sich die Verfolgten zurückziehen durften, mal ein feuchter Keller, mal eine zugige Dachkammer. Unfreundliche Orte, an denen sie fremd waren und an die sie außer ein paar Kleidungsstücken, vielleicht einigen Büchern und Photos kaum persönliche Dinge mitnehmen konnten. Ein so komfortables Versteck wie das der Franks, das sie bei all seinen Nachteilen zu einem einigermaßen gemütlichen Quartier ausgestattet hatten, war die Ausnahme.

So schmerzhaft die Trennung von ihren Kindern auch war, so sinnvoll schien sie den meisten. Zum einen hofften sie, die Gefahr zu minimieren. Würde ein Versteck entdeckt, wären die anderen Familienmitglieder noch immer sicher. Zum anderen sprachen praktische Gründe dafür. Je mehr Menschen an einem Ort untertauchten, desto größer war nicht nur die Gefahr, sich durch Unvorsichtigkeiten – Geräusche! – selbst zu verraten, desto schwieriger war auch die Versorgung mit Lebensmitteln. Je länger sich der Krieg hinzog, desto mehr Phantasie und Organisationstalent brauchte es, die täglich benötigte Nahrungsmenge für mehrere Leute aufzutreiben. Versteckte konnten offiziell natürlich keine Lebensmittelmarken beziehen – und ohne Marken keine Lebensmittel.

Das Lebensmittelmarkenproblem der Franks und van Pels' hatte Jan Gies gelöst. Dabei halfen ihm seine Verbindungen zum Widerstand. Als Mitkämpfer mußte er – durch Vorlage entsprechend vieler, mit dem schwarzen »J« gebrandmarkter Personalausweise – nachweisen, wie viele versteckte Juden er zu verpflegen hatte. Die Organisation teilte ihm dann regelmäßig zusätzliche Lebensmittelmarken zu, mit denen sich Miep Gies Tag für Tag auf Einkaufstour begab. »*Miep ist genau wie ein Packesel, sie schleppt ganz schön viel*«, stellte Anne anerkennend fest. Doch obwohl Miep nun ausreichend Marken hatte, um neben den Lebensmitteln für sich und ihren Mann auch die für ihre Schützlinge aufzutreiben, war es eine zugleich zeitraubende und gefährliche Aufgabe. Was, wenn jemand Verdacht schöpfte, für wen sie so viel Gemüse oder Fleisch einkaufte? Was, wenn sie jemand anschwärzte? Im Notfall würde sie natürlich aussagen, daß sie für die Angestellten von »Opekta« und »Pectacon« einkaufte und kochte. Aber würde man ihr auch glauben?

Miep hatte schnell herausgefunden, in welchen Geschäften sie ohne Gefahr einkaufen konnte. Hermann van Pels hatte kurz vor dem Untertauchen ein stilles Einverständnis mit einem befreundeten Metzger getroffen. Wenn Miep kam und ihm ohne viele Worte die Wunschliste der Untergetauchten überreichte, packte er wie selbstverständlich ein, was er dahatte. Auch der Gemüsehändler, bei dem Miep an frischem Obst und Gemüse erstand, was sie bekommen konnte, hatte schnell begriffen – ohne jemals eine Frage zu stellen; was er übrig hatte, legte er für Miep zur Seite. Und die schweren Kartoffelsäcke lieferte er sogar selbst in die Prinsengracht 263, mittags zwischen Viertel vor eins und Viertel vor zwei. Miep versteckte sie in einem Schrank, aus dem Peter van Pels sie am Abend abholen konnte.

Die Milch schmuggelte Bep Voskuijl ins Hinterhaus. Der Milchmann brachte, wie es in Holland üblich war, jeden Morgen die bestellte Menge an die Bürotür. Bep hatte dafür zu sorgen, daß sie mittags zu den Versteckten gelangte, ohne daß ein Lagerarbeiter sie dabei erwischte. Und um das Brot im Hinterhaus kümmerte sich Johannes Kleiman. Einer seiner Freunde besaß eine Bäckereikette und hatte ihm zugesagt, daß regelmäßig genug frisches Brot für sieben Menschen ins Büro zugestellt würde – deutlich mehr, als ihnen für die offiziellen Brotmarken zustand. Die zusätzliche Menge würden sie, so war es vereinbart, nach dem Krieg bezahlen. Das Gute an dieser Regelung: Johannes Kleiman brauchte den Bäckermeister gar nicht einzuweihen, denn die sieben Brotesser konnten genausogut die Angestellten und Arbeiter des Büros sein.

Solange es in den Geschäften also noch genug Lebensmittel gab, so lange klappte auch die Versorgung der Franks. Anne legte sogar an Gewicht zu. »*Ich habe in den drei Monaten die ich hier bin 17 Pfund zugenommen, enorm gell!*« stellte Anne am 18. Oktober 1942 fest. Molliger wurde sie deshalb aber nicht. Die nun Dreizehneinhalbjährige war in diesen Monaten so hochgeschossen, daß sich ihr gewonnenes Gewicht auf das Mehr an Zentimetern verteilte.

Je länger sich der Krieg allerdings hinzog, um so schwieriger wurde die Versorgung. »*... die ganze Erdkugel führt Krieg*«, schrieb Anne am 13. Januar 1943, »*und obwohl es mit den Alliierten besser geht, ein Ende ist noch nicht abzusehen.*« Während die deutschen Besatzer jedem Lebensmittelkartenbesitzer zu Weihnachten 1942 noch eine Extraration echter Butter zugestanden hatten, war das Angebot im Frühjahr 1943 schon mager. Anne nahm es mit Humor: »*Unser Essen ist miserabel. Frühstück mit trockenem Brot, Kaffee Ersatz. Diner schon 14 Tage lang: Spinat oder Salat. Kartoffeln von 20 cm Länge, schmecken süß und faul. Wer abmagern will logiere im Hinterhaus!*« Obst war unerschwinglich teuer geworden, Fett eine Rarität. Gemüse kam in minderer Qualität in die Geschäfte. »*Unglaublich wie Grünkohl, der wahrscheinlich ein paar Jahre alt ist, stinken kann!*« konnte Anne ihren Ekel nicht verbergen, »*Es riecht nach einer Mischung aus W.C., verdorbenen Pflaumen und Konservierungsmittel + 10 verdorbenen Eiern. Bah, mir wird schon übel bei der Idee allein daß ich dieses Zeug essen muß!*« Gut, daß die Untergetauchten rechtzeitig ein beachtliches Vorratslager angelegt hatten, auf das sie zurückgreifen konnten, wenn die Lieferungen allzu spärlich ausfielen oder ganz ausblieben: Dosengemüse, Dosenkompott, Dosenfisch, Dosenmilch und Milchpulver, Reis, Haferflocken und Dauerwurst, die der gelernte Fleischer Hermann van Pels aus Schwarzmarktfleisch hergestellt hatte. Und jede Menge getrockneter Hülsenfrüchte, für die im Hinterhaus eine spezielle Behandlungstechnik entwickelt wurde: »*Bohnen reiben, bedeutet hier, verschimmelte Bohnen wieder anständig herzurichten.*«

Die Monate vergingen, und die Hoffnung auf ein rasches Kriegsende war nur noch ein flüchtiger Gast. Im April 1944 gab es frisches Grünzeug so gut wie gar nicht mehr – wenn überhaupt, dann auf dem Schwarzmarkt, zu unerschwinglich hohen Preisen. Doch Miep Gies tröstete ihre Schützlinge: Nicht nur sie mußten ohne Vitamine aus frischem Gemüse auskommen, alle anderen, in Freiheit lebenden Menschen auch. »*... wir bekommen überhaupt kein Gemüse*«, stellte Anne am 3. April 1944 fest, »*Kartoffeln essen wir für jede Mahlzeit, beginnend mit dem Frühstück, wegen Mangel an Brot ...* « Edith Frank, die Anne vor dem Untertauchen mit täglichen Zwischenmahlzeiten aus dick mit

Butter bestrichenen Broten hochgepäppelt hatte, quälte sich mit Sorgen um die Gesundheit ihrer zarten Tochter und versuchte sie mit Traubenzucker, Lebertran, Hefetabletten und Kalk bei Kräften zu halten. Anne hingegen – im ersten Jahr im Versteck etwa zehn Zentimeter gewachsen – nahm das Versorgungsproblem nicht so tragisch. »*Ehrlich gesagt kann das Essen mir nicht so viel ausmachen, wenn es sonst nur etwas vergnüglicher hier wäre*«, setzte sie klare Prioritäten, »*Hier ist der Haken, uns alle fängt das langweilige Leben hier an unleidlich zu machen.*«

So schnell sich Anne in ihrer neuen Umgebung auch zurechtgefunden hatte, so aufregend und zugleich unkompliziert – »*wie eine eigenartige Pension, wo ich Ferien mache*« – ihr die ersten Julitage 1942 im Versteck vorgekommen waren, so schnell kam das traurige Erwachen. Ohne Vorwarnung war das fröhlich flatternde Vögelchen eingefangen und in einen Käfig gesperrt worden und mußte sich unsichtbar machen vor einer Welt, die es eben erst zu entdecken ausgeflogen war. Gerade noch hatte die umtriebige und lebenshungrige Forscherin, gebremst zwar von den menschenverachtenden Schikanen der Besatzer, mal auf diesem, mal auf jenem Fest getanzt – unschuldig flirtend »*ein Götterleben*« geführt, wie sie es rückblickend nannte. Anne hatte Publikum gebraucht – Alleinsein, Stillsitzen und Schweigen widersprachen ihrer Natur. Sie hatte ihren Launen und Gefühlsschwankungen nachgeben können, wann immer ihr danach war, und sich mit den durchaus ernstzunehmenden Alltagsproblemen eines dreizehnjährigen, freiheitsliebenden Mädchens herumgeschlagen: dem Erwachen ihrer Sexualität, den ersten unklaren Begegnungen mit einem bisher unbekannten Instinkt, einem noch unklaren, schwärmerischen Liebesinstinkt, der sich in ihr Leben schlich, neue Wünsche weckte und frühere Interessen vergessen ließ. Und mit dem dringenden Bedürfnis nach einer engen und treuen Freundin, die ähnlich fühlte und dachte wie die nach außen so stark wirkende Anne, einer Leitfigur, mit der sie sich über ihre täglichen Wünsche und Sorgen austauschen konnte.

Mit Schmetterlingen im Bauch hatte Anne sich von ihrer Kindheit verabschiedet und begonnen, sich in diesem aufregenden Zwischenland auf dem Weg zur Erwachsenenwelt umzusehen, neugierig und draufgängerisch, bereit, soviel wie möglich auszuprobieren. Nun war ihr jede Wahlmöglichkeit genommen.

In ihrem winzigen Käfig glich ein Tag dem anderen. So viel Zeit für Gefühle – und kein Raum dafür. Kein Schreien, Singen, Weinen, wenn ihr spontan danach zumute war. Ihre Gefühlsausbrüche mußte sie zeitlich begrenzen, wie das sonst nur Menschen in reifem Alter können. Wenn das Badezimmer frei war, versteckte sie sich darin, um sich ihre Einsamkeit von der Seele zu weinen. »*... ich kann es nicht lassen dir zu erzählen daß ich mich in letzter Zeit immer mehr verlassen fühle, es gibt eine große Leere um mich herum*«, vertraute Anne ihrem Tagebuch dreieinhalb Monate nach dem Untertauchen an, »*Früher dachte ich darüber nie so nach und erfüllten Vergnügen und meine Freunde mein ganzes Denken. Nun denke ich oft an unglückliche Dinge oder über mich selbst.*«

Das Büchlein in der robusten, rotgrün-karierten Leinenhülle war das erste, was Anne an dem hektischen Abend vor dem Untertauchen in ihre Schultasche gepackt hatte – als hätte sie schon geahnt, welche Rolle es in ihrem künftigen Leben spielen würde. Im Hinterhaus dauerte es allerdings mehr als zwei Monate, bis Anne regelmäßig mit ihrem Tagebuch zu kommunizieren begann. Bis dahin hatte sie sich nur alle paar Wochen zum Schreiben durchringen können – zu angespannt war sie aufgrund der neuen

Lebensumstände. Gegen Ende September 1942 hatte sie schließlich den Einfall, ihre Eintragungen in Briefform zu verfassen: »*Ich habe so eine Lust mit jemandem zu korrespondieren, und das werde ich in Zukunft mit meinem Tagebuch tun*«, brachte sie mit ihrer Füllfeder zu Papier – einem Geschenk ihrer Großmutter aus Aachen, als Anne neun war. Seither, erinnern sich ihre Freunde, sah man ihre schmalen, knochigen Finger selten frei von Tintenflecken.

Mit graublauer Tinte, in rundlicher Druckschrift, die im Gegensatz zu ihrer gleichmäßig schwungvollen Schreibschrift, in der Anne ihre späteren Eintragungen niederschrieb, noch recht kindlich wirkte, bestimmte Anne: »*Ich schreibe also nun in Briefform, was tatsächlich auf dasselbe hinausläuft.*«

Von da an nahm sie ihr Tagebuch fast täglich zur Hand, klemmte ihre Feder in der für sie so typischen Haltung zwischen Zeige- und Mittelfinger und schrieb an Jettje oder Emmy, Pop oder Marianne, Pien, Conny oder Kitty. Fingierte Freundinnen, denen sie in oft seitenlangen Briefen vom Alltag im Hinterhaus erzählte, bei denen sie sich ausweinen, mit denen sie lachen und sich aus ihrer Einsamkeit retten konnte. Da und dort klebte sie zwischen die Briefe Photos, von sich selbst oder von ihrer Familie, und kommentierte sie kritisch, aber nie ohne Humor.

Die Namen ihrer Brieffreundinnen hatte Anne nicht frei erfunden. Alle diese Mädchen – sie schrieb nicht ein einziges Mal an einen Jungen – waren Charaktere aus Cissy van Marxveldts populärem Fortsetzungsroman *Joop ter Heul*, den Anne nicht nur vor dem Untertauchen, sondern offenbar auch im September 1942 gelesen hatte. An Joop selbst schrieb Anne nicht. Mit der Protagonistin, die, wie schon erwähnt, selbst ein Tagebuch führt, identifizierte sie sich offenbar. Mehr noch: Joop dürfte Anne überhaupt erst zu ihrer Tagebuchkorrespondenz inspiriert haben. Aber diese Zusammenhänge deckte Jacqueline van Maarsen, die die

Begeisterung für diese Mädchenbücher mit Anne geteilt hatte, erst viele Jahre später auf. Dann wurde ihr auch klar, warum Anne die Freundin, als sie sie später in ihrem Tagebuch erwähnte, plötzlich nicht mehr Jacque, sondern Jopie genannt hatte. Auch dazu hatte Anne sich von *Joop ter Heul* inspirieren lassen.

Jacque war übrigens die einzige Adressatin in Annes Tagebuchbriefen, die es wirklich gab. »*Dies ist der versprochene Abschiedsbrief*«, begann Anne ihr Schreiben vom 25. September 1942, in dem sie ihre »*beste*« Freundin zu einer geheimen Korrespondenz aufforderte – als ob sie, nun da sie wußte, wie trostlos ein Leben ohne Freundin war, wieder gutmachen wollte, daß sie an Jacquelines Freundschaft gezweifelt hatte.

Obwohl eng und intensiv war die neun Monate währende Beziehung der beiden Mädchen nicht ganz unproblematisch gewesen: Es hatte Konflikte und – weil Anne keine Nebenbuhlerinnen duldete – Eifersüchteleien gegeben. Die beiden waren ein ungleiches Paar. Zwar schien die schwärmerische Anne den Ton vorzugeben, tatsächlich jedoch dürfte sie in der verschlossen wirkenden Jacque ebenjene Leitfigur gesucht haben, die sie so dringend brauchte. Diese jedoch war von Annes Neugierde – vor allem in Fragen der Sexualität – überfordert. Als Anne – ein Zeichen ihrer Naivität und Unbeschwertheit – »zum Beweis ihrer Freundschaft« einmal Jacques Brüste berühren wollte, diese sich jedoch geweigert hatte, war die spontane Anne enttäuscht gewesen – und erst wieder versöhnt, als sich die Freundin wenigstens zu einem Küßchen auf die Wange hatte überreden lassen.

Noch am selben Tag, jenem 25. September 1942, verfaßte Anne eine zweite Nachricht an Jacque. Gegen die Einsamkeit half Anne ihre Phantasie: Sie hatte sich ausgemalt, daß die Freundin ihr auf den ersten Brief bereits geantwortet hatte. »*Ich denke so oft an Dich*«, schrieb Anne, die

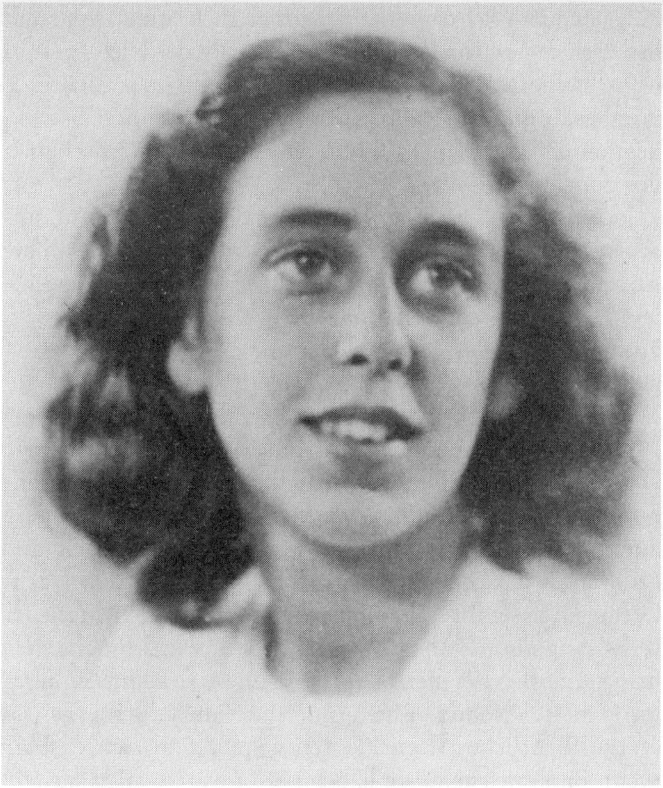

Jacqueline van Maarsen.

sich große Sorgen um das Schicksal ihrer Freundinnen machte. Einige Monate später dürfte sie von Miep Gies erfahren haben, daß Jacque und ihre Familie vor der drohenden Deportation gerettet waren. Jacques katholische Mutter hatte den diensthabenden Beamten beim Sicherheitsdienst weismachen können, daß ihr Mann, ein jüdischer Antiquitätenhändler, die Kinder gegen Frau van Maarsens Willen bei der jüdischen Gemeinde hatte einschreiben lassen. Nach langem Hin und Her und nervenaufreibendem Schriftverkehr wurden nicht nur Jacque und ihre Schwester von der Deportationsliste der Nazis gestrichen, sondern auch Jacques Vater. Er hatte eine gefälschte Arztbestätigung auftreiben können, die seine Sterilisation bescheinigte. Und eine solche bewahrte Juden in Mischehen vor dem Abtransport.

Jacque nahm den Judenstern ab und wechselte vom Jüdischen Lyzeum auf das Mädchenlyzeum, jene Schule, in die sie schon zwei Jahre zuvor eingeschrieben hätte werden sollen. Doch als Jüdin hatte man sie damals nicht zugelassen. Nun hatte sie der »richtige« Stempel zu einer »Arierin« gemacht.

Jacque war jetzt zwar in Sicherheit, aber entwurzelt. Eine Pendelnde zwischen den Welten: Vormittags lernte sie zusammen mit »arischen« Jugendlichen und mußte erfahren, wie wenig diese vom Leid der Juden wußten oder daß sie zumindest – weniger aus Angst als Gleichgültigkeit und Ignoranz, wie Jacque fühlte – nicht darüber sprachen. Nachmittags traf sie ihre jüdischen Freundinnen, die Mitglieder ihres Pingpong-Clubs etwa, Hanneli Goslar, Sanne Ledermann und Ilse Wagner, oder ihre frühere Lyzeumskameradin Nanette »Nanny« Blitz. Anne und Nanny dürften gewisse charakterliche Ähnlichkeiten gehabt und sich deshalb nicht sonderlich gemocht haben. »[Nanny] *ist ein Mädchen, die so entsetzlich schwätzt daß es nicht mehr schön ist. Wenn sie einen etwas fragt dann faßt sie einem immer mit den Fingern an den Haaren oder an den Knöpfen an*«, hatte Anne noch vor dem Untertauchen in ihr Tagebuch geschrieben.

Seit Annes Verschwinden hatte Jacque den Kontakt zu Nanny intensiviert. Eine Freundschaft, die auf brüchigem Boden stand. Monat für Monat wurde Jacques jüdischer Freundeskreis kleiner, eine Freundin nach der anderen wurde verhaftet und verschleppt – und Jacque mußte es hilflos mit ansehen. Erst – schon im Januar 1943 – Ilse Wagner, dann – bei einer Großrazzia am 20. Juni 1943 – Hanneli und Sanne, schließlich im September als eine der letzten auch Nanny Blitz. Am Vorabend von Rosh Hashana, dem jüdischen Neujahrsfest, am 29. September 1943, fand die letzte große Razzia in Amsterdam statt. 2000 Juden, auch die Führer und Ältesten des damit aufgelösten »Joodse Raad«, wurden nach Westerbork deportiert.

All dies konnte Anne natürlich noch nicht wissen, als sie am 25. September 1942 ihren zweiten Brief an Jacqueline van Maarsen mit *»Auf Wiedersehen und ein kleines Küßchen von Anne«* schloß.

In den folgenden Wochen setzte Anne die Korrespondenz mit ihrer fiktiven Schar von Freundinnen fort; an Jacque schrieb sie fortan nicht mehr. Irgendwann ging sie dazu über, sich nur mehr an Kitty zu wenden – vielleicht, weil deren Nachname, Francken, sie an ihren eigenen erinnerte. Wann genau sich Anne für Kitty entschloß, ist allerdings nicht nachvollziehbar. Denn die letzte Eintragung in ihr rotgrün-kariertes Poesiealbum stammt vom 5. Dezember 1942; dann war auch die letzte Seite vollgeschrieben. Die nächste erhaltene Eintragung datierte Anne mit dem 22. Dezember 1943. Sicher jedoch hat Anne ihre Tagebuchkorrespondenz nicht so lange unterbrochen. *»Ich könnte vielleicht Bep fragen ob sie bei Perrij mal vorbeischauen kann ob die noch Tagebücher verkaufen, denn sonst muß ich bald ein Heft nehmen«*, hatte sie sich schon gegen Ende Oktober 1942 den Kopf zerbrochen, *»denn mein Tagebuch wird voll, schade!«* Einige Tage später hatte Otto Frank dann Johannes Kleiman um ein neues Tagebuch für Anne gebeten. Das Buch oder Heft, das Kleiman schließlich für sie aufgetrieben hatte, ging jedoch verloren. Annes nächste beiden Bände blieben hingegen erhalten.

Am 22. Dezember 1943 begann Anne in ein dickes Schulheft mit liniertem Papier in einem schwarzen Einband zu schreiben – mit einiger Verspätung, wie sie vermerkte, da eine schwere Verkühlung, Fieber und Halsweh, sie von Mitte Dezember an ans Bett gefesselt hatte. Bis zum 17. April 1943, also nur knapp vier Monate, brauchte die fleißige Erzählerin, bis sie auch dieses Heft bis zur letzten Seite gefüllt hatte. Noch am selben Tag weihte sie schließlich ihr letztes Tagebuchheft ein, ein Geschenk ihrer Schwester Margot.

Obwohl Annes zweites Tagebuch – vielleicht waren es sogar mehrere – bis heute verschwunden ist, wissen wir auch, was in dem Jahr zwischen Dezember 1942 und Dezember 1943 im Hinterhaus vorgefallen ist. Wahrscheinlich im Mai 1944 begann Anne nämlich eine überarbeitete und bis heute erhaltene Version ihrer bisherigen Aufzeichnungen anzufertigen. Motiviert wurde sie dazu unter anderem von Gerrit Bolkestein. Der holländische Unterrichts- und Kulturminister im Londoner Exil hatte sich am 28. März 1944 via Radio Oranje an die Niederländer gewandt: Sollten die nachkommenden Generationen begreifen können, was das niederländische Volk in diesen Kriegsjahren mitmachte und zu überstehen hatte, betonte der Minister, dann bräuchten sie gerade die »*einfachen Schriftstücke*« – Tagebücher zum Beispiel – als Zeitdokumente. Erst mit ihrer Hilfe könnte das »*Bild des Freiheitskampfs in voller Tiefe und vollem Glanz gemalt werden*«.

Anne fühlte sich von diesem Aufruf bestätigt. Schon seit längerem hatte sie davon geträumt, ihren Tagebuchstoff nach dem Krieg zu einem Roman zu verarbeiten. »*Stell dir mal vor wie interessant es sein würde, wenn ich einen Roman vom Hinterhaus herausgeben würde*«, teilte Anne ihrer Brieffreundin Kitty schon am Tag nach Bolkesteins Ansprache mit, »*nach dem Titel allein würden die Leute denken, daß es ein Detektiv-Roman wäre.*«

Daß Anne das Talent ebenso wie die Ausdauer mitbrachte, um tatsächlich einen Roman zu verfassen, war nach den zwanzig Monaten, in denen sie kontinuierlich in ihr Tagebuch geschrieben hatte, durchaus vorstellbar. Die Lust am Schreiben war schon ihren ersten Eintragungen anzumerken. Anne erzählte ausführlich und doch kurzweilig, ein bißchen holprig vielleicht noch, aber nie farblos. An Humor mangelte es ihr nicht. Monat um Monat wurde ihr Wortschatz dann bunter, formulierte sie sicherer und gewandter, gelangen ihr differenziertere Darstellungen; idealistisch, aber nicht naiv. Ihr Stil verfeinerte sich im Zeitraffer, erstaunlich schnell für ihr Alter. Selbst als sie sprachlich zu experimentieren begann, wirkten ihre Sätze nicht gekünstelt. Sie drehte keine bemüht wirkenden literarischen Pirouetten, in denen Lernende sich so häufig verrenken und aus der Balance geraten. Vielmehr sprudelte es in einem reduzierten Stil aus ihr heraus, der selbstverständlich und präzise wirkt, dessen Ehrlichkeit betroffen macht. Obwohl Anne so wenig erlebte – oder wahrscheinlich gerade deshalb –, hatte sie immer etwas Neues zu erzählen. Je mehr sie schrieb, um so schärfer lernte sie zu beobachten, um so treffender brachte sie diese Beobachtungen in neugierig formulierten Detailschilderungen zu Papier. Und um so größer wurde ihr Einfühlungsvermögen, ihren Mitbewohner gegenüber und – als ob sie neben sich stünde und zu sich hinüberschaute – auch gegenüber sich selbst.

Das Tagebuchschreiben allein füllte Anne aber bald nicht mehr aus: Neben ihren Protokollen zum Tagesgeschehen begann sie, in sich geschlossene kleine Erzählungen zu komponieren. Zunächst – Ende 1942 und verstärkt Mitte 1943 – autobiographische Geschichten, die launig Begebenheiten aus ihrer Schulzeit oder ihrem Leben im Versteck nacherzählten. Später – etwa ab Dezember 1943 – melancholische Märchen und Gleichnisse, in denen Anne von Freiheit und Gerechtigkeit träumte und ihr Weltbild entwarf. »*Ich habe … angefangen mal eine Geschichte zu schreiben, etwas das ganz ausgedacht ist und habe daran soviel Freude bekommen daß meine Federkinder sich sta-*

peln«, notierte die junge Autorin, die sich mit lästigen Formalien wie den Regeln der Kommasetzung nicht aufhielt. An jeder einzelnen Geschichte feilte sie ausführlich, bevor sie sie in ihr »Geschichtenbuch« übertrug, ein großes Kassenbuch, das ihr einer der Helfer ins Versteck gebracht hatte. Und während sie ihre Tagebuchnotizen vor den anderen Versteckten streng geheimhielt, suchte sie mit den Geschichten ihre Nähe. Anne, die Märchenerzählerin. Sie las ihrem Publikum vor und prüfte seine Reaktion. Anne träumte davon, wenigstens die eine oder andere Erzählung zu veröffentlichen. Mehrmals bat sie Johannes Kleiman, wenigstens eine davon an eine Zeitung zu schicken – unter Pseudonym. Vielleicht würde sie ja tatsächlich abgedruckt! Dazu kam es jedoch nie. Kleiman war das Risiko zu groß.

Vermutlich im Mai 1944 stürzte sich Anne, ohne ihr aktuelles Tagebuch deshalb zu vernachlässigen, schließlich auf die Überarbeitung des bisher Geschriebenen. Auf seidig durchscheinendem Durchschlagpapier in Hellblau und Blaßrosa, so dünn, daß sie schon bei der kleinsten Unachtsamkeit einrissen, schrieb sie ihr Tagebuch von der ersten Eintragung an neu. Papier war rar in dieser Zeit. Anne wußte das und behandelte die Bögen, die Miep und Bep regelmäßig aus dem Bürobestand für sie abzweigten, deshalb wie einen Schatz. Jedes Blatt beschrieb sie dicht auf Vorder- und Rückseite und ordnete es dann sorgfältig in eine Mappe.

Wie eine Dramaturgin veränderte Anne Abläufe und formulierte ganze Passagen neu, wo ihr der Originaltext nicht mehr gefiel. Sie ersetzte alle früheren Adressatinnen ihrer Briefe durch Kitty, kürzte Stellen, die sie rückblickend für zu unreif oder intim hielt oder die ihr einfach peinlich waren: »*Jetzt da ich 1 1/2 Jahre später wieder in mein Tagebuch schaue, staune ich sehr daß ich jemals so ein unverdorbener Backfisch gewesen bin ...*«, hatte sie sich schon am 22. Januar 1944 gewundert, »*... daß ich so ungeniert ... geschrieben habe kann ich mir nicht mehr vorstellen.*« Und sie ergänzte jene Eintragungen, die ihr in ihrer ursprünglichen Version unklar oder zuwenig spannend erzählt erschienen. Zudem legte sie eine Liste von Pseudonymen an, die im Fall der Veröffentlichung die richtigen Namen der handelnden Personen ersetzen sollten. Aus ihren Helfern Johannes Kleiman und Victor Kugler machte sie Simon Koophuis und Harry Kraler. Bep Voskuijl sollte Elly Kuilmans, Miep und Jan Gies sollten Anne und Henk van Santen heißen. Aus den van Pels' wurde eine Familie van Daan, Hermann machte sie zu Hans, seine Frau Auguste zu Petronella und den gemeinsamen Sohn Peter zu Alfred. Auch für ihre eigene Familie überlegte sich Anne neue Namen. Erst faßte sie den Nachnamen Aulis ins Auge, doch dann entschied sie sich für Robin. Aus Edith Frank sollte Nora Robin, aus Otto Frederik und aus Margot Betty werden. Nur Anne blieb Anne – Anne Robin.

Ihre Eingriffe, stilistische ebenso wie inhaltliche, wirken – obwohl sie die Pseudonyme noch nicht verwendete – an vielen Stellen so, als hätte sie beim Umschreiben bereits ihre künftigen Leser im Kopf gehabt. Als hätte sie vorgehabt, nach dem Krieg ganze Passagen in ihr Romanprojekt zu übernehmen. Oder, auch das ist möglich, als sollte die Tagebuchform ein Stilmittel ihres Romans sein – so wie in Cissy van Marxveldts Werk, in dem die Hauptfigur Joop ter Heul ihre Geschichte ja auch in Form von Tagebucheintragungen erzählt.

Sie würde darauf achten, daß niemand außer ihr selbst ihr Tagebuch jemals zu lesen bekomme, schrieb Anne allerdings irgendwann zwischen Mai und Ende Juli 1944 auf einen jener rosafarbenen Bögen und legte ihn zuoberst auf den Stapel beschriebener Papiere. Anne hatte während der Monate im Versteck mehrere Einleitungen zu ihrem Tagebuch verfaßt, dieser in aller Bestimmtheit formulierte Satz stammt aus ihrer letzten.

Ob Anne, die junge Schriftstellerin, beim Schreiben dieser Notiz bereits überlegte, wie sie die Spannung ihrer Leser erhöhen könnte? Ob ihr Teile ihrer fiktiven Gespräche mit Kitty tatsächlich zu persönlich schienen, um sie in aller Ausführlichkeit zu publizieren? Oder ob sie – indem sie anschließend darauf hinwies, daß ihr Tagebuch und die Geheimnisse, die sie mit ihren Freundinnen teilte, niemand etwas angingen – einfach eine Warnung gegen die Hinterhausbewohner aussprach, nur ja nicht in die intime Welt ihres Tagebuchs einzudringen? Viel Raum für Spekulationen. Spekulationen, denen Otto Frank, als er sich 1947 zur Publikation von *Het Achterhuis,* dem *Tagebuch der Anne Frank,* überreden ließ, aus dem Weg gehen wollte. Er sparte diese Passage bewußt aus und fügte den rosafarbenen Bogen auch nicht seinem Nachlaß bei.

Daß Anne beim Schreiben ihres Tagebuchs schriftstellerische Qualitäten entwickelte, die um so mehr beeindrucken, wenn man ihr jugendliches Alter – dreizehn bis fünfzehn – bedenkt, darf nicht vergessen lassen, warum sie dieses Tagebuch führte, warum sie so intensiv mit ihrer imaginären Freundin Kitty sprach.

Just in der Lebensphase, in der sich Jugendliche naturgemäß von ihren Eltern abzunabeln und an einem neuen Umfeld zu orientieren beginnen, wurde Anne auf engstem Raum mit Vater und Mutter zusammengesperrt. Just als sich der kindliche Autoritätsgehorsam verabschiedete, als auch bei Anne eine Periode der Verneinung, der Rebellion und Opposition einsetzte, sollte sie – um des Überlebens willen – mehr Anpassungsfähigkeit und Kooperationsbereitschaft denn je beweisen, sollte sie ihre Unausgeglichenheit unter Kontrolle halten, sollte sie statt himmelhoch jauchzend – zu Tode betrübt, wie es ihr in ihrem Lebensabschnitt eigentlich zugestanden hätte, möglichst vernünftig und diszipliniert sein. In diesem Lebensabschnitt, in dem den Jugendlichen in aller Regel Unlust und Unrast plagen, in dem er trotzig und launisch, voller Fragen und ohne Antworten, ratlos und daher besonders reizbar ist, fehlten Anne die Ventile, um das Aufgestaute abzulassen: Gespräche mit Freundinnen, die ähnliches durchmachten, die Möglichkeit des Weglaufens und der Zufluchtsort dazu.

1942 bis weit in das Jahr 1943 hinein ging Anne durch eine solche schwierige, streckenweise negative Phase. In den langen Tagen der Einsamkeit und Trostlosigkeit, der Auseinandersetzung nicht nur mit ihren Mitbewohnern, sondern vor allem auch mit sich selbst, wurde Kitty ihre engste Vertraute, das Tagebuch ihre Balancierstange, die ihre Stimmungsschwankungen auszugleichen half.

Anne fühlte sich erwachsen, jedenfalls erwachsen genug, um gleichberechtigt mitreden zu können. Doch für den eingeengten Kreis der Versteckten war sie ein Kind, und so, hatte sie den Eindruck, wurde sie auch behandelt. Anne fühlte sich bevormundet und – das irritierte sie mehr als alles andere – nicht ernst genommen. Sie hätte, ärgerte sie sich, zwar die gleichen Pflichten wie ihre Mitbewohner, die gleichen Rechte jedoch nicht. Aus dieser von Anne als ungleichgewichtig empfundenen Situation entstanden ihre Probleme mit den anderen Versteckten – allen voran mit ihrer Mutter. Und mit Fritz Pfeffer.

Der damals Dreiundfünfzigjährige – gleichen Jahrgangs wie Otto Frank – lebte seit dem 16. November 1942 im Hinterhaus. Miep Gies hatte ihre Schützlinge gebeten, Pfeffer, ihren Zahnarzt, der sich auf der verzweifelten Suche nach einem sicheren Versteck an sie gewandt hatte, bei sich aufzunehmen. Natürlich hatten die Franks nichts dagegen gehabt: Sie kannten Fritz Pfeffer recht gut, er hatte zu den Gästen gezählt, die sie – bevor die strengen Judengesetze erlassen worden waren – regelmäßig zum Samstagnachmittagstee gebeten hatten. Geboren im hessischen Gießen, war er nach den Novemberpogromen 1938 aus Frankfurt nach Amsterdam geflohen – gemeinsam mit seiner Lebensgefährtin Charlotte Kaletta, einer Christin, die ihren Sohn aus erster Ehe bei seinem jüdischen Vater in Deutschland zurückgelassen hatte. Pfeffer und Kaletta, ein verliebtes, unternehmungslustiges Paar, gern auf Reisen, gern in Gesellschaft, war das Zusammenleben in Deutschland durch das Rassengesetz unmöglich gemacht worden. In Holland, hatten sie gehofft, würden sie heiraten können. Doch die Nazis hatten sie eingeholt.

Das sich ankündigende Schlafplatzproblem im Hinterhaus war noch vor Pfeffers Ankunft gelöst worden. Margot zog mit in das Zimmer ihrer Eltern, Anne sollte ihre kleine Kammer mit dem Zahnarzt teilen. Daß sich Otto und Edith dazu entschlossen hatten, den achten Versteckten mit Anne, und nicht etwa mit dem sechzehnjährigen Peter van Pels, in einen Raum zu legen, beweist, daß Anne mit ihrem Vorwurf nicht ganz falsch lag: Offenbar wurde sie tatsächlich noch in die Kategorie Kind eingeordnet. Ganz offensichtlich unterschätzten sowohl Edith als auch Otto Frank das Schamgefühl ihrer pubertierenden Tochter und dachten daher nicht an ihr wachsendes Bedürfnis nach Privatsphäre. Wären sich Annes Eltern deren Empfindungen bewußt gewesen, sie hätten bestimmt eine Lösung gefunden, um Anne die extreme räumliche Nähe zu Pfeffer zu ersparen.

Die Konflikte zwischen Anne und Fritz Pfeffer ließen nicht auf sich warten. Keine zwei Wochen nach seinem Eintreffen im Hinterhaus bezeichnete Anne ihren Zimmergenossen schon als »*den altmodischsten Erzieher und Prediger ellenlanger Manierenreihen*«. Und je mehr Zeit verging, desto härter zog sie mit ihm ins Gericht: Bei Nacht störte sie sein Schnarchen, bei Tag seine ihr gegenüber reservierte Art, die Anne als steif und unflexibel interpretierte. »*Jemanden*«, kritisierte Anne ihn im Juli 1943, »*der schon 54 Jahre alt ist und noch so pedantische und kleinliche Angewohnheiten hat, hat die Natur so gemacht und gewöhnt sich die Angewohnheiten auch nie mehr ab.«* Als Anne schließlich beim Überarbeiten ihres Tagebuchs nach einem Pseudonym für Fritz Pfeffer suchte, entschied sie sich für Albert Dussel. Schlicht und einfach Albert »Dummkopf«.

Annes Abneigung gegen Pfeffer ist zwar verständlich: Er war ein Mann der alten Schule, vor allem der – im Unterschied zu Otto Frank – alten Erziehungsschule, unaufgeschlossen und ohne Verständnis für die Flausen einer Dreizehnjährigen. So abweisend, wie Anne ihn offenbar empfand, war er aber sicher nicht. Ganz im Gegensatz zu ihrem Eindruck muß er sogar ein recht gefühlsbetonter, charmanter Mensch gewesen sein. Das jedenfalls drückt sein Abschiedsbrief aus, den er seiner *»innigstgeliebten«* Charlotte am Tag vor seinem Untertauchen schrieb.

»... Mir fällt es diesmal so schwer, Dir zu schreiben, da wir Alles täglich besprechen konnten. Und doch treibt mich mein Herz dazu, da es so voll Stolz für Dich, meine vom Herzen Geliebte ist. Ich bewunderte alle Zeit Deine so tapfere, stille Größe und Deinen Adel, mit denen Du diese unbeschreiblich schwere Zeit meisterst. Mein Stolz besteht in meiner ganzen Hingabe für Dich, in meinem Streben, Tun und Lassen, mich Deiner Liebe würdig zu zeigen.

Was bedeutet diese hoffentlich recht kurze Unterbrechung in dem ewig unzerreißbaren Band! Halte weiter Deinen herrlichen Mut, Dein Gottvertrauen und Deine Liebe wird mich und uns stärken und tapfer halten. In diesem Sinne umarmt und küßt Dich innigst Dein Fritz.«

Es ist nur natürlich, daß sich Anne in ihrem Alter nicht damit auseinandersetzte, wie es in Fritz Pfeffers Innerem aussah. Während alle anderen Hinterhausbewohner – auch wenn sie sich untereinander oft noch so sehr auf die Nerven fielen – ihre engsten Familienmitglieder um sich hatten, fehlte Pfeffer im Versteck jede Vertrautheit.

Zu seinem Sohn Werner hatte er schon seit Kriegsausbruch keinen Kontakt mehr. Nach der Scheidung von seiner ersten Frau hatte er den Jungen allein aufgezogen und im November 1938 mit einem der Kindertransporte zu seinem Bruder nach London geschickt. Dort war der damals etwa zwölfjährige Werner in Sicherheit. Ob Pfeffer allerdings wußte, daß sein Sohn, der etwa in Annes Alter gewesen sein muß, in einem Internat gelandet und zutiefst unglücklich war, ist unsicher. Anne ahnte vermutlich nicht einmal, daß Fritz Pfeffer überhaupt einen Sohn hatte.

Miep Gies dürfte großes Mitleid mit dem einsamen Zahnarzt gehabt haben, dem sie eine frappante Ähnlichkeit mit dem Chansonsänger Maurice Chevalier nachsagte. Nur aus diesem Mitleid heraus ist es zu erklären, daß sie sich als Postbotin zwischen ihm und seiner neunzehn Jahre jüngeren Freundin Charlotte anbot – und die damit verbundene Gefahr auf sich nahm, obwohl Otto gegen diese Korrespondenz war. Hätte man sie mit einem der Briefe ertappt, drohte ihr, verhaftet und so lange gefoltert zu werden, bis sie den Absender preisgegeben hätte. Von den Franks selbst gelangte während der ganzen Zeit im Versteck keine einzige selbstgeschriebene Zeile nach außen. Daß ihre Verwandtschaft in Basel – ohne freilich je Details zu erfahren – trotzdem wußte, wie es ihnen ging, hatten sie Johannes Kleiman zu verdanken. Er hielt mit Ottos Schwager Erich Elias über geschäftlich anmutende, jedoch mit verschlüsselten Nachrichten gespickte Korrespondenzkarten Kontakt. Und Erich Elias antwortete. So erfuhr Anne, daß sich ihr Onkel Herbert rechtzeitig aus Frankreich in die Schweiz gerettet oder daß Cousin Bernd seinen Traum von der Schauspielerei verwirklicht und die Rolle des Wirts in Lessings *Minna von Barnhelm* gespielt hatte.

Miep transportierte also tröstliche Liebesbriefe zwischen

Fritz Pfeffer und Charlotte Kaletta hin und her, die keinerlei Hinweise auf Pfeffers Aufenthaltsort enthalten durften – damit hätte er alle Beteiligten in Lebensgefahr gebracht. Außerdem brachte sie ihm immer wieder Lebensmittelpakete mit, die er, wenn man Annes abschätzigen Bemerkungen glauben darf, in seinem Schrank hortete und deren Inhalt er nachts allein verspeiste, statt ihn mit den anderen Untergetauchten zu teilen.

Die Briefe konnten Pfeffers Einsamkeit zwar lindern, daraus befreien konnten sie ihn aber nicht. Gab es Streit zwischen den Franks und den van Pels', stand er zwischen den Fronten. Und weil das immer häufiger geschah, die beiden Familien immer weniger und vorübergehend gar nur schriftlich miteinander kommunizierten und Pfeffer das unangenehm war, zog er sich immer mehr zurück. Abends verkroch er sich häufig ins Badezimmer. Dort konnte er in Ruhe lesen. Tagsüber wollte er ungestört an dem kleinen Tischchen in seiner und Annes Kammer sitzen. Dort schrieb und lernte er – vor allem Spanisch. Nach dem Krieg wollte er mit seiner Charlotte nach Südamerika auswandern.

Über jenes schmale Tischchen gerieten Pfeffer und Anne in Streit. Sie beanspruchte es für sich – um zu lernen und vor allem um ihr Tagebuch zu schreiben. Der altmodische Pfeffer hingegen sah nicht ein, warum er auf diesen »Kinderkram« Rücksicht nehmen sollte. Erst als Otto Frank – umsichtig und beschwichtigend – eingriff und gemeinsam mit den beiden Streithähnen einen peniblen Tischbenutzungszeitplan erstellte, kehrte Ruhe ein.

Dicke Freunde wurden Anne Frank und Fritz Pfeffer nie. Er erwartete von jungen Menschen Respekt – und Respekt hieß für ihn: keine Widerrede. Die widerspenstige Anne war nicht respektlos, aber sie hatte immer schon deutlich ihre Meinung gesagt, sich besserwisserisch eingemischt, auch wenn sie nicht gefragt war, und heftig widersprochen, gemeckert und gemault, wenn sie sich im Recht fühlte. Daraus auf eine negative Grundhaltung Annes zu schließen wäre jedoch falsch. Die hatte sie mit Sicherheit nicht. Im Gegenteil: Ihr zeitweiliges Aufbäumen, das ihre Mitbewohner so sehr irritieren konnte und Otto Frank immer wieder zu Bravourstücken der Diplomatie zwang, muß sogar als Zeichen ihrer Kraft gewertet werden. Wie leicht hätte ihre äußere Situation zu einem seelischen Zusammenbruch führen, wie leicht hätte sie sich aufgeben können! Doch statt sich hängenzulassen, sträubte sie sich – freilich feinsinnig begleitet von Vater, Mutter und nicht zuletzt angespornt von ihrer Schwester Margot – gegen ihre Zwischentiefs, indem sie um so intensiver über sich selbst nachdachte und sich gleichzeitig weiterbildete.

Anne lernte mit erstaunlichem Fleiß – obwohl sie nicht unter Prüfungsdruck stand und obwohl sie sich nicht an eifrigen Mitschülern mit gleichen Lernpflichten messen konnte. Der Motor, der Anne ebenso wie ihre Schwester Margot antrieb, war Hoffnung. Ein vager Optimismus, daß der Krieg bald überstanden wäre und sie wieder zur Schule gehen könnten. Den Anschluß an ihre Klassen zu verpassen – das wollten die beiden Mädchen nicht riskieren.

Margot war mit ihrem Ehrgeiz bestimmt ein wichtiges Zugpferd für Anne – auch wenn diese sich das niemals eingestanden hätte. Die strebsame Siebzehnjährige, auch im Versteck eine Dulderin, die im Gegensatz zu Anne still litt und nur in Ausnahmefällen die Selbstkontrolle verlor, hatte schon immer gerne gelernt. Nun dürften sich ihr Eifer und ihre Wißbegierde zu einer Art unstillbarem Heißhunger gesteigert haben. Intensives Lernen vertrieb die Einsamkeit. Es vertrieb auch die Angst.

Daß Anne und Margot in ihrem jungen Alter überhaupt schon in der Lage waren, im Selbststudium weiterzulernen, hatten sie vor allem ihrem Vater zu verdanken. Selbst nie ein Glanzschüler, betrachtete Otto Frank Bildung als das wertvollste Kapital, das Eltern ihren Kindern mitgeben konnten, auch – so liberal dachte er allemal – wenn diese Kinder Mädchen waren. Er vermittelte seinen Töchtern früh, daß Lernen nicht nur Pflichterfüllung war, kein bloßes Nachbeten von Vorgesagtem, eingepaukt für eine Prüfung und ebenso schnell wieder aus dem Gedächtnis vertrieben. Es gelang ihm, sie neugierig zu machen, sie zum Selbstdenken und zum Forschen nach Zusammenhängen zu animieren.

Einige Lehrbücher hatten die Mädchen ins Versteck mitgebracht, andere lieferten die Helfer nach. Anne und Margot paukten unter anderem französische und englische Grammatik, beschäftigten sich mit Geschichte, Geographie und Religionsgeschichte, Margot auch mit Latein. Otto Frank hatte sogar einen Fernkurs in Stenographie belegen lassen, mit dem sowohl Anne als auch Margot Kurzschrift in mehreren Sprachen übten. Margots Steno-Hausaufgaben wurden von Bep Voskuijl unter ihrem eigenen Namen an die Kursleitung eingeschickt; die Arbeiten kamen – und das überraschte keinen im Versteck – mit ausgezeichneten Noten zurück.

Nicht alle Fächer, die auf Annes Stundenplan standen, machten ihr Spaß: Während Margot an Mathematik und anderen naturwissenschaftlichen Disziplinen wie Physik und Chemie geradezu Spaß hatte, blieben Anne die logischen Denkstrukturen von Geometrie und Algebra fremd. Margot hatte ursprünglich, bevor sie sich – ganz offensichtlich unter dem Eindruck der Judenverfolgung – vornahm, nach Palästina auszuwandern und Hebamme zu werden, sogar geplant, Chemie zu studieren. Anne hingegen konnte mit den Naturwissenschaften wenig anfangen – ebensowenig wie Otto. Befreit hatte er sie von den lästigen Rechenaufgaben deshalb aber nicht. Es scheint, daß er seine jüngere Tochter manchmal sogar mit sanftem Druck vor das Algebrabuch trieb. »*Papa mault schon wieder, und droht daß er mein Tagebuch wegnehmen wird*«, beklagte sie sich einmal, »*oh ein unüberwindlicher Schreck. Ich werde es in Zukunft auch verstecken.*« Und eineinhalb Jahre später: »*Er hat mir gedroht daß wenn ich kein Algebra mache ich später bestimmt keine Nachhilfestunden bekomme.*«

Um Annes Interesse für Geschichte brauchte sich Otto, der nach dem Abitur ja selbst ein Semester Kunstgeschichte studiert hatte, hingegen keine Sorgen zu machen. Das hatte er längst geweckt. »Laß uns nachschauen ...«, hatte Otto jedesmal geantwortet, wenn sein »Annelein«, wie er sie in solchen Fällen liebkosend nannte, mit einer Frage zu ihm kam. Als Anne im Jüdischen Lyzeum vor versammelter Klasse über »Das Römische Reich unter Kaiser Nero« referieren sollte und der damals Zwölfjährigen die knappen Angaben in ihrem Schulbuch nicht spannend genug erschienen waren, hatte Otto ihr geholfen, sich weitere Informationen aus verschiedenen Lexika und Geschichtsbüchern zusammenzusuchen. Annes Referat war heftig beklatscht worden.

Im Versteck kam Anne diese von Otto abgeguckte »Laß uns nachschauen ... « -Mentalität zugute, denn dort waren Bücher – neben ihren Eltern und Margot natürlich, doch mehr noch als diese – ihre einzigen Lehrmeister. Und ihre besten Unterhalter. »*Normale Leute*«, betonte Anne, »*wissen auch nicht wieviel Bücher für einen Eingeschlossenen bedeuten.*«

Schon in Freiheit hatte sich Anne von verschiedenen Schmökern auch emotional berühren lassen. »*Das Buch ›Daisy's bergvacantie‹ ist wirklich sehr schön*«, hatte sie etwa drei Wochen vor dem Untertauchen geschwärmt, »*es hat mich tief gerührt ...*« Nun tauchte sie in fiktive Romanwelten ein, um aus der realen Enge, in der sie festsaß, auszubrechen, um ungeachtet ihrer Gefangenschaft das Gefühl von Freiheit zu erleben. »*Versessen auf Lesen und auf Bücher*«, so Annes knappe Beschreibung ihrer Leidenschaft. Bücher waren ihre Zuflucht, wenn ihr die äußere Situation unerträglich wurde, ihre Medizin gegen die peinigende Stille im Hinterhaus, ihre Schatzkammer der Ideen und Illusionen. »*Wenn ich ein Buch lese das mich beeindruckt, muß ich in mir selbst gründlich Ordnung machen, bevor ich mich unter Leute begebe*«, beschrieb sie die Kraft der Fiktion, die sie mit sich ziehen konnte, »*sonst würde man von mir denken daß ich einen etwas seltsamen Verstand hätte.*«

In den ersten Monaten im Versteck verschlang Anne vor allem Jugendbücher. *Eva's jeugd* etwa, eine romantische Geschichte, in der der holländische Autor Nico van Suchtelen die Entwicklung der kleinen Eva zur Frau nachzeichnete. Seine Beschreibung von Evas körperlicher Reifung und ihren Erfahrungen mit der Periode verstärkte Annes Sehnsucht, endlich auch sexuell reif, endlich auch Frau zu werden, so sehr, daß sie sich diesen Wunsch wieder und wieder von der Seele schrieb.

Die Bücherkisten, die Otto Frank vor dem Untertauchen ins Hinterhaus hatte schaffen lassen, reichten längst nicht aus, um das allgemeine Leseverlangen zu stillen. Doch die Versorgung mit Lesenachschub klappte ausgezeichnet. So brachte Johannes Kleiman Anne neben vielen anderen Büchern *Het boek voor de jeugd, das Jahrbuch für die Jugend,* mit, einen Sammelband mit einer Auswahl von Märchen, Kurzgeschichten und Gedichten so berühmter Schriftsteller wie Hans Christian Andersen, Jack London oder Jules Verne. Und Victor Kugler vergaß nicht, ihr jede Woche ihre Lieblingszeitschrift zuzustecken. »*Herr Kugler macht mich jeden Montag froh wenn er die Cinema & Theater mitbringt*«, freute sich Anne, die sich nach wie vor für Schauspielerei und Kino begeistern konnte, »*obwohl diese Verwöhnung oft als Geldvergeudung von unseren unmondänen Hausgenossen bezeichnet wird …* « Jan Gies wiederum organisierte für die Versteckten stapelweise

Bücher aus einer Leihbibliothek, nicht irgendwelche, sondern der Wunschliste der Franks folgend. Miep schmuggelte sie dann jeden Samstag ins Hinterhaus. »*Wir schauen immer sehnsüchtig dem Samstag entgegen weil dann die Bücher kommen genau wie kleine Kinder, die ein Geschenk bekommen*«, erzählte Anne. Sobald einer der Untergetauchten ein Buch ausgelesen hatte, reichte er es an den nächsten weiter. So hatte nicht nur jeder genug Lesestoff, am Ende der Woche, wenn mehrere den Inhalt der Bücher kannten, konnten sie sich auch über das Gelesene austauschen. Ein willkommener Zeitvertreib.

Mit Annes geistiger Entwicklung stieg auch ihr literarischer Anspruch. Je mehr sie gelesen hatte, desto weniger interessierte sie die sogenannte Mädchen- oder Jugendliteratur. Sie war nun, wie sie euphorisch kundtat, »*versessen auf Mythologie und am meisten auf griechische und römische Götter*«. Und im Laufe der Monate immer mehr auf Geschichte, der sie sich, ihrer Phantasie und Neugierde auf menschliche Schicksale folgend, weniger über trockene Sachbücher als über packend geschriebene Biographien näherte. So verschlang sie Lebensbeschreibungen von Marie Antoinette, Kaiser Karl V., Rubens, Rembrandt und Franz Liszt. All diese Bücher waren Unterhaltung und Unterricht zugleich. Um so mehr, als Anne die gewonnenen Informationen exzerpierte und zur Anfertigung von Stammbäumen nutzte. »*Mit vielen bin ich schon sehr weit gediehen, umso mehr da ich längst aus den Biographien und Geschichtsbüchern, die ich lese, Anmerkungen mache*«, belegt ihre Tagebucheintragung vom 6. April 1944, »*viele Teile Geschichte schreibe ich sogar ab.*«

Fest steht, daß Anne nicht nur viel, sondern auch sehr unterschiedliche Bücher sehr verschiedener Autoren las, eine Art Zettelkartei der gelesenen Bücher anlegte und Sätze, die ihr besonders gut gefielen, in einem Zitateheftchen sammelte.

Sechsundzwanzig Werke erwähnte Anne allein in ihren Tagebuchaufzeichnungen – und das waren längst nicht alle. Bücher, die ihren Horizont erweiterten, und solche, in denen sie sich wiederfand und ihre körperliche und geistige Entwicklung besser verstehen lernte. Bücher, die ihre Toleranz ebenso wie ihre Imaginationskraft förderten, und solche, die ihr Wissen schulten – und nicht zuletzt ihren eigenen Schreibstil.

Im Juli 1944 regte sie die Lektüre von *Hoe vindt U het moderne jonge meisje? – Was halten Sie vom modernen jungen Mädchen?* – zu einem ihrer ausführlichsten und reifsten Briefe an ihre imaginäre Freundin Kitty an. Die Ansichten der Autorin Helene Haluschka, die die »Jugend von heute« für zu nichts Gutem imstande hielt, forderten Anne zu einer packenden Verteidigungsrede heraus. Keine beleidigte Rechtfertigung jedoch, sondern eine erschütternde Analyse, in der Anne sich nicht nur mit ihrem persönlichen Schicksal auseinandersetzte, sondern mit dem der Jugend in Zeiten des Krieges überhaupt. »*Wir, Jüngeren haben doppelt Mühe unsere Meinung zu handhaben in einer Zeit wo aller Idealismus zerstört und niedergeschmettert wird, wo Menschen sich von ihrer häßlichsten Seite sehen lassen, wo gezweifelt wird an Wahrheit und Recht und an Gott.*« Die Worte einer gerade Fünfzehnjährigen, die ihre Augen offenhielt und auch nach exakt zwei Jahren im Versteck darum kämpfte, sich ihre Hoffnung zu erhalten – obwohl sie merkte »*... wie die Welt langsam immer mehr in eine Wüste verwandelt wird*«, obwohl sie »*den anrollenden Donner immer lauter*« hörte, »*der auch uns töten wird ...*«. Doch sie versuchte ihre »*Ideale, Träume und schönen Erwartungen*« auch über die »*grauenhafteste Wirklichkeit*« hinwegzuretten. Ob diese Erwartungen anderen absurd oder unrealistisch schienen, war Anne, die sich in diesen zwei Jahren von ihren Eltern emanzipiert hatte, egal. Mit unbändigem Lebenswillen schwang sie sich zu jenem Satz auf, mit dem sie – freilich aus dem Zusammenhang gerissen – bis heute am häufigsten zitiert wird: »*Trotzdem halte ich sie* [die Erwartungen, M.M.] *fest, trotz allem weil ich noch immer an die innere Güte der Menschen glaube.*« Diese Zuversicht machte Anne zum Symbol für Hoffnung, eine Hoffnung jedoch, die ihr nur wenige Monate später endgültig genommen wurde.

Kaum ein Buch, das ins Hinterhaus gelangte und nicht Annes Neugierde weckte – besonders, wenn es für einen anderen Mitbewohner bestimmt war. Doch »*... jedes Buch das ich lese muß geprüft werden*«, klagte sie, »*Ehrlich gesagt ist diese Prüfung überhaupt nicht streng und darf ich fast alles lesen, aber die Be- und Anmerkungen plus all diese Fragen den ganzen Tag durch finden wir lästig.*« Annes Lesestoff sollte – als Teil des Selbstunterrichts im Hinterhaus – auch ihren literaturgeschichtlichen Horizont erweitern, ihr die Welt der deutschen Klassiker erschließen. Immerhin, das wollte sich Otto von den Nationalsozialisten nicht nehmen lassen, war diese ja der kulturelle Hintergrund ihrer Familie. »*Vater will daß ich nun Hebbel und andere Bücher von anderen deutschen Schriftstellern lese*«, so Anne. Zwar gönnte er ihr auch romantisch-sentimentale Ausflüge wie den in Margaret Mitchells Südstaaten-Saga *Vom Winde verweht*, doch wohler war ihm, wenn sie sich unter seiner Anleitung mit Goethe oder Schiller beschäftigte. Er habe mit Anne Schillersche Gedichte gelesen, erinnerte sich Otto nach dem Krieg, dann *Wilhelm Tell*, *Die Jungfrau von Orleans* oder *Maria Stuart*. Zudem – sicher nicht ohne Hintergedanken – *Nathan der Weise*, in dem Lessing den Juden Nathan, der in einer Pogromnacht seine Frau und seine sieben Söhne verloren hat und in der Folge ein Christenmädchen aufzieht, um religiöse Toleranz ringen läßt.

Otto Frank, in seiner Jugend ein großer Verehrer Heinrich Heines, muß viel von der charakterbildenden Kraft der Literatur gehalten haben. Seiner Schwester Helene hatte er, als diese als junges Mädchen unglücklich verliebt war, 1917 den Spätromantiker Mörike ans Herz gelegt. »*Du mußt vernünftig sein und wissen, was Du tust*«, hatte er ihr in einem Feldpostbrief aus dem Ersten Weltkrieg geschrieben, »*Mörike ist eine sehr gute Lektüre: Ich habe seine Werke alle in meinem Schrank. Wenn Du sie benutzt, mache sie bitte nicht schmutzig, denn sie sind weiß gebunden, und halte Ordnung.*«

Otto selbst scheint im Versteck Trost bei Charles Dickens gefunden zu haben, den er im Original las. Daß Otto an Dickens' Werken sein Englisch schulte, ist die eine Sache. Die wichtigere dürfte aber gewesen sein, daß Dickens mit seinen sozialkritischen Romanen, seinem Interesse für Randgruppen der Gesellschaft, seinem Verständnis für Schwache und seinem Gerechtigkeitsempfinden Otto, auf dessen Schultern so schwere Verantwortung drückte, bestärkte. Und daß Dickens' Humor die Kraft hatte, Otto aufzuheitern.

Ob Otto sich auch darum kümmerte, was seine Frau Edith im Versteck las, wissen wir nicht. »*... liest alles, außer Detektivgeschichten*«, war das einzige, was Anne zu den Lesegewohnheiten ihrer Mutter zu vermerken hatte. Wie viele Bücher Edith tatsächlich durchlas und ob sie ihr eine ähnlich große Stütze waren wie ihren Töchtern, geht daraus freilich nicht hervor. Sicher ist jedoch, daß Edith eine Ausgabe von Spinozas *Ethik* ins Hinterhaus mitgebracht hatte. Ob das Buch bloß ein Erinnerungsstück aus ihrer Bibliothek war? Oder ob sie sich jemals intensiv mit den Lehrsätzen des holländisch-jüdischen Philosophen über Gott und Natur auseinandersetzte? Ob sich die zutiefst unglückliche Frau Spinozas Grundsatzfrage, wie Glückseligkeit und Freiheit in einer streng determinierten Welt möglich wären, auch selbst stellte? Ob sich Edith überhaupt für Philosophie interessierte? Eine Antwort auf diese Fragen könnte viel über Ediths Geistes- und Seelenleben aussagen – doch niemand kann sie mehr geben. Es bleibt bei Mutmaßungen.

Edith Frank geriet während der Zeit im Versteck in immer größere seelische Not. Daß Hitler und seine Truppen bald geschlagen, sie und ihre Familie bald gerettet wären – diese Hoffnung kam ihr langsam völlig abhanden. Doch in ihrer Verschlossenheit dürfte Edith ihren Kummer für sich behalten haben. Sich mit hysterischen Anfällen Luft zu machen und so wenigstens einen Teil ihrer Sorgen abzuwerfen, lag Edith überhaupt nicht. Statt wie die aufbrausende Auguste van Pels lautstark mit Selbstmord – mal durch Aufhängen, mal mittels einer Kugel durch den Kopf – zu drohen, hielt sie ihre Emotionen unter Verschluß – so, dachte sie wohl, würde es ihre Umwelt auch von ihr erwarten. Während sie nach außen die Gefaßte mimte und dulderisch die Haltung vertrat, daß Klagen die Situation auch nicht verbesserten, drohte sie innerlich zu zerbrechen. Offenbar wollte oder konnte sie sich niemandem in ihrer Familie anvertrauen. Das erklärt auch, warum die Verzweifelte eines Tages bei Miep Gies Trost suchte. Als sich diese nach einem Besuch im Hinterhaus verabschiedete, hielt Edith die neun Jahre Jüngere an der Eingangstür zurück. Sie sähe kein Licht am Ende des Tunnels, brach es aus der verzweifelten Edith heraus, sie wüßte nicht mehr weiter, mache sich Sorgen um das Leben ihrer Kinder. Ein eilig geflüsterter Alarm, ohne Tränen, aber von erschütternder Eindringlichkeit. Miep hörte ihr schweigend zu, überrumpelt, betroffen und hilflos. Was sollte sie der Frau ihres Chefs antworten? Kein tröstendes Wort hätte Edith Frank aus ihrer tiefen Traurigkeit holen können. Aber

Hübsches Mädchen: Edith Holländer, ca. 1916.

wenigstens hatte sie endlich einmal ihr Herz öffnen können.

Neben der puren Angst, entdeckt und deportiert zu werden, waren es wohl persönliche Niederlagen, die Edith ihren Mut raubten. Enttäuschungen, die sie im Hinterhaus erlebte, andere, die sie schon dorthin mitgebracht hatte. Vom ersten Tag an im Versteck war ihre Beziehung zu Anne von Spannungen und Auseinandersetzungen geprägt. Schon vor dem Untertauchen hatten es die beiden nicht immer leicht miteinander gehabt. Nicht nur, daß Edith – wie es die oft so undankbare Rolle der Mutter verlangt – Anne häufig zurechtweisen und bremsen mußte, wenn ihre Exaltiertheit mit ihr durchging. Hinzu kamen noch große Charakterunterschiede zwischen Mutter und Tochter: Anne war eine überschwengliche Selbstdarstellerin, charmant, wenn ihr danach war, und ebenso schnell weinerlich oder aufbrausend, wenn ihr etwas nicht paßte. Edith hingegen war eine in sich gekehrte Frau, ernsthaft und von Natur aus schüchtern – farblos mochte sie nennen, wer sie nur flüchtig kannte. Während es Anne also verstand, auf sich aufmerksam zu machen, blieb Edith stets im Hintergrund und hinterließ bei Fremden im allgemeinen kaum einen Eindruck.

In der extremen Hinterhausenge krachten diese beiden so konträren Persönlichkeiten natürlich noch häufiger als früher aufeinander. Auf der einen Seite stand die nervöse Anne. Auf der anderen die nicht weniger nervöse Edith. Doch was kümmern Dreizehnjährige die Gründe für die Nervosität ihrer Mütter!

Anne fühlte sich von Edith unverstanden, mal zu wenig, dann wieder zu sehr bemuttert. Wenn ihre Mutter sich liebevoll um sie bemühte, wies sie sie zurück. »*Mama tut immer als ob ich ein Baby bin, und das kann ich nicht ausstehen*«, klagte Anne ihrem Tagebuch am 14. August 1942. Und wenn Edith dann schweren Herzens, doch voll Verständnis für die altersbedingten Launen ihrer Tochter auf Distanz ging und Anne ihre Ruhe ließ, war es dieser auch nicht recht. Dann warf Anne ihr mangelnde Feinfühligkeit, sogar Sarkasmus und Härte vor. Wenn Edith sie in die Schranken wies, spielte sie die beleidigte Prinzessin, und wenn Edith ihre launenhaften Auftritte nicht ernst genug nahm, empfand sie sich von ihrer Mutter verhöhnt. Mit anderen Worten: Obwohl Edith moderne erzieherische Ansichten vertrat und nicht übertrieben streng war, hatte sie keinerlei Chance, Anne zu gefallen. Ungewöhnlich ist das keineswegs: In einer Umbruchphase, in der Mädchen ihr Ich-Bewußtsein entwickeln müssen und deshalb wütend jeden von sich weisen, der sie – absichtlich oder unabsichtlich – in ihrer Kinderrolle festzuhalten droht, muß die eigene Mutter am häufigsten als Negativbeispiel, oft sogar als Feindbild herhalten. Und wenn die Tochter weiß, daß sie sich voll und ganz auf diese Mutter verlassen kann, daß sie, was immer sie tut, die Liebe ihrer Mutter nicht verlieren wird, ist die kindliche Brutalität oft besonders groß. Anne mußte nicht einen Augenblick daran zweifeln, daß Edith hinter ihr stand, daß sie ihre Jüngste in jeder Situation verteidigen und beschützen würde. Das bewies Edith ihrer Tochter auch im Hinterhaus bei vielen Gelegenheiten. Und das war für Anne selbstverständlich – es war auch eine Grundlage ihrer Stärke.

Anne machte den für eine Jugendliche ihres Alters ganz normalen inneren Abnabelungsprozeß durch. Eine räumliche Abnabelung, ein sich Zurückziehen, um den mit diesem Prozeß verbundenen Reibereien aus dem Weg zu gehen, war jedoch in dem beengten Hinterhaus nicht möglich. Zudem fehlte Anne eine Freundin, mit der sie sich gegen ihre Mutter hätte verbünden können. Nachvollziehbar deshalb, daß sie in ihrem Tagebuch über Edith herzog. Verständlich auch, daß ihre Äußerungen manchmal sehr grob ausfielen: »*Mutter kann ich nun mal nicht ausstehen, und ich muß mich mit Gewalt zwingen, sie nicht immer anzuschnauzen und ruhig zu bleiben*«, schrieb Anne in der ursprünglichen Fassung ihres Tagebuchs, die sie später selbst entschärfte, »*ich könnte ihr so ins Gesicht schlagen, ich weiß nicht wie es kommt daß ich eine so schreckliche Abneigung gegen sie habe.*«

Je aggressiver Anne ihre Mutter von sich stieß, um so mehr idealisierte sie ihren Vater, um so offensiver buhlte sie um seine Freundschaft und seine Liebe. »*Ich habe Papi endlich erzählt, daß ich ›ihn‹ viel lieber habe, als Mutter, dar-*

aufhin hat er dann gesagt, daß das schon wieder vorbeigehen würde, aber das glaube ich nicht ...« Eine unangenehme Situation für Otto Frank, der viel Kraft und Einfühlungsvermögen brauchte, um zwischen Edith und Anne zu vermitteln. »*Ich wollte einerseits meiner Frau nicht weh tun*«, nahm Otto Frank 1968 in einem Referat über Anne zu der schwierigen Mutter-Tochter-Beziehung Stellung, »*es war aber auch oft nicht leicht, Anne zurechtzuweisen, wenn sie frech und ungezogen ihrer Mutter gegenüber war.*«

Nach einem Streit ließ Otto in der Regel etwas Zeit vergehen, dann nahm er Anne zur Seite und unterhielt sich mit ihr »*wie mit einer Erwachsenen*«. Diesen Eindruck jedenfalls hatte Otto. Anne – so geht aus ihren Tagebuchnotizen hervor – empfand das ganz anders: »*Vater hat die falschen Mittel genommen, er hat immer zu mir gesprochen wie zu einem Kind das schwierige Kinderzeiten durchmachen muß*«, resümierte Anne am 15. Juli 1944, »*Das klingt verrückt, denn niemand anders als Vater hat mir ständig Vertrauen geschenkt und niemand anders als Vater hat mir das Gefühl gegeben daß ich vernünftig bin. Aber eine Sache hat er vernachlässigt, er hat nämlich nicht daran gedacht daß mein Kämpfen nach oben zu kommen für mich wichtiger war als alles andere.*«

Nach oben zu kommen – das bedeutete für Anne, endlich ernstgenommen zu werden. Und weil sie nicht nur intelligent und übersensibel war, sondern auch in einem Alter, in dem man leicht zu verunsichern ist und deshalb – wenn es um einen selbst und seine Gefühle geht – besonders wenig Spaß versteht, bekam sie vieles in den falschen Hals, was Edith sicher in bester Absicht zu ihr sagte: »*Es ist hart die Wahrheit zu sagen und doch ist es die Wahrheit daß sie selbst mich von sich gestoßen hat, daß sie selbst mich für jede Liebe von ihrer Seite abgestumpft hat durch ihre taktlosen Bemerkungen, ihre rohen Scherze über Dinge die für mich als Witze nicht gehen.*«

Auch nach eineinhalb Jahren im Versteck, als die kritische Anne bereits eine für ihr Alter erstaunliche Fähigkeit zu Objektivität und Toleranz entwickelt hatte, war sie zu Nachsicht mit ihrer Mutter immer noch nicht bereit. »*Wenn Mutter nicht so unmöglich wäre bei jeder Diskussion, so hart, so abweisend und so wenig weiblich*«, schob sie plötzlich Edith die Schuld an den ständigen Querelen zwischen den Franks und van Pels' zu, »*dann hätten all unsere Streitereien leicht vermieden werden können …* «

Nicht unwesentlich für ihre strenge, unnachsichtige Haltung gegenüber ihrer Mutter war Annes Eifersucht auf Margot. Natürlich gestand sich Anne niemals ein, daß sie mit ihrer Schwester rivalisierte, und tatsächlich dürfte es sich kaum um einen Wettstreit mit Margot als Person, sondern vielmehr um die Sorge gehandelt haben, weniger geliebt zu sein als diese.

Edith und Margot waren sich charakterlich ähnlich, Zwist zwischen den beiden gab es daher selten. »*Daß Mutter sich für Margot einsetzt, versteht sich von selbst, sie setzen sich immer füreinander ein. Ich bin daran gewöhnt daß ich vollkommen gleichgültig für Mutters Standpauken und Margots gereizte Laune geworden bin. Ich liebe sie nur deshalb weil sie nun einmal Mutter und Margot sind, als Menschen können sie zum Mond gehen.*« Diese verächtlichen Worte schrieb Anne irgendwann im Frühling 1944 auf einen blauen Seidenpapierbogen, als sie ihre ursprüngliche Eintragung vom 7. November 1942 überarbeitete. Damals hatte sie sich furchtbar über Margot geärgert. »*Margot ist patziger als je … Margot kann ich nicht anders als ein Miststück bezeichnen, das mich Tag und Nacht, schrecklich reizt.*« Warum, darauf ging Anne nicht ein.

Besonders nahe hatten sich die beiden Schwestern nie gestanden. Als Anne klein war, mußte sie sich immer anhören, wie mustergültig Margots Benehmen war. Margot galt als die Hübschere, die Bravere, und sie brachte die besseren Noten nach Hause. Tatsächlich erlebte Anne kein einziges Mal, daß die drei Jahre ältere Schwester von den Eltern gerügt wurde – so jedenfalls erinnerte sich Otto Frank später.

Anne hingegen mußte häufig Rüffel einstecken. Daß dieses Mißverhältnis aus ihrer Sicht nicht zu verstehen war, ist durchaus nachvollziehbar. Umgekehrt fällt auf, daß Margot aus den Photos, die vor Annes Geburt von ihr geschossen wurden, viel selbstsicherer in die Welt blickt als aus jenen, die sie mit ihrem Schwesterchen zeigen. Die gutmütige Margot ging immer sehr liebevoll mit Anne um. Doch je mehr Temperament die Kleine entwickelte, desto mehr zog sich die Große zurück.

Im Hinterhaus, als beide Mädchen aus ihrem Freundeskreis herausgerissen waren, wurde besonders deutlich, wie wenig sie gemeinsam hatten. Zwar schlüpften sie schon mal unter eine Bettdecke, lasen zusammen aus einem Buch oder erzählten sich Geschichten und kicherten sich die immer gegenwärtige Angst von der Seele, wirklich näher dürften sich Anne und Margot aber erst nach dem zweiten Winter im Versteck gekommen sein. Im März 1944, so scheint es, konnte Anne ihrer Schwester – die nicht sehr redselig war, im Gegenteil – erstmals Äußerungen gegen die Eltern entlocken. »*Hier ist alles all-right! Außer daß Margot und ich unsere Eltern ein bißchen leid werden. Du mußt es nicht falsch auffassen, ich liebe Vater noch genau so und Margot Vater und Mutter, aber wenn du so alt bist wie wir sind, willst du doch auch ein kleines bißchen für dich selbst entscheiden … Auch verstehen Margot* [und ich, M.M.] *nun zum erstenmal daß man mehr von sich selbst seinen Freundinnen erzählen kann, als seinen Eltern.*« Das ungewohnte »Wir« bestärkte Anne mit der Feststellung: »*Es ist für uns beide ein richtiger Schlag daß wir nun plötzlich sehen, wie wenig von dem vertrauten und harmonischen Zuhause übrig ist!*«

Hinter dieser neuen Vertrautheit der beiden Schwestern steckte Otto Frank. Anne bräuchte so dringend jemanden, dem sie sich anvertrauen könnte, hatte er Margot zugeflüstert, es würde der kleinen Rebellin sicher helfen, wenn sie ein Geheimnis mit Margot hätte. Etwas, in das die beiden weder Edith noch Otto einweihen sollten. Margot und Anne redeten daraufhin mehr miteinander und begannen sich kleine Briefchen zuzustecken, in denen es vor allem um ihr wachsendes Bedürfnis nach Liebe ging – nach einer Liebe, die Eltern nicht geben können. Jedenfalls dürften Anne und Margot von da an offener und vertrauter miteinander umgegangen sein; Margot behandelte Anne fortan nicht nur wie eine Ebenbürtige – »*... und wird eine wirkliche Freundin. Sie betrachtet mich im allgemeinen nicht mehr als den kleinen Knirps mit dem man nicht zu rechnen hat.*« Die große Schwester äußerte sogar eine gewisse Bewunderung für Anne: für ihre Fröhlichkeit und ihre Stärke – Eigenschaften, mit denen sie sich aus jedem Tief wieder selbst herauszuziehen verstand.

Nach wie vor gab es allerdings Momente, in denen Anne sich einbildete, daß Margot mehr elterliche Zuneigung bekam als sie. Besonders wenn sie Otto verdächtigte, die Ältere zu bevorzugen, geriet sie in Raserei: »*... wenn er Margot vorzieht, alle Taten Margots gutheißt, Margot lobt und mit Margot zärtlich ist dann nagt es in mir*«, gab Anne in ihrer zweiten Tagebuchversion vom 7. November 1942 zu, »*denn auf Vater bin ich versessen, er ist mein großes Vorbild, niemanden auf der ganzen Welt als Vater liebe ich. Er ist sich nicht bewußt, daß er mit Margot anders umgeht als mit mir: Margot ist nun einmal die Klügste, die Liebste, die Schönste und die Beste. ... Ich bin nicht neidisch auf Margot, war es nie, ich begehre ihre Klug- und Schönheit nicht, ich würde nur gerne Vaters echte Liebe fühlen ...* «

Annes Eifersucht war unbegründet. »*Es stimmt, daß ich mich mit Anne besser verstand als mit Margot, die ihrer-*

seits mehr an ihrer Mutter hing«, bestätigte Otto viele Jahre später, *»vielleicht war dies so, weil Margot selten ihre Gefühle zeigte, nicht so viel Stütze brauchte, da sie nicht so unter Stimmungsschwankungen litt wie Anne.«* Trotzdem war Otto nicht immer bereit, auf Anne einzugehen, wenn sie ihren Ärger über Edith bei ihm ablassen wollte – wohl weil er erkannt hatte, daß *»meine Frau darunter noch mehr gelitten hat als Anne«*. Und weil er ihr mütterliches Verständnis bewunderte, mit dem sie Annes ablehnender Haltung begegnete. Sie vertraue darauf, daß es sich um eine vorübergehende, Annes Pubertät zuzuschreibende Reaktion handle, hatte sie Otto mehrfach gesagt, und wäre froh, daß Anne wenigstens ihn hätte.

Bis Anne gelernt hatte, Ottos Loyalität gegenüber Edith zu akzeptieren, brauchte sie aber noch eine ganze Weile. *»Vater versteht nicht daß ich mir über Mutter mal das Herz erleichtern muß, er will nicht reden, vermeidet alles was sich auf Mutters Fehler bezieht«*, klagte Anne, *»Ich bin in allem genau umgekehrt wie sie und das prallt selbstverständlich aufeinander.«* Ihre harte Schlußfolgerung: *»Für mich ist Mutter keine Mutter; Ich selbst muß meine Mutter sein.«*

Erst langsam legte Anne ihre Aggression gegen Edith ab und begann sich sogar dafür zu schämen. *»›Anne, bist Du das die über Haß gesprochen hat, oh Anne wie konntest Du das?‹«* fragte sie sich beim Neuschreiben ihres Tagebuchs und gestand sich erstmals ihre Mitschuld an dem gespannten Mutter-Tochter-Verhältnis ein: *»... sie verstand mich nicht, das ist wahr, aber ich verstand sie auch nicht.«* In den folgenden Wochen fiel Anne auch auf, wie sehr die Mutter unter ihrer Ablehnung litt, und sie empfand Mitleid für sie. Von diesem Mitleid – einer distanzierten Anteilnahme jedoch, keinem echten Mitgefühl – bis zu den ersten Anflügen von Toleranz und Respekt und schließlich echtem Verständnis für Ediths Verhalten war es

Fröhliche junge Frau: Edith Holländer, ca. 1920.

dann noch ein weiter Weg. Wirklich nahe kam Anne ihrer Mutter im Versteck letztlich aber nie.

Während Anne, wie sie selbst zugab, gar nicht versuchte, mehr über ihre Mutter zu erfahren, als sie im täglichen Zusammenleben, gleichsam beiläufig, aufschnappte, interessierten sie am Vorleben ihres Vaters alle Einzelheiten. Otto mußte – neben der fiktiven Kitty, der sie alles sagen konnte, ohne daß diese sie mit lästigen Rückfragen aufhielt – in den ersten eineinhalb Jahren im Hinterhaus als Annes engster Freund herhalten. Und vom engsten Freund will man alles wissen: Wie er gelebt hat, bevor man ihn kannte, was er damals gedacht, wovon er geträumt und wen er geliebt hat.

Anne dürfte immer wieder versucht haben, Ottos Vergangenheit zu erforschen. Je deutlicher sie das Liebeserwachen in sich fühlte, je mehr sie sich selbst nach der Nähe und Zärtlichkeit eines intimen Freundes zu sehnen begann, desto bohrender wurden ihre Fragen an den Vater – desto genauer dürfte sie aber auch das Verhältnis ihrer Eltern zueinander beobachtet haben.

Otto und Anne pflegten einen recht offenen Umgang miteinander, Themen wie Liebe und Sexualität waren keineswegs tabu – das beweisen verschiedene Aufzeichnungen Annes. Welche intimen Einzelheiten Otto aber aus seinem eigenen Leben preisgab, können wir nur erahnen – Anne machte in ihrem Tagebuchbrief vom 24. Dezember 1943 einige, wenn auch unklare Andeutungen. Unschwer zu erraten, daß sie sich auf eine große, unerfüllte Liebe in Ottos vorehelichem Leben bezog, als sie schrieb: »*... denn Pim sagt sonst nie etwas über sich selbst und ich glaube nicht, daß Margot vermutet, was Pim hat durchmachen müssen. Der arme Pim, er kann mir nicht weismachen, daß er sie vergessen hat. Nie wird er das vergessen.*« Daß Otto Frank, als er Annes Tagebuch publizieren ließ, ihre Formulierung »*... daß er sie vergessen hat*« in ein viel unverfänglicheres »*... daß er es vergessen hat*« änderte – dahinter standen vermutlich gute Absichten: Erstens meinte er, daß seine persönlichen Beziehungsgeschichten für das Verständnis von Annes Dokument nicht relevant wären, zweitens wollte er allen Spekulationen, die seine Gefühle für seine Frau in Frage stellen konnten, aus dem Weg gehen. Das dürfte auch der Grund sein, warum er aus Annes anschließender Feststellung, »*Er ist nachgiebig geworden, denn auch er sieht Mutters Fehler*«, den zweiten Halbsatz strich. Merkwürdig ist in diesem Zusammenhang, daß er an anderen Stellen unschöne Äußerungen über ihre Mutter, von denen Anne selbst in ihrer überarbeiteten Tagebuchfassung Abstand genommen hatte, in die Erstveröffentlichung aufnahm.

Daß Otto vor seiner Ehe anderen Frauen begegnete, ist allzu natürlich; immerhin feierte er am Tag seiner Hochzeit bereits seinen 36. Geburtstag. Ein großer Verführer der

Frauen, gar ein Schürzenjäger, war er jedoch auch vor seiner Hochzeit nie. »*Du weißt ja, wie ich mich immer mit Mädels stelle: gut, aber nicht zu gut*«, hatte Otto seiner Schwester Leni in einem Feldpostbrief aus dem Ersten Weltkrieg geschrieben. Klang es in diesen Zeilen so, als hätte er noch keinerlei Bedürfnis, sich fürs Leben zu binden, so dachte er, je länger der Krieg dauerte, um so mehr über Partnerschaft und Ehe nach. »*Der Mann allein ist etwas Halbes*«, teilte sich Otto der Schwester am 16. Juni 1918 mit. Nach fast genau drei Jahren an der Westfront – zuletzt war Otto als Offiziersanwärter beim Lichtmeßtrupp 172 in Nordfrankreich stationiert – dürfte er sich nach Geborgenheit gesehnt haben. Am 27. Juni öffnete sich der damals Neunundzwanzigjährige seiner Vertrauten Leni deshalb noch einmal: »*Du weißt gar nicht, was das Alleinsein und die Trennung von Kultur und Weiblichkeit in uns draußen für Empfindungen wachruft. Man denkt an tausenderlei alte Sachen und träumt sich zu gerne … in Erträumtes*«, geriet er kurz ins Schwärmen, um gleich darauf wieder zu seiner gewohnten Sachlichkeit zurückzufinden. »*Wir haben es alle zu Hause zu gut, um uns wirklich nach eigenem Heim zu drängen, so sehr auch das Gefühl dafür wach ist. Und doch überlegt man sich, daß man nach dem Kriege nicht zu lange warten darf, will man noch mit den erhofften Nachkommen jung sein.*« So sehr sich Otto auch Kinder wünschte, so wenige Illusionen hatte er offenbar schon damals über die Ehe. Das entsprach durchaus seiner Zeit und seiner Gesellschaftsschicht. Ehen waren nun einmal in erster Linie Zweckgemeinschaften, die Leidenschaft zwischen Mann und Frau kam – wenn überhaupt – an zweiter Stelle. »*Denn darin gipfelt ja nun doch einmal der Gedanke über ein gesundes Eheleben*«, setzte Otto leidenschaftslos fort, in dritter Person, so als wäre er ein unbeteiligter Beobachter, »*Es ist nicht allein das augenblickliche Glück, es ist die Zukunft, an die der Mensch immer wieder und wieder denkt und die Stunden, in denen er die Zukunft vergißt, sind zu zählen.«*

Es vergingen noch sieben Jahre, bis er schließlich – als letzter der vier Frank-Geschwister – heiratete. Wer ihn seiner späteren Frau, der jungen Edith Holländer, vorstellte und wann genau das geschah, ist nicht zu klären. Ob sich Otto in die fünfundzwanzigjährige Aachenerin aus wohlhabendem Haus tatsächlich verliebte oder bloß die Notwendigkeit des »gesunden Ehelebens« im Kopf hatte, ist ebenfalls unklar. Sicher ist hingegen, daß Edith Otto aufrichtig liebte und von ihren Cousinen um den zwar nicht reichen, aber attraktiven und charmanten Mann beneidet wurde. Sicher ist auch, daß die Verbindung, wie so häufig in jenen Tagen und Kreisen, arrangiert wurde. Am 5. April 1925 wurde Verlobung gefeiert, einen Monat später, am 12. Mai, im Aachener Hotel Großer Monarch, die Hochzeit. Ottos Mutter Alice Frank-Stern, so erzählte man sich in der Familie, war überglücklich, daß sich ihr Sohn endlich von seinem Junggesellendasein verabschiedet hatte.

Nach dem Krieg sprach Otto Frank kaum über seine Beziehung zu Edith. Auch Annes Kommentare zur Ehe der Eltern, entschied er, hätten die Öffentlichkeit nichts anzugehen. So zugänglich Otto sonst war: Wenn es um ihn selbst ging, blieb er stets zugeknöpft. Wie Edith und er zueinander standen, hielt er für die Nachwelt nicht für relevant. Für Anne war die Beziehung ihrer Eltern sehr wohl relevant – sonst hätte sie nicht so ausführlich darüber nachgedacht.

Am Dienstag, dem 8. Februar 1944, schrieb sie sich ihre Einschätzung der elterlichen Ehe schließlich von der Seele. Anlaß dafür war ein unbedeutender Alltagszwist innerhalb der Familie. Um eine brüchige Stelle in Margots Bettdecke zu kaschieren, hatte Edith einen Flicken darübergenäht. Dabei war eine Stecknadel in der Decke zurückgeblieben; ein Mißgeschick. Margot hatte sich daran gestochen. Ganz offensichtlich hatte Otto in seiner Lieblingsrolle als Schiedsrichter diesmal Partei gegen seine Frau ergriffen und in einem Tonfall, in dem wohlmeinende Väter ihre Kinder ermahnen, Ediths Schlampigkeit gerügt. Anne dürfte von diesem Zwischenfall so unangenehm berührt gewesen sein, daß sie erstmals in ihrem Tagebuch Verständnis für ihre Mutter zeigte – indem sie Ediths Position in ihrer Ehe scharfsinning kommentierte.

Als Anne ihre Tagebücher etwa drei Monate später überarbeitete, schrieb sie diesen Text zu einer dreiseitigen Analyse um, 74 Zeilen genau, so vorsichtig und sensibel formuliert, wie das junge Menschen – noch keine fünfzehn Jahre alt – nur höchst selten fertigbringen. Auffallend, daß sie den Zwischenfall mit der Nadel in dieser neuen Version wegließ und sich statt dessen ganz auf die Beziehung ihrer Eltern konzentrierte.

Die Ehe, beklagte Anne, wäre ihr stets als Idealehe beschrieben worden – ohne Streit, ohne Meinungsverschiedenheiten, ohne jede Disharmonie. Längst sei ihr jedoch klargeworden, daß Otto Edith nur aus Vernunft geheiratet hatte: Zwar hätte er sie für eine durchaus passende Frau an seiner Seite gehalten, verliebt sei er jedoch nicht in sie gewesen. Verliebt auf eine leidenschaftliche Weise, von der junge Frauen träumen. Um so tragischer, bemerkte Anne, als Edith Otto wie keinen anderen liebte. Anne zweifelte nicht daran, daß Otto seine Frau schätzte und respektierte, mit wahrer Liebe hätten seine Gefühle jedoch nichts zu tun. Daß er Edith küßte, wie er seine Kinder küßte, daß er zwar so gut wie nie mit ihr stritt, statt dessen – um den Schein zu wahren – Unstimmigkeiten, von denen es nach Annes Beobachtungen in Wahrheit zahlreiche gab, schweigend überging, war für Anne ein deutliches Indiz mangelnder Liebe und Leidenschaft.

Nachdem Otto Frank diese Eintragung im Herbst 1945 gelesen hatte, beschloß er, daß niemand von der Existenz der 74 Zeilen erfahren sollte; ob er die engsten Familienmitglieder einweihte, ist unklar. Die Öffentlichkeit jedenfalls erfuhr nichts davon – dafür hatte Otto eine einfache Lösung: Er steckte die hellblauen Seidenpapierseiten zusammen mit jenem rosagefärbten undatierten Bogen, auf den Anne ihre letzte Tagebucheintragung geschrieben hatte, in ein Kuvert und bewahrte sie, getrennt von allen anderen Tagebuchschriften auf. In der Folge paginierte er alle Papierbögen, rosa wie hellblaue, Seite für Seite fortlaufend durch; alle, außer jenen vom 8. Februar 1944 und besagter Einführung. Wann immer nun jemand die sogenannten losen Blätter durchsah, orientierte er sich an den mit Bleistift eingefügten Seitenzahlen und schöpfte keinen Verdacht.

Damit war Ottos Problem aber nocht nicht ganz gelöst. Immerhin hatte Anne diese Zeilen bereits in einer ähnlichen Fassung in Version A ihres Tagebuchs geschrieben – in ein gebundenes Heft. Wie sollte Otto diese Eintragung verschwinden lassen? Er konnte die Seite ja nicht einfach aus dem Heft reißen.

Otto fand jedoch eine in sich logische Erklärung – auch vor sich selbst. Das von ihm publizierte Tagebuch – das hatte Otto bereits unabhängig davon beschlossen – sollte auf Annes Version B beruhen; sie selbst hatte ja bei der Überarbeitung ihrer Texte mehrmals festgestellt, daß sie nun – mehrere Monate später – ihre Meinung geändert und verschiedene A-Texte deshalb weggelassen oder umgeschrieben hatte. Otto konnte also einfach behaupten, daß Anne ihre Meinung über die Ehe ihrer Eltern schon drei Monate später nicht mehr aufrechterhalten hatte.

Hätte das Niederländische Reichsinstitut für Kriegsdokumentation (NIOD) in Amsterdam – Erbe der Originaltagebücher – nicht nach Ottos Tod eine kritische Gesamtausgabe der Tagebücher publiziert, in der Annes Versionen A und B sowie die von Otto 1947 veröffentlichte Version einander gegenübergestellt wurden, wäre das Interesse der Nachwelt an jener fehlenden Eintragung nie geweckt worden. Der Vollständigkeit halber kommentierten die Herausgeber die mit 8. Februar 1944 datierte Version A mit einer Fußnote – einem Hinweis, daß *»auf Ersuchen der Familie Frank«* 47 (sic!) Zeilen gestrichen wurden, weil sie ein *»äußerst unfreundliches und teils unrichtiges Bild der Ehe ihrer Eltern«* wiedergäben. Das NIOD wußte nichts von der Version B selben Datums, die Seiten befanden sich nicht in Ottos Nachlaß. Er hatte sie bereits im Frühjahr 1980 – etwa ein halbes Jahr vor seinem Tod – einem Freund übergeben.

Wie es dazu kam? Um hetzerische Neonazis, die das Tagebuch als Fälschung bezeichneten, endlich mundtot zu machen, sollte das Bundeskriminalamt in Wiesbaden im Frühjahr 1980 im Auftrag des Landgerichts Hamburg die Authentizität der Tagebücher bestätigen. Zur Unterstützung dieser Arbeit sollte Otto alle Dokumente in Annes Handschrift, die sich zu diesem Zeitpunkt in seinem Besitz befanden, auf den Tisch bringen.

Annes Version B vom 8. Februar 1944 wollte Otto keinesfalls vorlegen. Sie zu vernichten, wäre vermutlich die einfachste Lösung gewesen, doch für Otto kam sie – aus welchen Gründen auch immer – nicht in Frage. Er überreichte die Seiten seinem Berater und Freund Cor Suijk und wollte sie auch nach Abschluß der Untersuchung nicht mehr von ihm zurücknehmen. So konnte er dem Bundeskriminalamt »wahrheitsgemäß« angeben, daß sich keine weiteren von Anne verfaßten Dokumente in seinen Händen befänden.

Als das NIOD Mitte der achtziger Jahre die gesamte Version A vom 8. Februar 1944 veröffentlichen wollte, stellten sich Ottos Hinterbliebene – seine zweite Frau Fritzi und sein Neffe Buddy Elias – in den Weg. Annes Kommentar zu Otto und Edith wäre nicht nur unfreundlich, sondern auch unwahr. Zudem hätte Anne dies drei Monate später sogar selbst eingesehen; nur so sei zu erklären, warum es keine Version B des Textes gäbe. Beim damaligen Wissensstand von Fritzi Frank und Buddy Elias wohl eine gerechtfertigte Begründung.

War Annes Sichtweise falsch? Oder hatte sie recht, wenn sie behauptete, daß Otto seine Frau nicht in dem Maße geliebt und begehrt hat, in dem Mann und Frau zu lieben und begehren fähig sind? Otto war ohne Zweifel ein guter Ehemann: Er respektierte Edith und kümmerte sich fürsorglich um sie; sonntags, so hatte es sich zu den Bekannten der Franks durchgesprochen, brachte er ihr gewöhnlich sogar das Frühstück ans Bett. Das war einigermaßen ungewöhnlich für einen Geschäftsmann, der verwöhnt von Mutter und Personal aufgewachsen war. Und Otto war Edith treu – daran besteht kein Zweifel, das entsprach seinem Naturell.

Als Beispiel für Ottos allgemeine Verläßlichkeit und Loyalität erzählte sein Bruder Herbert gerne eine wahre Begebenheit aus Ottos Leben: Als Anfang November 1918 Waffenstillstand geschlossen, der Erste Weltkrieg nach mehr als vier Jahren endlich zu Ende war, wollten alle Soldaten nur eines: auf dem schnellsten Weg nach Hause. Außer Otto. Er hatte noch etwas zu erledigen. Sein Regiment hatte, auf dem Weg zum Einsatz an der Westfront, auf einem Bauernhof in Pommern zwei Pferde beschlagnahmt – für die Dauer des Krieges. Es waren die einzigen beiden Pferde, die jener Bauer besessen hatte, und Otto hielt es für selbstverständlich, sich an die Abmachung zu halten und die Tiere zurückzubringen. Als der pflichtbewußte Reserveoffizier schließlich mit den Pferden vor dem Bauern stand, traute dieser seinen Augen nicht – so etwas hatte er noch nie erlebt.

Ähnlich erschüttert war Ottos Mutter, als der verlorengeglaubte Sohn etwa drei Wochen nach seinen beiden Brüdern in ihrer Tür stand. Der Brief, den Otto ihr geschrieben hatte, um seine Verspätung anzukündigen, war irgendwo im Nachkriegschaos hängengeblieben. Zur Feier von Ottos Rückkehr trommelte Alice Frank-Stern die Verwandtschaft zum Kaffee zusammen und braute aus den eisern über den Krieg aufgesparten Kaffeebohnen eine Kanne echten Kaffees. Als Otto schließlich erzählte, warum er so spät zurückgekehrt war, konnte sich seine Mutter in ihrem ungläubigen Ärger nicht mehr zurückhalten und schmiß die volle Kaffeekanne quer durchs Zimmer. Doch Otto war nun einmal ein Mann, der seine Versprechen hielt und auf den man sich verlassen konnte. Und den auch seine Gefühle, hatten sie einmal von ihm Besitz ergriffen, nicht so schnell verließen.

Hatte er Anne also von der großen Liebe seines Lebens erzählt? Hatte er – so wie Anne es angedeutet hatte – auch der stillen Edith gestanden, daß sein Herz schon vergeben war, als er sie kennengelernt hatte?

Ihre Mutter wußte genau, schrieb Anne an jenem 8. Februar 1944, daß sie niemals den ersten Platz in Ottos Herz einnehmen würde. Sie hätte sich auf bewundernswerte Weise damit abgefunden, hätte nie geklagt und – so sie Eifersucht empfunden hätte – diese nie gezeigt. Darüber hätte sie allerdings eine gewisse Unnahbarkeit und Härte entwickelt; Charakterzüge ihrer Mutter, auf die Anne auch schon an anderen Stellen ihres Tagebuchs angespielt hatte. Und das – Anne war nach wie vor bereit, die Dinge aus der Sicht des Vaters zu beurteilen – würde Edith für ihren Ehemann nicht eben attraktiver erscheinen lassen.

Daß sich der Anne Frank Fonds in Basel, nachdem er von der Existenz der Seiten informiert und um Zusammenarbeit bei der Veröffentlichung gebeten wurde, gegen die Publikation stellte, muß verwundern, vor allem deshalb, weil sich der Fonds offiziell der Vermittlung eines historisch korrekten Bildes von Anne Frank verschrieben hat. Es drängt sich der Verdacht auf, daß die Beteiligten nur daran interessiert sind, jenes Bildes zu wahren, das Otto Frank von – und vielleicht auch vor – sich selbst vermitteln wollte, sogar auf Kosten seiner Frau und seiner Tochter. Denn indem Otto die Publikation der Version B unterdrückte und auch seinem Vertrauten Cor Suijk die strenge Anweisung gab, erst dann über ihren Inhalt zu sprechen, wenn Otto und seine zweite Frau Fritzi nicht mehr damit konfrontiert werden könnten, tat er Anne und Edith gleichermaßen unrecht: Tatsächlich ist Annes Eintragung nicht nur das Porträt einer eher von Vernunft geprägten Ehe, sondern protokolliert auch das wachsende Verständnis der Tochter für ihre Mutter. Indem Anne den Zwischenfall mit der Stecknadel in ihrer überarbeiteten Version wegließ, setzte sie ein deutliches Zeichen: Etwas in ihr sträubte sich, Edith in diesem – ihr im Rückblick so unwichtig scheinenden – Zwischenfall zu beschuldigen. Weil aber gerade diese Episode abgedruckt wurde, Annes Reflexionen hingegen verheimlicht werden sollten, wurde der Welt über Jahrzehnte ein fälschlich allzu negativ gefärbtes Bild einer Beziehung vorgeführt, die sich zur Zeit von Annes Eintragung – das steht außer Zweifel – zu entwickeln und zu vertiefen begann, der Beziehung zwischen Mutter und Tochter.

Außer Zweifel steht auch, daß Annes Beobachtungsgabe sie nicht trog; denn tatsächlich war Otto Frank Anfang der zwanziger Jahre mit einem Mädchen aus Frankfurt liiert, in das er aus ganzem Herzen verliebt war – und das er heiraten wollte. Die Eltern des Mädchens waren vornehm und reich – und stellten sich gegen eine Hochzeit. Offensichtlich wußten sie von den Problemen des »Bankgeschäfts Michael Frank«, Ottos finanzielle Verhältnisse schienen ihnen für ihre Tochter deshalb zu unsicher.

Auch nach vielen Jahren und selbst nach seiner eigenen Hochzeit hatte Otto noch nicht verkraftet, daß sich seine große Liebe ihren Eltern gefügt hatte. Als er seiner Sekretärin Miep Gies, vielleicht 1937, vielleicht 1938, die Geschichte von seiner unglücklichen Liebe erzählte, wirkte Otto immer noch sehr niedergeschlagen, so daß Miep großes Mitleid mit ihm empfand. Anne teilte dieses Mitgefühl. »*Der arme Pim*«, schrieb sie im Dezember 1943, »*Ich hoffe daß ich ihm ein bißchen ähnlich werde, ohne daß ich das auch durchmachen muß!*«

So sehr sich Anne aber auch mit dem Vater verbunden fühlte, so sehr verlangte ihr Inneres nach einer ganz anderen Zweisamkeit, einer Art der Ergänzung, Anerkennung und Zärtlichkeit, die Otto ihr nicht geben konnte: »*Und letzten Endes bin ich zu der Entdeckung gekommen daß Vater, wie lieb er auch ist, doch nicht meine ganze frühere Welt ersetzen kann.*« Anne sehnte sich danach, die Liebe zu entdecken.

»*Vater sagte einmal zu mir, als wir über Sexualität sprachen, daß ich dieses Verlangen noch nicht verstehen könnte, ich wußte immer daß ich es schon verstand und nun verstehe ich es ganz*«, reagierte Anne am 6. Januar 1944 auf einen Traum in der Vornacht. Sie hatte Peter Schiff gesehen, jenen Peter, in den sie sich als Zwölfjährige verliebt und der sie zurückgewiesen hatte. »*Ich liebte ihn so sehr, daß ich das nicht einsehen wollte und hielt ihn fest, bis der Tag kam, an dem ich begriff, daß wenn ich ihm noch länger hinterherliefe, ich noch als mannstoll, verschrien wurde.*« In jenem Traum hatte Anne in seine »*wunderschönen braunen Augen*« geblickt und seine Wange an der ihren gespürt – danach konnte sie ihren Wunsch nach irgendeinem Menschen, der ihre überbordenden Gefühle beantworten würde, nicht länger unterdrücken: »*Ich liebe Peter mit allem was in mir ist.*«

Noch am selben Tag – und von da an in bisher ungewohnter Regelmäßigkeit – besuchte sie Peter van Pels in seiner kleinen Kammer im Stockwerk über ihr. »*Mein Ver-*

langen einmal mit jemandem zu sprechen, wurde so groß, daß ich auf irgendeine Art mit Peter sprechen wollte«, bekannte Anne in ihrem Tagebuch, »*Und ich kann dir sagen, daß mir so wunderlich zumute wurde ...* « Als wollte das Schicksal die These von der Backfischliebe – daß junge Mädchen verliebt ins Verliebtsein sind und wenig wählerisch bezüglich des Ziels ihrer Liebe – ironisch überzeichnen, gab es Anne neben dem Peter ihrer Schulzeit, der nun in ihre Traumwelt verbannt war, auch einen realen, einen greifbaren Peter.

Daß der Peter ihrer Träume, weil er – wie Margot Frank – dem Aufruf der Nazis zum Arbeitsdienst nicht gefolgt war, bereits seit dreieinhalb Monaten in einer Strafbaracke des Lagers Westerbork festgehalten, daß er am 1. Februar 1944 von dort in das Konzentrationslager Bergen-Belsen und schließlich weiter nach Auschwitz deportiert wurde, war für Anne eine unbestimmte, unfaßbare Ahnung. »*Der arme Junge vielleicht ist er schon tot in Polen«*, hatte sie in Gedanken an Peter Schiff am 14. Oktober 1942, ein gutes Jahr vor ihrem Traum, in ihr Tagebuch geschrieben. Und daß der greifbare Peter schon eineinhalb Jahre lang mit Anne in einem winzigen Versteck zusammengesperrt, daß den beiden neben der Freiheit auch ihre Jugend gestohlen worden war, das machte Annes Annäherung an Peter van Pels dann doch zu mehr als nur einem Anfall von selbstverliebter Backfischverliebtheit: Sie war darüber hinaus ein kraftvoller Versuch, sich die Hoffnung und die Lust aufs Leben zu erhalten. »*Mein Leben hier ist ... viel besser geworden«*, schrieb Anne am 18. Februar 1944, »*weil es nun wieder für etwas Zweck hat und ich mich auf etwas freuen kann.«*

Anderthalb Jahre hatte Anne neben Peter van Pels hergelebt, ohne ihm besondere Beachtung zu schenken. Wenn sie sich überhaupt über den fast drei Jahre Älteren geäußert hatte, dann wenig schmeichelhaft: »*schrecklich zimperlich und faul«* wäre »*dieser Trottel«*, ein »*ziemlich langweiliger und schüchterner Lulatsch, von dessen Gesellschaft nicht viel zu erwarten ist«*. Und dessen freundschaftlich gemeinte Annäherungsversuche – ein flüchtiges Streicheln über die Wange etwa oder einen beiläufigen Witz – sie lästig fand. Während sich Anne eifrig aufs Lernen und Lesen gestürzt hatte, beschäftigte sich Peter van Pels lieber mit allerlei Bastel- und Reparaturarbeiten. Und dafür hatte Anne wenig Bewunderung übrig.

Tatsächlich dürfte Peter nur mäßig intelligent gewesen sein, dafür gutmütig und lernwillig. Ihm fehlte jedoch der Startvorteil, den Margot und Anne genossen hatten: Eltern, die alles daransetzten, ihre Kinder zu fördern. Nicht einmal so etwas Selbstverständliches wie Schwimmen hatten Hermann und Auguste van Pels ihrem Sohn beigebracht, geschweige denn, daß sie ihn zum Lernen motiviert hätten. Otto Frank war es schließlich immerhin gelungen, Peters Interesse für Englisch, Französisch und Stenographie zu wecken.

Statt Schwierigkeiten in ruhigen Gesprächen aus der Welt zu schaffen, wie das zwischen den Franks die Regel war, riß dem Ehepaar van Pels – Hermann ein rastloser Haudegen, »Gusti« ein dominantes Frauenzimmer, launisch und kokett dazu – schnell die Geduld: Wenn sie sich über Peter ärgerten, verbannten sie ihn auf den Dachboden oder – Ausdruck ihrer völligen Unbedarftheit in Erziehungsfragen – schlugen sogar zu. Beide konnten ihre Emotionen anders als Otto und Edith Frank nicht unter Kontrolle halten. Doch obwohl sie sich häufig und hemmungslos – und ohne Scham vor Zuhörern – stritten, folgten solchen Streitigkeiten doch immer überschwengliche Versöhnungszeremonien, nach denen wieder heftig geturtelt wurde. Und manchmal auch herzlich gelacht. Die Franks dürften diese Umgangsformen für überspannt gehalten haben – jedenfalls konnten sie wenig damit anfangen und zogen sich immer mehr von den van Pels' zurück. Umgekehrt dürften sich die van Pels' mit der geübten Contenance der Franks schwergetan haben.

Die Unbeständigkeit seiner Eltern verunsicherte auch Peter: Ihm fehlte die Rückendeckung, die Stärkung von Vater und Mutter. Und das war sicher mit ein Grund, warum er Minderwertigkeitsgefühle mit sich herumtrug, warum er so leicht nervös wurde, dabei errötete und sogar zu stottern begann. Aber das fand Anne im Gegensatz zu früher nun nicht mehr lächerlich, sondern es rührte sie und zog sie an.

Von nun an suchte sie Peters Nähe. Eine heimliche Schwärmerei, von der der Angebetete nichts weiß, genügte ihr nicht mehr. Sie wollte nicht nur lieben, sondern auch geliebt werden. Sie brauchte Anerkennung – wie jeder Mensch und besonders der Mensch in der Entwicklung.

Anne war immer ein eitles Geschöpf gewesen. Im Versteck hatte sie jedoch lernen müssen, auf hübsche Kleider zu verzichten. Seit die wenigen, die sie hatte mitbringen können, abgetragen oder viel zu klein geworden waren, war sie schon für abgelegte Kleidungsstücke von Miep Gies oder Bep Voskuijl dankbar. Auch im Hinterhaus nahm Anne jedoch die Pflege ihres Äußeren sehr wichtig. Ihre Hoffnung auf ein makelloses Gebiß hatte sie freilich erst einmal aufschieben müssen: Die Zahnspange, die sie im ersten Halbjahr 1942 getragen hatte, hatte sie vermutlich gar nicht ins Hinterhaus mitgenommen. »*Ich habe jetzt eine Art Maschine in meinem Mund und einen Bügel*«, hatte sie wenige Wochen vor dem Untertauchen an die Verwandtschaft in Basel geschrieben, »*und ich muß jede Woche zum Zahnarzt und am nächsten Tag fällt er wieder heraus.*« Wie hätte Anne auch ahnen sollen, daß sie die folgenden zwei Jahre ihres Lebens quasi Bett an Bett mit einem Zahnarzt verbringen würde. Fritz Pfeffer hätte die Zahnspange ja regelmäßig kontrollieren und nachstellen können.

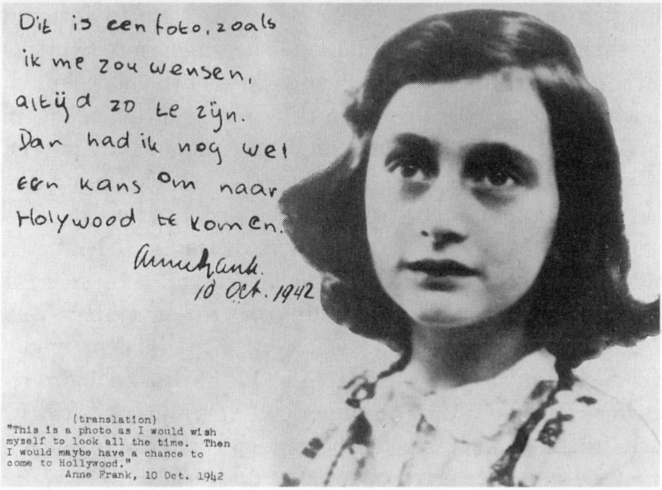

So sah sich Anne am liebsten: »Das ist ein Foto, wie ich mir wünschen würde, immer so zu sein. Dann hätte ich wohl noch eine Chance nach Hollywood zu kommen …«, schrieb sie am 10. Oktober 1942 zu diesem Porträt.

Auf die kleinen Verschönerungen legte Anne dafür um so größeren Wert: Sie manikürte ihre Fingernägel, versuchte ihr Damenbärtchen mit Wasserstoffbleiche zu vertuschen und drehte Locken in ihr Haar. Es ist wohl kein Zufall, daß sie gerade Ende Januar 1944 in ihrem Tagebuch davon berichtete, wie sie mit ihren Haaren experimentierte und ständig neue Frisuren zauberte. Anne wollte gefallen – vor allem Peter van Pels. »*Oh, was hat dieser Junge für einen warmen Blick!*« schwärmte Anne, »*… es fehlt glaube ich nicht mehr viel und ich werde verliebt in ihn.*«

Mit einer Zielstrebigkeit, zu der nur Lebensbejahende fähig sind, eroberte sie den so unbeholfen wirkenden Peter – und ging selbst dabei durch alle Höhen und Tiefen des Verliebtseins. Durch die Angst, nicht erhört, die Eifersucht, von einer anderen – Margot! – verdrängt, die Sehnsucht, endlich in die Arme genommen zu werden. In intimen Gesprächen hatte sie sich an Peter herangetastet. Schließlich genügten ihr schöne Worte nicht mehr – der Wunsch nach zärtlichen Berührungen beherrschte ihre Gedanken. »*Gib mir einen Kuß oder schicke mich aus dem Zimmer, aber so stürze ich mich ins Unglück*«, beschrieb sie den »*Krieg zwischen meinem Verlangen und Verstand*«.

Endlich, Mitte April 1944: »*Behalte den gestrigen Tag, denn er ist sehr wichtig in meinem Leben. Ist es nicht für jedes Mädchen wichtig wenn sie ihren ersten Kuß bekommt?*« Jeder Zweifel war weggewischt, dem ersten scheuen Kuß auf den Mund folgten Berührungen von zärtlicher Heftigkeit, Umarmungen voll unerfahrener Leidenschaftlichkeit, in die sich die beiden Suchenden fallen ließen und die sie heftig erregten. »*Peter hat mich berührt, tiefer als ich je in meinem Leben berührt wurde, außer in meinem Traum! Peter hat mich angefaßt, mein Inneres nach außen gekehrt …*«, deutete Anne ihre Erlebnisse in empfindungsvollen Worten an.

Anne hatte eine Erfahrung gemacht, die, wie sie annahm, »*fast niemand in meinem Alter kennt*«. Und als wollte sie weitere Annäherungen ausschließen, stürzte sie Peter van Pels schon am nächsten Tag wieder von jenem Podest, auf den sie ihn gestellt hatte. »*Peter hat noch zu wenig Charakter, zu wenig Willenskraft, zu wenig Mut und Kraft. Er ist noch ein Kind, nicht älter als ich, in seinem Inneren.*« Anne verbrachte zwar weiterhin viel Zeit mit Peter, eine heftige Liebesbeziehung wurde aber nicht daraus. Das verboten ihr schon die ihr mitgegebenen Vorstellungen von Moral, zudem hatte sie aber auch zuviel an Peter auszusetzen.

Der Kampf, den Anne fortan führte – gegen ihre Eltern und deren Befürchtung, daß ihre Tochter das Verhältnis mit dem Jungen »unnatürlich« ernst nehmen und die »Knutscherei«, wie Otto sich despektierlich ausdrückte, zu weit gehen könnte –, war also kein Kampf für die Beziehung zu Peter, sondern vielmehr ein Ringen um ihre Selbständigkeit, um die Freiheit, für sich selbst zu entscheiden und auch dafür geradezustehen. Annes kurzes, stürmisches Interesse für Peter war deshalb eine wichtige Station auf ihrem Weg zur inneren Reife: In Einsamkeit, Angst und Verzweiflung, mußte Anne viel zu früh im Leben erkennen, kann ein Mensch zwar vorübergehend Trost bei einem anderen finden. Um sich von dieser Angst zu befreien, ist er letztlich aber ganz auf sich gestellt. Und dazu muß er sich vor allem den Glauben an sich selbst und seine Stärken bewahren. »*Ich habe viel mitbekommen, eine glückliche Natur, viel Fröhlichkeit und Stärke. Jeden Tag fühle ich wie mein Inneres wächst* ...«, machte Anne sich Mut: »*Warum sollte ich dann verzweifelt sein?*«

———

»*Ich frage mich immer wieder ob es nicht besser für uns alle gewesen wäre wenn wir nicht untergetaucht wären, wenn wir nun alle tot wären und dieses Elend nicht mitmachten und vor allem den anderen ersparten*«, vertraute Anne ihrem Tagebuch Ende Mai 1944 an. Es war keineswegs Hoffnungslosigkeit, die sie zu diesem Bekenntnis trieb, denn »*wir lieben das Leben noch, wir haben die Stimme der Natur noch nicht vergessen, wir hoffen noch, hoffen auf alles*«. Vielmehr war es die zermürbende Angst, die sie fordern ließ: »*Laß nun schnell etwas passieren, notfalls Schießen ... dann wissen wir wenigstens ob wir letztlich siegen werden oder untergehen.*«

Angst war der ständige Begleiter der acht »onderduiker«. Ließ sie sich auch manchmal für ein paar Stunden aus dem Haus jagen – für die Dauer einer Geburtstagsfeier, die im Versteck mit liebevollen kleinen Geschenken und heiteren Gedichten begangen wurde, während des Chanukkafestes oder des Nikolausabends, den die Versteckten gemeinsam mit ihren Helfern feierten –, schließlich fand die Angst doch wieder tausend Anlässe, sich in Erinnerung zu bringen. Weckten vielversprechende Radiomeldungen auch täglich von neuem die Hoffnung der Versteckten auf ein baldiges Kriegsende, so wurde sie doch immer wieder enttäuscht – und mit der Enttäuschung kam jedesmal die Angst zurück.

Als sie untergetaucht waren, hatten die Franks damit gerechnet, ein paar Wochen, höchstens ein paar wenige Monate im Versteck überstehen zu müssen. Doch genausooft wie Anne die alliierte Invasion bevorstehen sah – ein dutzendmal insgesamt hatte sie in ihrem Tagebuch davon gesprochen –, genausooft hatte sie auch vergeblich darauf gewartet. Als Miep Gies schließlich am Vormittag des 6. Juni 1944 – genau 23 Monate, nachdem die Franks untergetaucht waren – in bester Laune ins Hinterhaus kam und ihren Freunden erzählte, daß das »Unternehmen Overlord« – die Landung der Amerikaner und Briten in der Normandie – endlich begonnen hatte, fielen sich die Versteckten unter Tränen der Erleichterung und Freude in die Arme. Und doch waren sie noch lange nicht erlöst. Noch mußten sie Geduld haben, denn die Befreiung des europäischen Festlands hatte ja gerade erst begonnen. Und es sollte noch fast ein Jahr dauern, bis sich die deutschen Besatzer endlich auch aus Holland zurückzogen …

Neben der lebensbedrohenden Angst, verraten zu werden oder sich durch eine kleine Unachtsamkeit selbst zu verraten, waren es auch scheinbar alltägliche Sorgen, die die Versteckten unter Hochspannung hielten. Sorgen, die man auch in Freiheit hat, die sich im Hinterhaus aber zu fast unlösbaren Problemen aufblasen konnten.

Finanzielle Sorgen etwa: Wovon sollten sie leben, was sollten sie essen, wenn ihnen das immer knapper werdende Geld schließlich ganz ausginge? Die Franks und die van

Pels führten getrennte Kassen, und während Otto Frank als Eigentümer von »Opekta« und »Gies & Co« anscheinend auch im Versteck mit einem bescheidenen Einkommen rechnen konnte, geriet die Familie van Pels im Oktober 1943 in akute Geldnot. Seine letzten hundert Gulden fielen Hermann van Pels zu allem Überfluß eines Abends bei seinem Ausflug in die Lagerräume des Vorderhauses aus der Tasche – samt Portemonnaie. Am nächsten Morgen fand ein Lagerarbeiter, der erst seit kurzem für »Gies & Co« arbeitete, die Börse. Er brachte sie – ohne Inhalt – zu Victor Kugler und ließ nicht locker, zu erfahren, wessen Eigentum sie wohl sei. Nicht nur, daß van Pels sein Geld los war – auch das Mißtrauen des neuen Lagerleiters war geweckt. Sein Name war Willem Gerard van Maaren.

Im Hinterhaus dürfte man versucht haben, den Vorfall, eine jener kleinen Unachtsamkeiten, die die Versteckten Kopf und Kragen kosten konnten, nicht unnötig hochzuspielen. Es war ohnehin schon ein kleines Drama, daß Auguste van Pels sich von ihrem Pelzmantel trennen mußte, für den Miep Gies schließlich einen Käufer auf dem Schwarzmarkt fand. Für die täglichen Zigaretten von Kettenraucher Hermann van Pels reichte es trotzdem kaum noch; und je weniger er zu rauchen bekam, desto schlechter wurde seine Laune.

Auch die finanziellen Reserven der Franks schrumpften mit der Zeit, auch sie mußten sich von Wertsachen trennen. »*... der Boden der schwarzen Kasse ist zu sehen, wovon werden wir im nächsten Monat leben?*« fragte sich Anne Anfang Juni 1944. »*Als nach einiger Zeit das Geld knapp wurde, haben Miep Gies und Johannes Kleiman einen Teil unseres Schmuckes verkauft*«, beschrieb Otto Frank die Situation rückblickend 1971, »*Herr Kugler hat Gewürze verkauft ohne die Einnahmen zu verbuchen, um mit diesem Geld unsere Bedürfnisse zu befriedigen. Neben dem Essen brauchten wir natürlich viele andere Waren:*

Toilette-Artikel, Medizin ... Bücher und anderes Material, um uns zu beschäftigen.« Es ist anzunehmen, daß Otto damit sowohl die Bedürfnisse seiner Familie als auch die der van Pels' und Fritz Pfeffers meinte.

Zu den finanziellen Problemen kamen Sorgen um die Gesundheit der Untergetauchten: Was, wenn einer von ihnen schwer erkrankte und ärztliche Hilfe brauchte? Reine Glückssache, daß während der 25 Monate im Versteck keiner der acht ernsthaft krank wurde. Hohes Fieber beim einen, ein Rheumaanfall bei einem anderen, blaue Flecken, dicke Beulen und kleine Schnittwunden, dann wieder eine lästige Flohplage – eingeschleppt von Peters Katze Mouchi und trotz des gelben Flohpulvers, das Johannes Kleiman auftrieb, kaum in den Griff zu bekommen – sorgten jedoch für genug Aufregung. Und Margot Franks hartnäckige Bronchitis weckte im Hinterhaus nicht nur die Angst um die Lunge des Mädchens, sondern auch die um die Sicherheit aller Mitbewohner. Margots Hustenanfälle hallten laut durch die Nacht – und nächtliche Hustengeräusche hinter den Mauern eines Bürogebäudes machen Nachbarn nun einmal mißtrauisch.

Anne, von Natur aus ja alles andere als robust, schlug sich immer wieder mit Erkältungen und Fieberanfällen herum. Ein größeres Problem waren aber ihre Augen: Beim täglichen Lesen und Schreiben in ihrer abgedunkelten Hinterhauskammer hatte sie sie überanstrengt. Kopfschmerzen quälten sie, und nur eine Brille hätte Besserung bringen können. Um sich eine solche anmessen zu lassen, hätte sie, begleitet von Miep Gies, einen Augenarzt aufsuchen müssen. Der Familienrat tagte – und winkte schließlich ab: Unmöglich! Es wäre ein Spiel mit dem Tod, auf die Straße zu gehen! Anne sollte künftig lieber weniger stenographieren und lesen.

Für Unruhe sorgte zudem Annes Neigung zu psychosomatischen Überreaktionen: Wenn sie erschrak, schlug ihr

Körper sofort Alarm. »*Heute abend ... klingelte es lang, laut und durchdringend*«, beschrieb sie ihre Zustände im November 1943, »*in diesem Augenblick wurde ich weiß, bekam Bauchweh und Herzklopfen und das alles vor Angst!*« Anne war deshalb nicht hysterisch – es gab fürwahr mehr als genug berechtigte Gründe für ihre Angst.

Oft kündete sich die Gefahr aus der Ferne an und näherte sich unter lautem Sirenengeheul. Jeder Fliegeralarm warf Anne aus der Bahn – und nur in den Armen ihres Vaters konnte sie sich wieder beruhigen. »*Wir haben keine Nacht mehr Ruhe, ich habe schwarze Ringe unter den Augen durch den Mangel an Schlaf.*«

Oft kam die Gefahr auch ganz nahe ans Hinterhaus – in dicken Rauchwolken aus der unmittelbaren Nachbarschaft etwa: Was, wenn das Hinterhaus Feuer finge? Oder in Form von beängstigenden Gerüchten: Was, wenn – wie es im Februar 1944 plötzlich die Runde machte – die deutschen Besatzer, um den Alliierten den Weg zu versperren, tatsächlich die ganze Gegend unter Wasser setzen würden? Als illegale Juden konnten sie doch nirgendwohin fliehen.

Und oft drang die Gefahr auch ins Hinterhaus selbst vor, manchmal sogar bis vor den Drehschrank, hinter dem sich die Eingangstür zum Hinterhaus verbarg. Die Gefahr kam mit jedem Menschen, der sich im Haus auskannte, aber nicht eingeweiht war. »*Heute morgen waren wir froh daß der Installateur nicht kam ... denn* [er] *kennt ... das ganze Haus, wir mußten daher so still wie Mäuschen sein.*« Oder mit dem neuen Hausbesitzer. Anfang 1943 wurde die Prinsengracht 263 verkauft – und natürlich wollte der neue Besitzer das Haus besichtigen. Johannes Kleiman reagierte klug und schnell: »*... zum Glück war Herr Kleiman anwesend, der den Herren alles gezeigt hat bis auf unser Hinterhäuschen, er hatte angeblich den Schlüssel von der Zwischentür zu Hause vergessen.*« Oder die Gefahr kam mit den Einbrechern, die die Lagerräume nach Gewürzen durchsuchten, um sie auf dem Schwarzmarkt abzusetzen. Nach mehr als drei Jahren Krieg waren Einbrüche in ganz Holland an der Tagesordnung. Ihre Not verleitete die Menschen zum Stehlen. »*Was lose und was fest ist wird gestohlen, du darfst deine Wohnung nie allein lassen, denn in den fünf Minuten die du weg bist ist dein Kram auch weg*«, notierte Anne am 29. März 1944. Mindestens dreimal wurde ins Lager der Prinsengracht 263 eingebrochen. Viel schlimmer jedoch als die Angst vor diesen Dieben – meist harmlosen Jungen, die ihren Mut erproben und mit ihrer Beute so schnell wie möglich wieder verschwinden wollten – war die Angst vor den Polizisten, die – von einem Nachbarn oder übereifrigen Passanten gerufen – das ganze Haus nach diesen Dieben absuchten. Was, wenn sie die Versteckten fänden? »*... als die Polizei an der Schranktür rüttelte ...*«, schilderte Anne die Polizeikontrolle, »*... waren meine angstvollsten Augenblicke ... Wir sprachen über Flüchten und verhören von der Gestapo, über anrufen und mutig sein.*«

Anne ahnte, was sie und ihre Familie erwartete, wenn sie entdeckt und deportiert würden. Schon im Herbst 1942, keine vier Monate nach ihrem Untertauchen, wußte sie, daß die Juden Hollands nicht, wie die Nazis vorgetäuscht hatten, nach Deutschland, sondern über das ursprünglich vom holländischen Staat als Flüchtlingslager errichtete KZ Westerbork nach Polen verschickt wurden. Und daß es nicht nur arbeitsfähige Männer traf, sondern alle Juden – Alte und Schwache ebenso wie Schwangere und Kinder. »*Miep hat von jemandem erzählt, der aus Westerbork geflohen ist, nun es ist dort schrecklich. ... Und wenn es dort schon so schlimm ist wie muß es dann wohl in Polen sein?*«

Die Antwort gab sich Anne selbst, als sie ihren Eintrag im Frühjahr 1944 überarbeitete: »*Die Gestapo geht mit diesen Menschen nicht im geringsten zart um, sie werden einfach in Viehwagen nach Westerbork, dem großen Judenla-*

ger in Drente gebracht. Westerborg [sic!] *muß schrecklich sein ... wie werden sie dann in den fernen und barbarischen Gebieten leben, wo sie hingeschickt werden? Wir nehmen an daß die meisten ermordet werden. Der englische Sender spricht von Vergasung; vielleicht ist das noch die schnellste Sterbemethode.«*

Anne hatte erfahren, daß Woche für Woche mehr Freunde und Bekannte abtransportiert wurden – bis das Flußviertel im Amsterdamer Süden, in dem sie gelebt hatte, »judenrein« war. Sie wußte, daß unterzutauchen die einzige Chance war, sich als Jude vor der Deportation zu retten. Und sie wußte, daß es auch in Holland Menschen gab, die versteckte Juden bei der Polizei verrieten – weil es dafür Kopfgeld gab. »*... pro Kopf so viel. Es sieht so aus wie die Sklavenjagd wie sie die früher abhielten.«* 7,50 Gulden bezahlten die Nazis ursprünglich für jeden ans Messer gelieferten Juden. Später erhöhten sie die Summe sogar auf 25 Gulden. Ein zusätzlicher Anreiz zur Denunziation.

Annes Tagebuchnotizen lassen keinen Zweifel daran: Ihr war bewußt, daß die Nazis den Massenmord an den Juden vorantrieben. »*Man kann weinen, wenn man an seine Nächsten denkt*«, schrieb sie am 29. Dezember 1943, »*Man kann nur beten, daß Gott ein Wunder geschehen läßt und noch einige von ihnen verschont.«*

Doch so viel sie auch hörte – aus dem Radio oder von ihren Helfern –, so unbegreiflich, so abstrakt muß der Gedanke an Millionen Mordopfer geblieben sein. Radio BBC blieb auch dann noch der wichtigste Informant im Hinterhaus, als ein Gesetz von Mai 1943 alle Holländer verpflichtete, ihre Radioapparate den deutschen Besatzern auszuhändigen. Victor Kugler lieferte den großen Philips-Apparat aus Otto Franks Privatbüro zwar ordnungsgemäß ab, Johannes Kleiman schmuggelte jedoch ein kleines, tragbares Gerät ins Hinterhaus, von dem nicht einmal die anderen Helfer wußten.

Immer neue Einzelheiten über Grausamkeiten gegen Juden drangen ins Hinterhaus, nie viele auf einmal, manche wurden angezweifelt, andere bestätigt, doch sie wollten und wollten sich zu keinem Bild ergänzen. Ende März 1944 sprach Anne noch einmal unmißverständlich von den zu befürchtenden Greueltaten. In knappen, distanzierten Worten, die die Unvorstellbarkeit dieses nationalsozialistischen Irrsinns wiedergaben: »*Ungarn ist durch deutsche Truppen besetzt dort gibt es noch 1 Million Juden, die werden nun wohl auch draufgehen.*« Völkermord! Innerhalb von zwei Monaten ließ der Organisator der Judenvernichtung, Adolf Eichmann, eine halbe Million ungarischer Juden nach Auschwitz deportieren. Fast alle starben in den Gaskammern.

Trotz Annes immer wiederkehrender Angst, entdeckt, deportiert und auch getötet zu werden, überwog die Hoffnung auf Rettung. Eine Hoffnung, die sich aus ihrem Lebenswillen, aus ihrem Interesse am Leben nährte. Um so irritierter war sie, als sie gegen Ende Mai 1944 hörte, »*daß deutsche Juden, die in die Niederlande emigriert sind und jetzt in Polen sind, nicht mehr in die Niederlande zurückkommen dürfen, sie hatten in den Niederlanden Asylrecht, aber müssen wenn Hitler weg ist, wieder nach Deutschland zurück*«. Anne ging wohl davon aus, daß diese Entscheidung auch sie, die illegal in Holland geblieben war, betreffen werde. Eine schreckliche Vorstellung – Anne fühlte sich längst als Niederländerin. So sehr, daß sie sich nach dem Krieg unbedingt um die holländische Staatsbürgerschaft bemühen wollte: »*Und wenn ich dann an die Königin selbst schreiben muß, ich werde nicht weichen, bevor mein Ziel erreicht ist!*«

Die Deutschen – und daß die Vierzehnjährige sie in ihrer Not alle in einen Topf warf, ist ihr nachzusehen – waren ihr ein Graus. »*Es gibt keine größere Feindschaft als die zwischen Deutschen und Juden*«, stellte sie rigoros fest und meinte damit die Bevölkerung Deutschlands ebenso wie die Österreichs. Zwar zeigte sie sich einsichtig, als Otto Frank sie vor Vor- und Pauschalurteilen warnte und auf die Verantwortung des Individuums aufmerksam machte. Zwar horchte sie auf, als Otto sie an deutsche Freunde der Franks, Gertrud Naumann etwa oder Ottos frühere Sekretärin Frau Schneider, die seiner Cousine zur Flucht nach Luxemburg verholfen hatte, erinnerte. Oder daran, daß ihre treuen Helfer Victor Kugler und Miep Gies geborene Österreicher waren.

Doch Anne stand im Konflikt. Einerseits hörte sie immer wieder auch deutsche Radioprogramme und las deutsche Bücher – so wie ihre Eltern auch, andererseits wehrte sie sich gegen die deutsche Identität, die ihr in die Wiege gelegt wurde. Schließlich stand ihr Entschluß aber fest: Die Deutschen waren Barbaren, die deutsche Sprache eine bellende Barbarensprache – mit beiden wollte sie bis auf weiteres möglichst wenig in Berührung kommen. Und mit Herrn Kugler und Miep Gies sprach sie ohnehin holländisch.

—·—

»*Miep sagt oft daß sie uns hier beneidet, weil wir hier Ruhe haben.*« An der Verantwortung, die sie für die acht Untergetauchten übernommen hatten, hatten alle Helfer schwer zu tragen. Wurde auch vieles von ihrer selbstlosen Fürsorge über die Monate zur Routine, so fielen der Druck, das Mißtrauen gegen die Umwelt, doch in keinem Augenblick von ihnen ab. Ein unbedachter Schritt, ein falsches Wort im unrechten Moment, konnte die acht hilflosen Juden das Leben kosten.

Darüber, wie es im Inneren der Helfer aussah, ist wenig zu erfahren. Sie sprachen ungern über sich selbst. Zum einen wollten sie keine Helden sein; was sie taten, hielten sie für selbstverständlich. Zum anderen hatten sie gelernt zu schweigen. Der Krieg und insbesonders die Besetzung durch die Deutschen verbot Geschwätzigkeit. Man sprach nicht darüber, auf wessen Seite man stand. Mit niemandem. Sogar die Helfer untereinander sprachen nie mehr als das Notwendigste über die Versteckten.

Victor Kugler, der Otto Franks Stelle im Büro eingenommen hatte und sich deshalb für das Schicksal der acht Versteckten hauptverantwortlich fühlte, informierte, so heißt es, nicht einmal seine Frau von dem, was im Hinterhaus vorging – vielleicht, weil er fürchtete, daß sie dem Druck, dieses Geheimnis mitzutragen, nicht gewachsen wäre; offenbar kränkelte Frau Kugler, die kurz nach Kriegsende starb, bereits.

Johannes Kleiman – *»unser Aufheiterer«* nannte ihn Anne – konnte seine Ängste und Sorgen im Gegensatz zu Kugler zwar mit seiner Frau besprechen, zu ganz seltenen Gelegenheiten begleitete sie ihn sogar ins Hinterhaus. Vor seiner Tochter mußte er jedoch den fröhlichen, unbeschwerten Vater mimen. Corry, die in Annes Alter war, sollte mit diesem Geheimnis nicht belastet werden. Kleiman belastete sich selbst schon genug. Der schwer Magenkranke mußte manchmal über Wochen das Bett hüten und fiel als Helfer aus. Das verstärkte den Druck, unter den er sich setzte, nur noch mehr – und damit wurden seine Magenprobleme immer schlimmer.

Miep und Jan Gies machten sich zwar gegenseitig Mut, schon ihren nächsten Verwandten jedoch konnten und wollten sie nichts von ihrem geheimen Auftrag erzählen. Dabei versorgten die beiden nicht nur ihre acht Prinsengracht-Schützlinge. Zur gleichen Zeit gewährten sie auch einem jungen Mann bei sich zu Hause Unterschlupf. Weder die Franks noch sonst jemand wußte etwas davon.

Die junge Bep Voskuijl, mit der Anne im Versteck so gern tuschelte, konnte mit ihrem Vater darüber sprechen, was sie tagsüber erlebte. Als langjähriger Lagerleiter der Prinsengracht war er zugleich ein gut getarnter Leibwächter der

Versteckten. Er selbst hielt sich vom Hinterhaus fern – und achtete darauf, daß sich seine Mitarbeiter genau an die Arbeitszeiten hielten und keinesfalls auf die Idee kamen, hinter den Lagerräumen herumzuschnüffeln. Außerdem schreinerte er in Victor Kuglers Auftrag jenes schwenkbare Bücherregal, hinter dem sich die Eingangstür zum Hinterhaus verbarg. Herr Voskuijl sei *»die Hilfsbereitschaft selbst«*, notierte Anne zu dem handwerklich begabten Holländer. Die Versteckten wußten zu schätzen, was sie an Johannes Hendrik Voskuijl hatten.

Mitte 1943 erkrankte er am Magen und wurde operiert. Die Hoffung, daß er bald wieder arbeiten könnte, mußten die Untergetauchten aufgeben. Die Ärzte hatten Magenkrebs diagnostiziert.

Schon jeder neue Lagerarbeiter und jede Putzfrau, die Victor Kugler einstellen mußte, löste bei den Versteckten Unruhe aus. *»Wir haben vor den Lagerarbeitern noch immer Angst«*, bestätigte auch Anne. Daß Herr Voskuijl sie nun nicht mehr beschützen konnte, war für sie wirklich ein schlimmer Schlag. *»Für uns ist es ein Unglück daß der gute Voskuyl uns nicht mehr über alles was im Lager passiert und gehört wird auf dem Laufenden hält. Er war unsere beste Hilf- und Stützkraft für die Vorsichtigkeit und wir vermissen ihn sehr.«*

Victor Kugler brauchte dringend einen neuen Lagerleiter und stellte schließlich Willem Gerard van Maaren ein. Er war ein fleißiger Mann, der zupacken konnte. Und doch verlor er schnell das Vertrauen seines Vorgesetzten: Van Maaren war alles andere als diskret: Statt sich nur um seine Pflicht zu kümmern, spionierte er herum. Das Hinterhaus, dazu die »Heimlichtuerei« der Büroangestellten, wie er später aussagte, hatten sein Interesse geweckt, und er wollte partout herausfinden, was sich in dem schmalen Anbau hinter den Lagerräumen abspielte. Victor Kugler hatte die Fensterscheiben des Vorderhauses, die über einen kleinen Lichthof zum Versteck schauten, mit blauer Farbe überpinseln lassen. Ein Sichtschutz. Van Maaren hatte neugierig an der Farbe gekratzt. »*Wie ich ihn einmal überraschte, wie er durch eine Öffnung in der blauen Scheibe, in der die Farbe weggekratzt war, nach oben lugte*«, schrieb Victor Kugler viele Jahre später in einem Brief an Otto Frank, »*fragte er mich, was denn da oben wäre, er wäre ja noch nie dort gewesen.*« Und nachdem Kugler versucht hatte, ihn mit beschwichtigenden Worten abzuwimmeln, ließ van Maaren erst recht nicht locker. Dort oben wäre doch eine Tür, das müßte doch der Zugang zum Hinterhaus sein …

»*Es muß jemandem, der ein bißchen Hirn hat wohl auffallen, daß Miep sagt sie geht ins Laboratorium, Bep ins Archiv, Kleiman zum Opekta-Vorrat und Kugler behauptet daß das Hinterhaus nicht zu dem Gebäude gehört sondern zum Nachbarhaus*«, äußerte sich Anne in ihrem Tagebuch zu van Maarens Erkundungstouren, »*Es könnte uns egal sein was Herr v. Maaren von diesem Zustand denkt, wenn der Mann nicht als unzuverlässig bekannt wäre und ein hohes Maß an Neugier besitzt …* «

Van Maaren hatte bemerkt, daß Büro und Lagerräume in der Nacht benutzt wurden. Und wer dort im Dunkeln herumgeisterte, so schloß er, mußte sich tagsüber im Hinterhaus verstecken. Wie ein Detektiv auf Verbrecherjagd legte er kleine Fallen aus, um den oder die Unbekannten zu überführen. »*Er hat öfters einen kurzen Holzstab auf den Packtisch gelegt, sodaß der Stab etwas über den Tisch hinausstach*«, erzählte Victor Kugler in seinem Brief an Otto Frank, »*Da der Durchgang zwischen Tisch und den Fässern auf der anderen Seite nicht so breit war, war es sehr gut möglich, daß die Person, die da längs ging, den Stab verschob.*« Zudem verstreute van Maaren gesiebten Staub, um Fußspuren zu sichern, und, so Kugler, »*er stellte Bleistifte auf den Kopf*«, um am nächsten Morgen zu prüfen, ob sie über Nacht jemand angerührt hatte.

Jedesmal, wenn sich sein Verdacht bestätigte, wandte er sich an Kugler: »Bent U na sluiting nog in't magazijn geweest?« – Waren Sie vergangene Nacht noch im Magazin? Kuglers Antworten befriedigten van Maaren nicht. Er ließ und ließ nicht locker, löcherte ihn regelmäßig mit unangenehmen Fragen. »Hat hier früher nicht einmal ein gewisser Herr Frank gearbeitet?« wollte er eines Tages schließlich wissen. Und als er eines Morgens ein herrenloses Portemonnaie im Mahlraum fand – jenes Portemonnaie, das Hermann van Pels aus der Tasche gerutscht war, als er, um sich auf der Dezimalwaage zu wiegen, seine Jacke ausgezogen hatte –, war er sich ganz sicher, das Geheimnis der Büroangestellten gelüftet zu haben.

Warum ihn dieses Geheimnis überhaupt so sehr beschäftigte? Vielleicht deshalb, weil van Maaren selbst einen »onderduiker« zu Hause versteckt hatte. Keinen verfolgten Juden, sondern seinen eigenen Sohn, der sich – wie viele andere junge Holländer, darunter auch Mieps Schützling – der Einberufung der deutschen Besatzer in den Arbeits- bzw. Wehrdienst widersetzte und um dessen Sicherheit er natürlich fürchtete. Diese wäre in Gefahr gewesen, wenn van Maaren eines Tages als Mithelfer der versteckten Juden verdächtigt und verhaftet worden wäre. Vielleicht war der Lagerleiter aber auch deswegen so erpicht darauf zu wissen, was im Hinterhaus vor sich ging, weil er regelmäßig, wie später ein ehemaliger Mitarbeiter zu Protokoll gab, Waren aus dem Lager stahl und sie auf dem Schwarzmarkt verkaufte. Heimliche Beobachter, die ihn des Diebstahls überführten, konnte er dabei natürlich nicht brauchen.

Van Maaren war nicht der einzige, der herausgefunden hatte, daß im Hinterhaus mehrere Menschen lebten – und daß es sich um versteckte Juden handelte. Die meisten Nachbarn, erfuhr Otto Frank nach dem Krieg, stellten früher oder später Vermutungen an. Die einen hatten eine Klospülung rauschen hören, andere hatten Stimmen vernommen, wieder andere einen Lichtstrahl oder einen im Halbdunkel vorbeihuschenden Schatten gesehen. Manche, so stellte sich nachträglich heraus, glaubten sogar zu wissen, wer da zwei Jahre lang hinter den Mauern lebte. Mit Sicherheit wurde hier und da getuschelt. Doch es herrschte Solidarität mit den Verfolgten.

Monate vergingen, in denen die Helfer um ihr Geheimnis im Hinterhaus zitterten. Würde van Maaren seinen Mund halten? War er dazu fähig, die Juden zu verraten? Er war doch kein Nazi! Und würde er mit seinem Verrat nicht auch seinen Sohn in Gefahr bringen? Der Druck auf die Helfer wurde immer größer. War das Versteck zu unsicher geworden?

Tatsächlich behielt van Maaren seine Entdeckungen nicht für sich. Seit er in der Prinsengracht 263 ein und aus ging, würden im Büro ungewöhnlich große Mengen Brot und Milch angeliefert, und auch sonst wären ihm allerlei Merkwürdigkeiten aufgefallen, teilte er seinem Lagergehilfen Lammert Hartog mit; kein Zweifel: Hier würden versteckte Juden versorgt. Hartog arbeitete seit dem Frühling 1944 im Lager, als illegaler Schwarzarbeiter, denn auch er war dem Aufruf zum Arbeitseinsatz nicht gefolgt. Unterzutauchen konnte er sich jedoch nicht leisten, wovon hätte er dann leben sollen? Er mußte Geld verdienen und lebte deshalb in ständiger Angst, von den Deutschen aufgespürt zu werden.

Sicher ist, daß Lammert Hartog seiner Frau Lena von den versteckten Juden erzählte. Lena Hartog-van Bladeren arbeitete als Putzfrau für das Reinigungsunternehmen Cimax, das Johannes Kleimans Bruder gehörte. Kleiman selbst war an dem Unternehmen beteiligt und hatte seinen Sitz – vermutlich 1943 oder 1944 – aus Kostengründen in die Prinsengracht 263 verlegt. Auf Lenas Bitte hatte der Betriebsleiter bei Cimax, Petrus Josephus Genot, ihren Mann Lammert an Johannes Kleiman vermittelt. So bekam er die Stelle im Lager der Prinsengracht 263. Lena selbst putzte in verschiedenen Häusern, unter anderem bei Herrn und Frau Genot und – in der Prinsengracht 263.

Irgendwann im Juli 1944 wandte sich Lena Hartog an Anna Genot: Ob sie auch wüßte, daß in der Prinsengracht Juden versteckt wären, fragte Lena, die offensichtlich in großer Sorge um Mann und Kind lebte. Ihr nun 23jähriger Sohn Klaas – angeblich ein politisch uninteressierter Mensch – war zum Arbeitseinsatz nach Deutschland eingezogen und in der Nähe von Berlin stationiert worden. Von dort hatte er sich später freiwillig zur deutschen Kriegsmarine gemeldet.

Nun fürchtete Lena also nicht nur um die Sicherheit ihres einzigen Kindes, sondern auch um die ihres Mannes. Anna Genot wollte sich auf solche Gespräche freilich nicht einlassen: Wie sie überhaupt dazu käme, so etwas zu behaupten, mit solchen Aussagen müßte man in Zeiten wie diesen sehr vorsichtig sein …

Gleich am nächsten Tag berichtete Petrus Genot Johannes Kleiman von dem Gespräch.

Irgendwann im Juli 1944 sprach Lena auch Bep Voskuijl an, die ihr regelmäßig den Lohn für ihre Putzdienste in der Prinsengracht übergab: Ob sie wüßte, daß im Haus Juden versteckt wären, wollte sie auch von Bep herausbekommen. Wenn das Versteck aufflöge, wären alle Mitwisser in Lebensgefahr, auch ihr Mann. Sie könnte das nicht länger untätig mit ansehen …

Bep Voskuijl wandte sich sofort an Victor Kugler. Mußten sie Lenas Worte als ernsthafte Warnung verstehen? Würde sie tatsächlich so weit gehen, die Franks und van Pels' zu verraten? Sie wußte doch auch, daß die Alliierten im Anmarsch waren, der Krieg bald ein Ende haben, daß auch sie in ein paar Wochen von ihren Sorgen erlöst sein würde … Quälende Fragen um die Sicherheit ihrer Freunde ließen den Helfern keine Ruhe mehr: Saßen sie in der

Falle? Müßten sie das Hinterhaus nicht schleunigst verlassen? Sollten nicht wenigstens Margot und Anne in ein neues Versteck gebracht werden? Doch wohin? Und wie sollten sie auch nur einen der acht unbemerkt aus dem Haus schmuggeln? Es war doch Juli – und bis zehn Uhr abends taghell.

Victor Kugler und seine Kollegen durchlitten Wechselbäder aus Hoffnung und Hilflosigkeit: Daß die Alliierten die deutsche Wehrmacht schlagen würden, konnte doch nur noch eine Frage von wenigen Wochen sein. So lange müßten sie alle noch durchhalten. So lange müßten sie den Versteckten noch Mut machen. »*Nun werde ich hoffnungsvoll, nun endlich geht es gut. Ja wirklich, es geht gut! ... Ein Mordanschlag auf Hitler ist ausgeübt ...*«, schrieb Anne am Freitag, den 21. Juli 1944 in ihr Tagebuch, »*Ich kann's nicht ändern, bin viel zu fröhlich um logisch zu sein, in der Aussicht daß ich im Oktober wohl wieder mal auf der Schulbank sitzen können würde.*«

Am Morgen des 4. August 1944 erhielt das Gestapo-Referat IV B4, das »Judenreferat« in der Euterpestraat einen Anruf. Im Hinterhaus der Prinsengracht 263 seien mehrere Juden versteckt, gab eine holländische Stimme – angeblich eine weibliche – zu Protokoll. So genau waren ihre Angaben, daß der Dienststellenleiter einen seiner Sachbearbeiter, SS-Oberscharführer Karl Silberbauer, sofort losschickte.

9. *Der letzte Zug nach Auschwitz*

Für Anne schien das Leben in Westerbork Erleichterung zu bringen. Nach 25 Monaten konzentrierten Gefangenseins in den beklemmenden Hinterhauskammern genoß sie es, mit fremden Menschen zu reden, bekannte Gesichter wiederzusehen, frische Luft zu atmen, die Sonne auf ihrer Haut zu spüren. Wiedergewonnene Freiheiten, die ihr halfen, die furchterregende Realität zu verdrängen; schließlich befand sie sich in einem Durchgangslager mit der Endstation Auschwitz. Anne, erinnerte sich Otto Frank später, wirkte in Westerbork gelöst, an manchen Tagen geradezu fröhlich.

Nach ihrer Verhaftung waren die acht Untergetauchten und ihre Helfer aus der Prinsengracht direkt in das SD-Hauptquartier, ein früheres Schulgebäude in der Euterpestraat im Süden Amsterdams, gebracht worden. Die Beamten hatten ihnen Geld und Wertsachen abgenommen. Sie hatten die Männer, Otto Frank und Hermann van Pels ebenso wie Victor Kugler und Johannes Kleiman, kurz vernommen und schließlich alle in Gefängniszellen gesperrt. Daß stundenlange Kreuzverhöre keinen Sinn hatten, hatten die SD-Polizisten schnell begriffen – die Gefangenen hatten 25 Monate von der Außenwelt isoliert gelebt, was hätten sie schon von anderen versteckten Juden wissen können. Zudem hatte die Zeit für die Untergetauchten gearbeitet: Die Nazis hatten jetzt andere Sorgen, als Juden zu foltern. Am 31. Juli hatten die amerikanischen Streitkräfte mit der Einnahme von Avarnches die deutschen Verteidigungslinien durchbrochen, nun trieben sie die Befreiung Frankreichs voran. Den deutschen Soldaten in Holland, auch den Beamten aus dem Judenreferat, war jetzt ein einziges Ziel vorgegeben – die Verteidigung Hollands. Die zehn Gefangenen waren für sie lästige Routinefälle. Die acht Juden unter ihnen mußten auf schnellstem Weg nach Westerbork abgeschoben, Johannes Kleiman und Victor Kugler nach Amersfoort in das Straflager für Regimegegner gebracht werden. Nach einer Nacht im SD-Hauptquartier und drei weiteren in der Haftanstalt Weteringschans wurden die Franks, die van Pels' und Fritz Pfeffer am Morgen des achten August 1944 schließlich geschlossen zum Amsterdamer Hauptbahnhof und von dort mit dem Zug nach Westerbork transportiert. Wer den Personenzug – die Waggons dritter Klasse hatten normale Fenster und hölzerne Sitzbänke – sah, konnte tatsächlich glauben, daß man die Juden wie Menschen behandelte.

Bittere Selbstvorwürfe, das Leben ihrer Helfer gefährdet zu haben, und Angst vor dem, was ihnen noch drohte, hatten die Erwachsenen auf der Zugfahrt begleitet. Wurden »Flucht-« oder »Strafjuden«, als die sie die deutsche Sicherheitspolizei klassifizierte, nicht unweigerlich in ein polnisches Konzentrationslager deportiert? Oder hatten sie nun, da der Krieg fast zu Ende war, vielleicht doch eine Chance, in Holland zu bleiben? Drang die Rote Armee nicht schon nach Polen vor? Die Deportierten hatten sich gegenseitig imaginäre Strohhalme entgegengestreckt, an die sie sich klammern konnten.

Anne hingegen hatte ihre Zukunftsangst vorübergehend verdrängt. Sie wäre die ganze Fahrt nicht vom Fenster wegzubringen gewesen, erinnerte sich ihr Vater später. »*Würde es daher kommen, weil ich meine Nase so lange nicht in die frische Luft gesteckt habe, daß ich so versessen auf alles was Natur ist, geworden bin?«* hatte sich Anne im Versteck gefragt. Hungrig nach Eindrücken hatte sie während der Zugfahrt die vorbeifliegende Landschaft, Wiesen und Felder, grasende Kühe und Schafe fixiert und sich von den Farben des Sommers überwältigen lassen. Endlich wieder mehr Grün als nur das auf dem Kastanienbaum im Hinterhof. Endlich wieder der endlos weite Himmel – und nicht nur jener kleine Ausschnitt, den sie aus der Dachluke des Hinterhauses hatte erspähen können; auch wenn er an diesem 8. August 1944 voller Wolken gestanden hatte.

Vor dem Untertauchen hatte Anne wenig Bezug zur Natur gehabt; grüne Wiesen, Blumenduft, Wärme und Licht der Sonne waren ihr selbstverständlich, Ausflüge aufs Land hatte sie – wie die meisten Kinder – als langweilig empfunden. Die Abenteuer, die Anne suchte, hatten sich nur in der Stadt erleben lassen. Je länger sie jedoch in ihrer Kammer gefangen war, desto sehnsüchtiger hatte sie sich in die Natur gewünscht: »*Wenn draußen die Vögel so trillernd pfeifen, wenn man die Bäume grün werden sieht, wenn die Sonne hinauslockt, wenn der Himmel so blau ist, oh dann, dann, will ich so viel!*« Allein der Gedanke an die Natur und ihre prachtvollen Ausdrucksformen hatte ihr Mut und Kraft geschenkt. »*Und für jeden, der Angst hat, einsam oder unglücklich ist, ist bestimmt das beste Mittel, nach draußen zu gehen, irgendwo wo er ganz allein ist, allein, mit dem Himmel, der Natur und Gott.*«

Westerbork war alles andere als ein Flecken Natur, in dem man seine Angst loswerden konnte, sondern vielmehr ein trostloses Niemandsland, das, als sollte es schon gar nicht mehr zu Holland gehören, im äußersten Nordosten des Landes lag. Schmutziggrau sogar im Sommer und das ganze Jahr über zugig und feucht. Sobald sich ein Wind hob, war alles mit einer widerwärtigen Staubschicht überzogen, und sobald es zu regnen begann, versank alles im

Schlamm. Im Juli 1942 war das ursprüngliche »Zentrallager für jüdische Flüchtlinge« mit einem Stacheldraht eingezäunt und in »Polizeiliches Durchgangslager« umbenannt worden, ein deutscher Kommandant hatte die Lagerführung übernommen und die jüdische Selbstverwaltung, eine Organisationsform ähnlich dem »Joodse Raad« in Amsterdam, beibehalten. Seither waren um die 100000 Juden durch diese Geisterstadt – mit Schulbaracke und Waisenhausbaracke, Krankenhaus- und Altersheimbaracke, Theater- und Kabarettbaracke und sogar einer eigenen Lagerwährung – geschleust worden. Bis zu 16000 Menschen hatten dort gleichzeitig gelebt, viel zu viele, um ein Leben unter menschenwürdig hygienischen Bedingungen zu führen, die 1800 Krankenbetten waren ständig ausgelastet. Manche der Häftlinge waren nur ein paar Tage geblieben, andere ein paar Wochen, wenige waren mehrere Monate von dem Weitertransport verschont geblieben. Irgendwann waren sie doch weitergeschickt worden – die wenigen Privilegierten, die, wie die Goslars etwa, auf den sogenannten Palästinalisten des Internationalen Roten Kreuzes standen oder die ausländische Pässe besaßen, in das Austauschlager Bergen-Belsen, andere, getaufte Juden beispielsweise, nach Theresienstadt, die meisten jedoch nach Polen, in die Vernichtungslager Sobibor oder Auschwitz. Die Lagerleitung in Westerbork hatte Quoten zu erfüllen, jede Woche einen neuen Transport loszuschicken, in der Regel dienstags. Den Fahrplan der Züge und ihren Bestimmungsort gab das Referat Adolf Eichmanns vor. Die Passagierzahl auch. Wer abtransportiert wurde, mußte die jüdische Lagerzentrale selbst festlegen. Penibel geführte Listen halfen bei der Auswahl. Am Abend vor der Abfahrt wurden die Namen der Betroffenen aufgerufen.

Und doch – weil die Hoffnung stärker ist als alle Erfahrung – simulierten die Häftlinge einen gewöhnlichen Alltag, die Erwachsenen arbeiteten hart; »mach dich unentbehrlich«, hatte es geheißen, »dann darfst du vielleicht hierbleiben«. Und sie versuchten, die Fäden zu ihrem alten Leben nicht abreißen zu lassen – Franz Ledermann etwa, Sannes Vater, hatte sich im Juli 1943 sein Zeitungsabonnement aus Amsterdam Zuid nach Westerbork nachschicken lassen. »*Das ist ein Trost*«, hatte er seiner älteren Tochter auf liniertem Lagerbriefpapier geschrieben, Margot Franks blondgelockter Schulfreundin Barbara, die rechtzeitig vor der großen Razzia am 20. Juni 1943, bei der mehr als fünfeinhalbtausend Juden festgenommen wurden, von zu Hause ausgezogen und mit gefälschten Papieren als Barbara Waarts in Amsterdam untergetaucht war. Franz Ledermann klammerte sich an seine Zeitung, lernte Hebräisch, musizierte auf der Bratsche und war tagsüber zum Sortieren von Hülsenfrüchten abkommandiert. Mach dich unentbehrlich!

Für die Kinder in Westerbork hatte man Jugendgruppen und Schulunterricht organisiert und ihnen, bevor sie auf Transport geschickt wurden – jede Woche waren es 400 –, ein Zeugnis ausgestellt, das, so wurde ihnen eingeschärft, sie bloß nicht verlieren und dem Lehrer im nächsten Lager unbedingt vorlegen sollten …

So zynisch es rückblickend auch klingen mag: Anne war in Westerbork alles andere als unglücklich. Sie hatte die langwierige Registrierung über sich ergehen lassen, ebenso wie die menschenverachtende Untersuchungsprozedur: nackt ausziehen, in der Reihe anstellen, Kopf nach Läusen, Körper nach Krankheiten absuchen lassen. Wie alle »Strafjuden« hatte sie ihre Kleider und Schuhe abgeben und statt dessen einen dunkelblauen Strafoverall mit roten Einsätzen anziehen und ihre bloßen Füße in rauhe Holzschuhe stecken müssen, ob diese paßten, war Zufall, meist waren sie zu klein oder zu groß, und wahrscheinlich war das beabsichtigt, denn so wurden die Zählappelle, die die Häftlinge zu stundenlangem Stehen in Fünferreihen zwangen, zur besonders aufreibenden Folter. »Straffälle« wie die Franks wurden nach Geschlechtern getrennt untergebracht, sie durften nicht in die Familienunterkünfte. So wurde Anne gemeinsam mit Edith und Margot ein Platz in der übergroßen Strafbaracke zugeteilt, 300 Frauen mußten in einem Saal schlafen – an Privatsphäre war nicht zu denken. Otto hingegen mußte in die Männerbaracke, doch wenigstens konnte er seine Familie spätnachmittags und abends treffen. Dann hatte Anne auch Gelegenheit, mit Peter van Pels zu sprechen.

Frühmorgens um fünf begann der Arbeitstag. Otto Frank hatte versucht, seine Töchter in der Lagerküche unterzubringen, doch ohne Erfolg; für Juden, die sich versteckt hatten, bestand keine Chance auf Besserstellung. Anne, Margot und Edith mußten zum Batterienzerlegen antreten – Zwangsarbeit im Dienst der deutschen Kriegsindustrie. Erst mußten sie die Batterie aufbrechen, mit einem kleinen Meißel oder einem Schraubenzieher. Dann lösten sie den Metalldeckel ab, fischten den kleinen Kohlestift aus der Mitte der Batterie, kratzten die teerähnliche, Ammoniumchlorid-haltige Paste aus der Batterieschale und warfen jeden Bestandteil in eine jeweils separate Kiste. Eine schmutzige Arbeit; der braune Dreck der Batterien wanderte von den Händen ins Gesicht, ins Haar, auf den Overall – und das bei akutem Mangel an Seife und Wasserhähnen. Eine gesundheitsschädliche Arbeit war es zudem, denn Ammoniumchlorid ist leicht giftig, seine Dämpfe reizen die Bronchien. Die Frauen husteten und husteten, doch sie packten kräftig an. »Mach dich unentbehrlich«, klang ihnen in den Ohren, dann wirst du vielleicht nicht weggebracht. Und so unangenehm die Arbeit in der Batterienabteilung auch war, so froh waren sie, gemeinsam an den langen Tischen sitzen und miteinander reden zu können. Nein, nicht über ihre Nöte, damit hätten sie sich und andere in Gefahr gebracht – und es hätte doch nichts geändert. Vielmehr versuchten sie sich mit Plaudereien über schöne Dinge des Lebens abzulenken, Luftschlösser zu bauen, Gründe zum Lachen zu finden ... und vor allem, sich das Leben nach dem Krieg auszumalen. Solange sie in Holland bleiben durften, war alles gut.

Anne sei besonders freundlich und umtriebig gewesen, aus ihrem blassen Gesicht und den großen Augen hätte Zuversicht gestrahlt, erzählten die Menschen, die sie in Westerbork erlebt hatten, später. Einmal kam sie neben der Mutter ihrer Kinderfreundin Kitty, mit der sie die Montessorischule besucht hatte, zu sitzen. Kitty hatte es besser getroffen, sie arbeitete als Kurier für die Lagerärzte, manchmal auch an den Nähmaschinen. Abends traf sie ihre Mutter wieder. Als die ihr erzählte, daß Anne im Lager war, wollte Kitty ihre Freundin, die sie in der sicheren Schweiz wähnte, unbedingt besuchen. Doch zu einer Begegnung zwischen den beiden Schulfreundinnen kam es nie. Anne erkrankte und verbrachte die folgenden Tage in der Krankenbaracke.

Trotz der offiziellen Informationssperre verbreiteten sich Nachrichten im Lager schnell wie der Wind. Sie drangen als Gerüchte zu den Gefangenen vor und rissen sie zwischen Euphorie und Mutlosigkeit hin und her. Paris ist frei! Zweieinhalb Wochen waren die Franks in Westerbork, als die amerikanischen Truppen am 25. August 1944 die französische Hauptstadt einnahmen. Wenige Tage später waren, nach vier Jahren unter deutscher Besatzung, große Teile Frankreichs befreit. Nun rückten die Alliierten gegen Belgien vor, als nächstes würden sie, vom Süden kommend, Holland erobern.

Dem kurzen Hochgefühl folgte allgemeine Irritation: Einmal hieß es, es würde keine weiteren Deportationen – sei es nach Deutschland, nach Böhmen oder nach Polen – mehr geben, schon im nächsten Augenblick wieder hörte man von einem kurz bevorstehenden Transport in ein deutsches Lager. Oder doch nach Theresienstadt? Oder doch nach Auschwitz? Im Bahnhof des Lagers stand seit Tagen ein leerer Zug. Würde man ihn doch noch einmal losschicken?

Wir wissen nicht, wie sehr sich die sensible Anne von der überreizten Stimmung im Lager anstecken ließ. Schon im Versteck in der Prinsengracht hatte sie allerdings die Kriegsentwicklungen immer genau mitverfolgt und aus jeder Erfolgsmeldung der Alliierten neuen Mut geschöpft – das geht aus ihren Tagebuchnotizen hervor. Ebenso läßt sie uns in ihren ursprünglichen Eintragungen wissen (in ihre bearbeitete Version übertrug sie diese Gedanken, aus welchem Grund immer, so nicht), daß sie im Glauben an Gott ihre übergroße Nervosität überwunden und Halt gefunden hatte. »*... Gott hat unser Volk nie im Stich gelassen ...*«, war sie überzeugt.

In Westerbork soll Anne des öfteren einen kranken zwölfjährigen Jungen besucht haben. Er war aus einer orthodoxen Familie, mit ihm – so jedenfalls erzählte die Mitgefangene Rosa de Winter, die sich mit Edith Frank angefreundet hatte, nachträglich – sprach Anne über Gott. Während Religion vor dem Untertauchen kein Thema für sie gewesen war, hatte sie sich in den 25 Monaten im Versteck immer intensiver mit religiösen Fragen auseinandergesetzt. Anne hatte zwar, so wie Edith es ihr angewöhnt hatte, schon als Kind ihr Abendgebet gesprochen. Ob sie die Synagoge besuchen wollte oder nicht, hatten die Eltern ihr jedoch freigestellt. Anne war nur zu ganz seltenen Gelegenheiten hingegangen – ebenso wie Otto. Schon seine Großmutter, Cornelia Elisabeth, war nur ein einziges Mal in einer Synagoge gewesen – zu ihrer eigenen Hochzeit. Otto selbst hatte ja nicht einmal Bar-Mizwa gefeiert, und Hebräisch hatte er, im Unterschied zu Edith, nie gelernt. Auch an Jom Kippur, dem großen Versöhnungstag und wichtigsten Fest der Juden, waren Edith und Margot immer ohne Anne und Otto zur Synagoge gegangen. Die beiden hatten den Tag zu Hause verbracht und traditionell das Festmahl für die ganze Familie zubereitet. Edith war zweifellos dem Beispiel ihres Großvaters Benjamin gefolgt, der für seine Frömmigkeit bekannt war. An Jom Kippur hatte er jedesmal den ganzen Tag in der Synagoge gebetet, ohne sich auch nur ein einziges Mal hinzusetzen.

Im Versteck hatte Edith Frank ihren Glauben der jüngsten Tochter näherzubringen versucht – mit wenig Erfolg. *»Heute muß ich im Gebetbuch lesen, ich verstehe nicht, daß Mutter mich dazu zwingen will …«*, hatte Anne am 3. Oktober 1942 geklagt. Die Welt der religiösen Traditionen war die Welt der Mutter – und zu der wollte Anne ja gerade Distanz halten. *»Warum zwingt sie mich auch, so fromm-religiös zu tun?«* hatte sie am 29. Oktober 1942 gewettert. Und wenn ihre Mutter – und neben ihr auch Fritz Pfeffer – am Schabbat-Abend betete, dann stellte sich Anne zwar manchmal dazu, blieb aber – den Eindruck hatte sie jedenfalls bei Otto Frank erweckt – unbeteiligt. Daß es Gott gibt, hatte Anne jedoch nie bezweifelt, jedenfalls hatte sie sich in den fiktiven Gesprächen mit ihrem Tagebuch nie in diese Richtung geäußert. Nach mehr als einem Jahr im Versteck hatte sie, auf der Suche nach sich selbst, schließlich begonnen, sich Gott zu nähern. *»Dann die zweite Hälfte 1943. Ich wurde Backfisch, wurde körperlich erwachsen und mein Geist erfuhr eine große, sehr große Veränderung, ich lernte Gott kennen!«* Anne hatte keinen Gott gesucht, bei dem sie ihre Bitten abladen, sondern vielmehr einen, dem sie vertrauen konnte, nicht kindlich blind, sondern aus dem tiefgehenden Bedürfnis, ein Quentchen Sicherheit in ihren von Unsicherheiten geprägten Schwebezustand namens Leben zu bringen.

Auch auf ihrer Suche hatte Anne niemals an Gott, höchstens an sich selbst gezweifelt. *»Warum träume ich und* *denke ich immer die schlimmsten Dinge und würde vor Angst am liebsten schreien? Weil ich noch, trotz allem, Gott nicht genug vertraue«*, hatte sie sich ihre Unsicherheit eingestanden, *»Er hat mir so viel gegeben, was ich sicher noch nicht verdient habe, und doch tue ich jeden Tag so viel Verkehrtes.«* Mit der Entwicklung ihres Wertbilds, mit der frühen Erkenntnis, daß sich die Welt nicht um sie drehte, sondern daß sie nur ein kleines Rädchen in einem größeren System war, wuchs auch ihr Vertrauen in Gott: *»Meine Angst war verschwunden«*, schrieb sie nach einem der vielen Fliegeralarme, die sie zuvor immer aus ihrem Gleichgewicht gerissen hatten, *»ich sah hinauf zum Himmel und vertraute auf Gott.«* Auf einen Gott, mit dem sie trotz ihrer Lage nie haderte, sondern dessen Entscheidungen sie offenbar anzunehmen bereit war. *»Wer hat uns das auferlegt?«* hatte sie sich gefragt. *»Wer hat uns Juden zu einer Ausnahme unter allen Völkern gemacht? Wer hat uns bis jetzt so leiden lassen? Es ist Gott gewesen der uns so gemacht hat, aber es wird auch Gott sein, der uns aufhebt.«* Ein Gott, dem sie sich nicht nur bei Bedarf zuwandte, sondern einer, der immer präsent war und untrennbar verbunden mit dem Guten im Menschen und der Schönheit der Welt. Annes Gott war keiner, der sie mit bestimmten Geboten und Verboten an sich band, keiner, dem sie – im Wortsinn – gottes-fürchtig begegnen mußte. Vielmehr entwickelte sie, je intensiver sie sich mit ihm auseinandersetzte, ein pantheistisches Gott- und Weltbild, indem sie der Natur göttliche Dignität zusprach, oder besser, indem sie Gott und die Natur in einem Atemzug als ihre Kraftquellen nannte. *»Als ich nach draußen schaute und eigentlich Gott und die Natur richtig und tief betrachtete, war ich glücklich, nichts anderes als glücklich.«*

Anne hatte eine sehr persönliche Beziehung zu Gott entwickelt, die sich nicht an einer bestimmten Weltreligion orientierte. Trotzdem war sie überzeugte Jüdin und zweifelte keinen Augenblick an ihrer jüdischen Identität. »*Wenn wir all dieses Leid ertragen und doch immer Juden bleiben dann werden die Juden einmal von Verdammten zu Vorbildern werden ...*«, schloß Anne, als sie über die Verfolgung ihres Volkes nachdachte. Und obwohl sie von einem – gemeinhin assimiliert genannten – Leben in Paris oder London träumte, betonte sie voll Stolz: »*Wir können niemals nur Niederländer oder nur Engländer oder von welcher Nation auch immer werden, wir werden daneben immer Juden bleiben müssen, aber wir wollen es auch bleiben.*« An ihrer Überzeugung änderte auch nichts, daß Anne – wie ihr Vater übrigens auch – nach ihrem Tod verbrannt, und nicht, wie in der jüdischen Religion vorgeschrieben, begraben werden wollte. »*... mein Füllhalter ist eingeäschert worden, genau was ich später so gern will!*« hatte sie kundgetan, nachdem ihr Schreibgerät versehentlich im Ofen gelandet war. An ihrer Überzeugung, vor allem Jüdin zu sein, änderte auch nichts, daß sie 1943 im Versteck erstmals Weihnachten gefeiert hatte – nach heidnischem Brauch übrigens, nicht als christliches Fest. »*Freitagabend habe ich zum ersten Mal in meinem Leben etwas zu Weihnachten bekommen.*« Auch daß ihr Otto zum jüdischen Lichterfest Chanukka 1943 ein Neues Testament schenkte, irritierte sie nicht in ihrer jüdischen Identität. »*Um mich gleichfalls mit etwas Neuem anfangen zu lassen, bat Vater Kleiman um eine Kinderbibel, um endlich mal etwas vom Neuen Testament zu erfahren.*« Otto, der nach dem Krieg bis zu seinem Tod neben einigen Zeilen aus einem jüdischen auch Franz von Assisis Gebet »Herr, mach mich zum Werkzeug Deines Friedens« mit sich trug, trat zeitlebens für eine Verständigung zwischen Christen und Juden ein. Weil Margot entsetzt angemerkt hatte, daß Chanukka nicht der geeignete Anlaß wäre, um ein Neues Testament zu verschenken, hatte Otto die Kinderbibel Anne eben als »Sinterklaas« – als Nikolausgeschenk – übergeben.

»Ich wurde sehr liberal erzogen«, stellte Otto Frank seine Beziehung zum Judentum in einem 1979 geführten Interview dar, *»Aber durch die Verfolgung bin ich wie viele andere Leidensgenossen wieder zum Judentum zurückgekehrt.«* Anne hatte sich bereits als Untergetauchte zu einer stolzen Jüdin entwickelt: *»Wollen wir uns unserer Aufgabe bewußt bleiben, und nicht murren, es wird einen Ausweg geben ...«*, hatte sie von sich und ihrem Volk gefordert. Um so enttäuschter war sie, als sie bemerkte, wie wenig ihr Freund Peter van Pels mit dem Judentum anzufangen wußte – weder mit seinen religiösen noch mit seinen ethnischen und kulturellen Komponenten. Seine *»Religionsabkehr«*, wie sie es nannte, brachte Anne dazu, noch einmal über die Kraft des Glaubens nachzudenken. *»... obwohl ich auch nicht orthodox bin, tut es mir noch jedesmal wieder weh wenn ich merke wie verlassen, wie geringschätzig, wie arm er ist. Menschen die eine Religion haben dürfen froh sein denn es ist nicht jedem gegeben an überirdische Dinge zu glauben ... aber doch hält irgendeine Religion, welche es ist tut nichts zur Sache, den Menschen auf dem richtigen Pfad.«* An Gott zu glauben, so Annes Überzeugung, bedeute nicht, Angst vor ihm und seinen Strafen zu haben, sondern verpflichte vielmehr dazu, ehrlich und geradlinig zu sein. Ihr Gottvertrauen half Anne vor allem, an sich selbst zu glauben und sich ihre Hoffnung nicht nehmen zu lassen.

»... ohne Gott wäre ich schon längst zusammengebrochen«, hatte Anne am 12. März 1944 ihre Zuversicht ausgedrückt, *»Ich weiß daß ich nicht sicher bin, ich habe Angst vor den Zellen und Konzentrationslagern, aber ich fühle daß ich mutiger geworden bin und in Gottes Armen liege!«* Am Nachmittag des 2. September 1944, nach knapp vier Wochen in Westerbork, wurde diese Zuversicht abermals erschüttert.

Antreten zum Appell. Ohne Umschweife wurde den Lagerinsassen an jenem Samstag, dem 2. September 1944, mitgeteilt, daß am nächsten Morgen ein Transport von Westerbork abfahren würde. Routine für die abgestumpften Mitarbeiter des Ordnungsdienstes. Seit Mitte Juli 1942 hatten sie 100 Züge abgefertigt – und präzise darüber Buch geführt: 67 nach Auschwitz, 19 nach Sobibor, sechs nach Theresienstadt und acht nach Bergen-Belsen. »Sonderzüge« hießen diese Transporte im Reichsbahnjargon.

Mit der routinierten Teilnahmslosigkeit, mit der sich alles, was man tut, automatisieren läßt, verlasen sie die Namen der betroffenen Häftlinge. In alphabetischer Reihenfolge. 498 Männer, 442 Frauen, 79 Kinder. 1019 Namen insgesamt. Warum gerade 1019? Die organisierte Grausamkeit hatte System, absurd jedoch, dahinter eine Logik zu suchen.

Die Franks hatten schnell Gewißheit. Unter dem sechsten Buchstaben des Alphabets hörten sie ihre Namen: Frank Otto, Edith, Margot und Anne. Bestürzung. Gab es denn keine Möglichkeit, eine Freistellung zu erwirken? Wenigstens einen Aufschub? Jeder Tag konnte die Rettung bedeuten, die Alliierten standen doch quasi vor der Tür. Unter P folgten Hermann, Auguste und Peter van Pels und gleich darauf auch Fritz Pfeffer. Wohin die Fahrt gehen sollte, sagte man ihnen nicht, nur, daß sie ihr Hab und Gut, das man ihnen bei ihrer Ankunft in Westerbork abgenommen hatte, mitnehmen durften. Wenigstens würden sie zusammenbleiben, trösteten sich die Franks, und für den Fall, daß sie auf der Reise irgendwann doch noch getrennt würden, schärften sie einander ein, würden sie sich über die Großmutter in Verbindung setzen. Alice Frank-Stern, Herbstgasse 11, Basel.

In dem stummen Chaos aus Ungläubigkeit, Verzweiflung und jenem Rest von Hoffnung, der betäubende Wirkung hat und deshalb eigentlich Selbstbetrug heißen müßte, packten die Häftlinge die Kleider und Decken, die sie noch besaßen, in ihre Koffer und Rucksäcke und dazu das bißchen Proviant, das sie bekommen konnten. Edith Frank soll ihren Strafoverall in ihr Gepäck geschmuggelt haben. Vorher trennte sie noch die roten Aufnäher ab; wo immer sie ihn tragen würde, sollte man sie nicht gleich als Straffall erkennen.

In der Morgendämmerung des 3. September 1944 trieben die Aufseher des Ordnungsdienstes die 1019 Menschen aus ihren Baracken und in langen Reihen zu den Gleisen, vorbei an schwerbewaffneter SS und ihren scharfen Hunden. Fassungslos registrierten die Häftlinge, daß sie nicht in einem Zug für Menschen verschickt werden sollten, sondern in Waggons, in denen man sonst Pferde oder Rinder transportierte. Keine Fenster, nur zwei geradezu höhnisch kleine, vergitterte Luftluken. Um durchschauen zu können, mußte man groß genug sein oder zufällig im richtigen Winkel dazu stehen. Keine Sitzbänke, nur ein kalter, mit Strohresten bestreuter Boden, durch dessen Spalten die Bahntrasse durchblitzte. In einer Ecke des Waggons ein leerer Eimer. Daneben ein zweiter, der mit Wasser gefüllt war.

Es hätte keinen Widerstand, keine Proteste gegeben, erinnerte sich eine der diensthabenden Frauen vom Ordnungsdienst später, die meisten Häftlinge wären ruhig und gefaßt gewesen, als sie – Alte, Frauen und Kinder mit Hilfe der Männer – auf die Ladeflächen kletterten und ihre Koffer hochstemmten. Äußere Ruhe als Ausdruck von kollektiver Hilflosigkeit und Resignation einer Menschengruppe, die von gewissenlosen Verbrechern vernichtet werden sollte und vom Rest der Welt vergessen wurde.

Sechzig, siebzig oder noch mehr Menschen, jedenfalls zum Ersticken viele, wurden in jeden Waggon gepfercht, dazu noch ihr Gepäck – Bedingungen, unter denen Menschen ihr Vieh niemals befördern würden.

Wen der Zufall oder seine Ellbogen als einen der ersten

in den Waggon gedrängt hatten, konnte sich einen Platz unter einer der Luken oder wenigstens in einer Ecke, in die er sich kauern, oder wenigstens an der Wand, an die er sich lehnen konnte, sichern, denn an ein bequemes Sitzen, gar an ein Liegen war in dieser Platznot nicht zu denken. Zu beneiden, wer nicht mit sich allein war, sich gegen seinen Ehepartner, seinen Vater, seine Mutter, einen Freund stützen konnte. In voll besetzten Transporten, errechnete man später, betrug der Platz pro Person weniger als einen Viertel Quadratmeter.

Kaum daß ein Waggon voll war, schoben die Aufseher die eiserne Schubtür zu und verriegelten sie von außen mit einer schweren Stange. Drinnen war es dann finster, daran änderten auch die paar Lichtstrahlen nichts, die sich durch die kleinen Luken ins Wageninnere verirrten. Und schon nach wenigen Minuten war die Luft zum Ersticken knapp. Aber vielleicht würde die Fahrt ja gar nicht lange dauern ...

Mindestens eine Stunde war man mit dem Verladen beschäftigt, dann endlich fuhr der Zug an. Es war der vorvorletzte von insgesamt 103 Transporten, die Westerbork in den zwei Jahren seit Juli 1942 verlassen hatten. Ein reibungslos funktionierendes System. Am nächsten Tag, dem 4. September, schickte die Lagerleitung einen Transport nach Theresienstadt – mit ihm auch Kitty, ihren kleinen Bruder und ihre Eltern –, und am 13. September noch einen weiteren nach Bergen-Belsen. Der Zug, der die Franks fortbrachte, war der letzte, der von Holland nach Auschwitz fuhr – aber wohin die Fahrt sie bringen würde, war für die Franks erst eine böse Ahnung, die sie mit matten Ermutigungen von sich zu schieben versuchten: Vielleicht würden sie doch in ein deutsches Arbeitslager fahren ... oder die Alliierten würden den Zug aufhalten, sie konnten doch nicht mehr weit sein ... vielleicht würden die Schienen bombardiert, vielleicht ...

Daß sie Holland verließen, bekamen sie noch mit, aber

mit den Stunden, die sich der Zug mit 50, vielleicht 60 Stundenkilometern vorwärtsschleppte und sie dicht aneinandergepreßt im Dunkeln hockten, kamen ihnen Orts- und Zeitgefühl langsam abhanden – und damit verloren sie auch ihren Mut.

Zwischendurch hielt der Zug immer wieder an, an irgendwelchen Provinzbahnhöfen, oft für mehrere Stunden, manchmal ging auch die Waggontür auf, dann konnte es sogar passieren, daß Wasser hineingereicht wurde, so wenig freilich, daß die durstigen Menschen es nur als Verspottung verstehen konnten. Für gewöhnlich aber gab es gar kein Wasser, statt dessen verlangte irgendeine schroffe deutsche Stimme nach Wertsachen, Ringen, Uhren oder Goldmünzen der Häftlinge. Und meist blieb die Tür ohnehin verschlossen, und die Aufenthalte schienen nur einen Zweck zu haben: Die Folterfahrt gezielt zu verlängern, die orientierungslosen Passagiere auf sadistische Weise hungern und dursten zu lassen und sie damit kraft- und willenlos zu machen. Wenn der Zug stillstand und kein Fahrtwind durch die Ritzen blies, dann verschlimmerte sich die zermürbende Schwüle ins nahezu Unerträgliche, und der Gestank, der von den Eimern und von den Verzweifelten, die es nicht bis dorthin geschafft hatten, ausging, biß sich in die Nasen der Gefangenen. So, wußten die Nazis, nimmt man Menschen ihr Selbstwertgefühl. So zwingt man sie zur Selbstaufgabe.

Während Anne in der Nacht vom 3. auf den 4. September 1944 – irgendwo in Mitteldeutschland vermutlich – in einem Güterwagen kauerte und an ihren Vater gelehnt zu schlafen versuchte, feierte ihr früherer Verehrer Hello Silberberg nur 150 Kilometer von Westerbork entfernt, in einer kleinen Ortschaft nahe Brüssel, seine Befreiung.

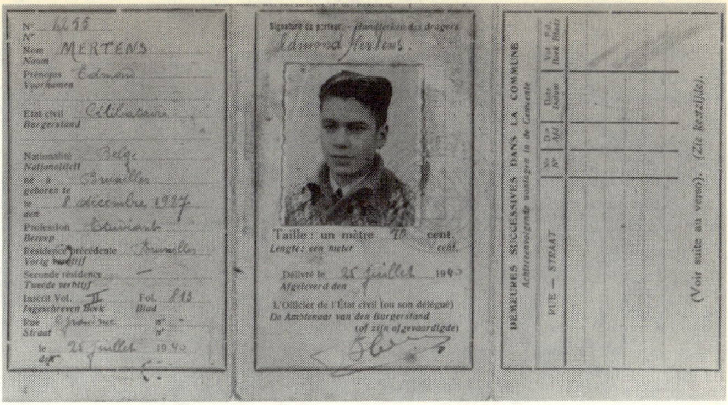

Eine neue Identität, um zu überleben:
aus Hello Silberberg wurde 1942 Edmond Mertens.

Nachdem er Anne am 5. Juli 1942, einen Tag vor ihrem Untertauchen, zum letzten Mal gesehen hatte, hatte sich auch sein Leben schlagartig verändert.

Hello war damals sechzehn, natürlich stand auch sein Aufruf zum Arbeitsdienst unmittelbar bevor. Eines Abends Anfang August 1942 – Hello hatte einen Freund besucht und war auf dem Nachhauseweg – geriet er in eine Razzia. Es war wenige Minuten nach acht, und um acht hatte bereits die Ausgangssperre für Juden begonnen. Hello wurde festgenommen und mit anderen Juden auf einen Lastwagen verladen. Doch so schnell gab er sich nicht geschlagen. Als der Wagen anfuhr, sprang Hello ab und lief so schnell er konnte davon. An diesem Abend trennte er wütend den Judenstern von seiner Jacke und trug ihn danach nie wieder. Auf einen Blick als Jude identifiziert werden zu können, war dem Jungen mit den blauen Augen zu gefährlich.

Nur wenige Tage später die nächste Razzia: Deutsche Soldaten blockierten die Straßen um den Zuider Amstellaan und suchten systematisch Haus um Haus nach jüdischen jungen Männern ab, Nachschub für den »Arbeitsdienst«. Auch an der Tür von Hellos Großeltern klopften sie; Hello war zu Hause und versteckte sich hinter einem Schrank. Ein Wunder, daß ihn die Polizisten nicht entdeckten. Und ein überdeutlicher Fingerzeig, daß Hello untertauchen oder aber das Land verlassen mußte.

In weniger als einer Woche war alles arrangiert, ein junger Journalist aufgetrieben, der Hello zu seinen Eltern nach Belgien bringen sollte. Um jeden Verdacht, die Großeltern könnten etwas mit dem Verschwinden des Enkelsohns zu tun haben, im Keim zu ersticken, meldeten sie ihn bei der Amsterdamer Fremdenpolizei als vermißt.

Hello reiste mit drei anderen Flüchtlingen im Zug nach Roermond. In einem Kaffeehaus nahe der Grenze warteten sie den Schichtwechsel der Grenzpolizei ab, dann überquerten sie auf Fahrrädern die grüne Grenze nach Belgien. Zugfahren war Juden verboten und Radfahren sowieso – die Flucht war für Hello ein wildes Abenteuer. Daß er »die Moffen« an der Nase herumgeführt hatte, gab ihm das Gefühl, nicht länger wehrlos zu sein.

In Brüssel führte sein Helfer Hello in jene Straße, in der seine Eltern wohnten, und tatsächlich – der Zufall wollte es so – kam ihm schon nach kurzer Zeit sein Vater entgegen. Vier Jahre hatten sie sich nicht gesehen, und Leo Silberberg, der keine Ahnung hatte, daß sein Sohn nach Brüssel unterwegs war, wäre bestimmt an Hello vorbeigegangen – hätte der nicht jene Kennmelodie gepfiffen, mit der sich schon Großvater und Vater immer verständigt hatten, einen Takt aus Beethovens Achter.

Auch in Brüssel war der Alltag für Juden zu unsicher geworden, so daß auch die Silberbergs beschlossen, sich zu verstecken. Sie fanden Unterschlupf in einem Haus unweit von Brüssel. Anders als die Franks, die sich nie falsche Papiere besorgt hatten, bekam Hello einen gefälschten Ausweis. Aus Silberberg wurde Mertens und – weil man im frankophonen Belgien kein »H« aussprechen konnte – aus Helmuth Edmond.

Fünfundzwanzig Monate, genausolang wie Anne und ihre Familie, verbrachten die Silberbergs im Versteck. 25 Monate Angst, verraten zu werden – und doch hatte Hello es um vieles besser als seine frühere Freundin: Er durfte ins Freie gehen; ein paar Schritte über die Straßen nur – und schon war er in einem Wald. Unweit vom Haus waren Kartoffelfelder und Gemüsebeete, an denen er sich ungestraft bedienen konnte. Kündigte sich Gefahr an, versteckten sich er und die anderen Untergetauchten in einer Höhle im Wald. Hello konnte zudem im benachbarten Nonnenkloster Zuflucht suchen, im Notfall kletterte er über die Mauer in den Klostergarten, und ab und zu gaben die Nonnen ihm sogar zu essen.

An jenem 3. September 1944, als Anne unter unmenschlichen Bedingungen ins Todeslager Auschwitz verfrachtet wurde, kletterte Hello wie so oft auf das Dach des Verstecks und beobachtete die umliegenden Straßen. Von weitem sah er den weißen Stern auf den heranrollenden Panzerwagen. Die Alliierten! Der Krieg war vorbei ... sie waren gerettet ... Angst und Leid zählten nicht mehr. Er ahnte nicht, daß zur gleichen Zeit und nur ein paar hundert Kilometer entfernt seine frühere Freundin auf dem Weg in eine neue Dimension des Elends war.

Nach zwei Tagen, zwei Nächten und einem weiteren Tag hatten sich die meisten Passagiere mit dem Ausnahmezustand in den Waggons fast schon abgefunden, die matte Aggressivität hatte sich in einen lethargischen Dämmerzustand gewandelt. In der dritten Nacht stoppte der Zug ein weiteres Mal. Diesmal öffneten sich die Waggontüren. Und dann mußte alles ganz schnell gehen.

Bewegung, Bewegung, brüllten deutsche Stimmen, aussteigen! Gepäck liegenlassen, alles, auch Rucksäcke und

Handtaschen, Beeilung! Mit einem Mal waren alle Sinne der Häftlinge aufgeschreckt: Die Augen – geblendet von grellem Scheinwerferlicht – suchten hilflos zwischen Maschinenpistolen der SS und kahlgeschorenen Sträflingen in gestreiften Anzügen nach Halt, die Ohren bemühten sich, zwischen dem Gebell aus den Lautsprechern und dem der aggressiv gemachten Hunde zu unterscheiden, in die Nasen drängte sich ein aufdringlicher süßlicher Geruch, den die Neuankömmlinge nicht einordnen konnten. Auschwitz-Birkenau!

Mit einschüchterndem Gebrüll und Hundspeitschen – kurzstieligen, biegsamen Lederstöcken, mit denen sich drohend dirigieren und blitzschnell zuschlagen ließ – stießen die SS-Männer die Neuankömmlinge aus den Waggons und trieben sie an das Ende der Rampe, so nannte man die Abstellgleise im Lagerteil Birkenau des KZ Auschwitz, an denen die Deportierten ausgeladen wurden. KL lautete die offizielle SS-Abkürzung für Konzentrationslager, aber KZ klang schärfer, entsprach der Sprache des Dritten Reichs deshalb um vieles besser und bürgerte sich deshalb schnell ein.

Befehle aus den Lautsprechern: Kranke und Kinder und wer sich sonst noch zu schwach zum Gehen fühlte, sollten sich auf die bereitstehenden Lastwagen setzen. Nicht aufsteigen, zischten die kahlgeschorenen Häftlinge, die bereits Lagererfahrung hatten, nicht krankmelden! Ihr seid gesund, verstanden? Ihr wollt arbeiten, verstanden! Die Lastwagen fuhren voll beladen davon. Die Zurückgebliebenen wurden mit den Peitschen, die in einem dünnen, gebogenen Lederdorn ausliefen, gezwungen, sich in Fünferreihen anzustellen, Männer von Frauen und Kindern getrennt. In diesem Chaos sah Otto Frank seine Frau und seine Töchter zum letzten Mal. Ein hastiger Abschied.

Alles an dieser Rampe geschah mit unbegreifbarer Hast – die Häftlinge sollten nicht verstehen, was vor sich ging, auch die ärztliche Kontrolle nicht, die alle passieren mußten. Ein SS-Arzt in weißen Handschuhen – vielleicht war es Josef Mengele, vielleicht Johann Kremer, vielleicht hatte in dieser Nacht auch ein anderer Dienst – winkte einen nach dem andern zu sich heran, zwei oder drei Sekunden dauerte die »Untersuchung«, eine launische Begutachtung, vielleicht eine schnelle Frage nach dem Alter oder nach chronischen Leiden, vielleicht auch nicht, dann nickte er kurz in eine Richtung, nach links oder nach rechts, oder er ließ den SS-Mann neben sich mit seiner Hundspeitsche deuten, links oder rechts. Die Älteren, Grauhaarigen und die, die noch nicht wie fünfzehn oder sechzehn aussahen, schickte er in der Regel nach links, die jungen, kräftigen Erwachsenen nach rechts, sicher konnte man aber nie sein; vielleicht stand dem Arzt der Un-Sinn gerade nach anderen Prüfungskriterien, die Gruppe zu seiner Linken war am Ende jedenfalls immer größer.

Selektion hieß dieses schauerliche Glücksspiel, wer nach links geschickt wurde oder schon vorher auf den Lastwagen gestiegen war, wurde noch am selben Tag getötet, manchmal auch für medizinische Experimente mißbraucht. *»Im Vergleich hierzu erscheint mir das Dantesche Inferno fast wie eine Komödie«*, hatte SS-Arzt Kremer, der regelmäßig Ankömmlinge in die Gaskammern schickte, im Oktober 1942 in sein Tagebuch geschrieben, *»Umsonst wird Auschwitz nicht das Lager der Vernichtung genannt.«* Die sich zur Rechten des Arztes wiederfanden, sollten, solange sie aufrecht stehen konnten, als kostenlose Arbeitskräfte herhalten. »Vernichtung durch Arbeit« wurde dies genannt.

Die Selektion der 1019 am 5. September 1944 aus Westerbork eingetroffenen Juden überstanden 258 Männer und 212 Frauen. Die übrigen 549 Menschen, mit ihnen alle Kinder, wurden gleich nach der Ankunft in den Gaskammern von Birkenau getötet, ihre Leichen in den benachbarten Krematorien verbrannt. Alle acht Untergetauchten aus der Prinsengracht 263 hatten die erste Runde überstanden, Anne – mit ihren 15 Jahren und drei Monaten – als eine der Jüngsten.

Aufgenommen im Todeslager – degradiert zu Spielfiguren der Lagerleiter. Daß Leben in Auschwitz unvergleichlich schwieriger war als Sterben wurde den Sträflingen von Beginn an vorgeführt. Im Laufschritt jagte man die Männer in das drei Kilometer entfernte Stammlager Auschwitz I, die Frauen hingegen zum Frauenlager Birkenau – und in beiden Lagern erst zur »Desinfektion« in die sogenannte Sauna, dann in den Quarantäneblock.

Dies war nur der Anfang einer unfaßbaren Tortur, wie sie vor ihnen schon Hunderttausende über sich ergehen lassen mußten: Jeder Häftling bekam eine Nummer auf den linken Unterarm tätowiert. Edith, Margot und Anne brandmarkte man – genauere Unterlagen blieben nicht erhalten – mit einer Ziffernfolge zwischen A-25060 und A-25271. In Auschwitz wurde die Identität eines Menschen auf eine nichtssagende Nummer reduziert, je höher sie war, desto schwieriger, sich gegen die Lagerälteren oder die Kapos – von der SS eingesetzte Häftlinge, oft polnische Kriminelle, die die Arbeitskommandos beaufsichtigten – durchzusetzen. Wer wie Edith, Margot und Anne eine hohe Nummer trug, stand ganz unten in der von Mißtrauen und Aggressivität geprägten Lagerhierarchie.

Antreten zur schrittweisen Entwürdigung: Desinfektion, das bedeutete nackt ausziehen, Kleider abgeben, rasieren lassen, erst die Scham- und Achselhaare, dann den Kopf. Wegen der Läuse, war der vorgeschobene Grund. Um die Frauen zu demütigen und ihnen ihre Weiblichkeit zu nehmen, war der wahre. Für Anne waren ihre Haare immer ein wichtiges Ausdrucksmittel ihrer Persönlichkeit gewesen. Und genau darum ging es den Nazis ja auch: den Juden ihre Persönlichkeit zu rauben.

Häftlinge in Auschwitz-Birkenau.

Manchen blieb wenigstens ein Teil der Schmach erspart – ihnen schoren andere Frauen die Scham- und Kopfhaare. Andere mußten sich von Männern rasieren lassen, unter denen ein unmenschlicher, vom Naziwahnsinn provozierter Tauschhandel lief. Ein Stuben- oder Blockältester, ein privilegierter Häftling also, der für eine Gruppe von Mithäftlingen verantwortlich war, konnte sich eine Scheibe Brot oder Zigaretten verdienen, indem er interessierten Häftlingen Abwechslung gönnte und sie zum Rasieren der Frauen einteilte. Und auch die Lagerleitung verdiente an den Rasuren. Die abgeschnittenen Haare verkaufte die SS zum Preis von 50 Pfennig pro Kilogramm an deutsche Textilfirmen, die daraus Decken, Rohrverkleidungen und andere Gebrauchstextilien webten und sie als Roßhaarprodukte verkauften.

Nackt und kahlköpfig schickte man die völlig entmutigten, durstigen Frauen schließlich in einen großen Duschraum, weder Seife noch Handtuch gestand man ihnen zu. Dicht gedrängt ließ man sie zittern, dann plötzlich schoß von oben Wasser auf sie herab, manchmal war es brennend heiß, manchmal aber auch kalt. Nicht trinken! Niemals Wasser aus Hähnen trinken, hatte sich bereits herumgesprochen, davon bekäme man Typhus oder Ruhr!

Sobald den Aufsehern danach war, sorgten sie dafür, daß das Wasser genauso plötzlich wieder zu fließen aufhörte, stießen die tropfnassen Frauen mit ihren Peitschen – diese bedrohlichen Hundspeitschen waren allgegenwärtig – ins Freie, manchmal sprühten sie sie mit Entlausungspulver ein, dann warfen sie ihnen zerschlissene, viel zu dünne Kleidersäcke zu, die sie überstreifen durften, und zwangen sie, Appell zu stehen. Jede Woche wiederholte sich diese Prozedur, im Sommer ebenso wie im strömenden Herbstregen und im eiskalten Winter. Appell wurde aber nicht nur nach dem Duschen, sondern jeden Tag gestanden, morgens vor dem zwölfstündigen Arbeitseinsatz meist nur kurz, abends mindestens eine Stunde, zur Strafe für angebliche Vergehen oft auch viele Stunden. Immer wieder wurden die Häftlinge mitten in der Nacht geweckt und abermals zum Appell gehetzt. Dann mußten sie sich in Fünferreihen aufstellen – eine Armlänge war das Abstandsmaß von einem Gefangenen zum nächsten, damit sie einander nicht stützen konnten. Sie wurden durchgezählt, und wehe, wenn einer fehlte. Beim Zählappell mußte man stark und stramm wirken, mit jedem Schwächeanfall, schon mit einem Taumeln brachte man sich in Lebensgefahr. Es wurde ständig selektiert.

Wer in Auschwitz überleben wollte, mußte nach dem Einlieferungsschock schnell zu einer »Normalität des Anormalen« finden. Und das hieß, seine bisherigen moralischen Werte aufzugeben, über Sterbende und Tote hinwegzusehen, Diebstahl als Selbsterhaltungstechnik zu praktizieren, immun zu werden gegen Verletzungen und Demütigungen – gegen seelische mehr noch als gegen körperliche. Wer überleben wollte, mußte lernen, seinen Körper als Maschine zu betrachten und in Gang zu halten, Hunger und Durst zu einer Nebensache zu erklären, sich einer Gruppe Häftlinge anzuschließen, die gegen den Terror zusammenhielt, statt sich aufhetzen zu lassen, und seinen Eßnapf wie einen Goldschatz zu bewachen, denn ohne ihn konnte man nicht einmal das bißchen Suppe essen, das einem zustand. Und er mußte vor allem lernen, ständig auf der Hut zu sein: Die Notdurft zur falschen Zeit zu verrichten, Kartoffelschalen hinter dem Küchenblock aufzusammeln und zu essen, zu langsam zu arbeiten oder auch nur in die vermeintlich falsche Richtung zu schauen – alles gab Grund zur Bestrafung, und die Härte der Strafe hing von der Laune des Aufsehers ab.

Wie es Anne im KZ Auschwitz-Birkenau erging, darüber wissen wir wenig. Sie hätte still und in sich gekehrt gewirkt, erinnerten sich Frauen, die ihr begegneten, hätte Schwierigkeiten gehabt, die Bilder des Grauens zu verarbeiten, und beim Anblick von Kindern, die zu den Gaskammern geführt wurden, geweint. Sie wäre mutig und stark gewesen und hätte es mit ihrer aufmunternden, freundlich selbstbewußten Art sogar geschafft, sich, ihrer Mutter und Margot Extrarationen Brot zu besorgen, sagten andere. Das eine schließt das andere nicht aus. Jedenfalls seien Anne, Edith und Margot, die nach der Quarantäne in den Frauenblock 29 verlegt wurden, ein untrennbares Trio gewesen. Von Unstimmigkeiten, die es früher vielleicht zwischen ihnen gegeben hatte, hätte man nichts bemerkt. Edith, die in den Monaten vor Auschwitz so niedergeschlagen war, hätte hellwach gewirkt, eine Mutter, auf der Welt, um das Leben ihrer Kinder zu retten.

Bei Tag mußte Anne arbeiten, vermutlich, wie viele andere holländische Frauen aus ihrem Transport auch, Steine schleppen oder Rasenplatten ausstechen. In der Nacht wurde ihre Geduld und Belastbarkeit jedesmal aufs neue auf die Probe gestellt. Mehr als 1000 Frauen schliefen in einer Baracke, die ursprünglich als Stall für 52 Pferde konzipiert war, auf dreistöckigen Pritschen, ohne Matratzen. Wenn sie Glück hatten, konnten sie sich wenigstens in eine dünne Decke wickeln. In einem solchen »Bett« mußten sich etwa zehn Frauen dicht aneinanderdrücken und möglichst stillhalten; wenn eine sich umdrehen wollte, mußten alle anderen sich mitdrehen. Unterdessen quälte sie alle – ausnahmslos – die penetrante Lausplage, dagegen half auch das wöchentliche Lauspulver nicht; zudem hatten sie gegen Milben und Wanzen zu kämpfen. Das ekelige Ungeziefer biß sich in den geschwächten Körpern fest und hinterließ heftig juckende Beulen, die sich, wenn man mit schmutzigen Fingern daran kratzte, zu schmerzhaften Abszessen und offenen Wunden auswuchsen.

Es dauerte nicht lange, bis Annes Körper sie im Stich zu lassen begann. Nach ein paar Wochen war ihre Haut so stark entzündet, ihr ganzer Körper derart mit Geschwüren und Flecken bedeckt, daß sie in den sogenannten Krätzeblock verlegt wurde. Dies sei ein abscheulicher Block gewesen, schrieb Rosa de Winter, die die Franks schon in Westerbork kennengelernt hatte, 1945 nieder, umgeben von einer hohen Mauer, völlig isoliert. Es hätte kein Licht gegeben, deshalb hätte man sich seinen Schlafplatz im Dunkeln suchen müssen … Mäuse und Ratten wären über die Frauen gelaufen … sie hätten gekreischt und geweint … es wäre fast unerträglich, an Schlafen jedenfalls nicht zu denken gewesen. Anne war im Krätzeblock nicht allein, Margot begleitete sie in dieses schreckliche Krankenlager, möglicherweise auch Edith. Die Erinnerungen der Überlebenden gehen auseinander: Es könnte auch sein, daß Edith in einer anderen Baracke blieb und ihren Töchtern durch ein Loch, das sie unter der Außenwand des Krätzeblocks hindurchgescharrt hatte, ihre eigenen Brotrationen reichte. Solange sie nur in der Nähe ihrer Kinder war, verzichtete Edith gern aufs Essen.

Etwa acht Wochen im Todeslager hatten Anne, Edith und Margot Frank mit gegenseitiger Hilfe bereits überstanden, als gegen Ende Oktober 1944 ein neues Gerücht aufkam: Die russische Armee sei nur noch 100 Kilometer von Auschwitz entfernt. Wieder dieses Wechselbad aus Angst und Hoffnung: Würde sie rechtzeitig kommen, um die Häftlinge zu befreien? Würde sie Auschwitz bombardieren? Würden die Alliierten, die bis jetzt nichts gegen Auschwitz unternommen hatten, sich überhaupt um die Häftlinge kümmern? Oder würden die Nazis sie vorher alle in die Gaskammern schicken, um die Spuren ihrer Verbrechen zu beseitigen? Das RSHA, das Reichssicherheitshauptamt in Berlin, gab der Lagerleitung andere Anweisungen: Sie sollte das größte und effizienteste aller nationalsozialistischen Konzentrations-, Arbeits- und Vernichtungslager – und es gab insgesamt 22 Hauptlager und 1202 Außenlager – zu räumen beginnen.

Wieder Selektionen. Einer der Evakuierungstransporte brach am 28. Oktober 1944 mit 1308 Jüdinnen aus dem Frauenlager Birkenau nach Norddeutschland, ins KZ Bergen-Belsen, auf; an diesem Tag mußten mit großer Wahrscheinlichkeit auch Anne und Margot mitfahren. Und möglicherweise auch Auguste van Pels. Jedenfalls gehörten sie alle drei zu jenen »kranken, aber potentiell wiederherstellungsfähigen Frauen«, wie sie das Holländische Rote Kreuz später nannte, die irgendwann zwischen Ende Oktober und Anfang November 1944 aus Auschwitz-Birkenau nach Bergen-Belsen gebracht wurden, etwa 8000 Frauen insgesamt. Mit der Evakuierung legten die Nazis ein Arbeitskräftereservoir an, vielleicht, dachten sie wohl, könnten sie die Frauen noch für Arbeit in ihrer Rüstungsindustrie ausbeuten. Edith Frank wurde nicht evakuiert – sie mußte in Auschwitz zurückbleiben. Ein weiterer Beweis für die Willkür des Systems.

Anne und Margot wußten bereits, was sie im Viehwaggon erwartete. Zwar waren sie diesmal in einem reinen Frauentransport und bekamen angeblich sogar – wenn auch minimale Mengen – Brot, Käse, Margarine und Wasser auf die Reise mit, doch bohrten sich Kälte und Nässe in die Waggons und in ihre angegriffenen Körper. Ihre dünnen, lumpigen Kleider schützten die Mädchen nicht, und die Fahrt dauerte mindestens fünf Tage und fünf Nächte, immer wieder mußte der Zug Umwege nehmen oder auf der Strecke anhalten, um möglichen Bombardierungen auszuweichen. Als Anne und Margot – erstmals im Leben ohne den Schutz ihrer Eltern – schließlich durchfroren und entkräftet aus den Waggons geholt wurden, trieb man sie sechs oder sieben Kilometer zu dem für sie bestimmten Lagerteil – für gesunde Menschen bedeutete das einen Fußmarsch von wenigstens anderthalb Stunden. Und dies war erst der Anfang einer Kette unfaßbarer Qualen.

In Bergen-Belsen herrschte Chaos, im Lager war kein Platz für die vielen neuen Häftlinge. Im Juli 1943 hatten die Nazis Teile des ursprünglichen Wehrmachts- und Kriegsgefangenenlagers in verschiedene KZ-Nebenlager umfunktioniert, eines davon war das »Waffen-SS Aufenthaltslager« für die bevorzugten »Austauschjuden«. Die meisten Gefangenen dieses sogenannten Sternlagers waren zwischen Januar und September 1944 aus Westerbork angeliefert worden, 3670 Menschen insgesamt, unter ihnen Annes Lyzeumskameradin Nanette Blitz und ihre Schulfreundin Hanneli Goslar mit ihrem Vater und ihrer kleinen Schwester Gabi.

Aus Platznot war im August 1944 in Bergen-Belsen ein Zeltlager errichtet worden, als eine Art Durchgangslager für Frauen aus anderen KZs. Als gälte es zu erforschen, wieviel man schwachen, ausgehungerten Mädchenkörpern zumuten kann, bevor sie endgültig zerbrechen, wurden Anne und Margot nach ihrem Fußmarsch – ohne Stärkung, ohne Reinigung – in eines jener Zelte gepfercht, überdimensionale Verschläge, in denen jeweils mehrere hundert Frauen auf dem feuchten Lehmboden hockend kampierten, dicht zusammengedrängt, ohne Toiletten und Waschgelegenheit, ohne Betten und ohne Licht. An ein Liegen war schon wegen der stechenden Kälte, die vom Boden aufstieg, nicht zu denken. Aber wenigstens waren die Frauen notdürftig gegen den draußen tobenden Sturm und den Regen geschützt.

»*Wollen wir uns unserer Aufgabe bewußt bleiben, und nicht murren, es wird einen Ausweg geben*«, hatte sich Anne im April 1944 Mut gemacht, »*durch alle Jahrhunderte hin mußten Juden leiden, aber durch alle Jahrhunderte hin sind sie auch stark geworden, die Schwachen werden ausgesucht und die Starken werden übrig bleiben und niemals untergehen!*« Das Ausmaß des Leidens der Frauen in Bergen-Belsen lag jenseits der menschlichen Vorstellungskraft. Und doch gab es immer noch eine Steigerung der Mißhandlungen und des Elends.

Vier Tage nach ihrer Ankunft fegte ein Wirbelsturm über das Lager und riß mehrere Zelte aus ihren Verankerungen. Auch jenes, in dem Anne und Margot hausten, stürzte ein. Bis das Sternlager reorganisiert und neue Unterkünfte geschaffen waren, ließ man die verwahrlosten Mädchen – manche Überlebende sprechen von einigen Stunden, andere von einigen Tagen – unter ihrem eingestürzten Zelt kauern. Vielleicht gehörten Anne und Margot aber auch zu jenen, die in einer Scheune Unterschlupf fanden, oder zu jenen, die nach dem Zelteinsturz ungeschützt im Eisregen umherirrten, auf der verzweifelten Suche nach Eßbarem.

Um die Häftlinge aus den zerstörten Zelten unterzubringen, wurden unterdessen die zweistöckigen Betten aus den Sternlager-Baracken entfernt und durch viel knapper bemessene, dreistöckige Pritschen ersetzt, die gewöhnlichen Holzregalen ähnlicher waren als Betten, jeden Schlafplatz hatten sich ab sofort zwei Häftlinge zu teilen. Mitten durch das Lager wurde eine dicht mit Stroh gefüllte Stacheldrahthecke gezogen, die alle übrigen Häftlinge von den bessergestellten »Austauschjuden« trennte. Die freigewordenen Baracken wurden mit den Zeltlager-Insassen vollgepfercht, zwei, manchmal sogar drei vegetierende, ausgehungerte Menschenkörper pro Schlafplatz. Die so Erniedrigten betrachteten jeden Tag, den sie noch lebten, als Geschenk, denn Essen wurde nur noch sporadisch und in unzureichenden Mengen verteilt, kleine Brocken Brot oder in dünner Suppe schwimmende Futterrüben. Auch Trinkwasser bekamen sie kaum noch, um Decken, in die sie sich einwickeln konnten, mußten sie sich raufen, und um ihre Hygiene kümmerte sich längst niemand mehr. Anne und Margot hielt das Verantwortungsgefühl füreinander aufrecht, denn Hoffnung, daß ihre Eltern noch lebten, hatten sie offenbar kaum noch. Täglich schleppten sie sich zu der strohbedeckten Stacheldrahtwand. Das war zwar strengstens untersagt, die Menschen hinter dem Zaun wurden aber immer noch wesentlich besser verpflegt als die übrigen Gefangenen – sie durften sogar Pakete empfangen – und gaben oft etwas Eßbares an das Nebenlager ab.

Nicht lange nach ihrer Ankunft, irgendwann im November 1944 vermutlich, traf Anne auf ihre Schulkameradin Nanette Blitz. Im Jüdischen Lyzeum hatte »Nanny« nicht zu Annes engstem Freundeskreis gehört, zu ihrer Geburtstagsparty im Juni 1942 hatte Anne die holländische Jüdin dennoch eingeladen. Nun zählte die Voreingenommenheit von früher nicht mehr, die beiden Mädchen waren überglücklich, sich zu sehen. Erinnerungen an ihr früheres Leben – und waren sie noch so unwirklich – lenkten die Häftlinge ab, für ein paar Augenblicke dachten sie nicht an die finstere Gegenwart. Nanny war in einem anderen Lagerteil untergebracht, sie hatte nur zufällig erfahren, daß Anne in Bergen-Belsen war und konnte sie einige Male sprechen. Allzulange konnten sie sich aber nicht unterhalten.

Baracke in Bergen-Belsen.

Während Nanny Blitz – erschrocken über Annes Zustand, ihren kahlen Kopf, ihre eingefallenen Wangen und ihren Hautausschlag – vom Schicksal der gemeinsamen Freundinnen zu berichten wußte, von Jacque van Maarsens Rettung etwa, sprach Anne von ihrem Leben im Versteck und schmiedete Zukunftspläne: Nach dem Krieg wollte sie ein Buch schreiben, ihre Tagebuchaufzeichnungen sollten die Grundlage dafür sein.

Am meisten beschäftigte Anne aber das Schicksal ihrer Eltern. Ihre Mutter wäre bei dem Transport nach Bergen-Belsen nicht dabeigewesen, erzählte sie Nanny, das bedeutete sicher, daß sie von den Nazis ermordet wurde. Und ihr Vater hätte mit seinen 55 Jahren und seinem schütteren grauen Haar in den Augen der SS-Aufseher bereits als alter Mann gegolten; wenn es stimmte, was man sich in Auschwitz erzählt hatte, dann war er sicher gleich nach der Ankunft in die Gaskammer geschickt worden.

Anne konnte nicht wissen, daß Edith Frank, obwohl geschwächt und verzweifelt über den Verlust ihrer Töchter, trotzdem tapfer um ihr Leben kämpfte. In ihrer Bekannten Rosa de Winter hatte sie eine Freundin gefunden. Die beiden versuchten, sich gegenseitig zu stützen – etwa, als sie zusammen in den Krätzeblock verlegt wurden. Edith und sie hätten einander festgehalten und seien zu irgendeiner fremden Frau unter die Decke gekrochen, erinnerte Rosa sich kurz nach dem Krieg, an Schlafen wäre jedoch nicht zu denken gewesen. Am nächsten Morgen hätte man einige Frauen aus dem Block zum Appell kommandiert, unter ihnen Rosa und Edith. Was erst wie eine weitere Schikane aussah, rettete ihr Leben: Von weitem hätten sie zugesehen, wie der Krätzeblock bis auf die letzte Kranke geräumt wurde, Lastautos hätten mehr als 300 Frauen in den Tod geführt. Edith und Rosa kamen in den sogenannten Schonungsblock für nicht mehr arbeitsfähige Gefangene.

Wochen vergingen, die Tötungen in den Gaskammern wurden eingestellt; auf Befehl des Reichsführer SS, Heinrich Himmler, wurde in Auschwitz-Birkenau mit dem Abbau der Gaskammer-Installationen begonnen, die Krematorien I und II abgerissen. Mehr als eine halbe Million Menschen wurden zwischen dem 1. Dezember 1944 und Mitte Januar 1945 aus Auschwitz weggebracht. Fritz Pfeffer etwa schickten die Nazis in das Lager Neuengamme, ein stillgelegtes Klinkerwerk am Rande von Hamburg, in dem die Sterblichkeitsrate im Vergleich zu anderen in Deutschland gelegenen Konzentrationslagern besonders hoch war. Fritz Pfeffer starb am 20. Dezember 1944.

Edith Frank behielten die Nazis in Auschwitz. Die Lebensbedingungen wurden dort jedoch von Tag zu Tag schlechter. Sie hätten Durst gehabt, erzählte Rosa de Winter später, aber Wasser hätte es nicht gegeben, morgens hätten sie sich im Freien notdürftig gewaschen, mit Schnee; die Kleiderläuse hätten sie an den Rand des Wahnsinns getrieben. Kleiderläuse übertragen Fleckfieber und andere Fieberkrankheiten, auch Ediths Körper konnte sich nicht lange dagegen wehren. 41 Grad Fieber hatte sie, als ihre Freundin Rosa sie im Krankenrevier ablieferte – gegen Ediths Willen, die vor den regelmäßigen Selektionen unter den Kranken Angst hatte. Edith wollte nicht sterben. Aber in den Krankenbaracken wurde wenigstens geheizt …

Irgendwann im Januar 1945 wurden Anne und Margot in Bergen-Belsen in einen Schonungsblock verlegt, Nanny Blitz sahen sie von da an nicht mehr. Ein anderes Mädchen jedoch, die aus Holland stammende Margot Rosenthal, die erst Anfang Januar – bei etwa minus vierzig Grad – von Auschwitz-Birkenau nach Bergen-Belsen transportiert worden war, brachte Anne und Margot ein Lebenszeichen von ihrer Mutter. Sie hätte Edith Frank vor ihrer Abfahrt noch gesehen, berichtete sie den beiden Schwestern.

Schon kurze Zeit später ging es mit Edith Frank allerdings schnell bergab. Als man sie aus ihrer bisherigen Krankenbaracke in jene, in der auch Rosa de Winter aufgepäppelt wurde, verlegte, sei sie nur noch »ein Schatten ihrer selbst« gewesen, stellte die Freundin fest. Edith aß nicht mehr; das Brot, das man ihr gab, hortete sie unter der Bettdecke – für ihre Töchter und ihren Mann, wie sie mit fiebriger Stimme zu verstehen gegeben hatte. Schließlich sprach sie nicht mehr, sie reagierte nicht mehr. Wenige Tage später, am 6. Januar 1945, starb sie – verhungert, ermordet von den Nazis.

Es scheint, daß Anne, auch nachdem sie mit Margot Rosenthal gesprochen hatte, trotzdem nicht mehr an Ediths Überleben glaubte. Sie hätte keine Mutter mehr, flüsterte sie Hanneli Goslar im Februar 1945 unter Tränen durch den Stacheldrahtzaun zu. Annes Freundin war seit Februar 1944 in Bergen-Belsen, als Austauschjüdin lebte sie aber im anderen Lagerteil. Von einer Bekannten hatte Hanneli gehört, daß sich auf der anderen Seite des Zauns eine Gruppe holländischer Frauen aufhielt, unter ihnen Anne Frank. Eines Abends war sie an den Zaun gegangen und hatte vorsichtig ihren Namen gerufen. Man durfte sich nicht dabei erwischen lassen. Auguste van Pels hatte Hannelis Stimme gehört und die offenbar schon schwerkranke Anne an den Zaun geholt. Margot war bereits zu schwach, um sie zu begleiten.

Anne war überglücklich, ihre Freundin lebend wiederzutreffen. Im Versteck hatte sie mehrmals von Hanneli geträumt und sich geschämt, daß sie ihre Freundin aus Kindertagen in den Monaten vor dem Untertauchen oft links liegengelassen hatte, aus präpubertärer Überheblichkeit. »*Es war gemein von mir, wie ich mit ihr gehandelt habe und jetzt schaute sie mich mit ihrem blassen Gesicht und ihren flehenden Augen, oh so hilflos an*«, hatte Anne am 27. November 1943 in ihr Tagebuch geschrieben. Sie wußte, daß Hanneli und ihre Familie im Juni deportiert worden waren, und wähnte sie in Polen, vielleicht schon tot. »*Sie war mindestens so fromm wie ich, sie wollte auch das Gute, warum wurde ich dann auserwählt, um zu leben und mußte sie womöglich sterben ... Hannelie, Hannelie, könnte ich dich bloß wegholen ...* « Nun sollte sich herausstellen, daß es der Freundin immer noch besser ergangen war als Anne. Hanneli war bereits seit einem Jahr in Bergen-Belsen. Mehr als ein halbes Jahr, ungewöhnlich lang, hatten sie, ihre Schwester Gabi, ihr Vater und die Großmutter in Westerbork bleiben dürfen. Ihre Namen hatten auf der zweiten von vierzig Palästinalisten gestanden, das hatte sie vor der Deportation nach Polen bewahrt. Am 15. Februar 1944 waren sie dann doch allesamt verschickt worden, Gott sei Dank nach Bergen-Belsen. Hannelis Großvater, Alfred Klee, war in Westerbork an einem Herzanfall gestorben. Und ihre Mutter? Anne hatte im Versteck zwar erfahren, daß das dritte Kind der Goslars tot geboren worden war. Daß Ruth Goslar dabei auch gestorben war, hatte man ihr jedoch verheimlicht, um sie nicht noch mehr aufzuregen. Hanneli hingegen hatte zwei Tage nach ihrer Ankunft in Bergen-Belsen Gelbsucht bekommen, doch sie wurde im Krankenlager gut gepflegt, die Nazis hielten sie sich ja als eine Art Pfand. Bei Gelegenheit sollte sie mit anderen Juden, die auf den Palästinalisten standen, gegen deutsche Kriegsgefangene ausgetauscht werden. Dazu kam es jedoch nicht mehr.

Die Wiederbegegnung der Freundinnen fand unter tragischen Umständen statt: Sie konnten sich nicht sehen, nur durch den Stacheldraht miteinander sprechen. In Auschwitz hätte man ihr die Haare abrasiert, so vertraute Anne Hanneli an, man hätte ihr alles genommen, auch ihre Kleider, sie würde schrecklich frieren und könnte die Läuse nicht mehr ertragen. Annes Stimme war kaum wiederzuerkennen, aus ihren Worten klang tiefe Verzweiflung, zu viel hatte sie bereits erdulden müssen. Ihr Vater sei tot und auch sie, sagte sie zu Hanneli, mochte nicht mehr leben.

Hätte Anne nur gewußt, daß Otto Frank wenige Tage zuvor, am 27. Januar 1945, in Auschwitz befreit worden und bereits in Sicherheit war – es hätte ihr wieder Lebenswillen gegeben.

Otto Frank war nach der Selektion zusammen mit Hermann und Peter van Pels sowie Fritz Pfeffer dem Block 2 des Stammlagers Auschwitz I zugeteilt worden. Sie hatten Glück: Einer der Stubenältesten im Block war Max Stoppelman. In der Wohnung seiner Mutter, Hunzestraat 25, Amsterdam Zuid, lebten Jan und Miep Gies zur Untermiete. Otto Frank kannte Max. Otto war es ja, der seinerzeit das Suchinserat in der Zeitung aufgegeben und den Kontakt zwischen Frau Stoppelman und Miep Gies hergestellt hatte. Bei der Gelegenheit hatte er auch Max kennengelernt, der im Herbst 1943 auf Vermittlung von Jan Gies mit seiner Frau Stella bei einer holländischen Familie in Laren untergetaucht, ein halbes Jahr später jedoch verraten worden war.

Auch Peter van Pels hatte sich mit Max Stoppelman, einem kleingewachsenen Mann um die dreißig mit den Schultern eines Ringers, angefreundet. Er konnte den Stubenältesten beruhigen: Er wüßte, daß seine Mutter noch lebte, Miep Gies hatte öfter von der ebenfalls untergetauchten Frau Stoppelman erzählt. Max wiederum, der seit Mai 1944 in Auschwitz war und die Überlebensregel des Lagers bestens kannte, hatte Peter in seine Obhut genommen, er sollte bloß immer in seiner Nähe bleiben und den Gedanken ans Aufgeben erst gar nicht zulassen, schärfte er ihm ein.

Peter arbeitete offensichtlich in der Poststelle – und hielt durch. Sein Vater hingegen war, ebenso wie Otto und Fritz Pfeffer, dem Außendienst zugeteilt. Als er sich – vermutlich Anfang Oktober – am Finger verletzte, gab er innerlich auf. Er bat seinen Kapo, ihn am nächsten Tag zum Stubendienst einzuteilen – obwohl er wissen mußte, wie gefährlich das für jemanden mit einer angeschlagenen Gesundheit wie der seinen war. Und tatsächlich stob an jenem Tag SS durch die Baracken. Selektion. Hermann van Pels fiel ihrer Willkür zum Opfer.

Auch Otto war im November 1944 an einen Punkt gelangt, an dem er nicht mehr weiterkonnte. Ohnehin schon geschwächt durch die harte Arbeit und den Hunger, war er eines Tages von seinem Kapo verprügelt worden. Danach fehlten ihm die Kraft und der Willen, wieder aufzustehen. Wie es Otto im folgenden ergangen war, beschrieb er im Juli 1945 in einem Brief an seine Mutter: »*… durch die Vermittlung eines holländischen Arztes* [wurde ich] *im Krankenhaus aufgenommen … und* [blieb dort], *bis wir durch die Russen am 27. Januar 1945 befreit wurden.*« Im sogenannten Krankenhaus gab es zwar keine Behandlung, aber wenigstens wurde man nicht geschlagen.

Peter van Pels hatte sich seit ihrer Ankunft in Auschwitz rührend um Otto gekümmert – jener wog bei seinen ein

Meter achtzig zuletzt nur noch 52 Kilogramm. Mitte Januar 1945 hatte Peter, der unter Max Stoppelmans Obhut überraschend gut genährt war, Otto Frank zum letzten Mal in der Krankenbaracke besucht. Das Lager würde evakuiert, er und Otto müßten mitgehen, teilte er dem Kranken mit. Max Stoppelman hätte ihm gesagt, Peter solle in seiner Nähe bleiben, dann würde ihm nichts passieren. Otto hatte versucht, Peter zum Bleiben zu überreden. Vergeblich. In der Nacht vom 17. zum 18. Januar 1945 war der Achtzehnjährige in seinen dünnen Kleidern und ohne Verpflegung mit Tausenden anderen Gefangenen, die meisten von ihnen Juden, zu Fuß in das etwa 100 Kilometer entfernte Wodzisław aufgebrochen. Sie waren tagelang unterwegs, ihre einzige Nahrung war Schnee. Auch Max Stoppelman hatte Peter aus den Augen verloren, er war in eine andere Todesmarschkolonne geraten. Peter wurde vermutlich über Umwege mit einem Güterzug nach Mauthausen gebracht. Dort starb er den offiziellen Lagerlisten zufolge am 5. Mai 1945 – dem Tag, an dem die Amerikaner das Lager befreiten.

Otto war in Auschwitz nur knapp dem Tod entgangen. *»Am 26. waren wir durch die SS herausgeholt worden, um ermordet zu werden, aber die SS wurde abgerufen, bevor es möglich war – es geschah ein Wunder.«* Die SS-Männer waren vor den Soldaten der Roten Armee geflohen, die am Nachmittag des 27. Januar 1945 in Auschwitz einmarschierten. 7650 lebende Gefangene fanden sie vor, 1200 in Auschwitz I, 5800 in Auschwitz II Birkenau und 650 in Auschwitz III Buna Monowitz.

Bis die Russen entschieden hatten, was mit den Überlebenden geschehen sollte, blieben sie im Lager. Das dauerte einige Wochen. Zu essen gab es nun genug, die Nazis hatten – während sie die Häftlinge aushungerten – enorme Nahrungsdepots angelegt. Die Wasserversorgung blieb weiterhin ein Problem. Die Menschen mußten Eisbrocken aus den umliegenden gefrorenen Seen schlagen und sie zu Wasser schmelzen lassen.

Freitags abends feierte Otto Frank – er war einer von 45 Männern und 82 Frauen, die den letzten Transport mit 1019 Menschen von Westerbork nach Auschwitz überlebt hatten – mit einer Gruppe von Befreiten den Beginn des Schabbats. Keiner von ihnen war religiös. Otto Frank klang jedoch der hebräische Schabbatsegen noch im Ohr – so oft hatte er ihn bei der freitagabendlichen Zeremonie im Hause Goslar in Amsterdam gehört. Nun richtete er ihn selbst an alle Anwesenden.

»*Von Edith und den Kindern weiß ich nichts. Sie sind vermutlich nach Deutschland deportiert*«, schrieb Otto Frank seiner Mutter am 15. März 1945 aus Kattowitz, wo er auf den Weitertransport nach Holland wartete, »*Werden wir uns gesund wiedersehen?*«

Wie alle Auschwitz-Häftlinge ging Otto davon aus, daß das Leben in den deutschen Konzentrationslagern erträglicher sei als in Polen. Er wußte nichts von den unmenschlichen und chaotischen Zuständen, in denen Bergen-Belsen im Winter 1944/45 unterging. In dem hoffnungslos überfüllten Lager fanden keine Hinrichtungen statt, und doch starben Zehntausende. Sie gingen, entkräftet von Hunger und Durst, langsam und qualvoll an schrecklichen Infektionskrankheiten zugrunde: an Ruhr oder Bauchtyphus, Diphtherie, Tuberkulose oder Fleckfieber. »*Die Lebensbedingungen waren entsetzlich. In Baracken, in denen normalerweise 60 Personen untergebracht waren, hausten 600*«, schrieb der britische Hauptmann Andrew Peters nach Kriegsende über den Lagerteil, in dem Anne und Margot festgesessen waren. »*Es gab keinerlei sanitäre Ordnung, innerhalb und außerhalb der Baracken war der Boden fast vollständig mit Leichen, menschlichen Exkrementen, Lumpen und Fäulnis bedeckt. Die Lagerinsassen hatten jegliche Selbstachtung verloren und waren auf das Niveau von Tieren herabgezwungen worden. Ihre Kleider bestanden nur noch aus Lumpen und wimmelten von Läusen.«*

Drei- oder viermal hatte Hanneli Goslar ihre Freundin Anne noch getroffen – immer der bedrohliche Stacheldraht zwischen ihnen. Anne war nur noch in eine dünne Decke gehüllt; ihre lausverseuchten Kleider hatte sie weggeworfen. Zweimal hatte Hanneli ein kleines Päckchen, mit einem Keks, einem Strumpf oder einem Handschuh, über den Zaun geworfen. Beim ersten Mal hatte es eine fremde Frau aufgefangen und war damit weggelaufen. Beim zweiten Mal hatte Anne das Päckchen auffangen können.

Am 25. Februar 1945 starb Hans Goslar – tagelang trauerte Hanneli in ihrer Baracke um ihren Vater. Als sie sich einige Tage später – sie litt bereits an Flecktyphus – wieder an den Stacheldrahtzaun schleppte, war Anne verschwunden. Offenbar waren sie und Margot mit allen übrigen noch lebenden Bewohnerinnen ihrer Baracke in einen anderen Lagerteil verlegt worden.

Deutlich über 17000 Menschen starben in Bergen-Belsen allein im März 1945, die meisten still und apathisch, zu schwach, um sich noch gegen den Tod aufzulehnen. Am Morgen fand man sie tot in ihren Baracken und verscharrte sie in Massengräbern. Über die Todesfälle Buch zu führen, das hatte die Lagerleitung längst aufgegeben.

Auch Anne und Margot wurden von der Typhusepidemie erfaßt. Nur wenige Wochen bevor englische Truppen Bergen-Belsen am 15. April 1945 als erstes Konzentrationslager auf deutschem Boden von den Nazis befreiten, kapitulierten ihre schwachen Körper vor der Krankheit. Irgendwann zwischen Ende Februar und Mitte März 1945 starb erst Margot. Wenige Tage später folgte ihr Anne in den Tod.

10. *Sehnsucht*

»*Die Sonne scheint, der Himmel ist tief-blau es weht ein herrlicher Wind und ich sehne mich so – sehne mich so – nach allem … – Nach Reden, nach Freiheit, nach Freunden, nach Allein-sein. Ich sehne mich so … nach Weinen!*« Eineinhalb Jahre war Anne bereits eingesperrt, als sie jenen Schwebezustand einzufangen, in Worte zu fassen versuchte: »*Ich glaube daß ich den Frühling in mir fühle, ich fühle das Frühlings-Erwachen, ich fühle es in meinem ganzen Körper und in meiner Seele …*« Ein Chaos der Empfindungen, aus Einsamkeit und Erwartung, aus Leid und Lust, aus Vermissen und Verlangen, versetzte die noch nicht Fünfzehnjährige in Unruhe und Ratlosigkeit: Sie sei völlig durcheinander, wisse nicht, was zu lesen, zu schreiben, zu tun. Sie wisse nur, daß »*… ich mich sehne*«.

Wie es ihrem Alter und ihrer geistigen Reifung entsprach, war Annes Sehnen erst noch ein orientierungsloses Getriebensein, der ersehnte Inhalt unklar, geboren aus ihrer Unzufriedenheit mit sich selbst und ihrer Umgebung und dem Wunsch, den Schmerz über ihre Einsamkeit zu besiegen. Einer Einsamkeit, die sich aus dem Gefühl entwickelt hatte, von ihren Eltern, ihrem engsten Umfeld unverstanden zu sein; einer Einsamkeit, die für Jugendliche ihres Alters zur Entwicklung gehört und die sie ähnlich auch in

Freiheit erlebt hätte. Während das Leben den Jugendlichen sonst aber Auszeiten von dieser Einsamkeit gönnt, war es in Annes Fall erbarmungslos. Selbstverständlichkeiten, die Gleichaltrige in Freiheit von ihrem mit der Entfaltung der Persönlichkeit verbundenen Leiden ablenken – »*Spaß zu machen und zu lachen, bis man Bauchweh hat ... Radfahren, Tanzen, Flirten und was-weiß-ich-noch-mehr*« –, waren Anne versagt. Es gab kein Entkommen, sie mußte sich ihrer Einsamkeit fortwährend stellen. »*Ich habe ein schreckliches Bedürfnis allein zu sein.*« Was sie als unbestimmten Wunsch, sich zurückzuziehen, beschrieb, ging Hand in Hand mit der Sehnsucht nach einem Menschen, mit dem sie ihre Einsamkeit teilen und der sie verstehen könnte, nach einem ersten Kuß und Zärtlichkeit als Zeichen des Begehrt- und Anerkanntwerdens.

Doch Annes Sehnen war mehr als ein trotziges »Nur fort aus der Gegenwart«, mehr als ungestilltes Liebesverlangen. Ihre Sehnsucht nach Glück, Freude und Fröhlichkeit war ihr Motor, der sie aus Angst und Verzweiflung herausholen konnte. Und sie führte sie auf den Weg zu sich selbst. Statt aus ihrer Welt der Zwänge in wehmütige Phantastereien zu flüchten, bemühte sich Anne in monatelangen Auseinandersetzungen mit sich selbst um eine Haltung, die Freiheit auch dort sieht, wo sie längst verloren scheint. Der Weg dorthin erforderte ihre ganze Kraft, doch schließlich gelang es ihr sogar, die äußeren Zwänge, unter denen sie stand, als Herausforderung zu begreifen. »*Hier ist alles viel schlimmer geworden ...*«, notierte Anne vermutlich irgendwann im Frühsommer 1944 bei der Überarbeitung ihres Tagebuchs, »*und jetzt bin ich soweit, daß ich ... denke ›was kann mir der ganze Kram eigentlich ausmachen‹, und Zukunftspläne schmiede!*«

Anne war aus den geordneten Lebensbahnen, denen der Mensch in gedankenloser Bequemlichkeit zu folgen neigt, herausgerissen worden, die Nazis hatten ihr in vielen, so selbstverständlichen Dingen ihre Entscheidungsfreiheit und Wahlmöglichkeit genommen. Ihr Interesse am Leben, die daran geknüpften Hoffnungen und ihren ausgeprägten Lebenswillen ließ sie sich bis knapp vor ihrem Ende in Bergen-Belsen nicht rauben. Unter dem Druck, verfolgt zu sein, fand sie – ungewöhnlich früh für ihr Alter – ihren eigenen Lebensinhalt und nahm sich die Freiheit, sich konkrete Ziele zu stecken und für deren Verwirklichung zu arbeiten.

Anne war alles andere als ein Wunderkind. »*Ein Bündelchen Widerspruch*« wurde sie von ihrer Familie genannt, wohl wegen ihrer Stimmungsschwankungen. Sie habe zwei Seelen in einer Brust, empfand sie selbst. Zwei Annes im Konflikt: Nach außen die fröhliche, schnippisch aufbrausende Anne, nach innen die nachdenkliche, die »*liebe*« und »*reine*«, die Probleme anging, auf die es keine einfachen, eindimensionalen Antworten gab – Fragen nach dem Erwachsenwerden, der Liebe und Sexualität, der Beziehung zwischen Kindern und Eltern, aber auch Fragen nach Religiosität und Glauben, nach der Bedeutung, Jüdin zu sein, der persönlichen Freiheit oder dem Sinn des Lebens. Doch diese Anne, so glaubte sie, kannte niemand außer ihr selbst. Und tatsächlich mußte sich Otto Frank, als er das Tagebuch nach dem Krieg las, eingestehen, daß er die »stille« Anne kaum gekannt und daß er die Tiefe und Fülle ihrer Gedankengänge unterschätzt, daß sie viele ihrer Überlegungen für sich behalten hatte.

Anne nahm sich selbst nicht einfach hin. Dazu war sie zu intelligent. Ihr Leben war unbequem – und sie war sich selbst unbequem. Sie war scharfe Beobachterin und gnadenlose Kritikerin, ihre harten Urteile trafen jedoch nicht nur ihre Umwelt, sondern auch sie selbst. »*Ich habe einen stark ausgeprägten Charakterzug ... und zwar meine Selbsterkenntnis*«, schrieb Anne am 15. Juli 1944 in ihr Tagebuch – Aussagen wie diese brachten ihr posthum das

Attribut frühreif, aber auch die Bewunderung der Nachwelt ein. Sie könnte sich bei all ihren Handlungen beobachten, als ob sie eine Fremde wäre, und wüßte bei jedem Wort, das sie ausspräche, gleich danach, ob das Gesagte richtig oder falsch wäre. »*Ich verurteile mich selbst in so unsagbar vielen Dingen* ...«, gestand sie sich ein, sehnsüchtig nach Selbsterkenntnis. »*Wenn ich ganz ehrlich bin, dann will ich dir wohl bekennen – daß ich mir unsagbar viel Mühe gebe anders zu werden, aber daß ich immer wieder gegen stärkere Armeen kämpfe ... und* [ich] *suche dauernd nach einem Mittel um zu werden wie ich so gern sein würde und so wie ich sein würde können, wenn ... keine anderen Menschen auf der Welt leben würden*«, so schloß sie ihre Tagebucheintragung am 1. August 1944. Daß dies ihre letzte sein sollte, konnte Anne natürlich nicht wissen – auf um so tragischere Weise macht sie uns bewußt, wie brutal Anne aus der Auseinandersetzung mit sich herausgerissen wurde – durch ein menschenverachtendes und menschenmordendes System. Von Mitmenschen erdacht und ausgeführt.

So sehr Anne um die Festigung ihres Charakters auch noch ringen mußte, so genau hatte sie ihre Lebensziele bereits vor Augen. Daß die traditionelle Hausfrauenrolle – obwohl sie einmal heiraten und Kinder haben wollte – sie nicht ausfüllen würde, daran bestand für Anne schon mit knapp fünfzehn kein Zweifel. »*Ich habe mir nun einmal vorgenommen daß ich ein anderes Leben führen werde als andere Mädchen und später ein anderes Leben als normale Hausfrauen*«, hatte sie voll Überzeugung niedergeschrieben. Sie wollte »berühmt« werden und in die Geschichte eingehen. Das hatte die begnadete Selbstdarstellerin schon als Zehn- und Zwölfjährige immer wieder zu verstehen gegeben. Aus der in kindlich unbeschwertem Größenwahn geborenen Idee war jedoch mit der Zeit ein konkretes Ziel geworden. »*Oh ja, ich will nicht so wie die meisten Menschen für nichts gelebt haben. Ich will von Nutzen und Freude sein für die Menschen die um mich herum leben und die mich doch nicht kennen*«, notierte sie am 25. März 1944. »*Und darum bin ich Gott so dankbar daß er mir bei meiner Geburt schon eine Möglichkeit mitgegeben hat mich zu entwickeln und zu schreiben …* « Schreiben sei ihre Möglichkeit, alles festzuhalten, ihre Gedanken, ihre Ideale und ihre Phantasien. Und je intensiver sie sich ihrem Tagebuch widmete, um so deutlicher fühlte sie sich zur Schriftstellerei berufen. »*Mit Schreiben werde ich alles los, mein Kummer verschwindet, mein Mut lebt auf!*« Die schwierigen Lebensumstände, die den Menschen so leicht unproduktiv machen können, schienen Anne anzuspornen. Wie besessen stürzte sie sich in die Arbeit, um der Erfüllung ihres Traums näher zu kommen. »*Du weißt längst daß mein liebster Wunsch ist daß ich einmal Journalistin und später eine berühmte Schriftstellerin werden werde*«, schrieb Anne am 11. Mai 1944 in ihr Tagebuch, »*Nach dem Krieg will ich auf jeden Fall ein Buch betitelt ›Das Hinterhaus‹ herausgeben.*« Ihr Tagebuch würde als Grundlage dienen.

Das Naziregime, das die Menschenwürde, wo immer es hinkam, mit seinen Stiefeln trat, stahl Anne ihre Jugend und zwang sie zur Reifung im Zeitraffer. Statt sich aber den Boden unter den Füßen wegreißen zu lassen, lebte sie ein Leben in beispielloser Intensität. Es gelang ihr sogar, ihre Lebens- und Todesangst von Zeit zu Zeit hinter sich zu lassen und, so paradox das auch klingen mag, Glücksmomente zu erleben. »*Als ich heute morgen vor dem Fenster saß, verstand ich plötzlich, daß wir für unsere Entbehrungen viel, sehr viel Entschädigung bekommen haben. Ich meine Entschädigungen von innen …*«, bemerkte Anne dankbar. Wenn die Alliierten gewännen und sie überlebten, hatte Otto Frank des öfteren zu seiner Familie gesagt, dann würden sie später dankbar auf die Zeit zurückblicken, die sie miteinander im Versteck verbracht hatten. Seine hoffungsvollen Worte gaben den Versteckten Lebenskraft.

Der mörderische Haß der Nazis und ihr unmenschlicher Vernichtungswille waren anscheinend stärker. Denn allzu viele standen am Rand der Mördergrube, schauten zu und schwiegen: »*... der kleine Mann macht es genauso gerne, sonst würden die Völker doch schon längst dagegen aufgestanden sein!*« hatte Anne erkannt, »*Es ist nun einmal in den Menschen ein Drang zu Vernichten, ein Drang zum Totschlagen, zum Ermorden und rasend sein ...*«

Die mordenden Nazis und ihre schweigenden Helfer konnten Anne ihr Leben nehmen – ihre Stimme jedoch nicht. »*Ich weiß was ich will, habe ein Ziel, habe eine Meinung, habe einen Glauben und eine Liebe ... Wenn Gott mich leben läßt, werde ich mehr erreichen als Mutter es je tat, ich werde nicht unbedeutend bleiben, ich werde in der Welt und für die Menschen arbeiten!*« An Annes Glauben an sich selbst scheiterte der Naziterror. Er sollte sie töten, machte sie aber nicht mundtot. Ihre Stimme hat noch immer Gewicht unter den Menschen, für die sie arbeiten wollte.

Ein Epilog in Biographien

Nanette Blitz überlebte das KZ Bergen-Belsen; ihre Eltern und ihr Bruder kamen dort ums Leben. Nach ihrer Rückkehr nach Holland im Juni oder Juli 1945 verbrachte Nanny – »E.S.« in Annes Tagebuch – mehrere Jahre in einem Santpoorter Sanatorium, um sich von einer schweren Tuberkulose zu erholen. Von dort korrespondierte sie Ende Oktober 1945 auch mit Otto Frank, der sie – auf Anraten von Hanneli Goslar – kontaktiert hatte, um Einzelheiten über die letzten Lebensmonate seiner Töchter zu erfahren. Anfang der fünfziger Jahre zog sie zu Verwandten nach England und lernte John kennen, einen ungarischen Juden, der den Krieg in London überlebt hatte. Für John, Vollwaise wie Nanette (beide Elternteile waren kurz nach dem Krieg an Krebs gestorben) war es Liebe auf den ersten Blick. Er emigrierte trotzdem nach Brasilien. Zwei Jahre standen die Verliebten in engem Briefkontakt, dann folgte Nanette ihrem John nach São Paolo – als seine Frau. Dort leben sie bis heute. Sie haben drei Kinder.

Lucia van Dijk zog sich – beeinflußt von ihrer Großmutter, die eine strikte Gegnerin des nationalsozialistischen Regimes war – gegen Ende 1942 vom »Jeugdstorm« zurück. Schon im August 1942 war ihr Vater aus der Partei ausgetreten. Er starb 1944. Ihre Mutter hielt – ein Zeichen ihrer Unbeirrbarkeit, vielleicht auch ihrer Sturheit – der »Nationaal-Socialistischen Beweging« bis zuletzt die Treue. Als eine Nachbarin, selbst Parteimitglied, ihr im September 1944 dazu riet, wie so viele andere holländische NSB-Sympathisanten nach Österreich zu fliehen, weigerte sie sich. Sie hätte sich nie etwas zuschulden kommen lassen, erklärte sie stolz, weder hätte sie – für NSBler ein leichtes – zusätzliche Lebensmittelmarken beansprucht noch sonst von ihrer Partei-Mitgliedschaft zu profitieren versucht. Also hätte sie nichts zu befürchten. Tatsächlich wurde Lucias Mutter nach Kriegsende im Unterschied zum überwiegenden Teil der holländischen NSBler nicht verhaftet oder sonstwie bestraft.

Lucia van Dijk holte ihr Abitur Ende der vierziger Jahre in einer Abendschule nach und arbeitete erst als Stenotypistin, später als Chefsekretärin einer großen Druckerei. Annes Freundin aus der Montessorischule heiratete 1955, bekam zwei Söhne und lebte in den letzten Jahren verwitwet in Amsterdam. Sie starb im Januar 2000.

BERND »BUDDY« ELIAS zog es schon während des Krieges ans Theater. Er nahm Schauspielunterricht in Basel und Zürich; erste Engagements führten ihn unter anderem ans Schauspielhaus Zürich. Nebenbei feierte Annes Cousin Erfolge als Komiker auf Schlittschuhen. Ab 1947 trat er erst in einer englischen, anschließend in einer dänischen Eisrevue auf, 1949 entdeckte ihn »Holiday on Ice«. Gut elf Jahre tourte Buddy Elias als Eisclown durch die Welt, bevor er 1961 zur klassischen Schauspielerei zurückfand. Dem Engagement am Landestheater Tübingen, wo er 1963 seine spätere Frau, die Grazer Schauspielerin Gerti Wiedner, kennenlernte, folgten Stationen in Basel, Zürich, Bremen, Mannheim und schließlich, ab 1974, in Berlin, wo er erst Ensemblemitglied der »Freien Volksbühne« war und schließlich als freischaffender Schauspieler an verschiedenen Theatern gastierte. Immer wieder wirkte er auch in Kino- und Fernsehfilmen mit.

Im Oktober 1986 starb Buddys Mutter Helene. Einige Monate davor kehrten Buddy und seine Frau nach Basel zurück und leben seither in Buddys Elternhaus in der Herbstgasse 11. Gerti führt das Antiquitätengeschäft fort, das Helene Elias während des Zweiten Weltkriegs gegründet hatte. Buddy Elias, den Otto Frank schon bei der Gründung des Anne Frank Fonds zum Stiftungsrat bestellt hatte, übernahm 1996 den Vorsitz des Fonds. Daneben ist er nach wie vor als Schauspieler aktiv. Buddy und Gerti haben zwei Söhne, Patrick und Oliver; beide sind Schauspieler.

Kitty zählt – ebenso wie ihre Eltern und ihr Bruder – zu jener geringen Zahl von Menschen, die Theresienstadt überlebten; von den 140000 Juden, die während des Zweiten Weltkriegs in das ghettoähnliche Lager in Nordböhmen deportiert wurden, kamen 118000 ums Leben. Zurück in Amsterdam, mußte sich die damals Sechzehnjährige quasi umgehend in ein »normales« Leben einfügen. Die Pflichtschule verließ Annes Freundin nach der Mittleren Reife, auf ihr Abitur bereitete sie sich im Privatunterricht vor. Danach studierte sie Zahnheilkunde und praktizierte als Zahnärztin – wie ihr Vater.

Otto Frank hielt nach dem Krieg den Kontakt zu Kitty aufrecht. Er vermutete, daß Anne an sie gedacht hatte, als sie ihre fiktive Tagebuchfreundin »Kitty« genannt hatte. Aus Sorge, deshalb in den Mittelpunkt des öffentlichen Interesses zu geraten, entschloß Kitty sich, anonym zu bleiben. Sie wollte sich als Überlebende keinesfalls in dem weltweiten Ruhm ihrer toten Freundin Anne sonnen. Kitty ist verheiratet, hat zwei Kinder und lebt in Holland.

Alice Frank-Stern erhielt seit Otto Franks Untertauchen immer wieder verschlüsselte Nachrichten von Johannes Kleiman, aus denen sie schließen konnte, daß Kinder und Enkelkinder wohlauf waren – im Juni 1944 jedoch die letzte. Fast ein Jahr später, kurz nach Kriegsende in Europa, wandte sich Alice Frank von sich aus an Kleiman. »*Es wurde uns mitgeteilt, daß wieder eine Möglichkeit besteht, mit Ihnen in Verbindung zu treten*«, schrieb sie am 20. Mai 1945 auf eine Briefkarte, »*... und wenn es in Ihrer Macht steht, so sagen Sie meinen Kindern, wie sehr ich um sie bange.*«

Bis Ende Mai 1945 hatte der Baseler Zweig der Familie Frank keine Ahnung, wie es um Otto und seine Familie stand. Die zahlreichen Briefe, die Otto seit seiner Befreiung geschrieben hatte, sollten fünf Monate brauchen, bis sie in Basel ankamen. Als erstes Lebenszeichen traf jedoch eine kurze Nachricht ein, die Otto am 27. Mai aus Marseille telegraphiert hatte. »ARRIVÉE BONNE SANTÉ MARSEILLE PARTONS PARIS. BAISERS. OTTO FRANK.« Eine, wie sich herausstellte, mißverständliche Nachricht.

»*Dein erstes Telegramm hatten wir vollständig mißverstanden und meinten, ›partons‹ bezöge sich nicht auf einen Transport ..., sondern auf Euch alle! Welch ein entsetzlicher Irrtum ...!*« schrieb Alice Frank am 19. Juni an Otto, nachdem sie von ihm einen im März verfaßten Brief erhalten hatte, der von Ediths Tod berichtete. »*Dich allein zu wissen in Deiner ganzen Trauer um Edith und ohne Nachrichten von den geliebten Kindern ist wohl das entsetzlichste, was ich in meinem oft so schweren Leben erfahren mußte*«, klagte sie – fassungslos über den Tod der Schwiegertochter: »*Edith, die Dir in jeder Lebenslage eine so grosse Stütze und für die Kinder die beste Freundin und unermüdliche Mutter war, betrauere ich aufrichtig mit Dir.*« Noch hatte sie Hoffnung, daß Anne und Margot aus dem Lager zurückkehren würden: »*Wir haben das internationale Rote Kreuz in Genf und das hiesige Konsulat mit einer*

Suchaktion beauftragt.« Im Juli 1945 jedoch erfuhr sie von Otto, daß auch ihre Enkeltöchter umgekommen waren. *»... die Tatsachen sind so schrecklich und jedes Wort wäre nicht fähig zu schildern, was ich empfinde. Vielleicht kann ich später einmal soviel fragen, was ich auch über Edith wissen möchte, trotzdem ja jetzt alles vergebens ist und Du Dich tapfer zu erweisen scheinst, es ist das einzige, was ich hoffen und wünschen kann«,* versuchte sie Otto am 4. August 1945 zu trösten. *»Könnte ich nur bei Dir sein, aber ich glaube, ich finde keinen Ausdruck für meinen grossen Schmerz, ich könnte nur meinen Kopf an Deine Schulter legen und weinen!«*

Otto Frank besuchte seine »Muttel« in den darauffolgenden Jahren häufig. 1952 übersiedelte er endgültig nach Basel. Alice Frank starb am 20. März 1953 im 88. Lebensjahr in Basel.

OTTO HEINRICH FRANK wurde nach seiner Befreiung aus dem Konzentrationslager Auschwitz über Kattowitz und Czernowitz nach Odessa gebracht. Von dort ging es per Schiff durch die Dardanellen weiter nach Frankreich. Ende Mai landete er in Marseille. Am 3. Juni 1945 traf er endlich wieder in Amsterdam ein.

Ende März hatte ihm Rosa de Winter, die er aus Westerbork kannte und die er auf dem Transport wiedergetroffen hatte, von Ediths Tod erzählt. *»Ich bin gesund und halte mich gut aufrecht, trotz der traurigen Nachricht vom Tode meiner Frau«,* schrieb Otto am 31. März 1945 an seine *»Lieben«* in Basel. *»Wenn ich nur die Kinder zurückfinde!«*

Zwei Monate des Bangens. *»Aus den von den Russen besetzten Gebieten dringen nie Nachrichten durch«,* klagte Otto seiner Schwester Leni und dem Schwager Erich am 21. Juni 1945. *»Deshalb kann ich auch keine Nachricht von den Kindern bekommen – für den Fall, daß sie in Deutschland sind. Bisher war ich überzeugt, daß sie zurückkom-*

men, nun aber beginne ich zu zweifeln.« Otto ging täglich ins Büro, wo ihn die kleinen geschäftlichen Probleme wenigstens vorübergehend von seinen wirklichen Sorgen ablenkten. »*Ich darf nicht daran denken, wie ich je ohne die Kinder weiterleben sollte, wo ich doch schon Edith verloren habe. Ihr könnt Euch nicht vorstellen, wie sich die beiden entwickelt haben.«*

Am 18. oder 19. Juli 1945 erfuhr Otto schließlich, daß seine Töchter in Bergen-Belsen umgekommen waren. »*Dein einziger Trost sind die kurzen Jahre des Glücks, das Ihr Euch gegenseitig geschenkt habt…«*, versuchte Robert Frank, der den Krieg in London erlebt hatte, seinen Bruder Otto in einem Brief vom 1. August 1945 zu trösten, »*Sie leiden nicht mehr; aber Dein Los ist es, weiterzuleben und nicht zu verzweifeln und die Erinnerung an Deine Lieben hochzuhalten. Wir bewundern Dich sehr, daß Du, nach allem was Du durchgemacht hast, ohne ein Wort der Verbitterung oder des Hasses denken und handeln kannst.«*

Otto lernte langsam, mit seinem Schmerz umzugehen. »*Es hat keinen Sinn, sich in Trauer zu verzehren, es hat keinen Sinn, zu grübeln«*, ermutigte er sich selbst in einem Brief vom 16. März 1946 an einen Bekannten. »*Wir müssen weiterleben, weiterbauen. Wir wollen nicht vergessen, aber die Erinnerung darf nicht ins Negative ausarten.«* Halt gab Otto unter anderem die Amsterdamer Reformgemeinde, die er nach dem Krieg mitbegründete und deren Mitglied er bis zu seinem Tod blieb; ein im jüdischen Sinn religiöser Mann wurde er allerdings nie.

Im Unterschied zu vielen anderen Überlebenden hatte Otto wenigstens Verwandte und Bekannte in aller Welt, die ihn nach Kriegsende unterstützten – psychisch ebenso wie materiell. Seine Unterkunft kostete ihn nichts: Seit seiner Rückkehr wohnte er bei Jan und Miep Gies, erst in der Hunzestraat 120, später in der Jekerstraat 65. Julius und Walter Holländer schickten ihm Geld und Pakete aus den USA, sein Bruder Robert und die Familie seiner Cousine Milly Stanfield unterstützten ihn von London aus. Sein früherer Kommilitone Nathan Straus überwies ihm im Oktober 1945 500 Dollar. Otto verwendete nur einen Teil der Zuwendungen für sich. Er half damit auch anderen Überlebenden, vor allem Waisenkindern wie Hannah und Gabi Goslar. »*Alles hier ist knapp und von schlechter Qualität*«, schrieb Otto am 20. August 1945 an Julius und Walter, »*Unterwäsche habe ich aus London bekommen. Natürlich möchte ich auch meinen Bekannten hier helfen, die keine Verwandten mehr haben, wenn Ihr also Damenkleidung und Strümpfe bekommen könnt, schickt sie bitte. Zigaretten und Tabak sind auch willkommen. Wir bekommen kein Fleisch außer ›Fleisch mit Gemüse‹ in Dosen und kaum Butter. Tee und Kaffee kommen immer noch als ›Surrogat‹, Milch gibt es, aber nicht genug. Wenn es also Milchpulver gibt, ist es mehr als willkommen …* «

Otto versuchte unmittelbar nach seiner Rückkehr geschäftlich wieder Fuß zu fassen. »*Wir versuchen zu arbeiten, aber da es kaum Grundstoffe gibt, ist es schwierig*«, schrieb er am 21. Juni 1945 in seinem Brief an Schwester und Schwager. Das Geschäft brachte in manchen Monaten so wenig ein, daß er mit den Gehaltszahlungen in Verzug geriet und seine Mitarbeiter – Miep etwa – um Geduld bitten mußte. Die folgenden Jahre zerbrach Otto sich den Kopf über neue Einkommensquellen: »*Ich versuche Import- und Exportgeschäfte zu machen, aber fast alles scheitert an den Devisenvorschriften und sonstigen Schwierigkeiten in den verschiedenen Ländern*«, schrieb er im Juni 1947 an seinen Freund Joseph Süttendorf. »*… In Textil habe ich nicht viel Erfahrung und beschäftige mich mehr mit Lebensmitteln und Chemikalien … Ich habe einen Bekannten gefragt wegen Imports von Hosenträgern und dergleichen.*«

Am meisten beschäftigte sich Otto freilich mit den Tagebüchern seiner Tochter Anne. Noch am selben Tag, an dem er von Anne und Margots Tod erfahren hatte, hatte Miep Gies ihm Annes rotkariertes Tagebuch, ihre Hefte und 327 lose Seidenpapierblätter überreicht, die sie fast ein Jahr lang ungelesen aufbewahrt hatte. In den folgenden Monaten versuchte Otto Ordnung in die Papiere zu bringen, er las sie wieder und wieder, übersetzte einige Stellen ins Deutsche und sandte sie seiner Baseler Familie. Schließlich tippte er die Tagebücher ab und stellte all jene Eintragungen zusammen, die ihm für ein Zeitdokument des Zweiten Weltkriegs »wesentlich« schienen. Annes Schimpftiraden gegen ihre Mutter oder gegen Fritz Pfeffer sparte er ebenso aus wie alle Gedanken zu ihrem sexuellen Erwachen. Bei seiner Auswahl stützte er sich auf Annes überarbeitete Version, die sie auf die losen Blättern geschrieben hatte, und fügte nur einige Ergänzungen aus ihrer ursprünglichen Version sowie einige Beiträge aus ihrem Geschichtenbuch bei. Vom 29. März 1944 bis zum abrupten Ende des Tagebuchs am 1. August mußte er auf die erste Version zurückgreifen; Anne hatte ihre Überarbeitung nicht mehr fertigstellen können.

Das fertige Manuskript übergab er seinem Freund Albert Cauvern, einem Dramaturgen. Er sollte es auf Germanismen prüfen und Grammatikfehler ausbessern. Cauverns Frau Isa, eine frühere Sekretärin Ottos, tippte das korrigierte Manuskript schließlich sauber ab. Diese Fassung ließ Otto Frank mehrere Freunde und Bekannte lesen. Einer von ihnen, Dr. Kurt Baschwitz, Professor für Publizistik und Massenpsychologie, ermutigte Otto zur Veröffentlichung des Tagebuchs. Es sei das *»erschütterndste Dokument dieser Zeit«*, das er kenne, *»auch literarisch ein verwunderliches Meisterwerk«*. Otto zögerte zunächst. Zum einen fand er die Briefe eines pubertierenden vierzehnjährigen Mädchens zu intim für eine Veröffentlichung, zum anderen hatte Anne doch deutlich gemacht, daß sie zwar eine berühmte Schriftstellerin werden wollte, ihr Tagebuch jedoch allein für sie bestimmt war. Schließlich kam er doch zu dem Schluß, daß eine Publikation in Annes Sinn wäre.

Einen Verlag zu finden war allerdings schwieriger als vermutet. Erst nachdem der bekannte Historiker Jan Romein die Tagebücher in der holländischen Tageszeitung *Het Parool* gelobt hatte, meldeten sich interessierte Verlage. Im März 1947 erschien schließlich die erste holländische Ausgabe unter dem von Anne für ihren Roman geplanten Titel *Het Achterhuis* im Contact-Verlag – in einer Auflage von 1500 Exemplaren. 1950 folgten eine deutsche und eine französische Übersetzung, 1952 – unter dem Titel *Anne Frank: The Diary of a Young Girl* – die erste Bearbeitung für den amerikanischen Markt.

Ein großer Verkaufserfolg wurde das Tagebuch aber erst, nachdem es dramatisiert und weltweit aufgeführt wurde. Die erste Bühnenbearbeitung des amerikanischen Schriftstellers Meyer Levin fand allerdings keinen Produzenten. Eine zweite, von dem Ehepaar Albert und Francis Hackett-Goodrich verfaßte Version wurde am 5. Oktober 1955 in New York welturaufgeführt und gleich mit dem Pulitzerpreis ausgezeichnet.

Ende August 1956 feierte das Theaterstück in Göteborg Europapremiere, noch im selben Jahr tourte es durch die deutschsprachigen Länder. In der Folge wurde das Tagebuch auch verfilmt. Die dramatisierte Version machte nicht nur die gedruckte zu einem Welterfolg – sie trug auch wesentlich zur Romantisierung und Verkitschung von Anne Franks Geschichte bei.

Im Januar 1956 wurde bekannt, daß das ehemalige Versteck der Franks, das baufällige Amsterdamer Stadthaus in der Prinsengracht 263, abgerissen werden sollte. Eine Gruppe engagierter Holländer, unter ihnen Otto Frank, gründeten am 3. Mai 1957 die »Anne Frank Stichting« Amsterdam, um das Gebäude zu erhalten und der Öffentlichkeit zugänglich zu machen. Das allein war Otto Frank jedoch zuwenig: Er war nur bereit, Geld zu investieren, wenn zugleich eine Art Jugendzentrum ins Leben gerufen würde, in dem der Kontakt zwischen Jugendlichen verschiedener Völker und Religionen international gefördert und damit gegen Intoleranz und Diskriminierung vorgebeugt würde.

Genau drei Jahre nach der Gründung der Stiftung, am 3. Mai 1960, wurde das »Anne Frank Haus« – mittlerweile von jährlich mehr als einer halben Million Menschen besucht – als Museum eröffnet. Zugleich wurde eine zweite Stiftung, das »Jugendzentrum der Anne Frank Stichting«, etabliert. Ihr erster Vorsitzender wurde Otto Frank.

1964 wurden die beiden Stiftungen schließlich zu einer zusammengeführt. Ihren Vorsitz übernahm Ottos Freund und Berater, der Lehrer Henry van Praag. Bis heute konzentrieren sich die Mitarbeiter der »Anne Frank Stichting« auf edukative Arbeit und konzipieren regelmäßig große Ausstellungen, die um die Welt wandern.

Am 10. November 1953 heiratete Otto Frank in zweiter Ehe die gebürtige Wienerin Elfriede »Fritzi« Geiringer-Markovits, die er auf dem Transport von Auschwitz zurück nach Holland kennengelernt hatte. Sie hatte Mann und Sohn in Auschwitz verloren.

Die Familie Geiringer hatte vor ihrer Deportation auch am Amsterdamer Merwedeplein gewohnt. Die Ehepaare Frank und Geiringer waren sich aber nie begegnet. Ihre Kinder kannten sich zwar vom Sehen, hatten sich aber nie näher kennengelernt. Fritzis Tochter Eva war es jedoch, die Otto Frank auf dem Transport nach Odessa erkannt und mit ihrer Mutter bekannt gemacht hatte.

Otto und seine zweite Frau ließen sich in der Schweiz nieder und widmeten sich, von Birsfelden bei Basel und in den Sommermonaten häufig von Beckenried am Vierwaldstätter See aus, gemeinsam der Verbreitung der Botschaft seiner Tochter Anne. Sie hatten es sich zur Maxime gemacht, jeden Brief, den sie von Lesern des Tagebuchs erhielten, zu beantworten. Es waren viele Tausende Briefe.

Am 24. Januar 1963 gründeten Otto und Fritzi Frank den Anne Frank Fonds (AFF), eine gemeinnützige Stiftung nach Schweizer Recht mit Sitz in Basel, die Otto als seine Universalerbin einsetzte. Nach seinem Tod am 19. August 1980 fiel demnach das Copyright an Annes Tagebüchern und damit alle Lizenzerträge aus dem Buch, dem Theaterstück, dem Film, der Rundfunk- und Fernsehverwertung, an den Fonds. Die Originaltagebücher inklusive 324 losen Blättern vererbte er dem Niederländischen Staatlichen Institut für Kriegsdokumentation (NIOD). Die drei übrigen Blätter hatte er schon vor seinem Tod seinem Freund und Berater Cor Suijk übergeben.

Seinen engsten Familienmitgliedern hinterließ Otto, der bis zuletzt bescheiden gelebt hatte, jeweils sechsstellige Frankenbeträge. Unter sämtlichen anderen Erben – der liberalen jüdischen Gemeinde Amsterdam, dem Pestalozzi-Dorf in Trogen, den Freunden des Schweizer Kinderdorfs Kiriath Yearim, dem Hadassah National Youth Aliya Committee in New York sowie dem Ehepaar Jan und Miep Gies und Bep Voskuijl – verteilte Otto Legate in Höhe von insgesamt etwa 30000 Franken.

Die jährlichen Lizenzeinkünfte sollten bis zu einem Betrag von 80000 Franken zur Hälfte Fritzi Frank, zu je einem Viertel Ottos Schwester Helene und Ottos Bruder Herbert zufließen; Robert Frank war bereits 1953 verstorben. Darüber hinausgehende Einnahmen sollten dem Anne Frank Fonds zufallen, der die Gewinne nach bestem Wissen und Gewissen spenden sollte.

Wieviel der Anne Frank Fonds tatsächlich alljährlich spendet – nach eigenen Angaben zum Beispiel an den »Fund for the Righteous«, der Nichtjuden unterstützt, die während des Zweiten Weltkriegs Juden geholfen haben, an verschiedene Schulen in aller Welt oder an jüdisch-palästinensische Friedensprojekte –, braucht er nach Schweizer Recht nicht nachzuweisen. Der Fonds unterliegt keinem Spendenzwang. Er muß auch nicht sagen, wieviel er einnimmt. Und er sagt es auch nicht.

Seit der Anne Frank Fonds 1991 die sogenannte endgültige und in ihrer Textauswahl aus wissenschaftlicher Sicht fragwürdige Tagebuchversion publizierte und die Verlagsrechte für sechsstellige Dollarsummen verkaufte, ist das Vermögen – das *Wall Street Journal* nannte es das »bestgehütete Geheimnis der Welt« – jedenfalls kräftig gewachsen: 1998 dürfte es, so errechneten Insider, dank der klugen Investitionspolitik des Fonds bei drei Schweizer Banken und vor allem dank anhaltend günstiger Kursentwicklungen an den Börsen annähernd dreißig Millionen Franken wert sein. 1997 ließ der AFF nach eigenen Angaben 270000 Franken »guten Zwecken« zukommen. 1998 wurde dieser Betrag – unter dem Druck negativer Presseberichte – fast verdoppelt.

Jetteke Frijda erhielt im Sommer 1942, nur wenige Wochen nach ihrer besten Freundin Margot Frank, den Aufruf zum Arbeitsdienst. Ihm zu folgen stand für sie nicht zur Debatte. Sie tauchte unter und überlebte den Krieg im Versteck. Ihrer Mutter war kurz nach der Okkupation Hollands die Flucht in die Schweiz gelungen. Ihr Vater, der angesehene Ökonomieprofessor Herman Frijda, der sich von Anfang an entschieden gegen den Judenrat gestellt hatte, wurde deportiert und in Auschwitz ermordet. Daß ihr älterer Bruder Leo, ein engagierter Widerstandskämpfer, von den Nazis erschossen wurde, erfuhr Jetteke Frijda aus der Zeitung. In Amsterdam, wo sie lebt, ist eine Straße nach ihm benannt.

Jetteke Frijda ergriff den Beruf der Bibliothekarin. Später ließ sie sich zur Krankenschwester ausbilden und arbeitete als Sozialarbeiterin und Heimhilfe. Noch heute betreut und unterrichtet sie alte Menschen.

Jan und Miep Gies ließen auch nach der Verhaftung nichts unversucht, um ihre Freunde zu retten. Am Montag, dem 7. August 1944, wagte sich Miep in das Gestapo-Hauptquartier in der Euterpestraat und trat vor SS-Oberscharführer Karl Josef Silberbauer. Sie bot ihm Geld an; im Gegenzug sollte er für die Freilassung der Verhafteten sorgen. Silberbauer ging nicht auf das Angebot ein.

Wenige Tage später wurde das Hinterhaus »gepulst«: So sagte man im Volksmund, wenn ein Lastwagen des Umzugsunternehmens Abraham Puls vorfuhr, um die Wohnungen deportierter Juden zu räumen. Im Auftrag der nationalsozialistischen Besetzer nahmen die Möbelpacker alles mit, was ihnen verwertbar schien – zum Weitertransport nach Deutschland, wo es ausgebombten Bürgern, vorrangig Parteimitgliedern, zugute kommen sollte. Gerade rechtzeitig hatte Miep den Lagerleiter van Maaren noch einmal ins Hinterhaus hinaufgeschickt, um ihr alle Tagebuchblätter, die er noch auf dem Boden finden konnte, zu bringen. Sie legte sie in ihre Schreibtischschublade zu Annes übrigen Aufzeichnungen. Bep Voskuijl hätte gern darin gelesen, Johannes Kleiman – nachdem er aus dem Lager zurückgekehrt war – ebenso. Doch Miep erinnerte sich gut, mit welcher Bestimmtheit Anne ihr Tagebuch vor fremden Blicken abgeschirmt hatte; auch Bep und ihr Chef sollten Annes Wunsch respektieren. Hätte sie selbst darin gelesen, sagt Miep heute, so hätte sie die Tagebücher vernichten müssen. Sie enthielten zuviel aus Nazisicht belastendes Material gegen sie und die anderen Helfer.

Im Winter 1944/45 wurden die Lebensbedingungen in Amsterdam noch schwieriger. Es fehlte am Notwendigsten – Grundnahrungsmitteln, Heizmaterial, Kleidung, Seife und Waschmitteln. Warmes Wasser war rar, Strom wurde nicht mehr erzeugt. Was brennbar war, wurde verheizt. Wie viele Stadtbewohner fuhr Miep aufs Land, um zu hamstern. Für eine Handvoll Lebensmittel gaben die hungernden Menschen ihr letztes Erspartes oder ihren Familienschmuck. Ihre Hoffnung auf ein baldiges Kriegsende wurde enttäuscht. Die kanadische Armee zog erst nach der Kapitulation der Deutschen, am 8. Mai 1945, in Amsterdam ein. Und auch nach Kriegsende dauerte es lange, bis sich die Lage in Holland normalisierte: Im August 1945 beispielsweise gab es am Tag nur für eine Stunde Gas, und die Straßenbahnen verkehrten nur morgens zwischen sieben und neun und nachmittags zwischen sechzehn und achtzehn Uhr.

Im Mai 1947 kündigte Miep Gies, die Opekta und Pectacon bis zu Kleimans Freilassung provisorisch geleitet hatte, ihre Stelle. Sie hatte nun drei Männer zu versorgen, das war Arbeit genug. Sie kochte, wusch und bügelte nicht nur für ihren Ehemann Jan, sondern auch für Otto Frank, der seit seiner Rückkehr aus Auschwitz bei ihnen wohnte, und – seit Anfang 1947 – auch für Ottos alten Freund Albert Cauvern. Ihn hatten Jan und Miep nach dem Freitod seiner Frau Isa, einer früheren Sekretärin Ottos, bei sich aufgenommen. Cauvern zog zwar 1949 wieder aus, schon am 13. Juli 1950 kam jedoch wieder ein neuer Hausgenosse dazu: Miep, nun einundvierzig, brachte ihren Sohn Paul zur Welt. Die Familie mußte mit Jans bescheidenem Beamtengehalt auskommen, Otto Frank beteiligte sich allerdings mit einem Viertel an den Lebensmittelkosten.

Miep Gies war sowohl 1948 als auch 1963 einer der wichtigsten Zeugen in den Ermittlungen um den Verräter der Franks. Van Maaren hatte sie bei der holländischen Polizei mit allerlei hanebüchenen Anschuldigungen anzuschwärzen versucht. Miep hätte sowohl ein Verhältnis mit ihrem Chef als auch eines mit einem deutschen Offizier gepflegt.

Sogar mit dem Polizisten Karl Silberbauer hätte sie kokettiert. Jans Reaktion: Miep, wo hast du nur die Zeit hergenommen. Und Otto Franks Reaktion: Wenn Mieps Name auf der Liste der Verdächtigen stünde, dann könnte man den seinen ebenso daraufsetzen. Auf niemanden könnte er sich so verlassen wie auf Jan und Miep, mit denen er nach dem Krieg zum Du übergegangen war.

Nach Ottos Umzug in die Schweiz 1952/53 besuchte ihn die Familie Gies regelmäßig. Daß sie, obwohl Otto sieben Jahre in ihrer kleinen Amsterdamer Wohnung gelebt hatte, stets in einem Hotel absteigen mußten, statt in Ottos geräumigem Haus in Birsfelden übernachten zu dürfen, begreift Miep bis heute nicht. Die Reisekosten belasteten das schmale Familienbudget sehr. Ihren Freund Otto zu sehen war ihnen die jährlichen Ausgaben jedoch wert.

Einige Jahre vor seinem Tod versprach Otto Frank seiner Helferin Miep, ihrem Sohn Paul eine »beträchtliche« Summe zu hinterlassen. Das Tagebuch war längst ein Welterfolg – und Ottos Vermögen auf mehrere Millionen Schweizer Franken gewachsen. Laut Testament vermachte er der Retterin des Tagebuchs 10000 Gulden, umgerechnet etwa 9000 Mark. Otto, der seine finanziell schlechten Jahre nie vergessen und bis zuletzt sehr sparsam gelebt hatte, immer zweiter Klasse gereist war und Taxis gemieden hatte, hatte diese Summe im Beisein seiner zweiten Frau Fritzi vor einem Notar festgelegt. Offenbar war er überzeugt, daß dieser Betrag für einfache Leute wie Miep und Jan ein kleines Vermögen bedeutete.

Mitte der achtziger Jahre konnte die amerikanische Autorin Alison Gold die Helferin Miep Gies zu einem gemeinsamen Buchprojekt bewegen. Der autobiographische Erfolgstitel *Meine Zeit mit Anne Frank* erschien 1987 erst in den USA, kurz danach in Holland und Deutschland. Das Buch ist auch eine Hommage an Miep Gies' Mann Jan, der es stets vorgezogen hatte, im Hintergrund zu bleiben.

Nicht einmal mit seinem Sohn wollte er über den Krieg und seine Rolle im Widerstand sprechen. Jan starb am 26. Januar 1993 in Amsterdam. In den folgenden Jahren wurde Miep mehrfach für ihre Verdienste als Helferin geehrt: 1994 verlieh man ihr das Bundesverdienstkreuz Deutschlands, ein Jahr später die »Ehrenmedaille der Gerechten« der Gedenkstätte Yad Vashem in Jerusalem. Und schließlich schlug die niederländische Königin Beatrix sie zum Ritter des Ordens Oranje-Nassau.

Im Frühjahr 1996 nahm Miep in Los Angeles gemeinsam mit dem Filmemacher Jon Blair den Oscar für den Dokumentarfilm *Anne Frank Remembered* entgegen. Die 1909 geborene Miep Gies lebt – geistig vital und ohne fremde Hilfe – in ihrer Wohnung in Amsterdam.

Hanneli Goslar hatte vierzehn Monate im KZ Bergen-Belsen überstanden, bevor sie Anfang April 1945 mit ihrer damals viereinhalbjährigen Schwester Gabi vor den heranrückenden Alliierten evakuiert wurde. Fast zwei Wochen wurden sie in einem der vollgepferchten Viehwaggons durch Deutschland gehetzt – dann endlich kapitulierten die Deutschen. Wochenlang saßen die beiden Schwestern, als einzige Überlebende ihrer engsten Familie, in der Nähe von Frankfurt an der Oder fest, bevor sie am 15. Juni 1945 von den Amerikanern über Leipzig nach Maastricht gebracht wurden. Hanneli, schwer tuberkulosekrank, durfte nicht nach Amsterdam weiterreisen, sondern mußte mehrere Monate in einer Maastrichter Klinik bleiben. Vermutlich im August 1945 besuchte sie dort Otto Frank. Von diesem Tag an kümmerte er sich wie ein Vater um die Goslar-Schwestern.

Hanneli wurde noch mehrere Wochen in einem Amsterdamer Krankenhaus behandelt, bevor Otto Frank sie und Gabi am 5. Dezember 1945 per Flugzeug nach Zürich schickte, wo ein Onkel der beiden Mädchen wohnte. Hanneli verbrachte die erste Zeit in einem Sanatorium, danach nahm sie eine holländische Familie mit sieben Kindern in Basel auf. Hier schloß Annes Freundin, nachdem sie drei Unterrichtsjahre versäumt hatte, die Schule ab – mit einem konkreten Ziel: »*Ich hoffe*«, schrieb die religiöse Hanneli ihrer Schulfreundin Iet Swillens am 4. August 1946, »*nach Palästina zu gehen und Säuglingspflege zu lernen.*« 1947 emigrierte sie gemeinsam mit ihrer Schwester Gabi nach Jerusalem, wurde Krankenschwester, heiratete einen Verleger und bekam drei Kinder. Hannah Pick-Goslar lebt in Jerusalem. Sie hat zehn Enkelkinder.

LAMMERT HARTOG, nach eigenen Angaben »*von ungefähr Frühling bis August 1944*« Lagerarbeiter bei Opekta, wurde am 20. März 1948 zu den möglichen Umständen des Verrats an den acht Versteckten vernommen. Zwar hätte es seine Aufmerksamkeit geweckt, daß beispielsweise ein Bäcker viel Brot gebracht hätte oder ein Gemüsehändler viel Gemüse, sagte er aus, an Juden hätte er jedoch nicht gedacht – bis zu dem Tag, als »*van Maaren, ungefähr vierzehn Tage, bevor die Juden abgeholt wurden, erzählte, daß da Juden versteckt waren*«. Auch zum Verlauf der Verhaftung äußerte er sich: »*... mir ist aufgefallen, daß die Rechercheure ... gar nicht suchten, sondern über die Situation völlig im Bilde waren.*«

Diese Aussage hätte die verhörführenden Polizisten eigentlich alarmieren müssen. Johannes Kleiman hatte doch ausgesagt, daß Hartog beim Eintreffen der SD-Polizisten am Vormittag des 4. August 1944 bereits seine Jacke übergezogen hatte und bei der erstbesten Gelegenheit verschwunden war. Warum er trotzdem wissen konnte, daß die Polizisten über das Versteck Bescheid wußten, hätte zumindest ein Nachhaken wert sein müssen. Als die Polizei die Ermittlungen 1963 wieder aufnahm, konnte sie Lammert Hartog nicht mehr befragen. Er war bereits am 6. März 1959 verstorben.

Lena Hartog-van Bladeren, die Ehefrau des Lagerarbeiters Lammert Hartog, mußte am 18. März 1948 – im Zuge der Ermittlungen um den Verrat an den acht untergetauchten Juden und den damals Hauptverdächtigen Willem van Maaren – vor die »Politische Abteilung« der Amsterdamer Kriminalpolizei treten. »*Es kann etwa im August 1944 gewesen sein, als mein Mann bestürzt nach Hause kam und mir erzählte, daß in jenem Haus ungefähr acht Juden* [sic!] *verhaftet worden waren*«, gab die damals Fünfzigjährige zu Protokoll. »*Vorher hatte mein Mann mit mir darüber gesprochen, daß ein Bäcker so viel Brot an der Tür ablieferte.*« Lena Hartog, deren einziger Sohn Klaas nicht aus dem Krieg zurückkam und bis heute als verschollen gilt, wollte die Beamten offensichtlich glauben machen, daß sie vor der Verhaftung nichts von den Versteckten gewußt hatte. »*... ob das* [Brot] *für untergetauchte Juden war, wußten wir nicht. Mein Mann hat nie mit mir darüber gesprochen*«, behauptete sie. Daß sie vor der Verhaftung der Untergetauchten selbst regelmäßig in die Prinsengracht 263 gekommen war, um als Putzfrau zu arbeiten, verschwieg sie während des Verhörs vermutlich ganz bewußt. So mußte sie natürlich auch nicht darauf eingehen, daß sie sich nach der Verhaftung ebenso wie ihr Mann Lammert nie mehr in der Prinsengracht hatte blicken lassen. Sie erwähnte auch nicht, daß sie einige Wochen vor der Verhaftung Bep Voskuijl auf die versteckten Juden angesprochen und große Besorgnis um die Sicherheit ihres Mannes geäußert hatte. Und Bep, die vielleicht zur Klärung des Falls hätte beitragen können, wurde 1948 nicht vernommen.

Während sich auch Anna Genot-van Wijk – ihr Mann Petrus Josephus arbeitete für Kleimans Bruder – deutlich daran erinnerte, daß Frau Hartog sie Wochen vor der Verhaftung, vermutlich im Juni 1944, auf die versteckten Juden ansprochen hatte (und dies am 10. März 1948 auch zu Protokoll gegeben hatte), sagte Frau Hartog aus, daß dieses

Gespräch erst nach dem 4. August 1944 stattgefunden hätte. »*Ich erinnere mich wohl, einmal mit Frau Genot über diese Juden gesprochen zu haben, aber ich bin sicher, daß die Juden dann schon abgeholt waren.*«

Die Amsterdamer Polizei hat Lena Hartog-van Bladerens augenscheinliche Verschleierungsversuche offensichtlich nicht registriert und sich mit ihren Aussagen zufriedengegeben. Wenige Monate bevor die Polizei den Fall noch einmal aufrollte, starb Lena Hartog-van Bladeren – am 10. Juni 1963 – in Veenendaal.

Irene Holländer ließ sich nach ihrer Flucht aus Deutschland im Februar 1937 in Lima nieder. Schon ein halbes Jahr später heiratete Edith Franks Lieblingscousine wieder – damit wußte sie auch ihre Kinder Ursula und Dorothée versorgt. Ihr zweiter Mann, der Arzt Siegfried Holzer, ein gebürtiger Berliner, war Emigrant wie sie.

1958 trat Otto Frank nach längerer Funkstille wieder in Kontakt mit Irene. »*... mein Interesse bleibt wach für alle, mit denen wir früher zusammen waren oder die Edith so nahe standen wie Du*«, schrieb er ihr am 13. Juni 1958, »*Ganz besonders freute es mich zu hören, dass es Euch Allen so gut geht und Ihr mit soviel Erfolg Euer neues Leben aufgebaut habt.*«

In den sechziger Jahren übersiedelte Irene mit ihrer Familie in die USA. Sie überlebte ihre ältere Tochter Ursula um drei Jahre und starb am 9. März 1974 in Boston. Ihre jüngere Tochter Dorothée lebt in den USA. Sie hat zwei Söhne.

Julius und Walter Holländer wurden am 13. November 1944 in die USA eingebürgert. Sie schlugen sich auch nach Kriegsende als schlechtbezahlte Fabrikarbeiter durch und lebten in äußerst bescheidenen Verhältnissen in Leominster nahe Boston. Ein Airmail-Brief von Alice Frank-Stern und ein Telegramm von Herbert Frank informierten sie Ende Juni 1945 vom Tod ihrer Schwester Edith. Ein paar Wochen konnten sie sich noch an eine vage Hoffnung klammern: »*Meine letzte Hoffnung ist, daß Du die Kinder findest. Walter und ich werden alles für Dich tun. Falls Du in die USA kommen willst: Wir haben genug Geld für Euch drei gespart*«, schrieb Julius am 29. Juni 1945 an Otto.

Im August hatten sie die schreckliche Gewißheit: Ihre beiden Nichten waren tot. »*Wir liebten Margot und Anne wie unsere eigenen Kinder. Unser Leben ist leer. Edith und die Mädchen waren alles, was wir hatten*«, gab Julius, der Ende der zwanziger Jahre kurz verlobt war, aber wie sein Bruder nie geheiratet hatte, seiner Trauer Ausdruck. Auf Englisch. Wie viele Emigranten mieden Julius und Walter die deutsche Sprache.

Vor allem Julius, hieß es unter Freunden und Verwandten später, konnte das Erlebte nie verkraften. »*Der ältere ist ein Wrack gegenüber früher, sehr deprimiert und nervös und es hat mir in der Seele wehgetan. Der jüngere ist viel besser*«, schrieb Otto Frank von einer USA-Reise am 1. Oktober 1952.

Motiviert von ihrem früheren Prokuristen Heinz Jacobowitz entschlossen sich die Brüder 1954, einen auf dem Bundesentschädigungsgesetz basierenden Wiedergutmachungsantrag zu stellen. Wie so häufig entwickelten sich die Verhandlungen auch im Fall Holländer zu einem qualvollen, erst recht degradierenden Erinnerungsmarathon. Minuziös mußten wirtschaftliche und persönliche Schäden aufgelistet werden. Die Beweislast lag bei den geschädigten Juden.

Mitte 1955 erteilte die Oberstaatsanwaltschaft Aachen Walter Holländer die erste Abfuhr: Die Weiterverfolgung des Anspruchs auf Entschädigung wegen des »Schadens an Freiheit« sei vernünftigerweise fallenzulassen. Der Aufenthalt in Sachsenhausen-Oranienburg (direkt nach den

Novemberpogromen 1938) sei zu kurz gewesen und damit nicht entschädigungswürdig, die Internierung im niederländischen Flüchtlingslager Zeeburg könne nicht als »nationalsozialistische Maßnahme« betrachtet werden.

Die »Verdrängung aus dem beruflichen Fortkommen« wäre gesondert nachzuweisen – durch Vorlage der genauen Umsatzzahlen des Unternehmens vor der Enteignung. Um den »Schaden an Eigentum und Vermögen durch im Stich gelassenen Hausrat« feststellen zu können, wäre der Hausratsschaden erst genauer darzulegen. Genau – das hieß nach deutscher Gründlichkeit: Welche Möbelstücke wurden im einzelnen zurückgelassen, aus welchem Holz waren sie hergestellt, welchen (Rest-)Wert hatte jedes einzelne Stück?

Im Juni 1956 hatte die deutsche Regierung einen besonderes zynischen Einfall: Sie erinnerte die unfreiwilligen Emigranten an etwaige Steuerschulden. »Betrifft: Anrechnung von Rückständen an Steuerbeträgen oder sonstigen öffentlichen Abgaben auf Wiedergutmachungsleistungen. Nach §21 Absatz 4 des Bundesergänzungsgesetzes vom 18.9.1953 können rückständige Steuern und öffentliche Abgaben auf Wiedergutmachungsleistungen angerechnet werden, auch wenn sie bereits verjährt sind. Ich bitte daher um gefl. Auskunft, ob und in welcher Höhe gegen Walter Hollander (früher Holländer) Forderungen aus rückständiger Steuer oder öffentlichen Abgaben bestehen.«

Die Brüder konnten dazu keine konkreten Angaben machen. Neben ihrem Unternehmen sowie ihrem Grund und Boden waren ihnen auch die Firmenbücher abhanden gekommen.

Im Dezember 1956 richtete Heinz Jacobowitz einen Brief an den Kölner Anwalt, der die Brüder Holländer in ihrer Entschädigungssache vertrat: »... *Ich war dabei, wie sie nach dem Kriege die Nachricht traf, daß ihre nächste Familie ausgerottet war. Es war erschütternd. Ich darf Ihnen sagen, daß die Herren Holländer sich von diesem Schlag nie wieder ganz erholt haben ... Seit diesem furchtbaren Ereignis haben sie sich gewissermaßen von der Welt zurückgezogen und führen ein trauriges, bemitleidenswertes Leben.*

Nie wieder kann der hier angerichtete seelische Schaden ›wiedergutgemacht‹ werden. Damit in diesem Falle wenigstens die materielle Wiedergutmachung mit Beschleunigung durchgeführt wird, schreibe ich Ihnen diesen Brief. Ich weiß nicht, ob Ihnen diese Tatsache schon bekannt war, möchte aber annehmen, daß die Herren Holländer zu bescheiden und zu verschämt sind, um sie Ihnen selbst mitzuteilen.«

Vielleicht trug dieser Brief dazu bei, daß den beiden Brüdern nach zweieinhalb Jahren zermürbender Beweis- und Gegenbeweisführungen Ende Dezember 1956 endlich eine monatliche Rente von jeweils 600 Mark auf Lebenszeit zugestanden wurde. Gesundheitlich waren die beiden bereits schwer angeschlagen – Julius litt an Rheuma, hatte eine schwere Darmoperation und eine Star-Operation am rechten Auge hinter sich, Walter quälte ein Emphysem. Sie konnten nicht mehr arbeiten. Seelisch ging es ihnen ebenso schlecht. »*Sie machen sich Vorwürfe, daß sie nicht mehr erreicht haben ...*«, schrieb Otto Frank im Juni 1958 an Edith Franks Lieblingscousine Irene, »*Ich habe geraten, sie sollten doch eine zeitlang nach Europa kommen und wirklich ausspannen und etwas vom Leben geniessen, aber vorläufig trauen sie sich nicht. In dem Nest sind sie verkümmert.*«

1963 zogen die Brüder nach New York um. Julius verunglückte dort am 4. Oktober 1967 bei einem Sturz in einen Aufzugsschacht tödlich. »*Walter tut mir unendlich leid, da er so einsam ist. Die beiden Brüder hatten sich ja ganz von allem und Allen zurückgezogen und waren Eigenbrötler*«, schrieb Otto Frank im Januar 1968 an die nach Peru emigrierte Irene Holländer. »*Walter hat es nun doppelt schwer.«* Er starb am 19. September 1968 in New York. Die beiden Brüder hinterließen ihr Erspartes dem Staat Israel.

Charlotte Kaletta traf Otto Frank nach dem Krieg fast täglich. *»Ich würde alles tun, um ihr zu helfen. Sie ist es wert«*, schrieb Otto am 20. September 1945 an Fritz Pfeffers Sohn. Zu diesem Zeitpunkt hatte Charlotte die Hoffnung auf Fritz' Rückkehr noch nicht aufgegeben. Als feststand, daß er im KZ Neuengamme umgekommen war, heiratete sie ihn posthum. Otto kümmerte sich um die Formalitäten.

In den fünfziger Jahren brach Charlotte, deren Sohn und erster Mann ebenfalls in Auschwitz getötet worden waren, den Kontakt zu Otto Frank und der Familie Gies ab – vermutlich, weil sie das Bild kränkte, das die Welt durch Annes Beschreibungen von ihrem Mann bekommen hatte. Offensichtlich sah sie aber auch keinen Sinn darin, dieses Bild selbst geradezurücken. Sie lebte bis zu ihrem Tod am 13. Juni 1985 zurückgezogen in Amsterdam.

Im Herbst 1987 stieß Joke Kniesmeijer, damals leitende Mitarbeiterin der Anne Frank Stiftung, bei einem Streifzug durch den Amsterdamer Trödelmarkt auf Bücher, Briefe und Photos aus Kalettas Nachlaß. Durch sie bekam »Dr. Dussel« aus Anne Franks Tagebuch ein neues Gesicht.

Sol Kimmel war in der Schule, als seine Mutter eines Vormittags im Herbst 1942 bei einer Razzia aufgegriffen wurde. Sie wurde nach Auschwitz deportiert und ermordet. Sol, den Anne als Montessorischülerin heiraten wollte, fand bei einem entfernten Verwandten Unterschlupf. Als er dort nicht mehr sicher war, versteckte er sich auf einem Bauernhof. Der Bauer hatte bereits mehreren anderen Juden Zuflucht gewährt. Mehr als ein Jahr ging alles gut. Anfang 1945 stürmten Nazis den Hof, erschossen den Bauern und einen der Juden. Sol wurde am 8. Februar 1945 in Westerbork interniert. Als einer von 876 Gefangenen blieb er dort bis zur Befreiung des Lagers am 12. April 1945.

Nach dem Krieg studierte Sol Chemie in Amsterdam, sein Postgraduiertenstudium absolvierte er an der Princeton University. Nach allem, was er durchgemacht hatte, wollte er jedoch in Israel leben. Sol Kimmel ist Professor für Chemie und arbeitet in der Krebsforschung. Er ist verheiratet, hat zwei Kinder und lebt in Haifa.

Johannes Kleiman wurde sieben Wochen nach seiner Verhaftung aus dem Lager Amersfoort entlassen. Das Internationale Rote Kreuz hatte sich für ihn eingesetzt: Kleiman sei schwer krank und brauche dringend ärztliche Behandlung. Auch später erholte er sich nicht von seiner Magenkrankheit. Von Ende September 1944 an führte Otto Franks Freund, mit dem er doch zeitlebens per Sie blieb, wieder die Geschäfte von Opekta. Als Otto 1952 nach Basel zog, übernahm Kleiman die Firma, die längst in anderen Büroräumen untergebracht war, ganz. Kleiman starb am 30. Januar 1959 im Alter von 63 Jahren an seinem Arbeitsplatz.

Hannelore »Hansi« Klein rettete 1943 ein Umstand das Leben, der bis dahin als peinliches Familiengeheimnis galt: Ihre Großmutter mütterlicherseits war Christin. Als Hannelores ältere Schwester am 5. Juli 1942 – mit demselben Aufruf wie Margot Frank – zum »Arbeitseinsatz« eingezogen werden sollte, wandte sich die in Amsterdam lebende Großmutter an die zuständige deutsche Behörde – und konnte ihr tatsächlich weismachen, daß ihr in Wirklichkeit jüdischer verstorbener Ehemann auch »Arier« gewesen sei, ihre drei Enkeltöchter also eine rein »arische« Mutter hätten und demnach nur »Halbjüdinnen« wären. Hannelore und ihre Familie wurden nach monatelangem Zittern von den Deportationslisten gestrichen, Hannelore wechselte vom Jüdischen auf das Mädchen-Lyzeum und erlebte die letzten Kriegsjahre in Amsterdam. Ihren jüdischen Vater bewahrte seine langwierige Tuberkuloseerkrankung vor der Deportation.

1947 heiratete Hannelore Klein den Studenten der Physik Rudi Nussbaum, deutsch-jüdischer Abstammung wie sie selbst, der den Krieg bei holländischen Bauern versteckt überlebt hatte. Sie war seit ihrem dreizehnten Lebensjahr mit ihm befreundet gewesen. Otto Frank war Rudis Trauzeuge. 1956 zogen die Nussbaums nach Genf, wo Rudi am CERN arbeitete, ein Jahr später emigrierten sie in die USA. Hannelore nannte sich fortan Laureen und wurde eine angesehene Literaturprofessorin an der Portland State University. Rudi machte sich als Physiker einen Namen. Die beiden leben in Portland, Oregon. Sie haben drei Kinder.

VICTOR GUSTAV KUGLER wurde nach seiner Festnahme am 4. August 1944 und mehreren polizeilichen Verhören auf eine Odyssee durch holländische Arbeitslager – Amersfoort, Zwolle und Wageningen – geschickt. Im März 1945 sollte er mit einer Gruppe von etwa 600 Gefangenen nach Deutschland deportiert werden, doch die Kolonne wurde von britischen Soldaten beschossen. Hierbei gelang Kugler die Flucht in seinen Wohnort Hilversum, wo er sich bis zum Einmarsch der Kanadier in Holland und der Kapitulation der Deutschen am 7. Mai 1945 versteckt hielt.

Kurz nach Kriegsende starb Kuglers Frau. Anfang der fünfziger Jahre heiratete er ein zweites Mal, 1955 wanderte das Ehepaar nach Toronto aus, wo sich Kugler erst als Elektriker, später als Buchhalter durchschlug und ein Leben in Bescheidenheit führte. 1973 wurde er für seinen Einsatz als Helfer von der »Commission for the Righteous« der Gedenkstätte Yad Vashem in Jerusalem mit der »Ehrenmedaille der Gerechten« und einem Baum in der »Allee der Gerechten« gewürdigt. Am 16. Dezember 1981 starb Victor Kugler einundachtzigjährig nach langem Leiden in Toronto.

SANNE, ILSE und FRANZ LEDERMANN verbrachten vier Monate im Durchgangslager Westerbork – so lange schützten sie ihre »Palästinapapiere«. Am 15. November 1943 erfuhren sie, daß sie am nächsten Tag deportiert werden sollten. Am Morgen des 16. November schrieb Ilse Ledermann ein paar hastige Zeilen an ihre Tochter Barbara – einer der Mithäftlinge schickte den Brief für sie ab: »*Meine Geliebten, wir sitzen ... auf unserer ersten größeren Reise seit langer Zeit ... mein Bärbelkind ... Wir wollen uns wiedersehen.*« Es war ihre letzte Reise. Alle drei wurden am 19. November 1943, unmittelbar nach ihrer Ankunft in Auschwitz, selektiert und in die Gaskammer geschickt.

BARBARA LEDERMANN konnte sich im Frühjahr 1943 mit Hilfe ihres damaligen Freundes Manfred gefälschte Papiere besorgen und in Amsterdam untertauchen. Unter ihrem Decknamen Barbara Waarts engagierte sie sich im Widerstand – ihr blondes Haar und die blauen Augen waren ihr Schutzschild. Solange ihre Eltern und ihre Schwester Sanne in Westerbork interniert waren, stand sie in regelmäßigem Briefkontakt mit ihnen und schickte ihnen sogar Pakete.

Nach Kriegsende wollte sie, gerade zwanzig und angehende Tänzerin und Schauspielerin, in Holland bleiben – der Liebe wegen. Ihr Vater hatte schon Mitte der dreißiger Jahre um die holländische Staatsbürgerschaft ersucht. Er war auf die Warteliste gesetzt worden. Dann hatten die Deutschen Holland okkupiert. 1945 wandte sich Barbara wieder an die holländischen Behörden. Doch statt der Staatsbürgerschaft erhielt sie die 200 Gulden, die ihr Vater für sein Gesuch bezahlt hatte, zurück.

1947 emigrierte Barbara Ledermann nach New York, wo sie Verwandte hatte. Sie schlug sich als Schauspielerin und Tänzerin durch und ließ sich schließlich von der Truppe des Ringling Brother Circus engagieren. Ein Jahr später entschied sie sich für den Job als Repräsentantin eines Kosmetikunternehmens in Baltimore. In ihrer Freizeit spielte sie weiterhin Theater. 1950 heiratete sie den angehenden Biochemiker Martin Rodbell. Heute lebt sie mit Martin, der 1994 den Nobelpreis für Medizin erhielt, in North Carolina. Die beiden haben vier Kinder.

Willem Gerard van Maaren galt über viele Jahre als Hauptverdächtiger in den polizeilichen Ermittlungen um den Verrat – vor allem Johannes Kleiman und Victor Kugler waren von der Schuld ihres Lagerleiters überzeugt. Daß er monatelang hinter den Versteckten hergeschnüffelt hatte, sprach gegen ihn. Daß er seinen Arbeitgeber auch nach der Verhaftung noch regelmäßig bestahl, machte ihn nicht eben vertrauenswürdiger. Er sei zwar ein unsympathischer Mensch, urteilten Bekannte und Nachbarn, Kontakt zu den Nazis hätte er jedoch nicht gehabt.

Bereits kurz nach Kriegsende äußerte Kleiman in einem Brief an den »Politischen Fahndungsdienst« seinen Verdacht bezüglich van Maaren, Anzeige erstattete er jedoch nicht gegen ihn. Van Maaren blieb noch eine Weile Lagerleiter, immerhin war er eine »tüchtige Kraft«, wie Miep Gies meinte. Auch sie mochte ihn nicht, in der Sache hält sie ihn jedoch für unschuldig. Gegen Ende 1945 legten ihm Kleiman und Otto Frank, der van Maaren vor seiner Verhaftung nur aus Erzählungen gekannt hatte, schließlich nahe, sich eine neue, aussichtsreichere Arbeit zu suchen.

1947 dürfte Otto Frank die Untersuchungen gegen van Maaren ins Rollen gebracht haben – mit einem Besuch beim Fahndungsdienst. Von Januar 1948 an wurden nacheinander die Zeugen im Fall Frank verhört, Ende März, als letzter, van Maaren selbst. Schon Anfang Februar hatte er einen ausführlichen Brief an die zuständige Behörde geschrieben. In seinen Aussagen ging es ihm offensichtlich vor allem darum, von seinen Diebstählen abzulenken. Mit dem Verrat hätte er nichts zu tun. Die Ermittlungen wurden mangels Beweisen »bedingt« eingestellt – gegen mehrere Auflagen. Unter anderem wurde van Maaren für zehn Jahre das aktive und passive Wahlrecht aberkannt. Er erhob Einspruch und wurde freigesprochen. 1963 wurde, nachdem Simon Wiesenthal den Polizisten Karl Silberbauer aufgespürt hatte, das Verfahren wiederaufgenommen – und am 4. November 1964 mangels entscheidender neuer Erkenntnisse abermals eingestellt. Van Maaren starb 1971, im Alter von sechsundsiebzig Jahren, in Amsterdam.

Jacqueline van Maarsen war einer der ersten Menschen, denen Otto Frank nach dem Krieg Annes Originaltagebücher zeigte. Sie las nicht darin. Auch als er ihr 1947 ein Exemplar der ersten gedruckten Tagebuchedition schenkte, las sie es nur zögernd. Und schaute es danach jahrelang nicht mehr an. 1948 machte Jacqueline ihr Abitur, 1951 verliebte sie sich in Ruud Sanders, den sie vom Sehen schon seit Kindertagen kannte; er hatte im Versteck überlebt. 1952 verbrachte Jacque als Au-pair-Mädchen ein Jahr in London. Ein Jahr nach ihrer Rückkehr heiratete sie Ruud.

1990 schrieb die mehrfach ausgezeichnete Kunstbuchbinderin ein Buch über ihre Freundschaft mit Anne Frank. *Anne en Jopie* (Meine Freundin Anne Frank) ist in mehreren Sprachen erschienen. Jacqueline hat drei Kinder und lebt mit ihrem Mann in Amsterdam.

Gertrud Naumann war nach dem Krieg eine der ersten deutschen Freunde, zu der Otto Verbindung suchte. Sie trafen sich und korrespondierten regelmäßig. Otto war weiterhin eine Vaterfigur für sie, unterstützte sie mit guten Ratschlägen.

Bis zu ihrer Hochzeit arbeitete Gertrud im Rechnungswesen der IG Farben. Am 24. November 1949 heiratete sie Karl Trenz, der die ersten Jahre des Naziregimes in der Türkei verbracht, als Soldat in den Krieg zu ziehen und schließlich mehrere Jahre in Gefangenschaft zu verbringen hatte. Die beiden haben drei Kinder. Fast jedes Jahr bis zu Ottos Tod, für gewöhnlich in den Herbstferien, besuchten Gertrud Naumann und ihre Familie Otto und Fritzi Frank in ihrem Haus in Birsfelden bei Basel. Gertrud und Karl Trenz leben in Frankfurt am Main, nur fünf Gehminuten vom Marbachweg entfernt.

WERNER PFEFFER hatte während des Kriegs alle engsten Verwandten verloren. Sein in England lebender Onkel war plötzlich verstorben, seine Mutter in Theresienstadt umgekommen, von seinem Vater Fritz Pfeffer fehlte jede Spur. »*Wir warten auf Deinen Vater und dürfen noch hoffen*«, schrieb ihm Otto Frank – in der Rolle als Vermittler – am 20. September 1945 in Antwort auf einen offensichtlich alles andere als wohlwollenden Brief Werners an Charlotte Kaletta. Wenig später dürfte Werner vom Tod seines Vaters im KZ Neuengamme erfahren haben.

Noch 1945 emigrierte Werner nach Kalifornien, den Kontakt zu Charlotte brach er ganz offensichtlich ab. Er wurde Unternehmer und gründete eine Familie – als Peter Pepper. 1995 lernte er bei den Dreharbeiten zu Jon Blairs oscargekröntem Dokumentarfilm *Anne Frank Remembered* die Helferin seines Vaters, Miep Gies, kennen. Zwei Monate später starb er an Krebs.

PETER SCHIFF, Annes Schwarm aus Lyzeumstagen, an den sie im Versteck so oft gedacht hatte, wurde am 23. September 1943 gemeinsam mit seiner Mutter und seinem Stiefvater im Durchgangslager Westerbork registriert. Weil er dem Aufruf zum Arbeitsdienst nicht freiwillig gefolgt war, galt er als Straffall und wurde in der Strafbaracke 67 untergebracht. Während man Mutter und Stiefvater am 18. Januar 1945 nach Theresienstadt abschob, wurde Peter – da sein leiblicher Vater in den dreißiger Jahren in die USA emigriert war – auf einer Liste von »Personen, deren nächste Familienmitglieder sich im feindichen Ausland befinden«, geführt und am 1. Februar 1944 nach Bergen-Belsen deportiert. Von dort wurde er vermutlich weiter nach Auschwitz gebracht. Wann er dort starb, ist nicht genau geklärt. Sein Todesdatum wird mit 31. Mai 1945 angegeben.

Arthur Seyss-Inquart, Reichskommissar für die besetzten niederländischen Gebiete, wurde am 1. Oktober 1946 vom Internationalen Militärtribunal in Nürnberg als einer der Hauptskriegsverbrecher zum Tod verurteilt und am 16. Oktober hingerichtet.

1987 knüpfte der damalige Finanzdirektor der Amsterdamer Anne Frank Stiftung Kontakt zu Seyß-Inquarts Enkelsohn Helmut. Der österreichische Pädagoge, damals dreißig, hatte sich von seiner Familie – Vater und Tanten vertraten auch nach dem Krieg noch nationalsozialistisches Gedankengut – distanziert und wollte die Stiftung in ihrer Arbeit gegen Rassismus und Diskriminierung unterstützen. Seine Aufgabe sah Helmut in der Aufklärungsarbeit an österreichischen Schulen.

Aus der besten Absicht wurde ein handfester Skandal: Niemals würde er zulassen, echauffierte sich Dick Houwaart, ein Vorstandsmitglied der Anne Frank Stiftung, daß der Enkelsohn dieses Verbrechers einen Fuß in die Stiftung setze. Sippenhaft? Monatelang beschäftigte das Thema die Presse, die durchweg Kritik an der Stiftung übte: Sie hatte es vorgezogen, sich von Helmut Seyß-Inquart zu distanzieren. Hollands führender Historiker Louis de Jong warf Dick Houwaart einen groben Fehler vor. Simon Wiesenthal begrüßte Seyß-Inquarts Absicht, sich gegen Faschismus, Antisemitismus und Rassismus zu engagieren.

Und Helmut Seyß-Inquart? Er könne gut verstehen, sagt er, daß der Name Seyß-Inquart bei manchen Menschen so schreckliche Empfindungen auslöste, daß sie mit einem

Seyß-Inquart nicht an einem Tisch sitzen könnten. Die persönlichen Anfeindungen, gerade von Mitgliedern der Anne Frank Stiftung, hätten ihn jedoch gekränkt und demotiviert.

Helmut Seyß-Inquart lebt mit seiner Frau und zwei Kindern in Bürmoos, Österreich. Er arbeitet mit schwer erziehbaren Kindern.

Anneliese Schütz wurde als getaufte Jüdin nach Theresienstadt deportiert. Nach dem Krieg traf die Journalistin Otto Frank in Amsterdam wieder und bot ihm an, Annes Tagebuch ins Deutsche zu übersetzen. Otto war einverstanden. Die erste deutsche Ausgabe erschien 1950 unter dem Titel *Das Tagebuch der Anne Frank* in einer Auflage von 4500 Exemplaren im Verlag Lambert Schneider, Heidelberg. Glücklich war Otto Frank mit der Übersetzung jedoch nicht. Sie sei im großen und ganzen zwar als werkgetreu und sinngemäß zu bezeichnen, Frau Schütz sei jedoch zu alt gewesen, um Annes Tonfall zu treffen, viele Ausdrücke seien schulmeisterlich, teilte er 1958 einer Bekannten mit, manche holländischen Audrücke hätte sie auch mißverstanden.

1991 erschien – als sogenannte endgültige Ausgabe – eine neue deutsche, um einige Passagen aus Annes erster Tagebuchversion erweiterte Übersetzung, mit der der Anne Frank Fonds die in München lebende Autorin und Übersetzerin Mirjam Pressler beauftragt hatte.

Karl Josef Silberbauer, der die acht Untergetauchten im Versteck verhaftete, kehrte im April 1945 in seine Heimatstadt Wien zurück. Nach dem Krieg verbrachte er vierzehn Monate in Haft – nicht etwa, weil er bei der Deportation von »Reichsfeinden«, also Juden, geholfen hatte. Sondern weil ihn Kommunisten angezeigt hatten, die er angeblich während eines Verhörs mißhandelt hatte. 1954 trat Silberbauer, ungeachtet seiner Nazivergangenheit, wieder in den Polizeidienst. Obwohl Otto Frank seine Identität kannte, hegte er keine Rachegedanken an »Silberthaler« – so nannte Otto den SS-Oberscharführer zu dessen Persönlichkeitsschutz.

Im Oktober 1963 – mehr als 19 Jahre nach der Verhaftung der acht Versteckten – spürte Simon Wiesenthal den Polizisten auf. Mehr als zwei Jahre hatte Wiesenthal recherchiert – ohne die Unterstützung von Otto Frank. Silberbauer wurde umgehend vom Dienst suspendiert, ein Verfahren gegen ihn eingeleitet, ein knappes Jahr später jedoch eingestellt, die Suspendierung aufgehoben. Dagegen legte wiederum der damalige Wiener Polizeipräsident persönlich Einspruch ein.

Nach einer weiteren Verhörrunde entschied die Disziplinarkommission abermals die Aufhebung der Suspendierung. Ottos Zeugenaussage, Silberbauer habe sich bei der Verhaftung zwar »von oben herab«, sonst jedoch korrekt verhalten, trug – so berichtete damals die österreichische Zeitung *Volksblatt* – wesentlich dazu bei. Silberbauer kehrte in seine Stellung zurück, ab 1965 bis zu seiner Pensionierung wurde er im Polizeiinnendienst eingesetzt und mußte vor allem Fingerabdrücke und Verbrecherphotos sortieren. Er starb 1971.

EDWARD »HELLO« SILBERBERG wollte nach seiner Befreiung »*einfach nur ein normales Leben führen, wie alle anderen Menschen*«. Weil seiner Familie im Versteck das Geld ausgegangen war, mußte Hello in einer Möbelfabrik in Brüssel arbeiten. Als Holland – mehr als acht Monate nach Belgien – endlich auch frei war, wollte Hello gleich nach Amsterdam zu seinen Großeltern fahren. Hello hatte jedoch keinen gültigen Paß, er galt daher als staatenlos. Sein Antrag auf ein Einreisevisum für Holland wurde abgelehnt. Hello überquerte die Grenze nach Holland also illegal und fand schließlich seine Großeltern, die den Krieg versteckt auf einem Dachboden nahe Amsterdam überlebt hatten.

Schon vor dem Krieg hatten die Silbergs in die USA auszuwandern versucht, zwar das Affidavit eines Onkels, aber keine Ausreisegenehmigung bekommen. Im Dezember 1947 bestieg Hello ein Schiff nach New York, seine Eltern kamen einige Monate später nach.

1950 wurde Hello in den Koreakrieg einberufen und verlor noch einmal zwei Jahre seines Lebens. Nach seiner Rückkehr hielt er um die Hand seiner großen Liebe Marlyse an, die er bereits in Brüssel kennengelernt hatte, zwischendurch aber immer wieder aus den Augen verloren hatte. Sie heirateten, bekamen einen Sohn und eine Tochter. Ed, wie er sich nun nannte, wurde Teilhaber einer Vertriebsgesellschaft für Laborgeräte.

Ed und Marlyse Silberberg leben in New Jersey, USA.

Olga Spitzer, in deren Villa Laret Anne Frank Mitte der dreißiger Jahre mindestens zweimal Ferien gemacht hatte, verbrachte bis 1969 fast jeden Sommer in Sils Maria. Am 9. Januar 1971 starb die engagierte Frau, deren Sozialprogramm für jugendliche Strafverbrecher bis heute als vorbildlich gilt. Ihr Haus hinterließ sie der Universität Genf, die es als Seminarort nutzt.

Milly Stanfield blieb während des Krieges im ungewissen über das Schicksal ihres Cousins Otto – der Postverkehr zwischen Kriegsgegnern war ja unterbrochen. Unmittelbar danach empfing sie jedoch eine Nachricht von Otto: »*Ich bin ein Bettler, habe alles verloren außer mein Leben …*«

Milly unterrichtete nach dem Krieg an verschiedenen englischen Schulen Cello und machte sich einen Namen als Musikkritikerin. 1967 zog sie in die USA. Seit einigen Jahren lebt Milly – Jahrgang 1899 – in einem Seniorenheim unweit New York.

Max Stoppelman mußte Auschwitz am 18. Januar 1945 in einer der Todesmarsch-Kolonnen verlassen. »*Erst kamen wir ins KZ Gleiwitz 1, wo wir von einer Baracke zur anderen gejagt wurden*«, schilderte Stoppelman in seinen knappen Tagebuchnotizen, »*und es gab viele Tote, weil eine Gruppe Wächter ein sogenanntes Preisschießen auf die Gefangenen machte. Dann wieder laufen, laufen nach Gleiwitz 2, dort wieder viele Tote durch Preisschießen.*« Von dort wurden die Gefangenen in offenen Waggons nach Mauthausen transportiert – »*bei Zwischenstopps die Totgetretenen hinauswerfen … sie wurden auf Berge geschichtet und verbrannt. Endlich in Mauthausen, wo in jeden Waggon vier bis fünf Brote geworfen wurden. Die noch Lebenden haben einander fast zerrissen … es gab immer noch nichts zu trinken, nur Schnee gegessen.*« Weil in Mauthausen kein Platz mehr war, ging die Todesfahrt weiter zum KZ Sachsenhausen-Oranienburg bei Berlin und von dort wieder südwärts ins bayerische KZ Flossenbürg. Als Max Stoppelman dabei erwischt wurde, wie er sich an einem Tag zweimal bei der Essensausgabe anstellte, wurde er schließlich in das KZ-Außenkommando Plattling im niederbayerischen Landkreis Deggendorf strafversetzt. Dort wurde er als einer von wenigen Überlebenden von den Amerikanern befreit.

Aus dem Krankenhaus in Plattling meldete er sich am 19. Mai 1945 bei Miep und Jan Gies: »*Lieber Jan, Miep und hoffentlich meine liebe Mutter, ich befinde mich im Lazarett und werde außerordentlich gut versorgt …* « Jan, der ihm und seiner Frau Stella im Herbst 1943 ihr Versteck in Laren besorgt hatte, war er besonders dankbar: »*Jan war der flinkste.*«

Im Juli 1945 kehrte Max nach Amsterdam zurück und faßte langsam wieder Fuß – als Textilkaufmann. 1947 lernte er seine zweite Frau Lotte kennen. Er konnte sie aber erst 1951 heiraten, nachdem das Rote Kreuz den Tod seiner ersten Frau – sie starb vermutlich im Dezember 1944 in Bergen-Belsen – bestätigt hatte. Lotte und Max Stoppelman leben in Bussum, Holland.

Iet »Ietje« Swillens bestand 1947 die Reifeprüfung am Amsterdamer Mädchenlyzeum und begann Psychologie zu studieren. Als sie 1954 heiratete, brach sie ihr Studium ab. In den siebziger Jahren nahm sie das Studium wieder auf. Nach dessen Abschluß arbeitete sie als Lehrerin an einer berufsbildenden Schule. Ietje Swillens lebt in dem Amsterdamer Vorort Amstelveen.

Elisabeth »Bep« Voskuijl gab ihre Stelle bei Opekta kurz nach dem Krieg auf. Am 15. Mai 1946 heiratete sie. Schon bald darauf brachte sie ihre Tochter Anna zur Welt. Ihr Vater Johannes Hendrik Voskuijl hatte die Geburt seiner Enkelin nicht mehr erlebt. Der frühere Lagerleiter von Opekta war Ende November 1945 an seinem Krebsleiden gestorben. Otto Frank hatte dem Begräbnis am 1. Dezember 1945 beigewohnt.

Daß Bep van Wijk, wie sie seit ihrer Hochzeit hieß, im Rahmen der Ermittlungen um den Verrat 1948 nicht verhört wurde, bezeichnet Miep Gies als einen »groben Fehler der Polizei«. Sicher hätte Bep zur Klärung der Widersprüche in der Aussage der Putzfrau Lena Hartog-van Bladeren beitragen können. Bei der Wiederaufnahme der Ermittlungen 1963 wurde Bep schließlich doch befragt – allerdings nur zu der Rolle van Maarens.

Bep, der Otto – ebenso wie dem Ehepaar Gies – 10000 Gulden hinterlassen hatte, starb am 6. Mai 1983 in Amsterdam.

Ilse Wagner wurde im Januar 1943 aus Amsterdam ins Durchgangslager Westerbork gebracht und mehrere Wochen später – gemeinsam mit ihrer Mutter und ihrer Großmutter – ins Vernichtungslager Sobibor deportiert.

Alle drei kamen am Tag ihrer Ankunft, dem 2. April 1943, in der Gaskammer ums Leben.

DOROTHEE SOPHIE WÜRZBURGER saß etwa ein Jahr lang in einem Amsterdamer Flüchtlingslager, einem früheren Waisenhaus fest, wo Anne und Otto Frank sie mehrmals besuchten. Anfang Mai 1940, fünf Tage vor der deutschen Invasion, konnte Annes Großcousine Holland endlich verlassen und zu ihren Eltern nach England fliegen.

Unmittelbar nach dem Krieg wanderte die Familie nach New York aus. Dorothee nannte sich fortan Monica und arbeitet als Fotomodell und Hausmannequin für das Nobelkaufhaus »Bergdorf Goodman« an der Fifth Avenue. Mitte der fünfziger Jahre heiratete sie den aus Prag stammenden Frank Smith, der 1938 vor den Nationalsozialisten nach Schanghai geflohen war. Monica und Frank Smith leben in New York. Sie haben eine Tochter.

Nachwort von Miep Gies

In den vergangenen fünfzig Jahren seit dem Erscheinen von Anne Franks Tagebuch wurde ich immer wieder gefragt, wo ich den Mut hernahm, der Familie Frank zu helfen. Diese Frage, manchmal bewundernd, manchmal ungläubig formuliert, hat mich stets unangenehm berührt. Ja, natürlich braucht man oft Mut, um seine menschliche Pflicht zu tun, natürlich muß man bereit sein, gewisse Opfer zu bringen. Aber das gilt doch für so viele Situationen im Leben.

Warum also, fragte ich mich immer und immer wieder, stellt ein Mensch eine solche Frage? Warum zögern so viele, ob sie ihren Mitmenschen überhaupt helfen sollen?

Erst langsam begann ich zu verstehen. Die meisten Kinder hören von klein an von ihren Eltern: »Wenn du recht brav und artig bist, wird es dir im Leben gutgehen.« Der Umkehrschluß wäre also: Wenn ein Mensch in Schwierigkeiten gerät, dann muß – muß – er sich schlecht benommen, muß einen ernsthaften Fehler gemacht haben – so einfach. Jeder bekommt das Leben, das er verdient – so einfach.

So einfach fällt uns dann die Entscheidung, uns für solch eine Person nicht einzusetzen, uns »rauszuhalten«. So einfach?

Mein Leben belehrte mich eines Besseren. Ich habe geholfen, weil ich weiß, wie leicht Menschen in Not geraten, ohne unbedingt etwas falsch gemacht zu haben. Ich bin in Wien geboren und war zu Beginn des Ersten Weltkrieges fünf Jahre alt. Meine Mutter versicherte mir immer wieder, daß ich ein braves, liebenswertes Mädchen und sie mit mir zufrieden sei – zu Hause wie in der Schule.

Als ich neun war, hatten wir nicht genug zu essen. Ich erinnere mich noch genau an dieses quälende Hungergefühl, diesen stechenden Schmerz im Magen, die unangenehmen Schwindelanfälle, gegen die ich ankämpfen mußte. Den Schock, den ich erlebte, als mich meine Eltern im Rahmen einer Hilfsaktion für hungernde, bedürftige Kinder nach Holland schickten, werde ich nie vergessen. Es war ein klirrend kalter Dezembertag im Jahr 1920, als sie mich zum Zug brachten, mir ein großes Schild mit einem fremden Namen um den Hals hängten, sich von mir verabschiedeten und mich allein ließen – notgedrungen natürlich. Aber das verstand ich erst viel später. Ich war stark untergewichtig, litt an Tuberkulose und fühlte mich schrecklich einsam. Womit hatte ich verdient, so krank und verlassen zu sein? Meine Mutter hatte mir doch versichert, daß ich nichts falsch gemacht hatte …

Ich machte also schon als Elfjährige die Erfahrung, wie schnell man ganz und gar unschuldig in Schwierigkeiten kommt. Genau das, zeigt mir meine Erfahrung, galt auch für die Juden im Zweiten Weltkrieg. Deshalb war es selbstverständlich für mich, zu helfen, soweit es in meiner Macht stand.

Wenn wir erschüttert zur Kenntnis nehmen, daß sechs Millionen Kinder, Frauen, Männer in den Tod gejagt wurden, sollten wir uns bei der Frage nach dem »Warum« die weltweite Gleichgültigkeit der »ganz normalen« – übrigens durchweg anständigen, hart arbeitenden, oft gottesfürchtigen – Mitbürger vor Augen halten. Natürlich trägt das Nazi-Regime die Verantwortung für diesen Massenmord, doch ohne die passive Haltung von so vielen (nicht nur in Deutschland und Österreich), im Grunde sicher guten

Miep und Jan Gies in den siebziger Jahren.

Menschen, hätte das grausame Morden gewiß nie dieses Ausmaß erreicht.

Wenn, wie es mir tatsächlich auch heute noch passiert, junge Leute auf mich zukommen, weil sie nicht glauben können, daß Hitler die Juden völlig ohne Grund umgebracht hat, fürchte ich, daß diese Bemerkung genau jene Erziehung widerspiegelt, die davon ausgeht, daß unschuldigen Menschen so etwas doch niemals zustoßen würde. Ich erzähle diesen Leuten dann von Anne Frank und frage sie, ob sie womöglich annehmen, daß dieses Kind, dieses junge Mädchen irgend etwas getan hat, was ihr grausames Schicksal rechtfertigen würde. »Nein, natürlich nicht«, antworten sie, meist sehr beschämt, »Anne Frank ist unschuldig.« »Genau«, füge ich dann hinzu, »genauso unschuldig wie alle anderen sechs Millionen Juden.« Annes Leben – und ihr Tod – haben deshalb für all diejenigen symbolischen Wert, die heute Vorurteilen, Diskriminierung und Verfolgung ausgeliefert sind: Sie steht für die absolute Unschuld der Opfer.

Ich möchte das Erscheinen der Biographie *Das Mädchen Anne Frank* auch nutzen, um ein häufiges Mißverständnis zu klären. Immer wieder heißt es, daß Anne die sechs Millionen Holocaust-Opfer symbolisiert. Diese Darstellung halte ich für falsch. Annes Leben und Tod ist ein individuelles Schicksal. Ein individuelles Schicksal – sechs Millionen Mal passiert. Anne kann nicht stellvertretend den Platz dieser vielen Individuen einnehmen, denen die Nazis ihr Leben geraubt haben. Sie soll es auch nicht. Jedes Opfer vertrat seine eigenen Weltanschauungen und Ideale, jedes Opfer hatte eine einzigartige, persönliche Bedeutung für seine Verwandten und seine Umgebung.

Genau das Gegenteil haben Hitler und seine Helfer in ihrem Rassenwahn darzustellen versucht: den Juden als gesichtsloses Feindbild. Gleichzeitig haben sie sechs Millionen Individuen, sechs Millionen Einzelschicksale ausgelöscht. Und der Großteil der Menschen wollte es nicht einmal wissen.

Anne ist nur eine von ihnen. Ihr Schicksal macht uns jedoch den immensen Verlust, den die Welt durch den Holocaust erlitten hat, begreifbarer. Anne, ein einfacher Teenager, hat mit ihrem Talent Herz und Verstand von Millionen Menschen berührt und so ihr Leben bereichert – hoffentlich auch ihren Blickwinkel erweitert. Wie sehr, müssen wir uns bewußt machen, hätte Anne, wie sehr hätten alle anderen Opfer, jeder auf seine Weise, zu unserer Gesellschaft beigetragen, wenn sie hätten leben dürfen.

Ich konnte Annes Leben nicht retten – und ich bin darüber tief erschüttert.

Ich konnte ihr jedoch helfen, zwei Jahre länger zu leben. In diesen zwei Jahren hat sie ihr Tagebuch geschrieben, das Millionen Menschen in aller Welt Hoffnung gibt und zu mehr Verständnis und Respekt aufruft. Das bestätigt meine Überzeugung, daß jeder Versuch besser ist als Untätigkeit. Ein Versuch *kann* schiefgehen, bei Untätigkeit ist der Mißerfolg garantiert.

Ich konnte Annes Tagebuch retten und so dabei helfen, daß ihr größter Wunsch in Erfüllung ging. »*Ich will von Nutzen und Freude sein für die Menschen, die um mich herum leben und die mich doch nicht kennen*«, vertraute Anne ihrem Tagebuch am 25. März 1944, etwa ein Jahr vor ihrem Tod, an. »*Ich will fortleben, auch nach meinem Tod.*« Und am 11. Mai notierte sie: »*Du weißt, daß es mein liebster Wunsch ist, daß ich einmal Journalistin und später eine berühmte Schriftstellerin werde.*«

Durch ihr Tagebuch lebt Anne nun wirklich weiter. Sie steht für den Sieg des Geistes über das Böse und den Tod.

Amsterdam, im Januar 1998 — Miep Gies

Eingriffe ins *Hinterhaus*

Die fünf geheimgehaltenen Tagebuchseiten im Rahmen der Publikationsgeschichte von Anne Franks *Het Achterhuis*

Bevor Otto Frank im August 1980 in Basel starb, verfügte er, daß sämtliche Manuskripte seiner Tochter im Staatlichen Niederländischen Institut für Kriegsdokumentation (NIOD) aufbewahrt werden sollten. Dem Baseler Anne Frank Fonds sollte es obliegen, das literarische Erbe – also die Veröffentlichungsrechte – zu verwalten, und die Anne Frank Stiftung in Amsterdam sollte weiterhin ihr Bildungswerk verrichten. Diese Dreiteilung war von Anfang an nicht unproblematisch. Forscher müssen sich zwischen den Beständen der Anne Frank Stiftung und des NIOD zurechtfinden. Der Anne Frank Fonds und die Anne Frank Stiftung streiten sich, wer über das Recht verfügt, Dritten den Gebrauch des Namens »Anne Frank« zu gestatten. Gravierender ist, daß die reichlichen Einnahmen aus dem weltweiten Verkauf von Annes Tagebuch nach Basel fließen, die Unkosten der ebenso weltweiten Bildungsanstrengungen jedoch, die von der Amsterdamer Stiftung und ihren Zweigstellen im Ausland ausgehen, nicht durch diese Einkünfte gedeckt werden.

Die Nachricht, daß Cor Suijk, der frühere Direktor der

Anne Frank Stiftung und Vertrauter Otto Franks, fünf unveröffentlichte Manuskriptseiten aus Annes Nachlaß unter seiner Obhut hat, schlug in dieses Spannungsfeld ein wie ein Blitz. Herr Suijk erklärte zwar auf überzeugende Weise, wie diese fünf Seiten in seinen Besitz gelangt waren und warum er sie 1998 anläßlich des Erscheinens der vorliegenden Biographie der Öffentlichkeit nicht länger vorenthalten wollte, er fand jedoch wenig Verständnis bei den offiziellen Verwaltern von Anne Franks Erbe. Als er dann – als Preis für die kostbaren Seiten – vom Baseler Anne Frank Fonds auch noch eine handfeste Unterstützung der Bildungsarbeit des New Yorker Anne Frank Centers forderte, war der Teufel los. Man scheute sich nicht, Herrn Suijk einen Erpresser zu nennen, ihn gar des Diebstahls zu bezichtigen, indem man öffentlich kundtat, er habe sich die fünf Seiten wohl auf unrechtmäßige Weise angeeignet.

Der Sachverhalt, wie Melissa Müller ihn im achten Kapitel dieses Buchs beschreibt, ist für mich, die mit Anne Frank in Amsterdam aufwuchs, sie und ihre Familie von Kindheit an kannte und mit Otto Frank bis zu seinem Tod in Verbindung stand, vollkommen einleuchtend und annehmbar. Mehr noch: Die Glaubhaftigkeit der Vorgänge, wie Cor Suijk sie der Biographin und auch mir geschildert hat, wird durch genaues Lesen der verschiedenen Fassungen von Anne Franks Tagebuch erhärtet.

Meinen kritischen Bemerkungen über die ursprüngliche Tagebuchausgabe möchte ich vorausschicken, daß ich als Kind Herrn Frank als einen idealen Vater verehrte und ihn auch nach seiner Rückkehr aus Auschwitz als klugen und gütigen Menschen schätzte. Nicht zufällig wählten mein Mann und ich ihn zu unserem Trauzeugen, als wir 1947 heirateten, in dem Jahr also, als Otto Frank zögernd, auf Drängen einiger Freunde, die Erstausgabe von Annes Tagebuch, *Het Achterhuis*, besorgte.

Nach meiner Promotion zum Doktor der Literaturwissenschaften bat ich Herrn Frank um Genehmigung, Annes Werk auf seinen literarischen Wert zu untersuchen. Er erteilte sie mir gern in einem Brief vom 19. Dezember 1977, verschwieg jedoch, wie sehr er in die Texte seiner Tochter eingegriffen hatte. Wir sprachen wohl darüber, daß die englische und die deutsche Ausgabe Passagen enthielten, die in dem ursprünglichen niederländischen Buch fehlten. Otto Frank erinnerte mich jedoch an die Papierknappheit im Nachkriegs-Holland – darum habe er den Text etwas kürzen müssen. Obendrein hätte eine etwas bornierte Koalitionsregierung sich womöglich an Annes allzu freimütigen Bemerkungen über ihre körperliche Entwicklung gestoßen. Deshalb habe er einige »unwesentliche« Textstellen weggelassen, übrigens auch solche, in denen Anne sich allzu kraß über ihre Mutter äußerte. Schon damals merkte ich kritisch an, daß auf der Titelseite des *Achterhuis* der Vermerk »redigiert und herausgegeben von Otto Frank« fehlte.

Als wir 1984, also vier Jahre nach Otto Franks Tod, seine Witwe in Basel besuchten, bekümmerte sie die Tatsache, daß das NIOD alle Tagebuchtexte von Anne veröffentlichen wollte. Ich konnte ihre Besorgnis damals nicht nachvollziehen. Erst als ich 1986 die vollständige, textkritische Ausgabe der Tagebücher las, fielen mir die Schuppen von den Augen.[1]

[1] Harry Paape, Gerrold van der Stroom, David Barnouw (Hg.): De Dagboeken van Anne Frank. Volledige uitgave. Den Haag, Amsterdam 1986. Deutsche Übersetzung von Mirjam Pressler: Die Tagebücher der Anne Frank. Textkritische, vollständige Ausgabe. Frankfurt/Main 1988. Wenn nicht anders angegeben, wird aus dieser Ausgabe zitiert. Leider wird auf der Titelseite dieser vollständigen Ausgabe nicht erwähnt, daß sie auch die ursprüngliche Übersetzung ins Deutsche von Anneliese Schütz enthält. Das erfährt man erst unter »Anmerkungen der Übersetzerin« auf Seite 212.

Angeregt durch einen Aufruf des niederländischen Ministers für Bildung, Kunst und Wissenschaften über das BBC-Programm Radio Oranje, dem die Franks – wie viele in den besetzten Niederlanden – heimlich lauschten, hatte Anne sich nach reiflicher Überlegung dazu entschlossen, ihre spontanen Tagebucheintragungen zu überarbeiten, um sie nach dem Krieg als geschlossenes Werk zu veröffentlichen. Am 20. Mai 1944 begann die fast Fünfzehnjährige mit ihrer Neufassung, von der sie mehr als 320 Seiten niedergeschrieben hatte, als sie und die sieben anderen »Untertaucher« zweieinhalb Monate später von Nazibeamten verhaftet wurden.

Bekanntlich wurde Annes Neufassung in der obengenannten vollständigen Ausgabe als »b-Fassung« unter ihren ursprünglichen Eintragungen, der »a-Fassung«, abgedruckt. Parallel zu diesen beiden Fassungen steht jeweils zu unterst die von Otto Frank veröffentlichte »c-Fassung«, ein Amalgam aus Annes a- und b-Texten. Wenn man jene Fassung vom *Hinterhaus* lesen will, die sie selbst mit unglaublichem Fleiß und literarischem Gespür zur Veröffentlichung vorbereitet hatte, muß man sich diese vollständige Ausgabe vornehmen. Das ist ein dicker Wälzer, der außer den drei Parallelfassungen auch noch den ausführlichen wissenschaftlichen Apparat der Authentizitätsuntersuchungen enthält, die das NIOD angestrengt hatte, um ein für allemal die Echtheit von Annes Schriften zu beglaubigen. Weder der Umfang des Bandes noch der Paralleldruck laden zu unbefangenem Lesen von Annes Endtext ein.

Die sogenannte »endgültige« Otto Frank/ Mirjam Pressler-Fassung von 1992, das *Anne Frank Tagebuch*, sei hier nur am Rand erwähnt. Sie ist ein Machwerk, in dem Annes revidierte b-Texte willkürlich zusammengeschweißt sind mit Sätzen aus der a-Fassung, aus der sogar ganze Einträge übernommen wurden, die Anne bei ihrer wohldurchdachten Revision[2] gestrichen hatte. Die neue Pressler-Fassung erweist Annes schriftstellerischem Konzept noch weniger Respekt als Otto Franks Version. Folgenschwerer jedoch erscheint mir, daß im Vorwort jener Ausgabe der von Otto Frank in die Welt gesetzte Mythos bestärkt wird, Vater Frank habe bei der ersten Veröffentlichung speziell sexuelle Themen ebenso wie zu krasse Bemerkungen, die sie in ihrer Unreife über ihre Mutter niedergeschrieben hatte, aus Annes Texten weggelassen. Jetzt, da wir in aufgeklärteren Zeiten leben, heißt es, sei der Augenblick gekommen, die Otto-Frank-Ausgabe mit einem Großteil der gestrichenen Texte zu ergänzen (P6). Pressler appelliert so an die Neugierde und Sensationslust eines breiten Publikums. Das Buch verkauft sich hervorragend, was den Verlegern sowie dem Anne Frank Fonds, der hinter dieser Neuausgabe steht, finanziell zugute kommt.[3]

Wer Annes b-Fassung in der textkritischen Tagebuchausgabe danach untersucht, ob dieses Fragment sich als eigenständige Publikation eignet, kommt kaum umhin, Vergleiche zu der parallel gedruckten Originalfassung anzustellen. Da fällt es auf, mit wieviel Selbstkritik und literarischem Sachverstand die kaum Fünfzehnjährige bei der Revision zu Werke ging. Viele Eintragungen ließ sie ganz weg, andere überarbeitete sie, fügte neue Beschreibungen, Erkenntnisse und verbindende Gedanken hinzu und schuf so einen interessanten, höchst lesbaren Text. Dazu setzte sie nicht nur ihr ganzes schriftstellerisches Talent ein, sondern auch

[2] Otto Frank und Mirjam Pressler: Anne Frank Tagebuch. Aus dem Niederländischen von Mirjam Pressler. Frankfurt/ Main 1992. Aus dieser Fassung wird im Text mit P und Seitenzahl zitiert.

[3] Für eine ausführlichere Auseinandersetzung mit Mirjam Presslers Arbeit siehe Laureen Nussbaum: »Die Schriftstellerin Anne Frank«. In: Barbara Bauer, Waltraud Strickhausen (Hg.): Für ein Kind war das anders. Berlin 1999, S. 301–14.

die Einsichten, die sie ihrer fleißigen und ernsthaften Lektüre entnahm.

Annes Neufassung beginnt am 20. Juni 1942, also zwei Wochen vor dem »Untertauchen«, mit einer Einleitung, in der sie geschickt ihre Aspirationen als Tagebuchverfasserin schmälert, um das Interesse des Lesers zu wecken. Sie erklärt, daß sie sich trotz ihrer vermeintlichen Beliebtheit oft sehr einsam fühlt. Dem kurzen autobiographischen Abriß läßt sie gleich ihre erste Epistel an ihre imaginäre Freundin Kitty folgen, der sie von Zeit zu Zeit ihr Herz ausschütten möchte.

In ihrem revidierten b-Text braucht Anne nur vier Eintragungen, um dem Leser klarzumachen, daß ihr Leben trotz aller antijüdischen Gesetze im Frühjahr 1942 noch erträglich war. Diese noch relativ unbeschwerte, halbfreie Existenz endet mit der offiziellen Schulversetzungsfeier am 3. Juli in der Joodse Schouwburg, dem Jüdischen Theater. Der Ort sollte kurz darauf berüchtigt werden, als erste Sammelstelle für den Abtransport eines Großteils der Juden aus den Niederlanden.[4]

In einem besonders gut geschriebenen, kompakten Übergangstext berichtet Anne von einem fingierten kurzen Spaziergang mit ihrem Vater. Damit gibt sie ihm die Gelegenheit, ihr zu eröffnen, daß für den Notfall ein Versteck für die ganze Familie vorbereitet sei, eine beängstigende Aussicht für die Erzählerin. Sie hofft, es möge noch lange nicht zu dieser drastischen Maßnahme kommen (S. 246f.).

Wenige Tage später ist es jedoch soweit. Annes Bericht von der Aufregung am Sonntag, dem 5. Juli 1942, als die sechzehnjährige Margot den Befehl erhält, sich zum Arbeitseinsatz in Deutschland zu melden, und von dem

[4] Siehe dazu die autobiographischen Romane und Kurzprosa von Grete Weil, die in ihren Werken immer wieder auf die »Joodse Schouwburg« als traumatischen Ort zurückkommt.

schnellen Entschluß der ganzen Familie, gleich am nächsten Tag unterzutauchen, ist bekannt. Otto Frank hat diese Schilderung fast unverändert aus der b-Fassung in die Erstausgabe des *Achterhuis* übernommen. Das gilt auch für Annes detaillierte Beschreibung des Hinterhauses, die sich über den 9. und 10. Juli 1942 erstreckt und nur in ihrer revidierten Fassung existiert. Anne schafft mit diesen genauen Angaben ganz bewußt die Grundlage für ihre späteren Eintragungen. Der Leser soll sich ein genaues Bild davon machen können, wo sie sich versteckt hielt, wo sie aß, las, schrieb und Schulaufgaben machte, wo sie weinte und schlief, hoffte und bangte, sich mit den Schicksalsgefährten auseinandersetzte und sich unter dem Druck der schwierigen Umstände bald zu einer autonomen Person und einer jungen Schriftstellerin entwickelte. Den Einzug der Familie van Pels ins Hinterhaus nimmt Anne in ihrer Neufassung zum Anlaß für eine kurze, humoristische Skizze der neuen Hausgenossen. Sie war eine begabte Beobachterin, und was sie wahrnahm, wußte sie in prägnante Worte zu fassen, vorzugsweise in Dialogform. Ein gutes Beispiel ist ein Wortwechsel zwischen den beiden Müttern, Edith Frank und Auguste van Pels, über »Bescheidenheit« (S. 301). Solche Vignetten vergißt man nicht leicht.

Als Anne im Vorsommer 1944 ihre ursprünglichen Eintragungen vom Herbst 1942 revidierte, strich sie die meisten ihrer Wutausbrüche gegen die Mutter. Im Licht des verbreiteten Mythos ist es interessant, daß Otto Frank einen Teil dieser negativen Bemerkungen aus Annes a-Fassung in seine c-Fassung fließen ließ, zum Beispiel unter dem Datum des 3. Oktober 1942. Die Eintragungen von diesem und vom nächsten Tag hatte die Fünfzehnjährige bei ihrer Revision ganz weggelassen. Letztere enthält einen Passus über ihr sehnsüchtiges Verlangen nach der ersten Periode. Otto Frank fügte diesen Passus in seiner c-Fassung unter dem 29. Oktober ein. Mit seiner Rücksicht auf die mögliche Prüderie in den Niederlanden war es offensichtlich nicht so weit her.

Nicht eliminiert, sondern besser ausgearbeitet hat Anne ihre ursprünglichen Berichte über das Schicksal jüdischer Bekannter, die man in Viehwagen erst in das Sammellager Westerbork, dann in *»ferne und barbarische«* Gebiete abschob. *»Wir nehmen an, daß die meisten ermordet werden. Der englische Sender spricht von Vergasung; vielleicht ist das noch die schnellste Sterbemethode«*, schrieb sie fassungslos unter dem Datum des 9. Oktober 1942. Da entschließen sich die Eltern Frank und van Pels, noch eine achte Person aufzunehmen, um wenigstens noch einen Menschen zu retten. Wie schon bei der Ankunft der Familie van Pels nutzt Anne bei ihrer Revision Fritz Pfeffers Einzug am 17. November dazu, die Nachrichten aus der Außenwelt zu kommentieren. Neben den bedrückenden Schreckensbotschaften, die Pfeffer mitbringt, erscheinen ihr die eigenen Gefühle der Verlassenheit und der Leere nichtig (19. und 20. November 1942).

Annes a-Fassung von Pfeffers Ankunft bis zum 22. Dezember 1943 ist leider verloren gegangen, bis auf einige verstreute Aufzeichnungen, mit denen Anne Leerstellen in ihrem ursprünglichen Tagebuch füllte. Otto Frank und neuerdings Mirjam Pressler waren also für diese dreizehn Monate fast ausschließlich auf Annes b-Fassung angewiesen, was meines Erachtens der kompositorischen Dichte und literarischen Qualität dieses Textteils zugute kommt.

Da gibt es einerseits ab Anfang August 1943 die systematische Beschreibung des Tagesablaufs der acht Untertaucher im Hinterhaus, mit geistreichen Skizzen über das Verhalten der um den Tisch gescharten Personen, unter denen sich öfters auch Büropersonal befindet. Andererseits berichtet Anne mit Schwung und Humor über besondere, die Routine unterbrechende Ereignisse, etwa von einer Zahnbehandlung (S. 378 f.) oder von einem Luftangriff (S. 415). Ihre »*Ode an meinen Füllhalter*« ist ein kleines Meisterstück autobiographischer Erzählkunst (S. 478 f.). Daneben schreibt sie liebevoll über die Helfer, die alles daran setzen, die acht Untertaucher durch die schreckliche Zeit zu bringen, und hebt speziell Mieps aufopfernde Hilfsbereitschaft hervor (S. 421).

Es gibt andere Themen, die im Laufe des Jahres 1943 immer wiederkehren, etwa die heftigen Auseinandersetzungen zwischen Anne und ihrer Mutter und zwischen all den anderen Versteckten. Obendrein schreibt Anne über die zunehmende Nahrungsmittelknappheit und über Nachrichten von außen. Letztere befassen sich überwiegend mit Kriegsmeldungen, die nach Stalingrad langsam hoffnungsvoller werden, und weiterhin mit dem furchterregenden Schicksal jüdischer Freunde und Bekannter. Am 27. März berichtet Anne von einer Rede des Höheren SS- und Polizeiführers Rauter, wonach die Niederlande bis zum 1. Juli systematisch von Juden »gesäubert« werden sollten. »*Als ob es sich um Kakerlaken handelt*«, ist Annes bitterer, parenthetischer Kommentar. Unter dem 8. November 1943 beschreibt sie auf sehr poetische Weise ihre Angstvision. Sie sieht sich und die anderen sieben Untertaucher samt dem Hinterhaus wie in einem lichten Stückchen blauen Himmel umringt von drohenden schwarzen Regenwolken. »*Das runde, abgegrenzte Fleckchen, auf dem wir stehen ist noch sicher, aber die Wolken rücken immer näher auf uns zu und der Ring, der uns von der nahendem Gefahr trennt, wird immer enger gezogen*« (S.481). Drei Wochen später erscheint ihr in einem Alptraum die Schulfreundin Hanneli Goslar zerlumpt und hungrig in einem fernen Konzentrationslager und bittet sie um Hilfe. Schuldbewußt erinnert sich die Erzählerin daran, daß sie gerade diese Freundin ungerecht behandelt hatte, und sie grübelt darüber, ob Hanneli, die frommer erzogen wurde als sie selbst, nun in ihrem Glauben Halt findet. Verstört fragt sich Anne, womit sie sich ein besseres Schicksal verdient habe als ihre Freundin (S. 487 f.)[5]. Hatte sie sich bei ihrer Revision der Aufzeichnungen für das Jahr 1943 vornehmlich auf Schilderungen des täglichen Lebens im Hinterhaus konzentriert, so zeigen die eben erwähnten November-Eintragungen eine zunehmende Einkehr. Fortan steht der Übergang von jugendlicher Abhängigkeit zu innerer Mündigkeit und Selbstbestimmung im Brennpunkt ihres Interesses. Einen Auftakt dazu findet man bereits in der Eintragung vom 30. Oktober 1943, den Otto Frank aufgrund einer unklaren Datierung unter dem 7. November 1942 in seiner c-Fassung wiedergibt (S. 347 ff.), obgleich der Inhalt, speziell im zweiten Teil, so gar nicht zu dem von Anne entworfenen Selbstbildnis von 1942 passen will.[6]

Seit Ende Dezember 1943 gibt es wieder drei Parallelfassungen. Gleich an den Revisionen der ersten Eintragungen vom 22. und 24. Dezember läßt sich ablesen, daß die junge Schriftstellerin Anne sich mehr zusammennimmt, höhere Ansprüche an sich selbst stellt als das Mädchen, das die ursprünglichen Aufzeichnungen niedergeschrieben hatte. Dabei eliminiert sie keineswegs ihre Stimmungsschwankungen zwischen Dankbarkeit für ihre relativ sichere Exi-

[5] Ironischerweise hat Hanneli Goslar schließlich Krieg und Konzentrationslager überlebt (siehe Kapitel 9 in diesem Buch sowie Willy Lindwer: Anne Frank: Die letzten sieben Monate. Augenzeuginnen berichten. Frankfurt/ Main 1991).

[6] Im allgemeinen sind die Seiten der Neufassung fortlaufend numeriert. Am Rand dieser Eintragung stehen jedoch neben dem b-Text in der vollständigen, kritischen Augabe die Seitennummern 86a bis 86g, als ob diese Eintragung vom Samstag, 30. Oktober 1943 wirklich zwischen Donnerstag, den 29. Oktober 1942 und Montag, den 9. November 1942 eingefügt werden sollte. Da diese Numerierung jedoch nicht von Anne stammt, besagt sie nichts.

stenz im Hinterhaus und Auflehnung gegen die Tatsache, daß die Nazis sie ihrer Jugend und Freiheit beraubt haben. Anne sehnt sich danach, sich jung und frei zu fühlen, aber sie sieht ein, daß sie ihre Sehnsucht bezähmen muß. Die b-Fassung ihres Textes vom 24. Dezember 1943 endet mit den Worten: »*...stell Dir vor, wenn wir alle acht anfingen, uns zu beklagen oder unzufriedene Gesichter zu machen, wohin soll das führen?*« Otto Frank fühlte sich offenbar bemüßigt, sowohl diese als auch andere Eintragungen der b-Fassung mit larmoyanten Textstellen anzufüllen, die Anne eliminiert hatte, oder die aus anderen Aufzeichnungen stammen. Interessanterweise fügt er auch hier wieder von der Verfasserin gestrichene negative Betrachtungen über ihre Mutter hinzu (S. 498). Das alles schadet Annes schriftstellerischem Konzept.

Die lange Eintragung vom 6. Januar 1944, die Anne in ihrer Neufassung ausgelassen hatte, wurde von Otto Frank auch wieder aufgenommen. Sie handelt einerseits von einer psychologischen Wunde, die Mutter Frank ihrer Tochter vor Jahren zugefügt hatte, andererseits von Annes körperlicher Entwicklung vom Mädchen zur Frau, von ihrer Periode und von ihrem »schrecklichen Bedürfnis«, ihre Brüste zu befühlen (S. 506 ff.). Aus der Eintragung vom 2. März 1944 hatte Anne bei ihrer Revision ihre Kritik an der älteren Generation im Hinterhaus, speziell an ihrer Mutter, eliminiert. Otto Frank setzte einen Großteil der kritischen Bemerkungen wieder in die c-Fassung ein. All diese väterlichen Eingriffe widerlegen den gängigen Mythos und deuten darauf hin, daß Vater Frank an Spannungsverhältnissen zwischen Anne und ihrer Mutter festhielt, die Anne selbst bereits relativiert hatte.

Es ist schwierig zu rekonstruieren, von welchem Prinzip oder welchen Ideen Otto Frank sich leiten ließ, als er die c-Fassung zusammenstellte. Sensationslust lag ihm fern.

Jedoch wählte er, speziell bei den Eintragungen vom ersten Viertel des Jahres 1944, immer wieder gefühlsbetonte Textstellen aus den ursprünglichen Aufzeichungen, von denen Anne in ihrer Neufassung zum Großteil Abstand genommen hatte, während sie andere in freie Erzählungen umgearbeitet hatte. Schon 1943 hatte sie neben ihrem Tagebuch kurze Geschichten geschrieben, die für einen Prosaband bestimmt waren. Ende Februar 1944 sublimierte sie nun ihre Vision von der geliebten Großmutter mütterlicherseits (a-Fassung vom 29. Dezember 1943) in die trostreiche Erzählung »Der Schutzengel«, und kurz darauf schrieb sie sich ihre Verliebtheit in Peter van Pels vom Herzen mit der romantischen Geschichte einer Jugendliebe, »Das Glück«. Beide Erzählungen findet man in Anne Franks Band »Geschichten und Ereignisse aus dem Hinterhaus«.[7]

Es besteht offenbar ein Zusammenhang zwischen Annes Überwindung ihrer Verliebtheit und dem Entschluß, ihre spontanen Aufzeichnungen in ein publizierbares Manuskript umzuarbeiten. Verliebtheit macht verwundbar. Anne wollte jedoch ihre Kräfte sammeln. Am 19. Mai 1944 schreibt sie in ihr Tagebuch, daß sie nun, nach ihrer »mühsamen Eroberung« Peters, über der Situation stehe. Sie habe ihr »*Inneres ... schnell wieder verschlossen*«. Wenn Peter das Schloß noch einmal aufbrechen wolle, brauche er wohl ein härteres Brecheisen. Am nächsten Tag beginnt Anne zielstrebig mit der Neufassung und bemerkt dazu: »*Endlich, nach sehr vielen Überlegungen habe ich also mit meinem ‚Hinterhaus' angefangen, in meinem Kopf ist es schon so weit fertig wie es fertig sein kann, aber in Wirklichkeit*

[7] Anne Frank: Geschichten und Ereignisse aus dem Hinterhaus. Aus dem Niederländischen von Edith Schmidt, Anneliese Schütz und Josh van Soer. Frankfurt am Main 1988. Einige dieser Geschichten hatte Otto Frank in seine Achthuis-Fassung aufgenommen, obgleich das nicht Annes Absicht entsprach (z.B. »Das beste Tischchen«, S. 422 ff., und »Kartoffelschälen«, S. 458 ff.).

wird es wohl viel weniger schnell gehen, wenn es überhaupt jemals fertig wird« (S. 742). Man liest nichts hiervon in Ottos c-Fassung. Unverzeihlicherweise fehlt dieser wichtige und deutliche Hinweis, wann Anne mit ihrer literarischen Bearbeitung begonnen hat, auch in der neuen Pressler-Ausgabe, trotz der Behauptung, daß hier der »vollständige Text« geboten werde (P 2).

Als Anne im Juni/ Juli 1944 ihre Eintragungen vom Anfang desselben Jahres revidierte, war sie durch eine beachtliche innere Entwicklung gegangen und hatte ihre stürmische Verliebtheit in Peter weit hinter sich gelassen. Am 14. Juni bemerkt sie, daß vieles an ihm sie enttäuscht (S. 765), und am 6. Juli widmet sie ihm eine längere Betrachtung und schreibt, er sei schwach, neige dazu, den Weg des geringsten Widerstandes zu wählen, habe kein Ziel vor Augen und spotte religiöser Werte. Von dieser höheren Warte aus betrieb Anne ihre Textrevision. Einige Peter-Passagen, die sie ein halbes Jahr früher überschäumend vor Begeisterung niedergeschrieben hatte, änderte sie ab, die meisten ließ sie ganz aus. In der Neufassung ihrer Bilanz vom 7. März 1944, in der sie sich geistig von ihren Eltern lossagt und unendlich tapfer ihre Eigenständigkeit und das Leben bejaht, kommt Peter nicht mehr vor (S. 594 f.). Indem Vater Frank für seine Fassung der ersten drei Monate des Jahres 1944 immer wieder auf die a-Fassung zurückgriff, schenkte er Annes innerem Wachstum nicht die gebührende Beachtung. Es war ihm offenbar ein Bedürfnis, das Bild seiner geliebten, stürmischen kleinen Anne zu bewahren. Mit der reiferen, objektiveren, autonomen jungen Schriftstellerin kam er anscheinend nicht zu Rande.

Deshalb und auch wohl, weil er die sensationslüsternen Medien fürchtete, hat Otto Frank einige Seiten von Annes revidiertem Text zurückgehalten. Das sind also jene Seiten, die Cor Suijk achtzehn Jahre lang aufbewahrt und erst im Sommer 1998 zutage gefördert hat. Es handelt sich vor allem um die b-Fassung der Eintragung vom 8. Februar 1944, in der Anne ernsthaft über ein von ihr konstatiertes Mißverhältnis in der Ehe ihrer Eltern nachdenkt. Sie weiß, daß ihr Vater seine große Jugendliebe nicht hatte heiraten dürfen, und beobachtet nun, daß er die Mutter nicht so leidenschaftlich liebt wie diese ihn. Sie meint, das verbittere die Mutter und daraus lasse sich deren Kälte und Härte erklären. Trotz dieser Einsicht fühlt Anne sich nicht imstande, ihrer Mutter entgegenzukommen, weil diese sie immer wieder zurückstößt.

Otto Frank hatte in seine Fassung, die c-Fassung also, überhaupt keine Eintragung für den 8. Februar 1944 aufgenommen. Da keine b-Fassung dieses Textes vorhanden schien, sahen sich Otto Franks Erben berechtigt, die a-Fassung dieser Eintragung in der textkritischen, vollständigen Ausgabe drastisch zu kürzen. Man liest dort als Fußnote: »In den gestrichenen 47 Zeilen gibt Anne Frank ein äußerst unfreundliches und teils unrichtiges Bild der Ehe ihrer Eltern. Auf Ersuchen der Familie Frank wurde diese Passage gestrichen« (S. 553). Nun stellt sich heraus, daß der eliminierte a-Text ebensowenig »unfreundlich« ist wie der b-Text, ja daß beide fast identisch sind, woraus zu schließen ist, daß Anne nach etwa fünf Monaten noch immer ihre ursprüngliche Eintragung bestätigte. Aus Kapitel 8 der vorliegenden Biographie geht hervor, daß das von Anne entworfene Bild der elterlichen Ehe gar nicht so unrichtig war.

Anne denkt auch weiterhin über die Ehe ihrer Eltern nach. In der sehr aufschlußreichen Eintragung vom 11. Mai 1944, in der sie ihre schriftstellerischen Pläne darlegt, schreibt sie in erster Instanz über die Absicht, ihre Tagebuchnotizen zu überarbeiten und als »Das Hinterhaus« zu veröffentlichen. Ferner möchte sie das Romanfragment »Cadys Leben« fertigstellen. Die Hauptperson wird nicht ihre große Liebe heiraten. Anne beschließt ihren Entwurf mit der Behauptung: »*Es ist kein sentimentaler Unsinn, denn der Roman von*

Vaters Leben ist darin verarbeitet.« Otto hat in der c-Fassung diesen ganzen Passus weggelassen.

Da die acht Untertaucher entdeckt und verhaftet wurden, als Anne mit ihrer Neufassung bei Ende März 1944 angelangt war, gibt es für die letzten vier Monate im Hinterhaus keinen b-Text. Nach einer emotionellen Krise am 4./5. April 1944 – während sie sich bereits mit dem Gedanken trägt, ihre Tagebuchaufzeichnungen in ein publizierbares Buch umzuwandeln – reißt Anne sich zusammen und schreibt: »*...ich muß arbeiten, um nicht dumm zu bleiben, um vorwärts zu kommen, um Journalistin zu werden, denn das will ich! Ich weiß, daß ich schreiben kann, ein paar Geschichten sind gut, meine Hinterhaus-Beschreibungen humoristisch, vieles aus meinem Tagebuch spricht, aber ... ob ich wirklich Talent habe, das steht noch dahin. [...] Ich selbst bin hier meine schärfste und beste Kritikerin, ich weiß selber was gut und nicht gut geschrieben ist ...*« (S. 668 f.)

Unter den spontanen Eintragungen gibt es fortan mehrere, denen man unverkennbar Annes schriftstellerische Absichten abliest, etwa den fesselnden Bericht über den Einbruch vom 11. April 1944. Es ist daher kaum zu erklären, warum Otto Frank noch zwei weitere Seiten aus der Manuskriptmasse entfernte und sie mit den bereits erwähnten drei Seiten Cor Suijk in Aufbewahrung gab. Die beiden Seiten enthalten eine alternative Einleitung zur b-Fassung. Während Anne in der bekannten Einleitung unter dem Datum 20. Juni 1942 die Neugierde ihrer Leser und Leserinnen reizt mit den Worten: »*...es kommt mir so vor, daß später weder ich, noch jemand anders für die Herzensergüsse eines dreizehnjährigen Schulmädchens Interesse aufbringen wird*«, behauptet sie auf den bisher unbekannten Seiten, daß sie dafür sorgen wolle, daß niemand ihre Aufzeichnungen in die Hände bekommt. Vater Frank erfaßte wohl nicht, daß Anne hier klug ein Stilmittel einsetzte, nahm seine Tochter wörtlich und fürchtete daher, man könne ihn beschuldigen,

Annes Tagebuch gegen ihren Willen veröffentlicht zu haben. Nichts liegt der Wahrheit ferner.

Es bleibt die Frage, warum Otto Frank die fünf Seiten aus der Manuskriptmasse herausnahm, bevor er die Seiten der b-Fassung durchnumerierte. Offensichtlich wollte er sie vorläufig der Öffentlichkeit vorenthalten, aber er mochte sie wohl auch nicht auf immer unterdrücken, denn sonst hätte er sie vernichten können. Womöglich empfand er es jedoch als eine unzulässige Überschreitung seiner väterlichen Bevormundungsrechte, wenn er einige von Annes Manuskriptseiten zerrissen oder verbrannt hätte.

Warum hinterließ er die Seiten dann nicht den offiziellen Verwaltern von Annes Erbe? Es bangte ihm wohl vor ihrer totalen Vernichtung, und er glaubte, daß niemand seine Wünsche so gewissenhaft respektieren würde wie der treue Freund Cor Suijk, der ihm so viele Jahre mit Rat und Tat beigestanden hatte.

Sensationell ist der Inhalt dieser Seiten eigentlich nicht. Sie zeigen uns jedoch, wie intensiv Anne sich einerseits um Verständnis für ihre Mutter bemühte und wie klug sie andererseits mit literarischen Stilmitteln experimentierte. Die Absicht von Cor Suijk und Melissa Müller, die Seiten mögen der Welt nicht länger vorenthalten werden, wird demnächst erfüllt: Das NIOD veröffentlicht eine neue Edition der vollständigen kritischen Ausgabe von Annes Tagebüchern mit den fünf Seiten aus der b-Fassung und den gestrichenen 47 Zeilen des a-Textes vom 8. Februar 1944. Danach sollte – das ist mein großes Anliegen – jedoch Annes b-Fassung als eigenständiges Romanfragment erscheinen, damit Anne endlich als die Schriftstellerin anerkannt wird, die sie offensichtlich im Begriff zu werden war.

Dr. Laureen Nussbaum ist Professor emerita am Department of Foreign Languages and Literatures an der Portland State University, Portland, Oregon (s. S. 380/81).

Dank

Ohne die rückhaltlose Bereitschaft von so vielen, mir ihre Zeit und Hilfe zu schenken, zu stunden-, oft tagelangen Gesprächen zur Verfügung zu stehen und mir Einblick in zum Teil sehr private, vorher nie der Öffentlichkeit zugänglich gemachte Dokumente zu gewähren, wäre dieses Buch nicht zustande gekommen.

Für ihre Hinweise auf wichtige Quellen und ihre geduldigen und sachkundigen Antworten auf alle meine Fragen danke ich:

In Holland: *David Barnouw* vom Niederländischen Staatlichen Institut für Kriegsdokumentation (NIOD), Amsterdam – er ließ keine meiner Anfragen nach geschichtlichen und alltagsgeschichtlichen Zusammenhängen unbeantwortet –; den Mitarbeitern der Anne Frank Stichting in Amsterdam, *Jan Eric Dubbelman, Bert van Rijn, Dineke Stam* und *Yt Stoker*, für ihre zahlreichen, wertvollen Informationen. Der Historikerin *Joke Kniesmeijer*, deren kluge Denkanstöße mich im positivsten Sinn beeinflußt haben. *Gerrold van der Stroom* für die wichtigen Hinweise. Dem Filmemacher *Willy Lindwer* für seine Ermutigungen. *H.C. Giersthove* vom Niederländischen Roten Kreuz, dem ich mit der Tür ins Haus fiel und der trotzdem zur prompten Recherche bereit war. *Dick van der Horst* vom Büro für Denkmalschutz und *Boudewijn Zwart*,

Amsterdamer Glockenspielmeister, für ihre aufschlußreichen Erklärungen über das Glockenspiel der Westerkerk.

In den USA und Kanada: *Grayson Covil* und allen Kollegen des Anne Frank Center USA, New York. Den Mitarbeitern des Massachusetts Archive at Columbia Point, des N.Y.C. Departement of Health, Division of Records, für wichtige Daten. Dem großen Journalisten *Arthur Unger*, New York, dafür, daß er mir Tonbandkassetten und Abschrift des Interviews, das er 1977 mit Otto und Elfriede Frank führte und nie veröffentlichte, überließ. Der Schriftstellerin *Alison Gold*, Santa Monica, für ihre Offenheit und Hilfsbereitschaft und *Egon Andre-Münzenberg*, Vancouver, für sein Erinnerungsvermögen.

In Israel: Der Archivleitung der Gedenkstätte Yad Vashem, Jerusalem, für den freundlichen Empfang und die Unterstützung bei der Suche nach relevanten Informationen. Dem »Central Archive for the History of the Jewish People« an der Hebrew University, Jerusalem, für ihr Bemühungen.

In Österreich: *Simon Wiesenthal* für seine Ermunterungen, Ratschläge und den Kontakt zu dem in Wien lebenden *Jules Huf*, dem ersten Journalisten, der mit SS-Oberscharführer Silberbauer gesprochen hat. *Helmut Seyß-Inquart* für seine Bereitschaft, über seine Großeltern und seine Erfahrungen mit der Anne Frank Stiftung zu sprechen.

In Deutschland: *Jürgen Steen* vom Historischen Museum Frankfurt für ein anregendes Gespräch mit wichtigen Hinweisen und Warnungen. *Winfried Meyer* von der Gedenkstätte Sachsenhausen, *Manfred Capellmann*, der das Archiv des Frankfurter Lessing-Gymnasiums, und *Gisela Hauff*, die das Archiv der Aachener Victoriaschule pflegt. *Herbert Lepper* vom Stadtarchiv Aachen, den Mitarbeitern des Landgerichts Aachen, des Kataster- und Grundbuchamts Aachen, der Jüdischen Gemeinde Aachen, der Aachener und Münchener Immobilien Gesellschaft, der Bezirksregierung Düsseldorf, Abteilung Wiedergutmachung – ihnen allen für ihre selbstlose Bereitschaft, mir Dokumente zugänglich zu machen, die wesentlich zur Authentizität dieses Buchs beigetragen haben. *Jörg Räuber* von der Anne-Frank-Shoah-Bibliothek in Leipzig, der immer wieder vergriffene Bücher und Artikel auftrieb. *Uwe Wesp* vom Deutschen Wetterdienst, der Verständnis hatte, daß in einem korrekt recherchierten Buch auch die Angaben zum Wetter möglichst exakt sein müssen, und das Archiv für Wetterkarten und -meldungen bemühte.

Und schließlich *Johannes Thiele* und *Lianne Kolf* für ihren kolossalen Vertrauensvorschuß, *Doris Janhsen* für ihr spontanes Engagement und *Ilka Heinemann* für ihren Rund-um-die-Uhr-Einsatz beim Lektorieren und ihren Respekt für das Manuskript.

In der Schweiz: *Vincent Frank-Steiner,* Basel, der 18 Jahre lang Vorsitzender des Anne Frank Fonds war, für die Klärung wichtiger Zusammenhänge.

Besonders erwähnen möchte ich *Bernd »Buddy« Elias,* der dieses Projekt mit Wohlwollen begleitet hat – sowohl in seiner Funktion als Vorsitzender des Anne Frank Fonds als auch in seiner Rolle als Annes Cousin. Seine Gastfreundschaft – und die seiner Frau *Gerti* – während mehrerer Besuche in Basel waren ebenso wertvoll für mich wie seine lebhaften Kindheitserinnerungen an Frankfurt und Basel und die Erlaubnis, wesentliche Teile von Otto Franks Korrespondenz aus der Zeit vom Ersten Weltkrieg bis in die siebziger Jahre einzusehen und in diesem Buch zu verarbeiten.

Ich weiß, wie schmerzlich die Erinnerung an Anne, ihre Familie und die schreckliche Zeit des nationalsozialistischen Terrors für alle ihre Verwandten und Freunde ist. Ich bin ihnen deshalb besonders dankbar, daß sie mit mir gesprochen haben.

In Basel waren das neben Buddy Elias Otto Franks zweite Frau *Elfriede »Fritzi« Frank-Markovits,* die ich bei unseren drei Begegnungen noch als eine für ihr hohes Alter von weit über neunzig bemerkenswert elegante und rüstige Dame erlebt habe († Sept. 1998), und ihre Tochter *Eva Schloss*. Die Erinnerungen der beiden an Otto Frank sind von großer Bedeutung für dieses Buch.

In Deutschland: *Gertrud Trenz-Naumann*, die ich mehrmals in ihrer Wohnung in Frankfurt besucht habe und die selbst erstaunt war, an wie viele Einzelheiten aus ihrer Zeit mit der Familie Frank sie sich noch erinnert, danke ich für ihre Geschichten. Daß sie und ihr Mann Karl sich dazu entschließen konnten, mir ihre umfangreiche Sammlung von Briefen, die die Franks zwischen 1933 bis 1938 an sie gerichtet hatten, sowie Photos von Anne und Margot aus ihrem privaten Photoalbum zur Verfügung zu stellen, schätze ich sehr. Daß sie zu einem unserer Treffen ein weiteres Nachbarsmädchen aus dem Frankfurter Marbachweg, *Hilde Mag-Stab*, dazuholte, ebenso.

In Israel: Der großartigen *Hannah Pick-Goslar*, ihren Kindern und Enkelkindern danke ich für den herzlichen Empfang und die Gastfreundschaft, die Stadtführung durch ein Jerusalem, das ich trotz vorangegangener Besuche noch nicht kannte, und die stundenlangen Gespräche.

In Frankreich: *Alice Schulman* für ihre Gesprächsbereitschaft.

In den USA und Südamerika (in alphabetischer Reihenfolge): *Nanette König-Blitz*, São Paolo, für ihre Bereitschaft, sich zu öffnen. *Eduardo M. Fraifeld*, Daville, Virginia, dessen Großmutter Irene Holländer nicht nur die Cousine von Edith Frank-Holländer, sondern auch ihre enge Freundin war. Sein Photo- und Korrespondenz-Archiv erwies sich als wertvolle Fundgrube für mein Projekt, ebenso seine unermüdliche Arbeit am Stammbaum der Familie Holländer. Danke, Eddy und Joan, für die herzliche Aufnahme in Euer Haus! *Laureen Nussbaum, geb. Klein* – unterstützt von ihrem Mann *Rudi* – für die Erinnerungen an ihre Zeit mit Margot und Anne Frank ebenso wie für ihre scharfsinnigen Hinweise,

Ratschläge und wichtigen Korrekturen als »Professor of Foreign Languages« an der Portland State University; wenige Menschen kennen die Tagebücher der Anne Frank so genau wie sie. *Barbara Rodbell-Ledermann* und ihrem Mann *Martin* († Januar 1999), Chapel Hill, N.C., ebenso wie *Ed »Hello« Silberberg* und seiner Frau *Marlyse*, New Jersey, für das Gefühl, willkommen zu sein, und für wichtige Details aus ihrem und aus Anne Franks Leben. *Monica Smith*, geb. Dorothee Sophie Würzburger, New York – ihre Mutter Irma Holländer und Edith Frank waren Cousinen –, für ihre Erinnerungen an die Familie Holländer und besonders an Anne; *Gerard Spitzer*, New York, Enkelsohn von Olga Spitzer, für die überlieferten Geschichten aus Sils Maria und *Betty Wallerstein*, San Francisco, CA, für ihre wertvolle Arbeit am Stammbaum.

In Holland: Annes Freundinnen aus der Montessorischule, *Kitty*, deren Wunsch nach Anonymität ich verstehe und respektiere, für ihre Freundschaft und die herzlichen Gespräche, *Lucia Hendriks-van Dijk* für ihren großen Mut, mit ihrem vollen Namen aufzutreten († Januar 2000), und *Iet Swillens* für ihr großartiges Gedächtnis. *Jetteke Frijda* und *Anna Harting* für ihre Erzählungen von Margot Frank. *Jacqueline Sanders-van Maarsen*, daß sie mir nach anfänglicher Zurückhaltung ihr Vertrauen geschenkt und bei mehreren Treffen – immer in Anwesenheit ihres lieben Mannes *Ruud* – und intensiver Korrespondenz viele Geschichten aus ihrer engen Freundschaft mit Anne erzählt hat, obwohl sie selbst ein Buch über Anne veröffentlicht hat. Und schließlich *Max Stoppelman*, der sich auf meine Anzeige im *Jüdischen Wochenblatt* meldete und – mit der Unterstützung seiner Frau Lotte – über seine schreckliche Zeit in Auschwitz zu sprechen bereit war.

Zwei Menschen taten mehr für dieses Projekt, als ich jemals zu hoffen gewagt hätte: *Miep Gies*, deren Gedächtnis trotz ihrer 89 Jahre noch das einer jungen Frau ist, und *Cor*

Suijk, International Director des Anne Frank Center USA. Für die unzähligen Gespräche in mehr als zwei Jahren und die kostbaren Informationen bin ich ihnen überaus dankbar. Ihr Glaube an dieses Projekt bedeutet mir alles.

Zeittafel

	1869	*3. Juli: König Wilhelm I. von Preußen erläßt das Gesetz zur bürgerlichen und staatsbürgerlichen Gleichberechtigung aller Konfessionen. Dieses Gesetz bringt nach der Proklamation des Deutschen Kaiserreichs 1871 die bürgerliche Gleichstellung der Juden in ganz Deutschland.*
12. Mai: Otto Frank wird in Frankfurt am Main geboren.	**1889**	
16. Januar: Edith Holländer wird in Aachen geboren.	**1900**	
12. Mai: Otto Frank heiratet Edith Holländer in Aachen.	**1925**	*12. Mai: Paul von Hindenburg, Kandidat der Rechtsparteien (DNVP, DVP), wird als deutscher Reichspräsident vereidigt.* *18. Juli: Der erste Band von Adolf Hitlers* Mein Kampf *erscheint.*
16. Februar: Margot Frank wird in Frankfurt am Main geboren.	**1926**	*15. Februar: Die Arbeitslosenzahlen in Deutschland klettern mit etwa zwei Millionen auf einen neuen Höchststand.*
Sommer: Otto und Edith Frank beziehen ihre erste eigene Wohnung am Marbachweg 307 in Frankfurt.	**1927**	*August: Anläßlich des Nürnberger Parteitages der NSDAP vermutet die* Frankfurter Zeitung, *daß »die Nationalsozialisten … ihren Höhepunkt längst überschritten haben«.*

12. Juni: Anne Frank wird in Frankfurt am Main geboren.	**1929**	*23. Juni: Die Landtagswahlen in Mecklenburg-Schwerin bringen die NSDAP erstmals ins Parlament.*
		25. Oktober: Mit dem Börsensturz in New York beginnt die Weltwirtschaftskrise.
März: Familie Frank übersiedelt in die Ganghoferstraße 24.	**1931**	*28. März: Die Reichsregierung erläßt eine Notverordnung zur Bekämpfung der politischen Ausschreitungen von NSDAP-Aktivisten.*
	1933	*30. Januar: Reichspräsident Paul von Hindenburg ernennt Adolf Hitler zum Reichskanzler und betraut ihn mit der Regierungsbildung.*
		Mitte Februar: 6 047 000 Menschen in Deutschland sind arbeitslos.
März: Familie Frank zieht »aus wirtschaftlichen Gründen« zurück in Ottos Elternhaus.		*20. März: In Dachau wird das erste Konzentrationslager der NS-Zeit eröffnet.*
		24. März: Das »Ermächtigungsgesetz«, das Hitler zur pseudolegalen Errichtung der Diktatur benutzt, wird verabschiedet.
		1. April: In ganz Deutschland werden für einen Tag die jüdischen Geschäfte boykottiert.
Juli/ August: Otto Frank übersiedelt nach Holland; Edith, Margot und Anne Frank übersiedeln nach Aachen.		*15. Juli: Der Abschluß des Viermächtepaktes zwischen Deutschland, Italien, Frankreich und Großbritannien stärkt das neue Regime unter Adolf Hitler außenpolitisch.*

	1933	*31. Juli: 26 789 Personen befinden sich in »Schutzhaft«, einer »vorbeugenden Polizeimaßnahme zur Ausschaltung der von staatsfeindlichen Elementen drohenden Gefahren«.*
15. September: Otto Frank gründet sein Unternehmen *Opekta* in Amsterdam, Edith pendelt laufend zwischen Amsterdam und Aachen.		*22. September: Mit dem Erlaß des Reichskulturkammergesetzes werden Juden sukzessive aus dem Kulturleben in Deutschland (bildende Künste, Funk, Literatur, Musik, Presse, Theater) ausgeschlossen.*
Oktober: Alice Frank-Stern emigriert nach Basel in der Schweiz.		*14. Oktober: Die deutsche Regierung gibt den Austritt aus dem Völkerbund, der 1919 zur Sicherung des Weltfriedens gegründet worden war, bekannt.*
ca. 20. Dezember: Margot Frank zieht von Aachen nach Amsterdam um.		*12. Dezember: Der neue Reichstag tritt zusammen; er besteht nur noch aus der NSDAP-Fraktion.*
Februar: Anne Frank übersiedelt von Aachen nach Amsterdam.	**1934**	*30. Januar: Ein Jahr nach seiner Ernennung zum Reichskanzler übernimmt Adolf Hitler auch formell die totale Herrschaft über Deutschland.*
Sommer: Hermann, Auguste und Peter van Pels übersiedeln von Osnabrück nach Amsterdam.	**1937**	*16. Juli: Das Konzentrationslager Buchenwald wird in Betrieb genommen.*
		Sommer: Die »Arisierung« der deutschen Wirtschaft wird forciert.
1. Juni: Otto Frank gründet auf Anregung von Johannes Kleiman ein zweites Unternehmen mit dem Namen *Pectacon*.	**1938**	*Mai: Die holländische Regierung beschließt, die Grenzen für jüdische Flüchtlinge zu schließen.*

12. November: Walter Holländer wird verhaftet und ins Konzentrationslager Sachsenhausen verschleppt. November: Fritz Pfeffer flieht mit seiner Freundin Charlotte Kaletta aus Frankfurt nach Amsterdam.	**1938**	*9.–10. November: Während des Judenpogroms (der sogenannten Reichskristallnacht) in »Großdeutschland« werden etwa 30000 Juden in Konzentrationslagern interniert.*
März: Rosa Stern-Holländer zieht aus Aachen nach Amsterdam. April: Julius Holländer emigriert in die USA.	**1939**	*15. März: Hitlers Wehrmachtstruppen marschieren in Prag ein.* *28. April: Hitler gibt die Kündigung des deutsch-britischen Flottenvertrags und des deutsch-polnischen Freundschaftsvertrags bekannt.* *Frühjahr: Das spätere Durchgangslager Westerbork wird als Internierungslager für deutsch-jüdische Flüchtlinge in Holland gegründet.* *3. September: Nach dem ohne Kriegserklärung erfolgten Einmarsch deutscher Truppen in Polen erklären Großbritannien und Frankreich Hitlerdeutschland den Krieg. Dies ist der offizielle Beginn des Zweiten Weltkriegs.*
16. Dezember: Walter Holländer emigriert in die USA.		*Dezember: SS-Hauptsturmführer Adolf Eichmann wird zum Sonderreferenten für die »Evakuierung« der Juden aus den neuen deutschen Gebieten ernannt.*
	1940	*27. April: Reichsführer SS Heinrich Himmler ordnet die Errichtung eines großen neuen Konzentrationslagers nahe der oberschlesischen Stadt Oświecim an, das zum größten Massenvernichtungslager des Dritten Reichs wird.*

	1940	*10. Mai: Deutsche Truppen marschieren in den Niederlanden, Belgien und Luxemburg ein.*
		14. Juni: Deutsche Truppen besetzen Paris.
1. Dezember: *Opekta* und *Pectacon* beziehen ein neues Bürgebäude in der Prinsengracht 263.		*November/Dezember: Der Propagandafilm* Der Ewige Jude *wird im gesamten Reich aufgeführt.*
Sommer: Otto Frank beginnt, das Versteck in der Prinsengracht 263 vorzubereiten.	**1941**	*22. Juni: Ohne Kriegserklärung beginnen deutsche Truppen ihren Feldzug gegen Rußland.*
		31. Juli: Hermann Göring beauftragt Reinhold Heydrich mit der »Gesamtlösung der Judenfrage« in Europa.
Oktober: Margot und Anne Frank müssen auf das Jüdische Lyzeum wechseln.		*25. Oktober: Beim Kampf um Moskau gerät die deutsche Offensive erstmals ins Stocken.*
29. Januar: Rosa Stern-Holländer stirbt in Amsterdam.		*11. Dezember: Deutschland und Italien erklären den USA den Krieg.*
	1942	*20. Januar: Führende Nationalsozialisten konferieren im Berliner Vorort Wannsee über die Koordinierung der systematischen Vernichtung der europäischen Juden (»Endlösung«).*
		29. April: Der Judenstern wird in Holland eingeführt.
12. Juni: Zu ihrem 13. Geburtstag bekommt Anne Frank ein Tagebuch geschenkt.		*11. Juni: Das Referat unter Adolf Eichmann ordnet an, die Deportationen von Juden aus Belgien, Frankreich und den Niederlanden in wenigen Wochen beginnen zu lassen.*

1942

5. Juli: Margot erhält den Aufruf zum »Arbeitsdienst nach Deutschland«.

6. Juli: Otto, Edith, Margot und Anne Frank tauchen in der Prinsengracht 263 unter.

13. Juli: Hermann, Auguste und Peter van Pels folgen den Franks ins Versteck.

16. November: Fritz Pfeffer kommt als achter Untergetauchter ins Versteck.

14. Juli: Die systematischen Transporte holländischer Juden ins Lager Westerbork beginnen.

17. Juli: Der erste Deportationszug aus Westerbork trifft in Auschwitz ein.

10. Dezember: Die polnische Exilregierung versucht, die Alliierten zum Eingreifen gegen die Massenvernichtungen in Polen zu bewegen.

1943

18. Februar: Nach der deutschen Niederlage bei Stalingrad ruft Propagandaminster Joseph Goebbels den »totalen Krieg« aus.

April: Das Konzentrationslager Bergen-Belsen bei Celle wird als »Aufenthaltslager« für Personen eingerichtet, die gegen deutsche Staatsbürger in alliierten Ländern ausgetauscht werden sollen.

1944

4. August: Die acht Untergetauchten werden verraten und verhaftet.

8. August: Sie werden aus dem Amsterdamer Gefängnis ins Durchgangslager Westerbork überstellt.

3. September: Deportation der acht Untergetauchten mit dem letzten Transport von Westerbork nach Auschwitz.

6. September: Die acht Untergetauchten treffen in Auschwitz-Birkenau ein.

6. Juni: Operation Overlord: Die Alliierten landen in der Normandie.

8. August: Die Alliierten besetzen Le Mans.

23. August: Die Alliierten befreien Paris.

4. September: Die Alliierten befreien Antwerpen und Brüssel.

9. September: US-Staatssekretär Henry Morgenthau legt den 14-Punkte-Plan eines Straffriedens für Deutschland vor.

1944

Anfang Oktober: Hermann van Pels stirbt in den Gaskammern von Auschwitz.

ca. 28. Oktober: Anne und Margot Frank und Auguste van Pels werden in das deutsche Konzentrationslager Bergen-Belsen überstellt.

20. Dezember: Fritz Pfeffer stirbt im Konzentrationslager Neuengamme.

6.–7. Oktober: Häftlingsrevolte in Auschwitz. Vor der Niederwerfung ihres Aufstands zerstören die Häftlinge eine der Gaskammern.

November: Die Vergasungen in Auschwitz-Birkenau werden eingestellt.

16. Dezember: Hitlers Truppen starten zur letzten großen Offensive in den Ardennen – erfolglos.

1945

6. Januar: Edith Frank stirbt in Auschwitz-Birkenau.

27. Januar: Otto Frank wird in Auschwitz von der Roten Armee befreit.

Februar: Auguste van Pels wird von Bergen-Belsen nach Buchenwald und weiter nach Theresienstadt verschleppt. Sie stirbt dort vermutlich im Frühjahr 1945.

März: Anne und Margot Frank sterben in Bergen-Belsen.

5. Mai: Peter van Pels stirbt nach Angaben des Roten Kreuzes im Konzentrationslager Mauthausen.

3. Juni: Otto Frank kehrt nach Amsterdam zurück.

17. Januar: Die Rote Armee besetzt die polnischen Städte Warschau und Tschenstochau; die SS befiehlt die Räumung des Konzentrationslagers Auschwitz und schickt 66 000 Häftlinge auf die sogenannten Todesmärsche.

13./14. Februar: Die Alliierten bombardieren Dresden.

15. April: Bergen-Belsen wird durch die Briten befreit.

5. Mai: Amerikanische Truppen befreien Mauthausen.

7./ 8.Mai: Deutsche Kapitulation gegenüber den Alliierten und offizielles Kriegsende in Europa.

14. August: Nach dem Abwurf der ersten Atombombe auf Hiroshima am 6. August akzeptiert Japan die Waffenstillstandsbedingungen der Alliierten – der Zweite Weltkrieg ist zu Ende.

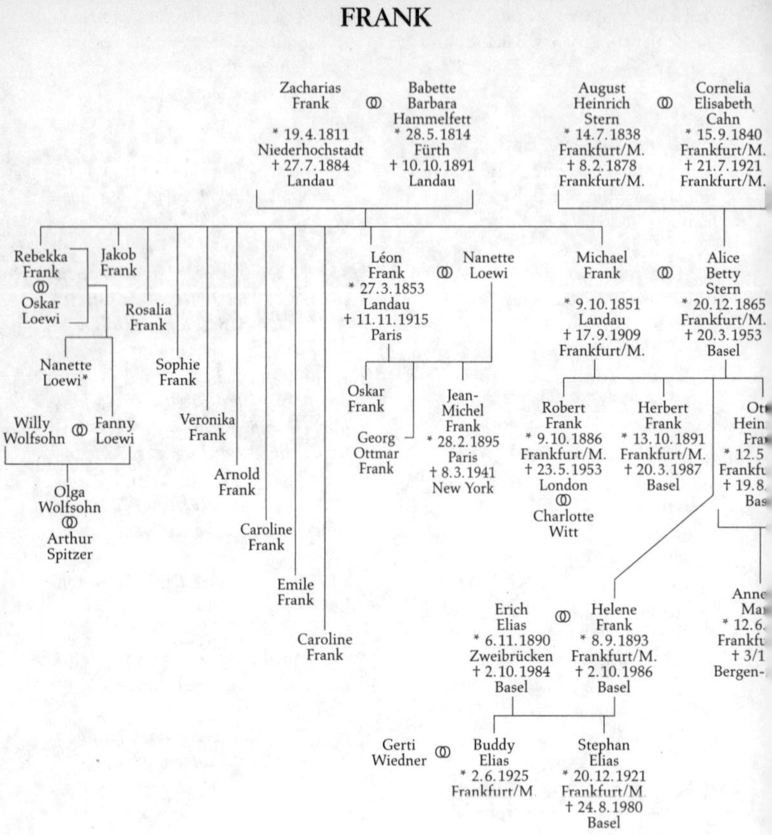

* = Ehefrau von Léon Frank

Stammbaum der Familien Holländer und Frank

(mit freundlicher Genehmigung von Buddy Elias)

HOLLÄNDER

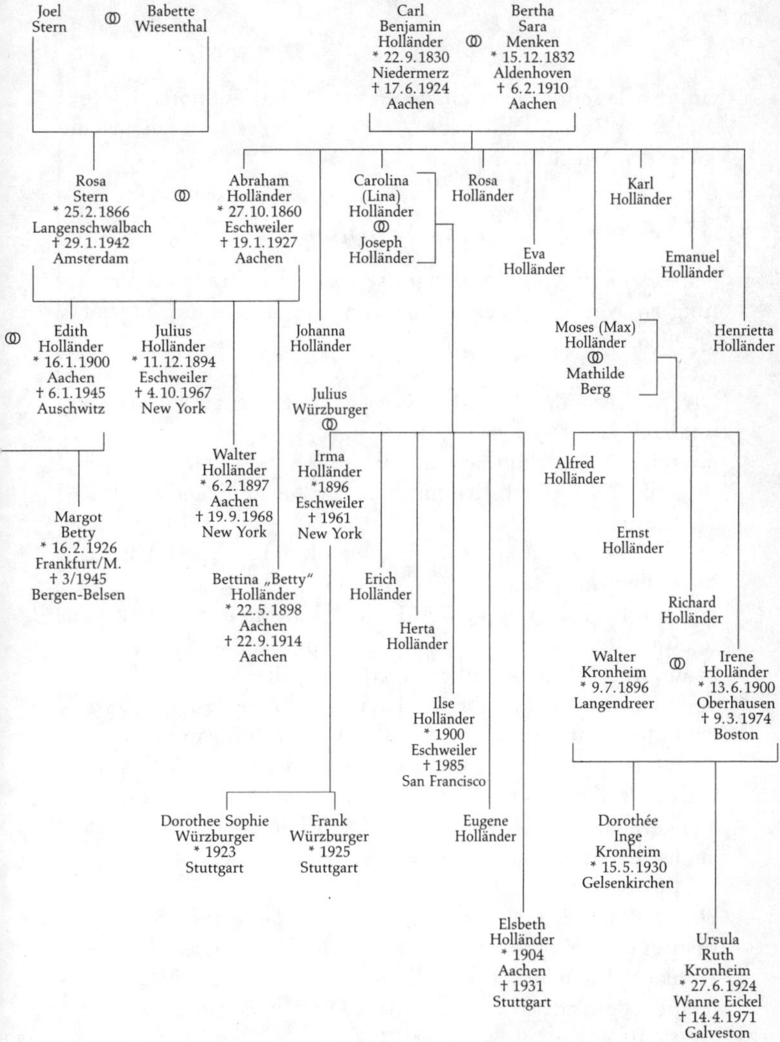

(mit freundlicher Genehmigung von Betty Wallerstein und Eduardo Mauricio Fraifeld)

Quellen

Um den Lesefluß nicht zu stören, wurde auf Fußnoten im Text verzichtet. Zum Nachweis der Authentizität des Textes dienen die folgenden Quellenhinweise.

1. Die Verhaftung

Die Rekonstruktion der Ereignisse vor und während der Verhaftung am Vormittag des 4. August 1944 basieren auf folgenden Quellen:

Diverse Gespräche mit Miep Gies zwischen dem 20. März 1997 und 26. März 1998;
polizeiliche Vernehmung von Karl Josef Silberbauer, März 1964, »Protokoll der staatl. Kriminalpolizei« Amsterdam. Doc. I, K.J. Silberbauer;
polizeiliche Vernehmung von Johannes Kleiman, 12. Januar 1948, MvJ »Justizministerium«, Strafakte W.G. van Maaren;
polizeiliche Vernehmung von W.G. van Maaren, 31. März 1948 und Okt. 1964, MvJ »Justizministerium«, Strafakte van Maaren bzw. »Protokoll der staatlichen Kriminalpolizei« Amsterdam;
polizeiliche Vernehmung von Lammert Hartog, 20. März 1948, MvJ »Justizministerium«, Strafakte W.G. van Maaren;
div. polizeiliche Vernehmungen von Otto Heinrich Frank, Dez. 1963, »Protokoll der staatlichen Kriminalpolizei« Amsterdam;
alle Vernehmungsprotokolle befinden sich im Archiv des Niederländischen Staatlichen Instituts für Kriegsdokumentation (NIOD) in Amsterdam.
Harry Paape: Die Verhaftung, in: Niederländisches Staatliches Institut für Kriegsdokumentation: Die Tagebücher der Anne Frank. Vollständige, textkritische, kommentierte Ausgabe, aus dem Niederländischen von Mirjam Pressler, Frankfurt am Main 1988;
Rick Kardonne (Hg.): He sheltered Anne Frank. The Life of Vic-

tor Kugler in His Own Words as Told To and Edited by Eda Shapiro (unveröffentlichtes Manuskript);
Miep Gies und Alison Gold: Meine Zeit mit Anne Frank, Bern und München 1987.

2. *Anne in Frankfurt*

29 *Morgens um halb acht:* Edith Frank führte für Anne ein »Merkbuch für unser Baby«, für Margot ein »Merkbuch für das Leben unseres Kindes«. Beide Alben sind heute im Archiv der Anne Frank Stiftung, Amsterdam.
Weitere wesentliche Informationen zur Rekonstruktion von Anne Franks ersten Lebensjahren in Frankfurt lieferten Gertrud Trenz-Naumann (Interviews am 24. April, 13. Mai und 16. Okt. 1997 sowie div. Telefongespräche), Iet Swillens (Interview am 6. Juli 1997, in der Folge mehrere Telefongespräche), Hilde Stab (Interview am 16. Okt. 1997) und Buddy Elias (zahlreiche Interviews und Briefwechsel in der Zeit von Dez. 1996 bis April 1998).
Dr. Jürgen Steen vom Historischen Museum Frankfurt (Interview am 23.April 1997) half soziale, politische und familiäre Zusammenhänge zu klären.
35 *in einem koscheren Haushalt:* Otto Frank im Gespräch mit Arthur Unger, unveröffentlichtes Interview von Feb. 1977.
37 *Annes ausgeprägter Wille:* Otto Frank zu Jean Schick-Grossman, in: Jean Schick-Grossman: The story within her story, ca. 1950, Archiv der Anne Frank Stiftung, Amsterdam.
38 *Schon während der Schulzeit:* Otto Frank an die Veteranen des Lessing-Gymnasiums, 33. Kriegsbericht, Juli 1918, Archiv: Lessing-Gymnasium, Frankfurt.
39 *Der Jude ist:* Zitat nach Heinrich von Treitschke, Unsere Aussichten, in: Preußische Jahrbücher, Nov. 1879.
41 *Pim:* Otto Frank zu Arthur Unger, Feb. 1977.
41 *Erfunden hatte die beiden Paulas:* Buddy Elias erklärte die Geschichte um die »beiden Paulas« und die Abkürzung »I«.
42 *Tante Ratschatscha:* div. Interviews mit Monica Smith, New York, zwischen Jan. und Juni 1998.
42 *Oma Holländer hatte:* Otto Frank zu Jean Schick-Grossman, The story within her story.

46 *Weißt Du:* Brief vom 27. Jan. 1935, Edith Frank-Holländer an Gertrud Naumann, Privatbesitz: Gertrud Trenz-Naumann, Frankfurt am Main. Dort befinden sich auch alle weiteren Briefe von Edith sowie jene von Otto Frank und Alice Frank-Stern an Gertrud Naumann.

3. Exodus

48 *Liebste Muttel:* Otto Franks Briefe an seine Mutter und seine Schwester sind im Privatbesitz von Buddy Elias, Basel.
58 *Zum Schutze des:* »Verordnung zum Schutze des deutschen Volkes«, Reichsgesetzblatt vom 4. Feb. 1933.
59 *Wer sich nicht:* Handschriftliche Aufzeichnungen des Gen.Lt. Liebmann über die Ausführungen des Reichskanzlers Hitler vor den Befehlshabern des Heeres und der Marine vom 3. Feb. 1933; Thilo Vogelsang (Hg.), in: Vierteljahrsheft für Zeitgeschichte 2, 1954.
60: *Gerade Du bist:* Brief vom Mai 1917; sämtliche Briefe von Otto Frank an seine Schwester Helene sind im Privatbesitz von Buddy Elias, Basel.
63 *Jüdische Firmen sind:* Verfügung der Stadtverwaltung Köln, zitiert nach: Hazel Rosenstrauch (Hg.): Aus Nachbarn werden Juden. Berlin 1988.
63 *Ehrensache der deutschen:* Richtlinie zitiert nach: Aus Nachbarn wurden Juden.
64 *Nichts kann uns:* Frankfurter Israelitisches Gemeindeblatt, Nr.8, 11. Jahrgang, Frankfurt am Main, April 1933.
65 *Am 25. April:* Reichsgesetzblatt 1933, I, S.175, 188, 222, 225.
66 *Dort, wo man:* Heinrich Heine: Almansor, in: Heinrich Heine. Historisch-Kritische Gesamtausgabe der Werke. In Verbindung mit dem Heinrich-Heine-Institut, hrsg. v. Manfred Windfuhr, Bd.V, Hamburg 1994, S.16.
68 *Ein kleines* […] *Büro:* Miep Gies in div. Interviews mit der Autorin, a.a.O.
69 *Ich selbst empfinde:* Brief vom 28. Feb. 1916, Privatbesitz Buddy Elias, Basel.
70 *Robert hat das Bild:* Brief vom 21. Juli 1916, ebd.
72 *Ediths Angehörige:* Privatsammlungen Eduardo M. Fraifeld,

Danville, Virginia, und Monica Smith, New York; Archiv der Victoriaschule, Aachen.
77 *Kann jemand [...] aufstehen*: Otto Frank zu Jean Schick-Grossman, The Story within her Story.

4. Neue Heimat

79 *Jeder Gast brachte:* Juliane Duke, New York Times, 11. Juni 1989; Barbara Rodbell-Ledermann im Gespräch mit der Autorin am 5. März 1997.
80 *Dabei war sie erst:* Elfriede »Fritzi« Frank-Markovits im Gespräch mit der Autorin am 14. März 1997.
80 *Anne hat sich besser:* Brief vom 23. Juli 1934. Dieser und alle weiteren Briefe an Gertrud sind im Privatbesitz Gertrud Trenz-Naumann, Frankfurt am Main.
81 *Schon am ersten Tag:* Hannah Pick-Goslar in div. Gesprächen mit der Autorin vom 26. bis 28. Juli 1997. Auch Barbara Rodbell-Ledermanns Erinnerungen haben dazu beigetragen, diese Periode zu rekonstruieren.
86 *Vom Orient Express:* Anna Harting im Gespräch mit der Autorin am 5. Juli 1997.
87 *Als Leiter der Pressestelle:* Trude Maurer: Auch ein Weg als Deutscher und Jude: Hans Goslar (1889-1945), Berlin 1990.
91 *Edith Frank wollte:* Die Erinnerungen an Ediths Schwierigkeiten mit Holländisch stammen von Jacqueline Sanders-van Maarsen (zahlreiche Gespräche und Briefwechsel zwischen dem 12. Dezember 1996 und April 1998). Laureen Nussbaum (Interview am 28. April 1997, in der Folge ausführlicher Briefwechsel) erzählte vom Leben deutscher Emigrantenkinder in Holland.
93 *Sie selbst waren:* Archiv des Lessing-Gymnasiums, Frankfurt am Main; Archiv der Victoriaschule, Aachen.
96 *Sie überforderte:* Kitty in mehreren Gesprächen mit der Autorin zwischen dem 7. Juli 1997 und 27. März 1998.
100 *Unterstützt wurden:* Miep Gies in zahlreichen Gesprächen mit der Autorin, a.a.O.
103 *Anne war anfällig:* Hannah Pick-Goslar und Iet Swillens im Gespräch mit der Autorin, a.a.O.

105 *Denkst Du noch:* Brief vom 20. März 1936, Privatbesitz Buddy Elias, Basel.
106 *Unser Kreis:* Brief von Irma an Ilse Holländer, Privatbesitz Eduardo M. Fraifeld.
107 *Im Oktober 1937:* Rekonstruktion der Ereignisse nach dem Archivmaterial von Eduardo M. Fraifeld.
111 *Heute Vormittag:* Postkarte vom 23. 12. 1935, Privatbesitz Elfriede Frank-Markovits, Birsfelden und London.
112 *Olga Spitzer-Wolfsohn:* Buddy Elias im Gespräch mit der Autorin; Gerard Spitzer im Briefwechsel mit der Autorin, Oktober 1997.
112 *Wie ist es:* Brief vom 30. Juli 1941, Anne Frank an Alice Frank-Stern, Archiv des Anne Frank Fonds, Basel.
114 *Ich hoffe, daß:* Brief vom 13. Januar 1941, ebd.
114 *Vorige Woche:* Edith Frank-Holländer an Gertrud Naumann, Privatbesitz Gertrud Trenz-Naumann, Frankfurt am Main.

5. Im Vorhof der Mörder

121 *Ich wurde am 12. November:* Walter Holländers Entschädigungsantrag an die Stadt Aachen vom 1. August 1954, in: Archiv der Bezirksregierung Düsseldorf, Amt für Wiedergutmachung, Bundeszentralkartei. Dort wird auch Julius Holländers Entschädigungsantrag aufbewahrt.
121 *Für Juden galten:* Juden im KZ Sachsenhausen 1936–1945, Ausstellung Gedenkstätte und Museum Sachsenhausen 1995.
124 *der Jude Walter Holländer:* Eine Kopie von Walter Holländers Entlassungsschein vom 1. Dezember 1938 liegt in seiner Wiedergutmachungsakte vor. Die Original-Entlassungsliste vom 28. Nov. 1938 wird im »Sonderarchiv« zur Dokumentation für Naziverbrechen in Moskau aufbewahrt.
126 *Als 1938 Ottos Cousine:* Cal Fussman: A Date With History. Milly Stanfield, The Woman Who Would Have Saved Anne Frank, Newsday, 16. März 1995.
126 *in Form eines … friedlichen:* Weisung Adolf Hitlers im Rahmen des Einmarschbefehls vom 11. März 1938, Internationaler Militärgerichtshof, Band XXXIV, S.336.

127 *In diesem Flüchtlingslager:* Entschädigungsakte Walter Holländer.
127 *Huize Oosteinde:* Die schriftliche Ausgangsgenehmigung, ausgestellt vom Lagerleiter am 14. 12. 1939, befindet sich in Walter Holländers Entschädigungsakte.
128 *Die Handelsgesellschaft B. Holländer:* Grundakte des königlichen Amtsgerichts zu Aachen, Band 169, Blatt 6724, Archiv des Amtsgericht Aachen.
128 *sein Cousin Ernst:* Aufzeichungen von Eduardo M. Fraifeld.
129 *die lange im Familienbesitz:* Entschädigungsakte Julius Holländer.
129 *Am 27. Februar 1939:* Bescheinigung der Deutschen Golddiskontbank an den Oberstadtdirektor der Stadt Aachen vom 28. Oktober 1955, in: Entschädigungsakte Julius Holländer.
129 *Ihr Wohnhaus … Liebfrauenstraße:* Grundakten des königlichen Amtsgerichts Aachen, Band 202, Blatt 8042, Archiv des Amtsgerichts Aachen.
130 *Zur Sicherheit der Bezahlung:* beglaubigte Abschrift, Seite 43 der Grundbuchakte Band 169, Blatt 6724, ebd.
130 *Die Zwangsversteigerung:* Anordnung der Zwangsversteigerung, Original, ebd.
132 *Was soll man heute:* Brief vom Dezember 1938, Otto Frank an Alice Frank-Stern, Archiv des Anne Frank Fonds, Basel.
133 *Ich glaube, alle:* Brief vom 24. Dezember 1937, Edith Frank-Holländer an Willi und Hedda Eisenstedt, Privatbesitz Elfriede Frank-Markovits.
133 *Papi geht heute:* Brief vom 2. Dezember 1937, Privatbesitz Buddy Elias, Basel.
134 *Mein Mann ist sehr übermüdet:* Brief vom 22. Dezember 1937, Edith an Gertrud Naumann, Privatbesitz Gertrud Trenz-Naumann, Frankfurt am Main.
140 *Mein liebes Annelein:* Otto Frank an Anne, Brief vom 12. Mai 1939, in: Die Tagebücher der Anne Frank. Vollständige, textkritische, kommentierte Ausgabe. Frankfurt am Main 1988; 19. Juni 1942, Version A.
141 *Der nervöse kleine Kerl:* Brief vom 24. Dezember 1937, Edith Frank-Holländer an Willi und Hedda Eisenstedt, Privatbesitz Elfriede Frank-Markovits.

144 *We often listen:* Margot Frank an Betty Anne Wagner; Brief vom 27. April 1940, Anne Frank an Juanita Wagner, Brief vom 29. April 1940. Kopien der Briefe befinden sich im Archiv der Anne Frank Stiftung, Amsterdam.

6. In der Falle

148 *Es war nur wenige Wochen:* Cal Fussman: A Date with History: Milly Stanfield, The Woman Who Would Have Saved Anne Frank, Newsday, 16. März 1995.
154 *Weder sind wir Deutsche:* zitiert nach Louis de Jong, Joseph W. F. Stoppelman: The Lion Rampant. The Story of Holland's Resistance to the Nazis. New York 1943.
155 *Natürlich hatte auch Anne:* Otto Frank in einem Vortrag 1968, Archiv Anne Frank Fonds, Basel.
157 *Die beiden Junggesellen:* Entschädigungsakte von Julius und Walter Holländer.
157 *Walter Holländer ist:* Eine Kopie des Entlassungsscheins ist in der Entschädigungsakte Walter Holländer.
158: *Ich werde nie vergessen:* Brief vom 20. Aug. 1945, Otto Frank an Julius und Walter Holländer, Archiv des Anne Frank Fonds, Basel.
159 *Anne und ich gehen:* Brief vom Dezember 1940, Privatbesitz Buddy Elias. Annes Briefe befinden sich im Archiv des Anne Frank Fonds, Basel.
163 *La Synthese AG:* Harry Paape: »... zugezogen aus Frankfurt«, in: Die Tagebücher der Anne Frank. a.a.O.
164 *Um die 700 Millionen:* Gerald Aalders, in: Daily News, 12.Okt.1997.
166 »*Streikt! Streikt! Streikt!:*« Zitat: Übersetzt und zitiert nach der niederländischen Originalfassung, faksimiliert in B. A. Sijes: De Februari-Staking, 's-Gravenhage 1954.
168 *Die angemeldete Person:* »Verordeningsblad voor het bezette nederlandsche Gebied«; Verordnung 6 (über die Meldepflicht von Personen, die ganz oder teilweise jüdischen Blutes sind), St. 2 vom 10. Januar 1941.
168 *Mit Hilfe der holländischen:* Jacob Presser: The Destruction of the Dutch Jews, Dutton 1969.

170 *Ich habe Jahre:* Brief vom 22. Feb. 1941, Margot Frank an Alice Frank-Stern, Privatbesitz Elfriede Frank-Markovits.
172 *berichtete SS-Führer Rauter:* in: B. A. Sijes: De Februari-Staking, 's-Gravenhage 1954.
174 *Um abgebrannt zu werden:* Dieser und andere Briefe von Anne an ihre Verwandten in Basel sowie an ihre Eltern befinden sich im Archiv des Anne Frank Fonds, Basel.
177 *Gastgeberin Eva Kämpfer:* Tonbandaufzeichnung, Privatbesitz Barbara Rodbell-Ledermann, Chapel Hill, North Carolina.
178 *Liebste Muttel:* Postkarte vom 14. September 1941, Otto Frank an Alice Frank-Stern, Archiv Anne Frank Fonds, Basel.
179 *jüdischen Einrichtungen;* zitiert nach Jacob Presser: The Destruction of the Dutch Jews.
181 *eine ihrer Kurzgeschichten:* »Mein erster Lyzeumstag«, in: Anne Frank: Geschichten und Ereignisse aus dem Hinterhaus, Frankfurt am Main 1982.
183 *Das Schuljahr 1941/42:* Wesentliche Informationen zum Alltags- und Schulleben 1941/42 lieferten Jetteke Frijda (mehrere Gespräche mit der Autorin ab 28. April 1997), Iet Swillens, Hannah Pick-Goslar und Jacqueline Sanders-van Maarsen.
185/186 *Oder Lucia van Dijk:* Lucia Hendriks-van Dijk in mehreren Gesprächen mit der Autorin vom 13. Dezember 1997 bis April 1998.
187 *Hauskonzerte:* Das Gästebuch der Familie Ledermann befindet sich im Holocaust Memorial Museum, Washington. D.C.
189 *Die Prinzessin mit der Nas':* Laureen Nussbaum im Gespräch mit der Autorin, a.a.O.
191 *Oma Holländer starb:* Het Joodsche Weekblad, Vol. 47, 27. Februar 1942, Archiv der Anne Frank Stichting, Amsterdam.
191 *Innerhalb der nächsten drei Tage:* Diese und alle weiteren antijüdischen Verordnungen zitiert nach dem jeweiligen »Verordnungsblatt für die besetzten niederländischen Gebiete«, in: Joods Historisch Museum Amsterdam: Documents of the Persecution of the Dutch Jewry 1940–1945, Amsterdam 1979; Jacob Presser: The Destruction of the Dutch Jews.

194 *Am Freitag, den 12. Juni:* 14. Juni 1942, Version A, S.216 in: Niederländisches Staatliches Institut für Kriegsdokumentation: Die Tagebücher der Anne Frank. Vollständige, textkritische, kommentierte Ausgabe, Frankfurt am Main 1988. Diese Ausgabe enthält drei Versionen des Tagebuchs: Annes ursprüngliche (Version A), ihre überarbeitete (Version B) und jene Kombination aus beiden (Version C), die 1947 mit Otto Franks Einverständnis publiziert wurde.
195 *eigenartiges Gefühl:* nach Originaltext Anne Frank, undatiert, Privatarchiv Cor Suijk, Aachen.
196 *Jede Art des Sports:* Het Joodse Weekblad, 12. Juni 1942.
197 *Mutter ihres:* 24. Juni 1942, Version B, S. 240.
197 *ich hoffe, daß:* 12. Juni 1942, S. 215.
200 *Hello Silberberg:* Edward »Hello« Silberberg im Interview der Autorin, Hackensack, New Jersey, am 6. März 1997, in der Folge Briefwechsel.
201 *Er kam ein bißchen:* 24. Juni 1942, Version B, S. 215.
201 *ihre Kinderfreundin Kitty:* Erinnerungen von Kitty, die um Anonymität gebeten hat.
205 *Meine Lieben:* Brief vom 4. Juli 1942, Otto Frank an Familie Elias, Archiv des Anne Frank Fonds, Basel.
213 *Hello kann:* 24. Juni 1942, Version B, S.241.
213 *sie schwärmte für Peter Schiff:* Archiv des Niederländischen Roten Kreuz (»Het Nederlandse Rode Kruis«), Den Haag; Archiv des NIOD, Amsterdam.
216 *in der Stadt:* 8. Juli 1942, Version B, S. 250.
218 *Liebste Lunni:* Postkarte vom 5. Juli 1942, Otto Frank an Helene Elias, Archiv des Anne Frank Fonds, Basel.
222 *Etwa 700 Juden:* Sonderausgabe von »Het Joodse Weekblad« vom 14. Juli 1942, Faksimile in: Jacob Presser: The Destruction of the Dutch Jews.
223 *Betrifft: Abschub:* zitiert nach Gerhard Schoenberner: Der gelbe Stern. Die Judenverfolgung in Europa. 1933–1945. Hamburg 1960.
Die Rekonstruktion der Ereignisse vor dem Untertauchen ist nach einer vergleichenden Auswertung der Erinnerungen von Hannah

Pick-Goslar, Jacqueline Sanders-van Maarsen, Jetteke Frijda, Barbara Ledermann, Edward Silberberg und Miep Gies entstanden.

8. Das Hinterhaus

225 *Es ist hier:* 8. Juli 1942, Version A, S. 264.
227 *Wir gingen am folgenden Tag:* 8. Juli 1942, Version A, S. 251.
230 *dunklen Direktorenzimmer:* 9. Juli 1942, Version B, S. 255.
235 *Zu jeder Viertelstunde:* Boudewijn Zwart, Glockenspielmeister der Stadt Amsterdam, im Gespräch mit der Autorin am 26. Januar 1998, in der Folge Briefwechsel.
236 *Dreiviertel eins:* »Mittagspause«, 5. August 1943, in: Anne Frank: Geschichten und Ereignisse aus dem Hinterhaus, Frankfurt am Main 1982.
237 *Die Abendfreiheit:* »Die Freiheit im Hinterhaus«, 6. August 1943, ebd.
237 *einem großen Philips:* 15. Juni 1943, Version B, S. 419.
239 *Peter badet:* 29. September 1942, Version B, S. 302.
239 *... ich stelle mich:* 27. September 1942, Version A, S. 303.
240 *im Verhältnis:* 2. Mai 1943, Version A, S. 410.
242 *Packesel:* 11. Juli 1943, Version B, S. 421.
243 *17 Pfund zugenommen:* 18. Oktober 1942, Version A, S. 335.
243 *Erdkugel führt Krieg:* 13. Januar 1943, Version B, S. 384.
244 *Essen ist miserabel:* 27. April 1943, Version B, S. 409.
244 *Unglaublich wie Grünkohl:* 14. März 1944, Version A, S. 606.
244 *Bohnen reiben:* 11. November 1943, Version B, S. 479.
244 *kein Gemüse:* 3. April 1944, Version A. S. 666.
245 *Ehrlich gesagt:* 14. März 1944, Version A, S. 607.
245 *eigenartige Pension:* 11. Juli 1942, Version B, S. 258.
246 *ich kann es nicht lassen:* 20. November 1942, Version B, S. 371.
247 *nun in Briefform:* 21. September 1942, Version A, S. 279.
248 *Abschiedsbrief:* 25. September 1942, Version A, S. 285.
248 *zum Beweis ihrer Freundschaft:* Jacqueline Sanders-van Maarsen im Interview mit der Autorin, a. a. O.

248 *Ich denke so oft:* 25. September 1942 »zweiter Brief«, Version A, S. 286.
249 *Einige Monate später:* Erinnerungen von Jacqueline Sanders-van Maarsen im Gespräch mit der Autorin, a.a.O.
250 *entsetzlich schwätzt:* 15. Juni 1942, Version A, S. 228.
251 *Bep fragen:* 20. Oktober 1942, Version A, S. 337.
252 *einen Roman vom Hinterhaus:* 29. März 1944, Version A, S. 658.
253 *Geschichte zu schreiben:* 7. August 1943, Version B, S. 443.
254 *1 1/2 Jahre später:* 22. Januar 1944, Version A (Annes Kommentar zu ihrer Eintragung vom 10. November 1942), S. 357.
255 *Sie würde darauf achten:* nach Originaltext Anne Frank, undatiert, Privatarchiv Cor Suijk, Aachen.
258 *altmodischsten Erzieher:* 28. November 1942, Version B, S. 372.
259 *schon 54 Jahre alt:* 11. Juli 1943, Version A, S. 425.
259 *Mir fällt es:* Brief vom 15. November 1942, Fritz Pfeffer an Charlotte Kaletta, Archiv der Anne Frank Stiftung, Amsterdam.
260 *Zu seinem Sohn Werner:* Für Fritz Pfeffers Sohn sind mehrere Namen im Umlauf. Otto Frank sprach ihn in einem Brief vom 20. September 1945 mit »Lieber Werner« an, Archiv Anne Frank Fonds, Basel.
263 *Er vermittelte seinen Töchtern:* Otto Frank zu Jean Schick-Grossman, a.a.O.
263 *Während Margot an Mathematik:* Jetteke Frijda, a.a.O.
263 *Papa mault:* 4. Oktober 1942, Version A, S. 317.
264 *Er hat mir gedroht:* 20. März 1944, Version A, S. 630.
264 *Laß uns nachschauen:* Otto Frank zu Jean Schick-Grossman, a.a.O.
264 *Normale Leute:* 11. Juli 1943, Version B, S. 421.
264 *Daisy's bergvacantie,* 20. Juni 1942, Version A, S. 227.
264 *Versessen:* 6. April 1944, Version A, S. 671.
265 *Wenn ich ein Buch:* 8. November 1943, Version A, S. 480.
265 *Cinema & Theater:* 28. Januar 1944, Version B, S. 538.
266 *sehnsüchtig dem Samstag:* 11. Juli 1943, Version B, S. 421.
266 *Mythologie:* 27. März 1943, Version B, S. 403.
266 *So verschlang sie:* Die Angaben über Annes Lesestoff stam-

men, ebenso wie jene auf S. 268, von Otto Frank, Brief, datiert 1945, Archiv des Anne Frank Fonds, Basel.

266 *Biographien und Geschichtsbücher:* 6. April 1944, Version A, S. 671.

267 *Wir, Jüngeren:* 15. Juli 1944, Version A, S. 785.

268 *jedes Buch:* 17. März 1944, Version A. S. 620.

268 *Vater will:* 18. Oktober 1942, Version A, S. 333.

269 *Du mußt vernünftig sein:* Brief vom 31. August 1917, Otto Frank an Helene Elias-Frank, Privatbesitz Buddy Elias, Basel.

269 *außer Detektivgeschichten:* 16. Mai 1944, Version A, S. 740.

270 *Edith Frank geriet:* schriftliche Erklärung von Miep Gies vom 3. Dezember 1997.

272 *Mama tut immer:* 14. August 1942, Version A, S. 270.

273 *Das bewies Edith:* Otto Frank in einem Vortrag von 1968, Archiv Anne Frank Fonds Basel.

273 *Mutter kann ich nun mal nicht:* 3. Oktober 1942, Version A, S. 314.

273 *Ich habe Papi:* ebd.

274 *Ich wollte einerseits:* Otto Frank in einem Vortrag von 1968, Archiv Anne Frank Fonds, Basel.

274 *wie mit einer Erwachsenen:* ebd.

274 *Vater hat die falschen Mittel:* 15. Juli 1944, S. 782.

274 *Es ist hart:* 2. April 1943, Version B, S. 407.

275 *Wenn Mutter nicht:* 22. Januar 1944, Version A, S. 529.

275 *Daß Mutter sich für Margot:* 7. November 1942, Version B, S. 348.

275 *Margot ist patziger:* 7. November 1942, Version B, S. 345.

276 *... erinnerte sich Otto:* Otto Frank zu Jean Schick-Grossman, a.a.O.

276 *Alles all-right!:* 17. März 1944, Version A, S. 621.

277 *Hinter dieser neuen Vertrautheit:* Otto Frank zu Jean Schick-Grossman, a.a.O.

277 *wirkliche Freundin:* 12. Januar 1944, Version B, S. 520.

277 *... wenn er Margot:* 7. November 1942, Version B, S. 348.

277 *mit Anne besser verstand:* Otto Frank in seinem Vortrag von 1968, Archiv des Anne Frank Fonds, Basel.

278 *Vater versteht nicht:* 7. November 1942, Version B, S. 349.

278 *Anne, bist Du das:* 2. Januar 1944, Version B, S. 504f.
280 *denn Pim sagt:* 24. Dezember 1943, Version A und C, S. 499.
281 *Du weißt ja:* Briefe vom 31. August 1917, 16. Juni 1918, 27. Juni 1918, Otto Frank an Helene Elias-Frank, Privatbesitz Buddy Elias, Basel.
282 *Verlobung:* Kopien der Verlobungs- und Hochzeitsanzeige sind im Privatbesitz von Eduardo M. Fraifeld, Danville, Virginia.
282 *Nach dem Krieg:* Cor Suijk in zahlreichen Gesprächen mit der Autorin in der Zeit vom 10. Januar 1997 bis April 1998.
283 *zu einer dreiseitigen Analyse:* nach Originaltext Anne Frank, lose Blätter, datiert mit 8. Februar 1944, Privatarchiv Cor Suijk.
286 *Als Beispiel für Ottos:* Ottos Bruder Herbert erzählte diese Geschichte ungefähr 1975 Cor Suijk.
288 *denn tatsächlich war Otto:* schriftliche Erklärung von Miep Gies vom 3. Dezember 1997.
289 *Der arme Pim:* 24. Dezember 1943, Version A, S. 499.
289 *Und letzten Endes:* 20. November 1942, Version B, S. 371.
289 *Vater sagte einmal:* 6. Januar 1944, Version A, S. 517.
290 *Daß der Peter ihrer Träume:* Archiv des Niederländischen Roten Kreuz, Den Haag.
290 *Der arme Junge:* 14. Oktober 1942, Version A, S. 327.
290 *Mein Leben hier:* 18. Februar 1944, Version A, S. 566.
290/291 *schrecklich zimperlich:* 2. September 1942, Version A, S. 273.
291 *dieser Trottel:* 3. Oktober 1942, Version A, S. 315
291 *ein ziemlich langweiliger:* 14. August 1942, Version A, S. 261.
292 *Art Maschine in meinem Mund:* Brief vom Sommer 1942, Anne an Basel, Archiv des Anne Frank Fonds, Basel.
293 *Oh, was hat dieser Junge:* 2. März 1944, Version A, S. 583.
294 *Gib mir einen Kuß:* 12. März 1944, Version A, S. 603.
294 *Krieg zwischen:* 15. März 1944, Version A, S. 618.
294 *Behalte den gestrigen Tag:* 16. April 1944, Version A, S. 691.
294 *Peter hat mich berührt:* 28. April 1944, Version A, S. 708.
295 *Ich habe viel mitbekommen:* 3. Mai 1944, Version A, S. 714.
295 *Ich frage mich:* 26. Mai 1944, Version A, S. 751.

297 *der Boden der schwarzen Kasse:* 5. Juni 1944, Version A, S. 755.
297 *Als nach einiger Zeit:* Brief vom 10. Juni 1971, Otto Frank an Yad Vashem, The Righteous among the Nations, Archiv Anne Frank Fonds, Basel.
299 *Heute abend:* 8. November 1943, Version B, S. 480.
299 *keine Nacht mehr Ruhe:* 27. April 1943, Version B, S. 408.
299 *Heute morgen waren wir froh:* 30. September 1942, Version A, S. 308.
299 *zum Glück war Herr Kleiman:* 27. Februar 1943, Version B, S. 391.
300 *Was lose und was fest:* 29. März 1944, Version A, S. 659.
300 *als die Polizei:* 11. April 1944, Version A, S. 677.
300 *Miep hat von jemandem erzählt:* 26. Oktober 1942, Version A, S. 339.
300 *Die Gestapo geht:* 9. Oktober 1942, Version B, S. 321.
301 *pro Kopf so viel:* 19. November 1942, Version B, S. 369.
301 *Später erhöhten:* polizeiliche Vernehmung von Karl Josef Silberbauer, März 1964, »Protokoll der staatl. Kriminalpolizei« Amsterdam. Doc. I, K. J. Silberbauer, Archiv des NIOD, Amsterdam.
301 *Man kann weinen:* 29. Dezember 1943, Version A, S. 502.
302 *Ungarn ist:* 29. März 1944, Version A, S. 663.
302 *daß deutsche Juden:* 22. Mai 1944, Version A, S. 746.
302 *an die Königin selbst:* 11. April 1944, Version A, S. 684.
302 *Es gibt keine größere Feindschaft:* 9. Okt. 1942, Version B, S. 324.
303 *Miep sagt oft:* 8. November 1943, Version B, S. 481.
304 *unser Aufheiterer:* 1. April 1943, Version B, S. 405.
305 *Herr Voskuijl:* 21. August 1942, Version B. S. 271.
305 *Für uns ist es ein Unglück:* 15. Juni 1943, Version B, S. 418.
306 *Wie ich ihn einmal überraschte:* Brief vom Dezember 1963, Victor Kugler an Otto Frank, Archiv des Anne Frank Fonds, Basel.
306 *Es muß jemandem:* 16. September 1943, Version B, S. 468.
307 *Waren aus dem Lager stahl:* polizeiliche Vernehmung von J. J. de Kok, 26. Nov. 1963, »Protokoll der staatl. Kriminalpolizei« Amsterdam, Doc I, K. J. Silberbauer.

308 *große Mengen Brot:* polizeiliche Vernehmung von L. Hartog, 20. März 1948, MvJ »Justizministerium«, Strafakte W. G. van Maaren.
308 *Lena Hartog-von Bladeren arbeitete als Putzfrau:* schriftliche Bestätigung von Miep Gies vom 18. Dez. 1997.
309 *Irgendwann im Juli 1944:* polizeiliche Vernehmung von Anna Genot-van Wijk, MvJ »Justizministerium«, Strafakte van Maaren, Archiv des NIOD, Amsterdam.
309 *Bep Voskuijl wandte:* schriftliche Erklärung von Miep Gies vom 3. Dezember 1997.
310 *Nun werde ich hoffnungsvoll:* 21. Juli 1944, Version A, S. 787.

9. Der letzte Zug nach Auschwitz

312 *Nazis hatten andere Sorgen:* polizeiliche Vernehmung von Karl Josef Silberbauer, März 1964, »Protokoll der staatl. Kriminalpolizei« Amsterdam. Doc. I, K. J. Silberbauer.
312/313 *Würde es daher kommen:* 13. Juni 1944, Version A, S. 766.
313 *Wenn draußen die Vögel:* 14. April 1944, Version A, S. 686.
313 *jeden, der Angst hat:* 23. Februar 1944, Version A + B, S. 572.
315 *Das ist ein Trost:* Brief vom 7. Juli 1943, Franz Ledermann an seine Tochter Barbara, Privatbesitz Barbara Rodbell-Ledermann, Chapel Hill, North Carolina.
315 *Anne war in Westerbork:* Otto Frank in seinem Vortrag von 1968.
316 *Frühmorgens um fünf:* Kitty im Gespräch mit der Autorin, a.a.O.; Rachel van Amerongen-Frankfoorder und Janny Brandes-Brilleslijper im Gespräch mit Willy Lindwer, in: Anne Frank. Die letzten sieben Monate, Dokumentarfilm.
318 *Gott hat unser Volk:* 11. April 1944, Version A, S. 684.
318 *In Westerbork soll Anne:* Information von Elfriede Frank-Markovits an die Autorin, basierend auf Gespräch zwischen Rosa de Winter und Otto Frank.
319 *im Gebetbuch lesen:* 3. Oktober 1942, Version A, S. 315.
319 *Warum zwingt sie mich:* 29. Oktober 1942, Version B, S. 343.

319 *Dann die zweite Hälfte:* 7. März 1944, Version A, S. 593.
319/320 *Warum träume ich:* 29. Dez. 1943, Version A, S. 502.
320 *Meine Angst:* 30. Januar 1944, Version A, S. 544.
320 *uns das auferlegt:* 11. April 1944, Version A, S. 683.
320 *nach draußen schaute:* 23. Februar 1944, Version A, S. 573.
321 *dieses Leid ertragen:* 11. April 1944, Version A, S. 683.
321 *mein Füllhalter:* 8. November 1943, Version A, S. 484.
321 *Freitagabend:* 27. Dezember 1943, Version A, S. 500.
321 *mit etwas Neuem anfangen:* 3. November 1943, Version A, S. 476.
322 *unserer Aufgabe bewußt:* 11. April 1944, Version A, S. 684.
322 *Religionsabkehr:* 13. Juni 1944, Version A, S. 765.
322 *auch nicht orthodox:* 6. Juli 1944, Version A, S. 776.
322 *ohne Gott:* 12. März 1944, Version A, S. 604.
323 *Seit Mitte Juli:* Statistik Lager Westerbork, Archiv des NIOD, Amsterdam.
323 *498 Männer:* Archiv des KL Auschwitz, in: Danuta Czech: Kalendarium der Ereignisse Auschwitz-Birkenau 1939–1945, 1989.
324 *Edith Frank soll:* Lenie de Jong-van Naarden im Gespräch mit Willy Lindwer, a.a.O.
324 *Es hätte keinen Widerstand:* Eline Hoekstra, Portland, Oregon, im Gespräch mit Cor Suijk, Januar 1998.
326 *Während Anne:* Edward »Hello« Silberberg im Gespräch mit der Autorin, a.a.O.
331 *Im Vergleich hierzu:* Aus dem Tagebuch des SS-Hauptsturmführers Prof. Dr. Dr. Kremer, Eintrag vom 2. Sept. 1942, in: Gerhard Schoenberner: Der gelbe Stern. Hamburg 1960.
333 *Andere mußten sich:* Max Stoppelman in mehreren Gesprächen und Briefwechsel mit der Autorin zwischen 30. April 1997 und April 1998.
336 *ein abscheulicher Block:* Rosa de Winter in: R. de Winter-Lewy: Aan de Gaskamer ontsnapt. Het Satanswerk van de SS. Doetinchem 1945.
337 *Einer der Evakuierungstransporte:* Archiv des KL Auschwitz, in: Danuta Czech: Kalendarium der Ereignisse Auschwitz-Birkenau.
339 *unserer Aufgabe bewußt:* 11. April 1944, Version A, S. 684.
340 *Nicht lange nach ihrer Ankunft:* Korrespondenz der Auto-

rin mit Nanette König-Blitz, São Paulo, in der Zeit vom 31. Juli 1997 bis 26. März 1998

341/342 *In ihrer Bekannten:* Rosa de Winter, a.a.O.

343 *Ein anderes Mädchen jedoch:* Informationen basierend auf Brief von Nanette König-Blitz an Otto Frank vom 31. Oktober 1945, Archiv des Anne Frank Fonds, Basel.

343 *Sie hätte keine Mutter:* Hannah Pick-Goslar im Gespräch mit der Autorin, a.a.O.

344 *gemein von mir:* 27. November 1943, Version B, S. 487f.

345 *Ihr Vater sei tot:* Iet Swillens im Gespräch mit der Autorin, basierend auf einem Gespräch zwischen Hannah Pick-Goslar und Iet Swillens im Sommer 1945.

346 *Auch Peter van Pels:* Max Stoppelman im Gespräch mit der Autorin, a.a.O.

346 *durch die Vermittlung:* Brief vom 8. Juli 1945, Otto Frank an Alice Frank-Stern, Archiv des Anne Frank Fonds, Basel.

347 *Am 26. waren wir:* ebd.

348 *Freitags abends:* Hannah Pick-Goslar im Gespräch mit der Autorin, a.a.O.

348 *Von Edith und den Kindern:* Postkarte vom 15. März 1945, Otto Frank an Alice Frank-Stern, Archiv des Anne Frank Fonds, Basel.

348 *Die Lebensbedingungen:* Andrew Peters, 113. LAA Regiment RA (DLI) TA (100. A. A. Brigade): The Story of Belsen. 1945.

10. Sehnsucht

350 *Die Sonne scheint:* 12. Februar 1944, Version A, S. 554.

351 *Spaß zu machen:* 24. Dezember 1943, Version A, S. 496.

351 *schreckliches Bedürfnis:* 30. Januar 1944, Version A, S. 544.

351 *alles viel schlimmer:* 12. Januar 1944, Version B, S. 524.

352 *Bündelchen Widerspruch:* 21. Juli 1944, Version A, S. 788

352 *liebe und reine*: zitiert nach 1. August 1944, Version A, S. 790.

352 *mußte sich Otto eingestehen*: Otto Frank hat dies mehrmals bekannt, u.a. in seinem Vortrag von 1968, a.a.O.

352 *ausgeprägten Charakterzug:* 15. Juli 1944, Version A, S. 781.

353 *Ich verurteile mich selbst:* 1. August 1944, Version A, S. 791.
353 *mir nun einmal vorgenommen:* 3. Mai 1944, Version A, S. 714.
353/354 *wie die meisten Menschen:* 25. März 1944, Version A, S. 650.
354 *Gott so dankbar:* 25. März 1944, Version A, S. 650.
354 *Mit Schreiben werde ich:* 5. April 1944, Version A, S. 670.
354 *Als ich heute morgen:* 23. Februar 1944, Version A, S. 573.
354 *Wenn die Alliierten:* Otto Frank in seinem Vortrag 1968, Archiv des Anne Frank Fonds, Basel.
355 *der kleine Mann:* 3. Mai 1944, Version A, S. 713.
355 *Ich weiß was ich will:* 11. April 1944, Version A, S. 684.

Ein Epilog in Biographien

NANETTE BLITZ: eigene Erinnerungen in Korrespondenz mit der Autorin, a.a.O.;
Brief vom 31. Oktober 1945, Nanette König-Blitz an Otto Frank, Archiv des Anne Frank Fonds, Basel.
LUCIA VAN DIJK: eigene Angaben im Gespräch mit der Autorin, a.a.O.
BERND »BUDDY« ELIAS: eigene Angaben im Gespräch mit der Autorin, a.a.O.
KITTY: eigene Angaben im Gespräch mit der Autorin, a.a.O.
ALICE FRANK-STERN: Angaben von Buddy Elias, a.a.O.;
Briefkarte vom 20. Mai 1945, Alice Frank-Stern an Johannes Kleiman, Archiv des Anne Frank Fonds, Basel;
Telegramm vom 27. Mai 1945, Otto Frank an Basel, ebd.;
Brief vom 19. Juni 1945, Alice Frank-Stern an Otto Frank, ebd.;
Brief vom 4. August 1945, Alice Frank-Stern an Otto Frank, ebd.
OTTO HEINRICH FRANK: eigene Angaben in diversen Briefen:
Briefkarte vom 31. März 1945, Verfasser Otto Frank, Archiv des Anne Frank Fonds, Basel;
Brief vom 21. Juni 1945, Verfasser Otto Frank, ebd.;
Brief vom 1. August 1945, Verfasser Robert Frank, ebd.;
Brief vom 16. März 1946, Verfasser Otto Frank, ebd.;
Brief vom 25. Juli 1945, Verfasser Julius Holländer, ebd.;

Brief vom 25. Oktober 1945, Verfasser Nathan Straus, ebd.;
Brief vom 20. August 1945, Verfasser Otto Frank, ebd.;
Brief vom 21. Juni 1945, Verfasser Otto Frank, ebd.;
Brief vom 13. Juli 1947, Verfasser Otto Frank, ebd.;
Miep Gies im Gespräch mit der Autorin, a.a.O.;
Gerrold van der Stroom: Die Tagebücher »Het Achterhuis« und die Übersetzungen, in: Die Tagebücher der Anne Frank. Vollständige, textkritische, kommentierte Ausgabe, Frankfurt am Main 1988;
Informationen von Anna G. Steenmeijer, April 1998;
Informationen von Elfriede Frank-Geiringer und Eva Schloss im Gespräch mit der Autorin, a.a.O.;
Informationen von Buddy Elias im Gespräch mit der Autorin, a.a.O.
Informationen von Vincent Frank-Steiner in Gesprächen mit der Autorin zwischen dem 14. März 1997 und April 1998;
Informationsbroschüre des Anne Frank Fonds, Basel;
Notarielles Testament von Otto Frank vom 15. Dezember 1978;
Informationen des Eidgenössischen Departements des Inneren, Bern;
Gerrold van der Stroom: Anne Frank & Her Diaries. Vortrag im Rahmen des Kongresses »History and Culture of the Jews in the Low Countries«, London 17.–19. Juni 1997.

Jetteke Frijda: eigene Angaben im Gespräch mit der Autorin, a.a.O.

Jan und Miep Gies: eigene Angaben im Gespräch mit der Autorin, a.a.O.;
Miep Gies, Alison Gold: Meine Zeit mit Anne Frank, Bern und München 1987;
polizeiliche Vernehmung von W.G. van Maaren, 31. März 1948 und Okt. 1964, MvJ »Justizministerium«, Strafakte van Maaren bzw. »Protokoll der staatlichen Kriminalpolizei« Amsterdam, Archiv des NIOD, Amsterdam;
schriftliche Erklärung von Miep Gies vom 3. Dezember 1997;
Notarielles Testament von Otto Frank vom 15. Dezember 1978.

Hanneli Goslar: eigene Angaben im Gespräch mit der Autorin, a.a.O.;

Postkarte vom 4. August 1946, Verfasser Hannah Goslar, Privatbesitz Iet Swillens.
LAMMERT HARTOG: polizeiliche Vernehmung von Lammert Hartog, 20. März 1948, MvJ »Justizministerium«, Strafakte W. G. van Maaren, Archiv des NIOD, Amsterdam;
polizeiliche Vernehmung von Johannes Kleiman, 12. Januar 1948, MvJ »Justizministerium«, Strafakte W. G. van Maaren, ebd.; Erinnerungen Miep Gies.
LENA HARTOG-VAN BLADEREN: polizeiliche Vernehmung von Lena Hartog, MvJ »Justizministerium«, Strafakte van Maaren, Archiv des NIOD, Amsterdam;
polizeiliche Vernehmung von Anna Genot-van Wijk, MvJ »Justizministerium«, Strafakte van Maaren, ebd.;
schriftliche Erklärung von Miep Gies vom 3. Dezember 1997.
IRENE HOLLÄNDER: Informationen aus dem Archiv von Eduardo M. Fraifeld, Danville, Virginia;
Brief vom 13. Juni 1958, Verfasser Otto Frank, Privatbesitz Eduardo M. Fraifeld.
JULIUS und WALTER HOLLÄNDER: Brief vom 29. Juni 1945, Verfasser Julius Holländer, Archiv des Anne Frank Fonds, Basel;
Brief vom 27. August 1945, Verfasser Julius Holländer, ebd.;
Brief vom 1. Oktober 1952, Verfasser Otto Frank, ebd.;
Originaldokumente aus den Entschädigungsakten Walter und Julius Holländer, Archiv der Bezirksregierung Düsseldorf;
Brief vom 13. Juni 1958, Verfasser Otto Frank, Privatbesitz Eduardo M. Fraifeld;
Brief vom 16. Januar 1968, Verfasser Otto Frank, ebd.;
Certificate of Death Walter and Julius Holländer, in: Division of Records, Departement of Health, Borough of Manhattan.
CHARLOTTE KALETTA: Brief vom 20. September 1945, Verfasser Otto Frank, Archiv des Anne Frank Fonds, Basel;
Erinnerungen von Miep Gies im Gespräch mit der Autorin, a.a.O.;
Informationen von Joke Kniesmeijer in Gesprächen mit der Autorin in der Zeit vom 20. März 1997 bis Dezember 1997.
SOL KIMMEL: Rochelle Fürstenberg: Heart to Heart, Hadassah Magazine, April 1995.
JOHANNES KLEIMAN: Miep Gies im Gespräch mit der Autorin, a.a.O.;

Archiv der Anne Frank Stiftung, Amsterdam.
HANNELORE KLEIN: eigene Angaben im Gespräch mit der Autorin, a.a.O.
VICTOR KUGLER: Rick Kardonne (Hg.): He sheltered Anne Frank. The Life of Victor Kugler in His Own Words as Told To and Edited by Eda Shapiro (unveröffentlichtes Manuskript);
Miep Gies im Gespräch mit der Autorin, a.a.O.;
Archiv der Anne Frank Stiftung, Amsterdam.
SANNE, ILSE und FRANZ LEDERMANN: Brief vom 15. November 1943, Verfasser Ilse Ledermann, Privatbesitz Barbara Rodbell-Ledermann.
BARBARA LEDERMANN: nach einigen Angaben im Gespräch mit der Autorin, a.a.O.
WILLEM GERARD VAN MAAREN: polizeiliche Vernehmung von W.G. van Maaren, 31. März 1948 und Oktober 1964, MvJ »Justizministerium«, Strafakte van Maaren bzw. »Protokoll der staatlichen Kriminalpolizei« Amsterdam, Archiv des NIOD, Amsterdam;
Miep Gies im Gespräch mit der Autorin, a.a.O.;
Harry Paape: Der Verrat, in: Die Tagebücher der Anne Frank. Vollständige, textkritische, kommentierte Ausgabe, Frankfurt am Main 1988.
JACQUELINE VAN MAARSEN: eigene Angaben im Gespräch mit der Autorin, a.a.O.
GERTRUD NAUMANN: eigene Angaben im Gespräch mit der Autorin, a.a.O.
WERNER PFEFFER: Brief vom 2. September 1945, Verfasser Otto Frank, Archiv des Anne Frank Fonds, Basel;
Miep Gies im Gespräch mit der Autorin, a.a.O.;
Informationen von Joke Kniesmeijer in Gesprächen mit der Autorin, a.a.O.;
Dokumentarfilm Anne Frank Remembered von Jon Blair.
PETER SCHIFF: Informationen aus dem Archiv des NIOD, Amsterdam und des Niederländischen Roten Kreuz, Den Haag.
ARTHUR SEYSS-INQUART: Interview mit Helmut Seyß-Inquart, a.a.O.;
diverse Zeitungsberichte, Privatarchiv Helmut Seyß-Inquart und Privatarchiv Cor Suijk.

ANNELIESE SCHÜTZ: Laureen Nussbaum im Gespräch mit der Autorin, a.a.O.
Gerold van der Stroom: Die Tagebücher, »Het Achterhuis« und die Übersetzungen«, in: Die Tagebücher der Anne Frank. a.a.O.
KARL JOSEF SILBERBAUER: polizeiliche Vernehmung von Karl Josef Silberbauer, März 1964, »Protokoll der staatl. Kriminalpolizei« Amsterdam. Doc. I, K. J. Silberbauer, Archiv des Anne Frank Fonds, Amsterdam; Volksblatt, 16. Okt. 1964, Wien.
Simon Wiesenthal, Dokumentationszentrum des Bundes jüdischer Verfolgter des Naziregimes;
Jules Huf im Gespräch mit der Autorin im Frühjahr 1997.
EDWARD »HELLO« SILBERBERG: eigene Angaben im Gespräch mit der Autorin, a.a.O.
OLGA SPITZER: nach Angaben ihres Enkelsohns Gerard Spitzer in Korrespondenz mit der Autorin, a.a.O.
MILLY STANFIELD: Brief von Mitte 1945, Verfasser Otto Frank, Archiv der Anne Frank Stiftung, Amsterdam;
Cal Fussmann: A Date With History. Milly Stanfield, The Woman Who Would have saved Anne Frank, a.a.O.
Bruce Chadwick: Grieving Cousin's Death, Daily News, 8. Dez. 1977.
MAX STOPPELMAN: eigene Angaben im Gespräch mit der Autorin, a.a.O.;
Tagebuchnotizen von Max Stoppelman, Privatbesitz.
IET »IETJE« SWILLENS: eigene Angaben im Gespräch mit der Autorin, a.a.O.
BEP VOSKUIJL: Brief vom 1. Dezember 1945, Verfasser Otto Frank an Alice Frank-Stern, Archiv des Anne Frank Fonds, Basel;
schriftliche Erklärung von Miep Gies am 3. Dezember 1997
Informationen von Yt Stoker, Anne Frank Stiftung, Amsterdam;
Notarielles Testament von Otto Frank vom 15. Dezember 1978.
ILSE WAGNER: Jacqueline van Maarsen im Gespräch mit der Autorin, s.o.;
Archiv des Niederländischen Roten Kreuz, Den Haag.
DOROTHEE SOPHIE WÜRZBURGER: eigene Angaben im Gespräch mit der Autorin, a.a.O.

Bibliographie

Anne Frank Haus (Hrsg.): *Anne Frank. Eine Geschichte für heute.* Amsterdam 1996.

Anne Frank Stichting (Hrsg.): *Die Welt der Anne Frank, 1929–1945.* Amsterdam 1985.

Bauer, Yehuda: *A History of the Holocaust.* New York 1982.

Benz, Graml, Weiß: *Enzyklopädie des Nationalsozialismus.* München 1997.

Boas, Jacob: *Boulevard des Misères. The Story of Transit Camp Westerbork.* Hamden 1985.

Demant, Ebbo (Hrsg.): *Auschwitz – »Direkt von der Rampe weg …«, Kaduk, Erber, Klehr: Drei Täter geben zu Protokoll.* Reinbek 1979.

Dwork, Debórah: *Kinder mit dem gelben Stern. Europa 1933–1945.* München 1994.

Czech, Danuta: *Kalendarium der Ereignisse Auschwitz-Birkenau 1939–45.* Reinbeck 1989.

Eisenberg, Azriel (Hrsg.): *The Lost Generation. Children in the Holocaust.* New York 1982.

Eiser, George: *Children and Play in the Holocaust. Games among the Shadows.* Amherst 1988.

Feig, Konnilyn G.: *Hitler's Death Camps. The Sanity of Madness.* New York 1979.

Feldhay Brenner, Rachel: *Writing As Resistance. Four Women Confronting the Holocaust. Edith Stein, Simone Weil, Anne Frank, Etty Hillesum.* Pensylvania 1997.

Fleming, Gerald: *Hitler und die Endlösung. »Es ist des Führers Wunsch …«.* Wiesbaden/München 1982.

Fuykschot, Cornelia: *Hunger in Holland. Life During the Nazi Occupation.* Amherst, NY 1995.

Frank, Anne: *Geschichten und Ereignisse aus dem Hinterhaus.* Ungekürzte Ausgabe. Frankfurt am Main 1993.

Genschel H.: *Die Verdrängung der Juden aus der Wirtschaft im Dritten Reich.* Göttingen 1966.

Gies, Miep/Gold, Alison: *Anne Frank Remembered. The Story of the Woman Who Helped to Hide the Frank Family.* New York 1987. Dt.: *Meine Zeit mit Anne Frank.* Bern und München 1987.

Gilbert, Martin: *The Holocaust. A History of the Jews of Europe during the Second World War.* New York 1985.

Graver, Lawrence: *An Obsession with Anne Frank: Meyer Levin and the Diary.* Berkeley 1995.

Hayes, Peter: *Lessons and Legacies. The Meaning of the Holocaust in a Changing World.* Illinois 1991.

Herzberg A. J.: *Kroniek der Jodenvervolging.* Amsterdam 1978.

Hilberg, Raul: *Täter, Opfer, Zuschauer. Die Vernichtung der Juden 1933–1945.* Frankfurt 1992.

Hillesum, *Etty: Het verstoorde leven. Dagboek van Etty Hillesum. 1941–1943.* Haarlem 1981.

Hillesum, Etty: *Het denkende hart van de barak.* Haarlem 1982. Dt.: *Das denkende Herz der Baracke. Die Tagebücher der Etty Hillesum, 1941–1943.* Freiburg 1983.

Hirschfeld, Gerhard: *Fremdherrschaft und Kollaboration. Die Niederlande unter deutscher Besatzung 1940–45.* Stuttgart 1984.

Höss, Rudolf: *Kommandant in Auschwitz.* Stuttgart 1958.

Niederländisches Rotes Kreuz (Hrsg.): *In Memoriam.* Den Haag 1995.

Iskander, Sylvia Patterson: *Anne Frank's Reading.* In: Children's Literature Quarterly. Calgary 1988.

Jakob, Volker/van der Voort, Annet: *Anne Frank war nicht allein. Lebensgeschichten deutscher Juden in den Niederlanden.* Berlin, Bonn 1988.

Jäckel, Eberhard/Longerich, Peter/Schoeps, Julius: *Enzyklopädie des Holocaust.* Berlin 1993.

Jäckel Eberhard/Rohwer Jürgen (Hrsg.): *Der Mord an den Juden im Zweiten Weltkrieg.* Stuttgart 1985.

Joods Historisch Museum Amsterdam: *Documents of the Persecution of the Dutch Jewry 1940–1945.* Amsterdam, 2. Auflage 1979.

de Jong, Louis: *De Jodenvervolging I.* Amsterdam 1978.

de Jong, Louis: *De Jodenvervolging II.* Amsterdam 1978.

de Jong, Louis: *Het Koninkrijk der Nederlanden in de Tweede Wereldoorlog.* 14 Bände. 's-Gravenhage 1969–1991.

de Jong, Louis: *The Netherlands and Nazi Germany.* Havard University Press. Cambridge, MA/London 1990.

Klüger, Ruth: *Weiter leben. Eine Jugend.* Göttingen 1992.

Knoop, Hans: *De Joodse Raad. Het drama van Abraham Ascher en David Cohen.* Amsterdam 1983.

Kolb, Eberhard: *Bergen-Belsen: Vom »Aufenthaltslager« zum Konzentrationslager 1943 bis 1945.* Göttingen 1985.

Kreutz, Annelie: *Die Verfolgung der Juden im Dritten Reich in Aachen.* 1. Staatsprüfung für das Lehramt. Bibliothek Yad Vashem. 1984.

Lepper, Herbert: *Von der Emanzipation zum Holocaust, Die Israelitische Synagogengemeinde zu Aachen 1801–1942.*

Lévy-Haas, Hanna: *Vielleicht war das alles erst der Anfang. Tagebuch aus dem KZ Bergen-Belsen 1944–1945.* Berlin 1979.

Lindwer, Willy: *Anne Frank. Die letzten sieben Monate. Augenzeuginnen berichten.* Frankfurt am Main 1990.

van Maarsen, Jacqueline: *Anne en Jopie. Amsterdam 1992.* Dt.: *Meine Freundin Anne Frank.* München 1997.

Mayer, Anita: *One Who Came Back.* Ottawa 1981.

Mechanicus, Philip: *Waiting for Death. A Diary.* London 1968.

Melnick, Ralph: *The Stolen Legacy of Anne Frank: Meyer Levin, Lillian Hellman and the Staging of the Diary.* New York 1997.

Michman, Jozeph/Levie, Tirtsha (Hrsg.): *Dutch Jewish History. Proceedings of the Symposium on the History of the Jews in the Netherlands, November 21 – December 3, 1982.* Tel Aviv, Jerusalem 1984.

Moore, Bob: *Refugees from Nazi Germany in the Netherlands, 1933–1940.* Dordrecht 1986.

Mosse W.E. (Hrsg.): *Entscheidungsjahr 1932. Zur Judenfrage in der Endphase der Weimarer Republik.* Tübingen 1965.

Ortmeyer, Benjamin: *Arbeiter streiken für die Juden: Die historische Bedeutung des Februar-Streiks 1941 in den Niederlanden. In: Tribüne.* Frankfurt am Main 1992.

Pätzold, Kurt: *Verfolgung, Vertreibung, Vernichtung. Dokumente des faschistischen Antisemitismus 1933 bis 1942.* 3. Auflage, Leipzig 1987.

Poliakov, Léon/Wulf, Joseph: *Das Dritte Reich und die Juden.* Berlin/Wien 1983.

Presser, Jacob: *Ondergang.* 's-Gravenhage 1965.

Pressler, Mirjam: *Ich sehne mich so. Die Lebensgeschichte der Anne Frank.* Weinheim und Basel 1992.

Rebling, Eberhard: *Sag nie, du gehst den letzten Weg. Erinnerungen Lin Jaldati.* Berlin 1986.

Rijksinstituut voor Oorlogsdocumentatie: *Die Tagebücher der Anne Frank.* Vollständige, textkritische, kommentierte Ausgabe. Frankfurt/Main 1988.

van der Rol, Ruud/Verhoeven, Rian: *Anne Frank.* Hamburg 1993.

Rosenberg, Alan/Myers, Gerald (Hrsg.): *Echoes from the Holocaust. Philosophical Reflections on a Dark Time.* Philadelphia 1988.

Rosenfeld, Alvin H.: *The Anne Frank We Remember,* in: Dimensions, Vol. 5. No. 1. 1989.

Rosenfeld, Alvin H.: *The Americanization of the Holocaust,* in: *Commentary.* June 1995.

Rosenfeld, Alvin H.: *A Double Dying: Reflections on Holocaust Literature.* Bloomington 1980.

Roth, John K./Berenbau, Michael (Hg.): *Holocaust. Religious and Philosophical Implications.* New York 1989.

Rosenstrauch, Hazel (Hrsg): *Aus Nachbarn wurden Juden. Ausgrenzung und Selbstbehauptung 1933–1942.* 2. Auflage, Berlin 1991.

Sassoon, Agnes: *Überlebt. Als Kind in deutschen Konzentrationslagern.* Weinheim, Berlin 1992.

Schnabel. Ernst: *Anne Frank. Spur eines Kindes.* Frankfurt am Main 1958.

Schoenberner, Gerhard: *Der gelbe Stern. Die Judenverfolgung in Europa 1933–1945.* Frankfurt am Main 1991.

Staatliches Museum Auschwitz (Hrsg.): *KL Auschwitz.* Warschau 1980.

Stapferhaus Lenzburg (Hrsg.): *Anne Frank und wir.* Zürich 1995.

Steen, Jürgen/v. Wolzogen, Wolf: *Anne aus Frankfurt. Leben und Lebenswelten Anne Franks.* Historisches Museum. 3. Auflage, Frankfurt am Main 1996.

Steenmeijer, Anna G.: *A Tribute to Anne Frank.* New York 1971.
Stein, André: *Quiet Heroes. True Stories of the Rescue of Jews by Christians in Nazi-Occupied Holland.* Toronto 1988.
de Winter, Rosa: *Aan de gaskamer ontsnapt!* Doetinchem 1945.
Van Gallen, Last D./Wolfswinkel, Rolf: *Anne Frank and After. Dutch Holocaust Literature in a Historical Perspective.* Michigan 1997.
Young, James E.: *Writing and Rewriting the Holocaust. Narrative and the Consequences of Interpretation.* Bloomington 1988.

Abbildungsnachweis

S. 55 © Photo Associated Press
S. 71 Mit freundlicher Genehmigung von Eduardo M. Fraifeld, Danville, Virginia
S. 73 Mit freundlicher Genehmigung von Eduardo M. Fraifeld, Danville, Virginia
S. 74 Mit freundlicher Genehmigung von Eduardo M. Fraifeld, Danville, Virgina
S. 76 Mit freundlicher Genehmigung von Gertrud Trenz-Naumann, Frankfurt/Main
S. 79 Mit freundlicher Genehmigung von Barbara Rodbell-Ledermann, Chapel Hill, N.C.
S. 82 Mit freundlicher Genehmigung von Barbara Rodbell-Ledermann, Chapel Hill, N.C.
S. 83 © Gemeentearchief Amsterdam
S. 89 © United States Holocaust Memorial Museum, Washington, D.C.
S. 94 Mit freundlicher Genehmigung des Lessing-Gymnasiums, Frankfurt/Main
S. 95 Mit freundlicher Genehmigung der Victoria-Schule, Aachen
S. 111 © AFF/AFS Amsterdam, Niederlande
S. 117 Mit freundlicher Genehmigung von Iet Swillens, Amstelveen
S. 131 Aachener Adressbuch 1914, S. 117
S. 167 © AFF/AFS Amsterdam, Niederlande
S. 175 © AFF/AFS Amsterdam, Niederlande
S. 177 © AFF/AFS Amsterdam, Niederlande
S. 187 © United States Holocaust Memorial Museum, Washington, D.C.
S. 190 © AFF/AFS Amsterdam, Niederlande
S. 207 © Photo Associated Press
S. 231 © dpa, Deutsche Presse-Agentur
S. 249 Mit freundlicher Genehmigung von Jacqueline Sanders-van Maarsen, Amsterdam

S. 271 Mit freundlicher Genehmigung von Eduardo M. Fraifeld, Danville, Virginia
S. 279 Mit freundlicher Genehmigung von Eduardo M. Fraifeld, Danville, Virginia
S. 293 © Ullstein Bilderdienst, Berlin
S. 327 Mit freundlicher Genehmigung von Ed Silverberg, Hackensack, New Jersey
S. 333 © Austrian Archives, Wien
S. 341 © National Archives, Washington
S. 395 © Joe Vitty, Los Angeles Times

Verlag und Autorin danken allen Rechteinhabern für die freundliche Genehmigung zur Reproduktion der Abbildungen. Falls trotz aller Sorgfalt rechtmäßige Ansprüche an den Verlag gestellt werden sollten, wird er selbstverständlich Korrekturen bzw. übliche Vergütungen vornehmen.

Personenregister